Découvrez l'histoire par les archives de presse

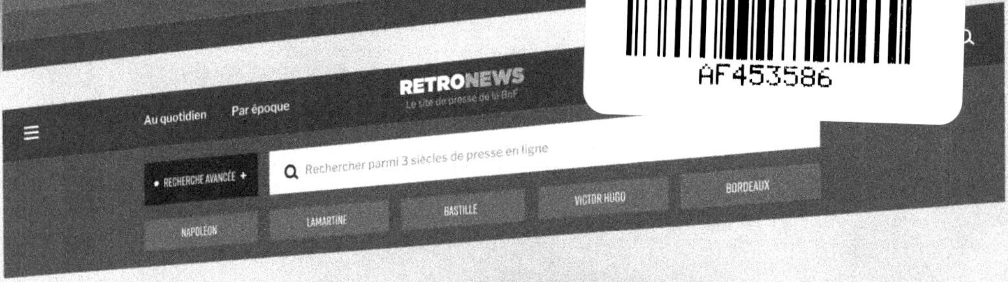

RETRONEWS

Le site de presse de la BnF

www.retronews.fr

LE
CABINET HISTORIQUE

ÉPERNAY

TYPOGRAPHIE DE BONNEDAME ET FILS

Éditeurs du Courrier historique

LE CABINET HISTORIQUE

REVUE MENSUELLE

Contenant, avec un texte et des pièces inédites, intéressantes ou peu connues

LE CATALOGUE GÉNÉRAL DES MANUSCRITS

QUE RENFERMENT LES BIBLIOTHÈQUES PUBLIQUES DE PARIS ET DES DÉPARTEMENTS
TOUCHANT L'HISTOIRE DE L'ANCIENNE FRANCE
DE SES DIVERSES LOCALITÉS ET DES ILLUSTRATIONS HÉRALDIQUES

Sous la direction de M. Ulysse ROBERT

Ancien élève de l'École des Chartes,
Employé au département des Manuscrits de la Bibliothèque nationale.

VINGT-QUATRIÈME ANNÉE

SECONDE SÉRIE. — TOME DEUXIÈME

DOCUMENTS

On s'abonne

A PARIS

Chez Alphonse PICARD, Libraire
Rue Bonaparte, 82.

—

M. D. CCC. LXXVIII

NOTE SUR LE RECUEIL

INTITULÉ

De miraculis sancti Jacobi.

De Saint-Jacques de Compostelle nous sont venus différents manuscrits relatifs à la vie de saint Jacques et au culte dont il était honoré dans toute la chrétienté. Au douzième siècle, dans un livre de la cathédrale de Compostelle, on voyait réunis plusieurs opuscules destinés à célébrer les mérites du saint apôtre. Tels étaient la translation du corps de saint Jacques, les miracles que la tradition lui attribuait, les chants composés en son honneur, l'histoire fabuleuse de l'expédition de Charlemagne en Espagne, et une sorte de guide à l'usage des pieux voyageurs qui traversaient la France pour se rendre en Galice (1). Plus d'un pèlerin voulut rapporter dans son pays soit une copie, soit un extrait du livre qu'on lui avait fait parcourir dans l'église de Compostelle. Telle est certainement l'origine de deux manuscrits de la Bibliothèque nationale, et de quatre manuscrits de l'École de médecine de Montpellier,

---

(1) Suivant M. Le Clerc (*Hist. litt.*, XXI, 282), le *Guide des Pèlerins* ne pourrait guère se placer avant la fin du XIIᵉ siècle. La lettre qui va être publiée prouve qu'il existait déjà en 1173.

copiés au xii° siècle ou au xiii° siècle : n° 3550
du fonds latin , n° 13775 (1ere partie) du fonds
latin, n°s 39, 142, 235 et 281 de l'École de médecine. Il n'est pas permis d'en douter quand on
en compare le contenu avec les détails que la
lettre suivante, écrite vers 1173 par un moine de
Ripoll (1), nous a transmis sur le manuscrit de
Compostelle.

Reverendis patribus et dominis suis R., Dei gratia
Rivipullensi electo, et B., majori priori, et universo
ejusdem ecclesie venerando conventui, frater A. de
Monte, humilis filius atque vestre societatis devotissimus
servus, salutem et plenitudinem debiti famulatus.
Consistens in ecclesia beati Jacobi apud Compostellam,
quem propter indulgentiam peccatorum meorum
visitare studueram, et nihilominus ob desiderium
visendi loci cunctis gentibus venerandi, vestre beati-
tudinis non mirum licentia fultus, reperi volumen ibidem,
quinque libros continens, de miraculis apostoli prelibati,
quibus in diversis mundi partibus, tanquam mercatoribus
stella, divinitus splendescit (2), et de scriptis sanctorum
patrum, Augustini videlicet, Ambrosii, Hieronymi,
Leonis, Maximi et Bede. Continebantur in eodem
volumine scripta aliorum quorumdam sanctorum, in
festivitatibus predicti apostoli et ad laudem illius per
totum annum legenda, cum responsoriis, antiphonis,
prefationibus et orationibus ad idem pertinentibus quam
plurimis. Considerans igitur paternitatem vestram
circa beatum apostolum devotissimam, memoriterque

(1) Cette lettre, dont il y a deux copies dans le volume 372 de
la collection Baluze (f°s 6 et 38), se trouvait au xvii° siècle dans le
ms. 38 de l'abbaye de Ripoll. Le ms. 38 était l'extrait même que
l'auteur de la lettre avait pris en 1173 du recueil conservé à
Saint-Jacques de Compostelle.

(2) *Splendescente,* dans les copies.

retinens quod, secundum consimilem devotionis formam,
felicis memorie predecessores vestri, divini amoris
intuitu, simulque apostolice venerationis speculatione,
sub sepe nominandi apostoli titulo infra basilicam
Rivipollensem altare sacro sanctum erexera[n]t, proposui
volumen predictum transcribere, desiderans ampliori
miraculorum beati Jacobi, quibus tamdiu caruerat,
ubertate ecclesiam nostram ditari. Verumtamen, cum
copiam sola voluntas ministraret, sumptuum vero
pecunia et temporis me coartaret angustia, de quinque
libris tres transcriptos attuli, secundum scilicet et
tertium et quartum, in quibus integre miracula continentur, atque translatio apostoli ab Hierosolimis ad
Hyspanias, et qualiter Karolus Magnus domuerit et
subjugaverit jugo Christi Hyspanias. De primo quolibet
pauca de dictis Calixti secundi collegi in presenti
volumine conscripta. Quintus liber supradicti voluminis
scribitur de diversis ritibus et varia consuetudine
gentium; de itineribus quibus ad Sanctum Jacobum
venitur et qualiter omnia fere ad Pontem Regine
terminantur; de civitatibus, castellis, burgis, montibus,
et de pravitate simul et bonitate aquarum, piscium,
terrarum, hominum et ciborum, et de sanctis qui sub
precipua veneratione coluntur per viam Jacobitanam,
scilicet de sancto Egidio, sancto Martino et ceteris.
Continentur et in eodem libro quinto situs civitatis
Compostellane, et nomina circumfluentium aquarum et
numerus, neque preterit fontem qui dicitur de Paradiso.
Comprehendit etiam sufficientem formam ecclesie sancti
Jacobi, et institutionem canonicorum, quantum spectat
ad distributionem oblationum, cum numero eorumdem,
et qualiter sedis metropolitane dignitas auctoritate
Romanorum pontificum ab Emerita translata sit ad
Compostellam, propter predicti apostoli favorem. Ex
his omnibus excerpsi que in presenti volumine fidelibus

oculis beatitudo vestra contueri potest, si dignatur
presentibus. Quid autem legendum sit in ecclesia, sive
in refectorio, de suprascriptis omnibus, ex epistola
domini Calixti dive memorie, Romani pontificis, nulli
fidelium contemnenda, prebetur auctoritas, qui et
predictum volumen inter auctenticos codices in ecclesia
legendum apostolici culminis sententia sanctire curavi[t],
venerando Innocentio, ecclesie Romane summo pontifice,
supradictam scripturam postea roborante. Ceterum
quando presentis voluminis transcriptio facta fuit, 1173
ab incarnatione Domini numerabatur annus.

Cette lettre permet de compléter sur quelques
points la très-intéressante notice que M. Le Clerc
a consacrée aux pèlerinages de Saint-Jacques en
Galice (1). Du témoignage du moine de Ripoll, il
résulte qu'en 1173 on montrait aux pèlerins de
Saint-Jacques un volume composé en l'honneur
du saint apôtre, dans lequel se trouvait une lettre
du pape Innocent portant approbation du recueil.
Cette lettre est incontestablement celle qu'on
rencontre dans les deux manuscrits de la
Bibliothèque nationale cités plus haut. Je crois
devoir en rapporter le texte (2), quoiqu'il ait été
déjà publié par Mariana (3), d'après un ms. de
Saragosse, et par M. Le Clerc (4), d'après les
deux mss. de Paris.

Innocentius, episcopus, servus servorum Dei, universis
ecclesie filiis, salutem et apostolicam benedictionem in

(1) *Hist. litt.*, XXI, 272.

(2) D'après le ms. latin 3550, f⁰ 147, et d'après le ms. latin 13775,
f⁰ 81 v⁰.

(3) *Tractatus VII* (Colon., 1609, in-fol.), p. 23.

(4) *Hist. litt.*, XXI, 274, note.

Christo. Hunc codicem, a domino papa Calixto primitus editum, quem Pictavensis Aimericus Picaudus (1) de Partiniaco (2) Veteri, qui (3) etiam Oliverus de Ysani (4), villa Sancte Marie Magdalene de Virziliaco (5), dicitur, et Giberga (6) Flandrensis, socia ejus, pro animarum suarum redemptione, sancto Jacobo Galetianensi dederunt, verbis veracissimum, actione (7) pulcherrimum, ab heretica et ab apocripha pravitate alienum et inter ecclesiasticos codices autenticum et carum fore auctoritas nostra vobis testificatur, excommunicantes et anathematizantes auctoritate Dei Patris omnipotentis et Filii et Spiritus Sancti illos qui ejus latores in itinere sancti Jacobi forte inquietaverint, vel qui ab ejusdem apostoli basilica, postquam ibi oblatus fuerit, injuste illum abstulerint vel fraudaverint (9). Valete.

Ego (10) Albericus, legatus, presul Ostiensis, ad decus sancti Jacobi, cujus servus sum, hunc codicem legalem et carissimum per omnia laudabilem fore predico.

Ego Aimericus, cancellarius, hunc librum autenticum et veracem fore, ad honorem santi Jacobi, manu mea scribendo affirmo.

Ego Giraldus de Sancta Cruce, cardinalis, hunc codicem pretiosum, ad decus sancti Jacobi, penna mea scribendo corroboro.

Ego Guido Pisanus, cardinalis, quod domnus papa Innocentius testificatur affirmo.

Ego Yvo, cardinalis, quod domni pape Innocentii auctoritas affirmat laudare non recuso.

(1) *Americus Picardus*, Mariana.
(2) *Partiriaco*, Mariana.
(3) *Quem*, dans Mariana, qui omet le mot *dicitur* à la ligne suivante.
(4) *Yscaini*, ms. latin 13775. — *Escani*, Mariana.
(5) *Vixilico*, ms. latin 13775. — *Vitiliaco*, Mariana.
(6) *Girberga*, Mariana.
(7) *Oratione*, Mariana.
(8) *Excommunicans et anathematizans*, Mariana.
(9) *Vel fraudaverint*, omis dans Mariana.
(10) M. Le Clerc n'a point donné les souscriptions qui suivent.

Ego Gregorius, cardinalis, nepos domini pape Innocentii, hunc codicem optimum ad honorem beati Jacobi glorifico.

Ego Gregorius Gemma (1), cardinalis, hunc codicem optimum similiter ad decus sancti Jacobi laudo.

Ego Guido Lumbardus, cardinalis, librum istum bonum et pulcherrimum ad decus sancti Jacobi glorifico.

Les indices de fausseté surabondent dans la lettre qu'on vient de lire; mais comme elle a été vue en 1173 par le moine de Ripoll, elle suffit pour montrer qu'avant cette époque un poitevin, Aimeri Picaud, avait fait hommage à saint Jacques d'un recueil dont la composition première était attribuée à Calixte II. Comme, d'autre part, il est question dans ce recueil d'un miracle arrivé en 1139, nous pouvons tenir pour établi que l'hommage d'Aimeri Picaud doit se placer entre les années 1140 et 1173. Mais en quoi consista cet hommage? Aimeri s'est-il borné à donner un livre dont il avait commandé ou dirigé la transcription? N'aurait-il pas, comme se l'est demandé M. Le Clerc, le droit d'être compté parmi ceux qui ont travaillé à la composition même du livre? A cette dernière question le savant académicien n'a pas osé répondre d'une manière catégorique. « Nous le croirions volontiers, dit-il, si tous les titres qu'on donne à Aimeri ne paraissaient pas être ceux d'un puissant seigneur (1). » Mais M. Le Clerc a peut-être poussé trop loin ses scrupules. Nous pouvons

(1) *Jhenia*, Ms. latin 13775. *Genua*, Mariana.

en effet nous dispenser de voir un grand seigneur dans celui que la lettre d'Innocent désigne en ces termes : *Pictaviensis Aimericus Picaudus de Partiniaco Veteri, qui etiam Oliverus de Ysani* (2), *villa sancte Marie Magdalene de Virziliaco, dicitur,* c'est-à-dire le poitevin Aimeri Picaud, de Parthenai-le-Vieux, qu'on appelle encore Olivier *de Ysani,* du nom d'un village de l'abbaye de Vezelai. Sans donc m'arrêter à la considération qui a retenu M. Le Clerc, j'ai recherché si Aimeri Picaud n'avait pas laissé dans quelques chapitres du recueil les traces de sa collaboration. Outre une pièce de vers dont Aimeri est expressément indiqué pour auteur, et dont M. Le Clerc a donné le texte et la traduction (3), j'ai remarqué deux passages qui m'ont semblé très-importants pour aider à résoudre la question.

Le premier est relatif à saint Eutrope. A la suite des miracles de saint Jacques, on trouve dans

(1) *Hist. litt.,* XXI, 275.

(2) J'ai cru devoir séparer par une virgule les mots *Ysani* et *villa,* contrairement à l'opinion de M. Le Clerc, qui a ainsi rendu le passage : « Olivier d'Ysanville, de Sainte-Marie-Madeleine de Vezelai. » Mais je n'ai point découvert quelle localité du Poitou désigne le mot *Ysani.* Ce domaine ne paraît pas figurer dans le privilége que Pascal II accorda à l'abbaye de Vezelai en novembre 1102, privilége qui désigne en ces termes les dépendances de l'abbaye situées dans les diocèses de Poitiers et de Saintes : « In episcopatu Pictaviensi, ecclesiam Dei dilectricis sanctæ Mariæ Magdalenæ juxta Mirebellum castrum; ex altera parte ejusdem castri, ecclesiam sanctæ Radegundis de Burgonnio; in territorio Toarcensi, ecclesiam sancti Germani et ecclesiam sanctæ Mariæ de Spisis; in episcopatu Sanctonensi, ecclesiam sanctæ Mariæ Magdelenæ de Ferrariis. » Quantin, *Cartul. général de l'Yonne,* II, 40.

(3) *Hist. litt.,* XXI, 276 et 277.

les deux mss. de Paris, une prétendue note du
pape Calixte qui annonce avoir trouvé à Constan-
tinople, et traduit en latin, la passion de saint
Eutrope, que saint Denis, évêque de Paris, avait
écrite en grec et qu'il avait adressée aux parents
du martyr par l'intermédiaire du pape saint
Clément (1). Suivent tout au long une lettre
apocryphe de saint Denis à saint Clément, la
passion de saint Eutrope attribuée à saint
Denis (2), et un passage de Grégoire de Tours sur
saint Eutrope (3).

Comment expliquer ce long hors d'œuvre, si le
compilateur n'appartenait pas, comme le poitevin
Aimeri Picaud, à la province de saint Eutrope, et
s'il n'attachait pas un prix particulier à célébrer
la mémoire de ce saint évêque?

Le second passage sur lequel j'appellerai
l'attention du lecteur est la relation d'un miracle

(1) « Pr[o]emium domni Calixti pape in passione beati Eutropii
episcopi et martyris.

Via sancti Jacobi, in urbe Sanctonensi, beati Eutropii, episcopi
et martyris, corpus digne peregrinantibus visitandum est; sanctis-
simam cujus passionem beatus Dionisius, socius ejus ac
Parisiorum presul, literis grecis scripsit et parentibus suis in
Grecia, qui jam in Christo credebant, per manum beati Clementis
pape misit. Quam scilicet passionem Constantinopolim in scola
grecorum, in quodam codice passionum plurimorum sanctorum
martyrum, olim reperi, et ad decus Domini nostri Jesu Christi
ejusque gloriosi martyris Eutropii de greco in latinum, prout
potui, edidi et ita incipiebat.... »

(2) Sur cet opuscule apocryphe, dont Vincent de Beauvais s'est
servi, voyez *Acta sanct.*, *Apr.* III, 734, et le *Mémoire* de Letronne
*sur la découverte d'une sépulture chrétienne dans l'église de Saint-
Eutrope, à Saintes* (*Mém. de l'Académie des Inscr.*, XVII, I, 89).

(3) *De gloria martyrum*, I, 56.

opéré en 1139 en faveur d'un pèlerin de Vezelai : *Vir quidam, nomine Brunus, de Virziliaco, villa Sancte Marie Magdelene* (1). Le compilateur place le récit de ce miracle sous l'autorité de l'abbé Aubri (2), dont il énumère les titres avec un soin remarquable : *Miraculum sancti Jacobi, a domino Alberico, Virziliacensi abbate atque episcopo Hostiensi et Rome legato, editum.* La complaisance avec laquelle sont ici rapportés les titres d'Aubri, abbé de Vézelai, dénote assez bien un écrivain qui se rattachait par des liens étroits à l'église de Vézelai, et nous avons vu tout à l'heure qu'Aimeri Picaud avait emprunté son surnom à une terre du monastère de Vézelai.

Par ce double motif, Aimeri Picaud me semble avoir mis la dernière main au recueil que le moyen-âge nous a légué comme l'œuvre du pape Calixte II. Le volume dont il fit hommage à l'église de Saint-Jacques de Compostelle, vers le milieu du xiie siècle, fut examiné en 1173 par un moine de Ripoll, qui en copia la meilleure portion pour la bibliothèque de son abbaye. De leur côté, d'autres pèlerins en rapportèrent des copies ou des extraits, parmi lesquels on peut citer les deux manuscrits de la Bibliothèque nationale dont M. Le Clerc a le premier signalé tout l'intérêt. Léopold DELISLE.

____

(1) Ms. lat. 3550, f° 63 ; ms. latin 13775, f° 31.
(2) Sur lui voy. *Gallia christ.*, IV, 469.

FALSTAFF

OPÉRA

1672-1895. — Place de l'Opéra.

ADMINISTRATION, SCÈNE ET ORCHESTRE.

Directeurs, MM. Bertrand (✳) et Gail-hard (✳).
Administrateur général, M. Simonnot.
Conservateur du matériel pour le compte de l'Etat, M. Clément.
Archiviste, M. Ch. Nuitter (✳).
Archiviste adjoint, M. Banès.
Bibliothécaire, M. Reyer (C. ✳).
Secrétaire général, M. G. Boyer (✳).
Secrétaire adjoint, M. Maillard.
Chef de la comptabilité, M. Vinciguéra.
Caissier, M. Laurent.
Secrétaire des bals de l'Opéra, M. V. Roger.
Régisseur général, M. Lapissida.
Régisseur de la scène, M. G. Colleuille.
Chefs d'orchestre, MM. Taffanel (✳), Madier de Montjau (✳) et Mangin (✳).
Chefs du chant, MM. Lottin, Mangin (✳), Vidal, Kœnig, G. Marty et Bachelet.
Chefs des chœurs, MM. Delahaye et Blanc.
Souffleur et répétiteur des chœurs, M. Cla-mentz.

ARTISTES DU CHANT.

Ténors, MM. Alvarez, Dupeyron, Saléza, Vaguet, Laurent, Gallois, Devriès, Idrac, Piroia.

Barytons, MM. Renaud, Bartet, Douaillier, Euzet. Lacome.

Basses, MM. Gresse, Delmas, Fournets, Dubulle, Chambon, Ballard, Delpouget, Palianti, Dénoyé, Cancelier.

Chanteuses Falcon, Mmes Rose Caron, Sibyl Sanderson, Dufrane, Bréval, Chrétien, Bourgeois.

Chanteuses légères, Mmes Bosman, Adams. Berthet, Carrère, Loventz, Agussol, Mathieu.

Contraltos, Mmes Deschamps-Jéhin, Héglon, Beauvais, Vincent.

SERVICE DE LA DANSE.

Maître de ballet, M. Hansen.
Régisseur de la danse, M. Pluque.
Professeur de la classe de perfectionnement, M. Vasquez.
Professeurs, Mmes Adelina Théodore, Piron, Bernay ; M. Stilb.

ARTISTES.

MM. Vasquez, Hansen, Pluque, de Soria, Ladam, Ajas, Lecerf, Stilb, Marius, Girodier, Régnier, Tavon, Férouelle.

Mmes Mauri, Subra, Hirsch, Désiré, Lobstein, Chabot, Viollat, Vanghœlen, Sandrini, Salle, Gallay, Blanc, Treluyer, H. Régnier, J. Régnier, Chasles, Parent,

Vandoni, Zambelli, Piodi, Perrot, Mestais, Boos, Rat, A. Parent, P. Régnier, Charles, Mante, Mercédès, Monnier, Monchanin, Piron, Ixart, Carré. Beauvais, Charrier, Couat. Mouret, Morlet, de Mérode, Invernizzi, Torri, Wal, Auglan, Levouvey, Robin.

PIÈCES JOUÉES PENDANT L'ANNÉE.

PIÈCES NOUVELLES.

	Date de la représ.	Total des représ.
MASSENET. *Thaïs*	16 mars	27
CH. LEFEBVRE. *Djelma*	25 mai	8

PIÈCE JOUÉE POUR LA 1re FOIS A L'ACADÉMIE DE MUSIQUE.

VERDI. *Othello*	12 oct.	19

RÉPERTOIRE.

OPÉRAS.

	Représ. dans l'année	Représ. depuis l'origine
CHABRIER. *Gwendoline*	12	14
GOUNOD. *Faust*	40	690
— *Roméo et Juliette*	15	120
MARÉCHAL. *Déïdamie*	3	12
MEYERBEER. *Les Huguenots*	1	902
REYER. *Sigurd*	8	116
— *Salammbô*	13	77
SAINT-SAËNS. *Samson et Dalila*	14	61

	Représ. dans l'année	Représ. depuis l'origine
VERDI. *Rigoletto*	2	105
WAGNER. *Lohengrin* . . .	16	113
— *La Walkyrie* . .	23	69

BALLETS.

	Représ. dans l'année	Représ. depuis l'origine
MESSAGER. *Les Deux Pigeons*.	6	29
VIDAL. *La Maladetta*. . . .	15	45
WIDOR. *La Korrigane* . . .	15	82

JOURNAL DU THÉATRE.

Janvier.

8. — *Gwendoline*. Mlle Marcy (Gwendoline).

12. — *Faust*. M. Dupeyron (Faust).

18. — *Gwendoline*. M. Noté (Harald).

19. — Reprise de *la Korrigane*. MM. Vasquez (Lilez), Ajas (Paskou), Ladam (Loïc), Pluque (le brigadier) ; Mmes Mauri (Yvonnette), Désiré (la Reine), Ottolini (Janick), Salle et Invernizzi.

31. — Reprise des *Deux Pigeons*. MM. Vasquez (un Tzigane), Pluque (Zarifi), de Soria (Franca-Trippa) ; Mmes Subra (Gourouli), Laus (Pépio), Hirsch (Djali), Piron (Mikalia), Monnier (la Reine des Tziganes).

Février.

10. — *Gwendoline*. M. Euzet (Aella).

14. — *Sigurd.* MM. Dupeyron et Lacome (Sigurd et Rudiger).

16. — *La Korrigane.* Mlle Torri (la Reine).

17. — *Faust.* Mme Fayolle (Marthe).

24. — *Sigurd.* Mlle Dufrane (Hilda) et M. Noté (Gunther).

Mars.

16. — 1re représent. de *Thaïs*, comédie lyrique en 3 actes et 7 tableaux, de M. L. Gallet, d'après le roman de M. Anatole France, musique de M. Massenet. MM. Delmas (Athanael), Alvarez (Nicias), Delpouzet (Palémon), Euzet (un serviteur) ; Mmes Sibyl Sanderson, débuts (Thaïs), Marcy (Crobyle), Héglon (Myrtale), Beauvais (Albine). Danse : Mlle Mauri (la Perdition).

26. — *Thaïs.* M. Vaguet (Nicias).

Avril.

6. — *Thaïs.* Mlle Hirsch (la Perdition).

13. — *La Walkyrie.* Mlle Beauvais (Rossweisse).

14. — *Thaïs.* Mlle Loventz (Crobyle).

Mai.

7. — M. Van Dyck chante à la centième de *Lohengrin.*

25. — *Déidamie.* M. Noté (Ulysse).

25. — 1re représentation de *Djelma*, opéra en 3 actes de M. Ch. Lomon, musique de M. Ch. Lefebvre. MM. Saléza (Nouraly), Renaud (Raim), Dubulle

(Kayram), Douaillier (Tschady); Mmes Caron (Djelma), Héglon (Ourvaci). Danse : Mlles Sandrini, Vangœlhen, H. Régnier.

Juin.

1. — *Roméo*, avec décors nouveaux, par suite de l'incendie du magasin des décors de la rue Richer. MM. Alvarez (Roméo), Gresse (frère Laurent), Delmas (Capulet), Gibert (Tybalt), Noté (Mercutio), Ballard (le duc), Douaillier (Gregorio), Laurent (Paris), Gallois (Benvolio) ; Mmes Sibyl Sanderson (Juliette), Agussol (Stefano), Beauvais (Gertrude).

8. — *La Walkyrie*. Mme Carrère (Sieglinde).

11. — *Sigurd*. Mme Martini (Brunehilde).

13. — *Roméo*. M. Saléza (Roméo).

15. — *Lohengrin*. MM. Dupeyron et Delpouget (Lohengrin et le Roi).

22. — *Thaïs*. M. Bartet (Athanael).

Juillet.

6. — *Faust*. Mlle Berthet (Marguerite).

11. — *Thaïs*. Mlle Berthet (Thaïs). — *Djelma*. Mme Chrétien (Djelma).

19. — *La Walkyrie*. Mlle A. Bourgeois, débuts (Brunnhild).

30. — *Djelma*. M. Vaguet et Mlle Beauvais (Nouraly et Ourvaci).

Août.

8. — *Salammbô*. M. Cancelier (Eschmoun).

17. — *Salammbô*. Mlle Beauvais (Taa-
nach).

Septembre.

10. — *La Walkyrie*. Mlles Beauvais et
Sauvaget (Siegrune et Rossweisse).
15. — *Faust*. M. Noté (Valentin).
17. — *Roméo*. Mlles Beauvais et Vincent
(Stéfano et Gertrude).

Octobre.

3. — *Thaïs*. Mlles Beauvais et Vincent
(Myrtale et Albine).
19. — *La Walkyrie*. Mlle Dufranc
(Fricka).
12. — 1re représentation, à Paris, d'*O-
thello*, drame lyrique en 4 actes, de M. A.
Boito, musique de M. G. Verdi, version
française de MM. A. Boito et du Locle.
MM. Saléza (Othello), Maurel, rentrée
(Iago), Vaguet (Cassio), Gresse (Ludovic),
Laurent (Rodrigue), Douaillier (Mon-
tano), Cancelier (un hérault) ; Mmes R.
Caron (Desdémone), Héglon (Emilia).
Danse : Mlles Sandrini, Viollat, Blanc, H.
Régnier, Salle.
15. — *Othello*. Mlle Bosman (Desdémone).
22. — *Othello*. M. Dupeyron (Othello).
24. — *Othello*. M. Delmas (Iago).

Décembre.

7. — *Othello*. M. Renaud (Iago).
14. — 1000e représentation de *Faust*
à Paris. Mlles Zambelle et Piodi, débuts
(courtisanes).

29. — *Djelma*. M^ue Bosman et M. Bartet (Djelma et Raim).

Nota. Les recettes de l'Opéra ont été de 3,164,853 fr. 66 c., pour 190 représentations. La plus élevée (23,135 fr. 41) a été réalisée, le 7 mai, avec *Lohengrin*.

COMÉDIE-FRANÇAISE

1658-1895. — Rue Richelieu, 6.

M. Jules Claretie (O. ✻), administrateur
général.

SOCIÉTAIRES.

MM. Got ✻, doyen (1850), Mounet-
Sully ✻ (1874), Worms ✻ (1878),
Coquelin cadet ✻ (1879), Prud'hon
et Silvain (1883), Baillet, Le Bargy
et de Féraudy (1887), Boucher et Trul-
fier (1888), Leloir (1889), Jean-Paul
Mounet et A. Lambert fils (1891),
Berr (1893), Laugier (1894).

Mmes Reichenberg (1872), Barretta
(1876), Emilie Broisat (1877), Bartet
(1881), Granger et Dudlay (1883),
Pierson (1885), Muller (1887),
Marsy (1891), Ludwig (1893), Kalb
(1894).

PENSIONNAIRES.

MM. Martel, Joliet, Dupont-Vernon, Roger, Villain, Clerh, Falconnier, Hamel,
Leitner, Dehelly, P. Veyret, R. Duflos
et Ch. Esquier.

Mmes Fayolle, Frémaux, Amel, Persoons,
Hadamard, du Minil, Ludwig, R. Boyer,
Nancy Martel, Bertiny, Lynnès, Moreno,
Lerou, Brandès, Thomsen et Lainé-
Luguet.

SOCIÉTAIRES RETIRÉS.

MM. Geffroy, Lafontaine, Talbot, Delaunay (✳), Barré, Maubant (✳),
F. Febvre (✳) et Laroche (✳).

Mmes Judith, Victoria Lafontaine, Favart,
Dinah Félix, Croizette, Edile Riquer,
Madel, Brohan, Jouassain et Lloyd.

SERVICE DE LA COMÉDIE.

Secrétaire et contrôleur général, M. Guil-
loire (✳).

*Secrétaire du Comité, Bibliothécaire et
Archiviste*, M. Monval.

Lecteurs, MM. Paul Perret (✳) et Cadol (✳).

Régisseur, M. Jamaux.

Caissier, M. Toussaint.

Comptable du matériel, M. Vérons.

Contrôleur en chef, M. Courcier.

Aide-Bibliothécaire, M. Coüet.

PIÈCES JOUÉES PENDANT L'ANNÉE.

PIÈCES NOUVELLES.

	Date de la représ.	Total des représ.
PAILLERON. *Cabotins !* . . .	12 fév.	101
MARSOLLEAU. *Le Bandeau de Psyché*	21 mai.	18
RODENBACH. *Le Voile* . . .	id.	18
ROSTAND. *Les Romanesques*.	id.	19
RICHEPIN. *Vers la joie* . . .	13 octob.	15
BILHAUD (P.). *Qui ?* . . .	13 nov.	6
BERTAL. *Une Séparation* . .	21 déc.	3

PIÈCES JOUÉES POUR LA PREMIÈRE FOIS A LA COMÉDIE-FRANÇAISE.

	Date de la représ.	Total des représ.
G. RIVET. *Le Cimetière St-Joseph*	15 janv.	3
C. MENDÈS. *La Femme de Tabarin*	21 juil.	25
COPPÉE. *Severo Torelli* . .	28 août.	20

PIÈCES REMISES AU RÉPERTOIRE.

	Date de la représ.	Total des représ.
A. DUMAS. *Un Mariage sous Louis XV*	22 janv.	14
BERGERAT. *Une Amie*. . .	30 juil.	8
SCRIBE ET DUVEYRIER. *Oscar*	10 août.	5
E. AUGIER. *Le Fils de Giboyer*.	22 nov.	19

PIÈCES DU RÉPERTOIRE.

CLASSIQUES.

CORNEILLE. *Le Cid*, 5 a., 4 r.— *Horace*, 5 a., 3. — *Le Menteur*, 2 a. (fragm.), 1.

MOLIÈRE. *L'Avare*, 5 a., 10. — *Le Dépit amoureux*, 2 a., 5.— *L'Ecole des femmes*, 5 a., 6. — *Les Femmes savantes*, 5 a., 4. — *Les Fourberies de Scapin*, 3 a., 6. — *George Dandin*, 3 a., 1. — *Le Malade imaginaire*, 3 a., 9. — *Le Mariage forcé*, 1 a., 3. — *Le Médecin malgré lui*, 3 a., 1. — *Monsieur de Pourceaugnac*, 3 a., 4. — *Tartuffe*, 5 a., 1.

BOURSAULT. *Le Mercure galant*, 4 a., 4.

RACINE. *Andromaque*, 5 a., 6. — *Bérénice*, 5 a., 10. — *Britannicus*, 5 a., 4. — *Iphigénie*, 5 a., 3. — *Les Plaideurs*, 3 a., 5.

HAUTEROCHE. *Crispin médecin*, 1 a., 4.

REGNARD. *Attendez-moi sous l'orme*, 1 a., 4. — *Les Folies amoureuses*, 3 a., 1. — *Le Légataire universel*, 5 a., 3.

FAVART. *Les Trois Sultanes*, 3 a., 1.

BEAUMARCHAIS. *Le Barbier de Séville*, 4 a., 6.

PATRAT. *L'Anglais*, 1 a., 3.

MODERNES.

AUGIER (Émile). *L'Aventurière*, 4 a., 11. — *Les Effrontés*, 5 a., 8. — *Le Post-Scriptum*, 1 a., 1.

AUGIER (E.) et SANDEAU (J.). *Le Gendre de Monsieur Poirier*, 4 a., 4.

BANVILLE (Th. DE). *Le Baiser*, 1 a., 1.— *Gringoire*, 1 a., 6.

BARBIER (P.). *Vincenette*, 1 a., 3.

BELOT et VILLETARD. *Le Testament de César Girodot*, 3 a., 7.

BERR DE TURIQUE. *Le Rez-de-chaussée*, 1 a., 2.

COPPÉE. *Le Luthier de Crémone*, 1 a., 2.

DUMAS (A.). *Henri III et sa Cour*, 5 a., 3.

DUMAS (A.) fils. *Denise*, 4 a., 9. — *Francillon*, 3 a., 7. — *Une Visite de noces*, 1 a., 3.

DUVEYRIER. *Faute de s'entendre*, 1 a., 3.

ERCKMANN-CHATRIAN. *L'Ami Fritz*, 3 a., 6.

FERRIER (P.). *Chez l'avocat*, 1 a., 4. — *La Revanche d'Iris*, 1 a., 5.

FEUILLET (O.). *Le Pour et le Contre*, 1 a., 2.

GILLE (Ph.). *Camille*, 1 a., 2.

GIRARDIN (Mme DE). *La Joie fait peur*, 1 a., 4.

HERVILLY (D'). *La Belle Saïnara*, 1 a., 14.

HUGO (V.). *Hernani*, 5 a., 8. — *Ruy Blas*, 5 a., 11.

LABICHE et DELACOUR. *Les Petits Oiseaux*, 3 a., 2.

LACROIX (J.). *Œdipe-Roi*, 5 a., 12.

LEGOUVÉ (E.) et LABICHE. *La Cigale chez les fourmis*, 1 a., 3.

MANUEL. *Les Ouvriers*, 1 a., 1.

MAUPASSANT (DE). *La Paix du ménage*, 2 a., 3.

MEILHAC et HALÉVY. *Froufrou*, 5 a., 3. — *Le Petit Hôtel*, 1 a., 6.

MEURICE (P.) et VACQUERIE. *Antigone*, 5 a., 19.

MILLANVOYE. *Le Dîner de Pierrot*, 1 a., 11.

MURGER (H.) *Le Bonhomme Jadis*, 1 a., 4.

MUSSET (A. DE). *Il ne faut jurer de rien*, 3 a., 8. — *On ne badine pas avec l'amour*, 3 a., 2.

NOEL (Ed.) et PATÉ (L.). *Prologue à Bérénice*, 1 a., 10.

PAILLERON. *L'Étincelle*, 1 a., 5. — *Le Monde où l'on s'ennuie*, 3 a., 5.

PARODI. *La Reine Juana*, 5 a., 4.

PORTO-RICHE (DE). *La Chance de Françoise*, 1 a., 3.

RICHEPIN. *Le Flibustier*, 3 a., 2.

SAND (G.). *François le Champi*, 3 a., 3. — *Le Mariage de Victorine*, 3 a., 1. — *Le Marquis de Villemer*, 4 a., 14.

SANDEAU (J.). *Mademoiselle de la Seiglière*, 4 a., 10.

SCHOLL (A.). *Rosalinde*, 1 a., 2.

SCRIBE et LEGOUVÉ (E.). *Adrienne Lecouvreur*, 5 a., 4. — *Bataille de dames*, 3 a., 8.

SILVESTRE (A.) et MORAND. *Grisélidis*, 3 a., 5.

VACQUERIE. *Souvent homme varie*, 2 a., 18.

X... *Le Supplice d'une femme*, 3 a., 9.

En résumé, non compris l'à-propos des *Deux Cid*, 93 pièces dont 7 nouvelles, 3 jouées pour la première fois à la Comédie-Française, et 4 remises au répertoire. On a joué dans l'année 6 tragédies classiques et donné 67 matinées. En tout, 422 représentations, dont les recettes se sont élevées au chiffre de 2,009,773 fr. 95 c. La plus forte (8,518 fr. 32 c.) a été réalisée, le 1er décembre, avec *le Fils de Giboyer*.

JOURNAL DU THÉATRE.

Janvier.

2. — Matinée. *Antigone*. MM. Paul Mounet et Martel (Créon et Tirésias).

15. — 272ᵉ anniversaire de la naissance de Molière. On donne *George Dandin, le Malade imaginaire* avec la cérémonie, et la 1ʳᵉ rep., à ce théâtre, du *Cimetière Saint-Joseph*, à-pr., en v., et 2 tabl., de M. G. Rivet. MM. Berr (Scapin), Joliet (2ᵉ fossoyeur), Dupont-Vernon (Tartuffe), Villain (1er fossoyeur), Leitner (Alceste) ; Mᵐᵉˢ Frémaux (Agnès), du Minil (la France), Lynnès (Dorine).

21. — Matinée. *Antigone*. Mᵐᵉ Amel (Eurydice).

22. — Reprise *d'un Mariage sous Louis XV*, c. en 4 a., d'A. Dumas. MM. Baillet (de Candole), Boucher (le chevalier), Berr (Jasmin), Laugier (le commandeur), Joliet (un Suisse), Hamel (un officier) ; Mᵐᵉˢ Barretta (la Comtesse), Kalb (Marton).

28. — *Antigone*. M. Laugier (le gardien).

Février.

4.— *Monsieur de Pourceaugnac.* MM. Berr (2ᵉ avocat), Clerh (Oronte), Dehelly et P. Veyret (1ᵉʳ et 2ᵉ médecin grotesque).

6. — Matinée. *Les Femmes savantes.* M. P. Veyret (Julien).

11. — à 1 h. répétition générale de *Cabotins !*

12. — 1ʳᵉ représentation de *Cabotins !* c. en 4 a., de M. Pailleron. MM. Got (Grigneux), Worms (Cardevent), Coquelin cadet (Cadet), Le Bargy (Saint-Marin), de Féraudy (Pégomas), Truffier (Larvejol), Leloir (de Laversée), Berr (Caracel), Laugier (Hugon), Joliet (un facteur), Dupont-Vernon (le Maire), Villain (1ᵉʳ praticien), Clerh (Coltner), Falconnier (un domestique), Hamel (2ᵉ praticien), Leitner (Lovel), P. Veyret (Brascommié), Ravet (un photographe), Rosenberg (1ᵉʳ reporter), Magnier (Morton), Jahyer (2ᵉ reporter) ; Mᵐᵉˢ P. Granger (Mᵐᵉ Cardevent), Marsy (Valentine), Ludwig (la baronne), Frémaux (une femme), Hadamard (une reporteresse), Bertiny (le modèle), Lynnès (femme de chambre), Brandès (Mᵐᵉ de Laversée), Thomsen (la divette), Jamaux (une femme).

Mars.

4. — Matinée. *L'Étincelle.* Mˡˡᵉ Marsy (Mᵐᵉ de Rénat). — Le soir. *Les Précieuses ridicules.* M P. Veyret (Jodelet).

6. — *Le Barbier de Séville.* MM. Baillet

(Almaviva), Berr (Figaro), Laugier (Bartholo) et P. Veyret (l'Eveillé).

11. — *Le Mercure Galant*. MM. Hamel et P. Veyret (Brigandeau et Merlin).

15. — Matinée. *Horace*. M. P. Mounet (Horace).

20. — *La Chance de Françoise*. M. Boucher (Marcel). — *Le Marquis de Villemer*. MM. A. Lambert et Laugier (le marquis et Dunières) ; Mmes Barretta et Pierson (Caroline et la marquise).

27. — *Le Petit Hôtel*. MM. Berr, Laugier et P. Veyret (Boismartin, la Marsillière et Joseph).

31. — Collation des rôles de *Qui ?* et du *Pardon*.

Avril.

4. — *Cabotins !* MM. Berr, Dehelly et P. Veyret (Pégomas, Brascommié et Caracel).

5. — *Bataille de dames*. MM. Boucher et Truffier (Flavigneul et de Grignon).

11. — *Cabotins !* Mlle Fayolle (Mme Cardevent).

Mai.

9. — Mme Lainé-Luguet (la divette).

19. — 1 heure. Répét. générale du *Bandeau de Psyché*, du *Voile* et des *Romanesques*.

21. — 1res représentations. *Le Bandeau de Psyché*, c. en 1 a., en vers, de M. Marsolleau. M. Dehelly (l'Amour) ; Mmes Muller (Psyché) et Amel (la mère de Psyché). — *Le Voile*, pièce en 1 a., en vers, de

M. Rodenbach. MM. P. Mounet (Jean), Clerh (le Médecin) ; Mmes Moreno (sœur Gudule), Lerou (Barbe). — *Les Romanesques*, comédie en 3 a., en vers, de M. E. Rostand. MM. Le Bargy (Percinet), de Féraudy (Straforel), Leloir (Bergamin), Laugier (Pasquinot), Falconnier (Blaise); Mlle Reichenberg (Sylvette).

Juin.

6. — 288e anniversaire de la naissance de Corneille. On donne les deux premiers actes du *Menteur*, *le Cid*, et un à-propos, en vers, de M. de Nittis, *les Deux Cid*, avec MM. A. Lambert et P. Mounet (le Cid français et le Cid espagnol).

8. — *Cabotins !* M. Hamel (le Maire).

10. — Matinée. *Horace.* M. Hamel (Valère). — Le soir. *Le Rez-de-chaussée.* M. Dehelly (Guy).

16. — *Cabotins !* Mme Lainé-Luguet (la baronne) et M. P. Veyret (Cadet).

25, 26 et 27. — Relâche par suite de l'assassinat du Président de la République, M. Carnot.

Juillet.

1. — Relâche pour les obsèques du Président de la République.

3. — *Cabotins !* M. Dehelly (Lovel).

14. — Relâche à l'occasion de la fête nationale.

17. — Pendant l'après-midi, la Comédie-Française a fêté, dans un déjeuner donné

au Pavillon Henri IV, à St-Germain, les cinquante ans de services de M. Got.

21. — 1re représentation, à ce théâtre, de *la Femme de Tabarin*, tragi-parade en 1 a., de M. Catulle Mendès. MM. Silvain (Tabarin), Villain (Artaban), Hamel (un garde), Dehelly (Polyandre), P. Veyret (Théodamas) ; Mmes du Minil (la princesse Philoxène), R. Boyer (Francisquine), Bertiny (Télamire), Thomsen (Amalthée). — *On ne badine pas avec l'amour*. MM. Joliet (Bridaine), Clerh (le chœur des vieillards) et P. Veyret (le chœur des jeunes gens).

26. — *Œdipe-Roi*. MM. A. Lambert et Laugier (Créon et un esclave) ; Mlle Bertiny (jeune fille Thébaine).

30. — Reprise d'*une Amie,* comédie en 1 a., en vers, de M. Bergerat. M. Boucher (Richelieu) et Mlle Nancy Martel (la marquise). — *Le Supplice d'une femme*. M. Leitner (Alvarez) ; Mmes Ludwig et du Minil (Mme Larcey et Mathilde).

31. — M. Coquelin cadet est nommé chevalier de la Légion d'honneur.

Août.

2. — *Antigone*. M. Villain (le Chorège) et Mlle Bertiny (Ismène).

6. — *Gringoire*. Mlle Bertiny (Loyse).

8. — *Les Folies amoureuses*. M. Dehelly (Eraste).

9. — *Les Plaideurs*. MM. Dehelly et P. Veyret (Léandre et Petit-Jean). — *L'Avare*.

MM. P. Veyret et Joliet (La Flèche et le commissaire).

10. — *La Cigale chez les fourmis.* M. Clerh (Chameroy). — *Oscar.* MM. Dupont-Vernon et Dehelly (Gédéon et Thérigny); Mlle Kalb (Nanette). — *Les Précieuses ridicules.* M. Ch. Esquier (Du Croisy).

11. — 1re représentation de la Comédie-Française au théâtre d'Orange (*l'Ilote* et *Œdipe-Roi*).

12. — *Mademoiselle de la Seiglière.* M. Ch. Esquier (Raoul). — Deuxième représentation de la Comédie-Française au théâtre d'Orange. *La Revanche d'Iris* et *Antigone.*

14. — *Tartuffe.* Mmes Kalb et Lainé-Luguet (Dorine et Marianne). — *Le Testament de César Girodot.* M. Hamel (le notaire).

15. — *Les Ouvriers.* M. P. Veyret (Marcel).

17. — *Le Dîner de Pierrot.* Mlle Thomsen (Colombine).

18. — *Le Malade imaginaire.* M. P. Veyret (Purgon). — *Crispin Médecin.* MM. Clerh et Dehelly (Lindor et Géralde).

19. — *Le Marquis de Villemer.* M. Dupont-Vernon et Mlle du Minil (Dunières et Caroline).

22. — *Faute de s'entendre.* M. Dehelly (Thorcy).

28. — 1re représ., à ce théâtre, de *Severo Torelli*, dr.. en 5 a., en vers, de M. F. Coppée. MM. Silvain (Battista), A.

Lambert (Severo), P. Mounet (Barnabo), Martel (Fra Paolo), Joliet (un proscrit), Villain (le Barigel), Falconnier (un homme du peuple), Hamel (Balbo), Leitner (Riccardi), Dehelly (Malatesta), Gaudy (serviteur) ; Mmes Hadamard (Catarina), du Minil (Sandrino), Brandès (Portia), Lerou (Donna Pia), Thomsen (un page), Jamaux (femme du peuple).

Septembre.

5. — *Hernani.* Mlle Brandès et M. Ch. Esquier (Dona Sol et Don Sanchez).

7. — *Cabotins !* MM. A. Lambert (Cardevent), Laugier (Grigneux), Villain (Hugon), P. Veyret (Larvejol) et Ch. Esquier (1er praticien).

9. — *La Femme de Tabarin.* Mlle Moreno (Télamire).

17. — *L'Ami Fritz.* MM. Baillet (Fritz), Clerh (Christel), P. Veyret (Joseph) ; Mlle Fayolle (Catherine).

Octobre.

12. — 12 h. 3/4. Répétition générale de *Vers la joie.*

13. — 1re représentation de *Vers la joie*, conte bleu en 5 a., en vers, de M. J. Richepin. MM. Got (Bibus), Coquelin cadet (Truquelin), Le Bargy (le Prince), Leloir (Agénor), P. Mounet (Bruin). Laugier (Nanet), Martel (1er médecin), Roger (1er huissier), Villain (2e médecin), Falconnier (le tambour du village), Hamel (Paulin), Dehelly (Landri), P. Veyret (3e mé-

decin), Ch. Esquier (Lucas), Gaudy (2ᵉ huissier) ; Mᵐᵉˢ Barretta (Jouvenette), Pierson (Thérèse), Frémaux (Arabella).

25. — *Cabotins !* M. Boucher (Saint-Marin).

Novembre.

1. — Relâche, par ordre. Mort du Tsar Alexandre III.

5. — Remise à la scène de *l'Aventurière.* MM. Mounet-Sully (Fabrice), Silvain (Monte-Prade), Leloir (Annibal), Laugier (Dario), Dehelly (Horace) ; Mᵐᵉˢ Reichenberg (Célie), Jane Hading (Clorinde).

10. — *Le Flibustier.* Mˡˡᵉ Lerou (Marianne).

13. — 1ʳᵉ représentation de *Qui ?* com. en 1 a, de M. P. Bilhaud. MM. Coquelin cadet (Monfériel), Truffier (de Chantenay), Joliet (Lecourtoîs), Falconnier (domestique) ; Mᵐᵉˢ Pierson (Mᵐᵉ Lecourtoîs), Ludwig (Suzanne). — *La Femme de Tabarin.* M. Ch. Esquier (Théodamas).

14. — *Le Mariage forcé.* M. Berr (Pancrace).

17. — *La Femme de Tabarin.* M. Leitner (Polyandre).

22. — Reprise du *Fils de Giboyer*, c. en 5 a., d'Emile Augier. MM. Got (Giboyer), Le Bargy (Maximilien), Truffier (d'Outreville), Leloir (marquis d'Auberive), Laugier (Maréchal), Joliet (Dubois), Dupont-Vernon (Couturier), Villain (de Germoise), Clerh (de la Vrillière), Fal-

connier et Gaudy (domestiques) ; Mmes Barretta (Fernande), Pierson (Mme Maréchal), Marsy (la baronne Pfeiffer), Persoons (Mme de la Vieux-Tour).

25. — *Les Précieuses ridicules*. Mlles Ludwig et Lynnès (Madelon et Cathos).

Décembre.

14. — *Le Monde où l'on s'ennuie.*
M. Ch. Esquier (Gaïac).

19. — *Henri III et sa Cour*. M. Raph.
Duflos, rentrée (Henri III), Joliet (Bussy-
Leclerc), Dupont-Vernon (Ruggieri), Ch.
Esquier (Du Halde), Gaudy (Villequier) ;
Mmes Lerou (Catherine), Thomsen (le
page d'Antraguet), Lainé-Luguet (Marie).

21. — 255e anniversaire de la naissance
de Racine. On donne *Iphigénie*, avec
M. Villain, Mmes Hadamard et Lerou
(pour la 1re fois, Arcas, Doris et Clytem-
nestre) ; *les Plaideurs*, et une comédie à-
propos en 1 a., en vers, de M. G. Bertal,
une Séparation. MM. Boucher (Cte de
Clermont-Tonnerre), Laugier (Champ-
meslé), Leitner (Racine) ; Mmes Kalb
(Lucette) et du Minil (Marie de Champ-
meslé).

OPÉRA-COMIQUE

1780-1895. — Place du Châtelet.

Directeur, M. Carvalho (✳).

Secrétaire général, M. Jahyer.

Artistes, MM. Artus, Badiali, Barnolt, Belhomme, Bernaert, Bouvet, Carbonne, Carrell, Claeys, Clément, Dufour, Féraud, Fugère, Gourdon, Grivot, Imbart de La Tour, Isnardon, Jacquet, Jérôme, Leprestre, Lubert, Marc-Nohel, Mondaud, Mouliérat, Thierry, Thomas, Viannenc; Mmes Bonnefoy, Bréjean-Gravière, Buhl, Calvé, Carré-Delorn, Chambellan, Chevalier, Delna, Dubois (F.), Elven, Eyreams, Garnier, Grandjean, Harding, Horwitz, Kerrion, Laisné, Leclerc, Mauger, Molé-Truffier, Mondaud-Panseron, Nikita, Pack, Parentani, Pascal, Perret, Pierron, Saville, Severa, Thévenet, Tiphaine, Villefroy, Vilna, Wyns.

PIÈCES JOUÉES PENDANT L'ANNÉE.

PIÈCES NOUVELLES.

Le Flibustier, dr. lyr. 3 a., J. Richepin, mus. C. Cui (22 janv.). MM. Fugère (Le Goëz), Clément (Jacquemin), Taskin (Pierre) ; Mmes Landouzy (Janick), Tarquini d'Or (Marie-Anne). 4 r.

Fidès, dr. mimé, 1 a., Roger-Milès et E. Rossi, mus. Street (28 fév.). MM. E. Rossi (Hyphax), Lacroix (Torquatus) ; Mlle Laus (Fidès). 17 r.

Le Portrait de Manon, op.-c. 1 a., G. Boyer, mus. Massenet (8 mai). MM. Fugère (Des Grieux), Grivot (Tiberge) ; Mmes Elven (le vicomte), Laisné (Aurore). 14 r.

PIÈCES JOUÉES POUR LA Ire FOIS
A L'OPÉRA-COMIQUE.

Falstaff, c. lyr. 3 a., A. Boito, version fr., P. Solanges et A. Boito, mus. Verdi (18 avril). MM. Maurel, rentrée, puis Fugère (Falstaff), Soulacroix, puis Badiali (Ford), Clément (Fenton), Belhomme (Pistolet), Barnolt (Bardolphe), Carrell (Caïus) ; Mmes Landouzy (Nannette), Delna (Quickly), Grandjean (Aline), Chevalier (Meg). 50 r.

Paul et Virginie, op. 3 a., J. Barbier et M. Carré, mus. V. Massé (18 déc.). MM. Clément (Paul), Fugère (Domingue), Mondaud (Sainte-Croix), Artus (M. de la Bourdonnais) ; Mmes Saville, débuts (Virginie), Delna (Méala), Ville-froy (Mme de la Tour), Wyns (Margue-rite), Buhl (un négrillon). 7 r.

REPRISE.

Le Domino noir, op.-c. 3 a., Scribe, mus. Auber (18 nov.) MM. Mouliérat (Horace), Belhomme (Gil-Pérez), Grivot (lord Elfort), Marc-Nohel (Juliano), Eloi (Mel-chior) ; Mmes Bréjean-Gravière (Angèle), Molé-Truffier (Brigitte), Pierron (Jacin-the), Severa (Ursule), Eyreams (tourière).

PIÈCES DU RÉPERTOIRE.

ADAM. *Le Chalet*, 1 a., 13. — *Le Postillon de Lonjumeau*, 3 a., 5.

AUBER. *Fra-Diavolo*, 3 a., 8. — *Haydée*, 3 a., 1. — *Le Maçon*, 3 a., 6.

BANÈS. *Madame Rose*, 1 a., 4.

BIZET. *Carmen*, 4 a., 46. — *Les Pêcheurs de perles*, 3 a., 6.

BOIELDIEU. *La Dame blanche*, 3 a., 7. — *Le Nouveau Seigneur du village*, 1 a., 3.

BRUNEAU (A.). *L'Attaque du Moulin*, 4 a., 22.

DAVID (Fél.). *Lalla-Roukh*, 2 a., 17.

DELIBES (Léo). *Lakmé*, 3 a., 9.

DONIZETTI. *La Fille du régiment*, 2 a., 11.

GOUNOD. *Philémon et Baucis*, 2 a., 5. — *Mireille*, 3 a., 23.

GRÉTRY. *Les Deux Avares*, 2 a., 16. — *Richard Cœur de Lion*, 3 a., 14.

HÉROLD. *Le Pré aux Clercs*, 3 a., 15. — *Zampa*, 3 a., 6.

HESS. *Le Dîner de Pierrot*, 1 a., 12.

LACOME. *La Nuit de Saint-Jean*, 1 a., 2.
MAILLART. *Les Dragons de Villars*, 3 a., 3.
MASCAGNI. *Cavalleria rusticana*, 2 a., 43.
MASSÉ (V.). *Les Noces de Jeannette*, 1 a.,
  21.
MASSENET. *Manon*, 5 a., 17. — *Werther*,
  4 a., 2.
MONSIGNY. *Le Déserteur*, 3 a., 3.
PAER. *Le Maître de chapelle*, 1 a., 30.
PESSARD. *Les Folies amoureuses*, 3 a., 8.
POISE. *L'Amour médecin*, 3 a., 8.
ROSSINI. *Le Barbier de Séville*, 4 a., 8.
SAINT-SAENS. *Phryné*, 2 a., 26.
THOMAS (A.). *Mignon*, 3 a., 55.

En tout, 40 pièces.

Outre les débuts déjà mentionnés, signalons ceux de Mlles Pack et Harding (Santuzza et Phryné), dans *Cavalleria rusticana* et *Phryné* (22 fév.) ; de Mme Bréjean-Gravière (Manon), dans *Manon* (17 sept.), et de M. Jérôme (Nadir), dans *les Pêcheurs de perles* (15 nov.). Mentionnons également la « millième » représentation de *Mignon* donnée gratuitement le 13 mai.

Recettes de l'année : 1,548,820 fr. 30 c., pour 343 représentations, dont 48 en matinées ; la plus élevée (9,057 francs) a été réalisée, le 28 mai, avec *Falstaff*.

Clôture annuelle du 30 juin au 1er septembre.

ODÉON

1805-1895. — Place de l'Odéon.

Directeurs, MM. Marck (✻) et Desbeaux.

Artistes, MM. Amaury, Berthet, Bullier, Cealis, Chataignié, Cornaglia, Damoye, Darras, L. Delaunay, Duard, Duparc, Etiévant, Fenoux, Gerval, Jahan, Jahyer, Lambert (A.), Magnier, Marsay, Montbars, Paumier, Rameau, Taldy ; Mmes Addey, Arbel, Basset, Bery, de Boncza, Chapelas, Crosnier, Danzas, Dehan, Dorsy, Dunoyer, Dux, Fège, Gerfaut, Groslier, Grumbach, Guernier, Legat, F. Lemaître, Lherbay, Marcya, Marsa, Noris, Piernold, Raucourt, Roybet, Sinty, Syma (Rose), Tessandier, Varly, Verteuil, Wissocq.

PIÈCES JOUÉES PENDANT L'ANNÉE.

PIÈCES NOUVELLES.

Novus Doctor, c. 1 a., J. Rengade (15 janv.). 5 r.

Fausse Manœuvre, c. 1 a., Bertol-Graivil et Marc-Sonal (18 fév.). 16 r.

Yanthis, pièce, 4 a., en v., J. Lorrain (id.). MM. A. Lambert, Fenoux, Mmes Dorsy et Marcya. 13 r.

Le Bourgeois républicain, c. 1 a., A. Valabrègue (id). 13 r.

Vieille Maison, c. 1., Ch. Joliet (24 fév.). 17 r.

Le Ruban, c. 3 a., G. Feydeau et M. Desvallières (id.). M. Dailly (Paginel). 45 r.

Les Revenants, c. 1 a., Berr de Turique d'apr. Marivaux (mat. du 8 mars). MM. Duard (Frontin), Duparc (Dorante), Paumier (Scapin), Janvier (Colas), L. Delaunay (le marquis); Mmes Dunoyer (Mme Argante), Fège (la marquise), Basset (Lisette). 35 r.

Juana, c. 1 a., en v., G. Rivet (9 avril). 14 r.

Les Deux Noblesses, c. 3 a., H. Lavedan (14 avril). MM. A. Lambert (Roche), Montbars (de Briçay), Rameau (Moret), Fenoux (Henri); Mmes Tessandier (Mme Durieu), Rose Syma (Suzanne), Gerfaut (marquise de Thouringue), Grumbach (Mme Roche). 43 r.

Tentation, c. 1 a., Devore (17 mai). 10 r.

La Fin d'un rêve, à-pr. en v. 1 a., G. Bertal (6 juin). M. Jahan (Corneille); Mlle Dux (Isabelle). 4 r.

Le Sycomore, c. 2 a., P. Alexis et Gilbert (20 sept.). 19 r.

La Barynia, c. 3 a., Mme Judith Gautier et Gayda (id.). M. Magnier (Andrée); Mlle de Boncza (Clélia). 22 r.

Bertrande, c. 1 a., Noussanne (15 oct.)

M. Cornaglia (l'abbé); Mlle Wissocq (Bertrande). 34 r.

Fiancée, c. 4 a., Daniel Lesueur (20 oct.). MM. A. Lambert, Rameau, Fenoux ; Mmes Crosnier, de Boncza, Piernold. 26 r.

Neiges d'antan, c. 1 a., de Marthold (26 nov.). 28 r.

Au déclin, a.-pr. 1 a. en v., de Nittis (21 déc.). 4 r.

At Home, c. 1 a. en v., L. Legendre (24 déc.). 8 r.

PIÈCE JOUÉE POUR LA Ire FOIS A L'ODÉON

Monsieur Alphonse, c. 3 a., A. Dumas fils (17 nov.). MM. Rameau (Montaiglin), Romain (Octave), Darras (Rémy), Taldy (Dieudonné) ; Mmes Tessandier (Mme Guichard), Gerfaut (Raymonde), Suz. Golsten (Adrienne). 41 r.

REPRISES.

Les Fausses Confidences, c. 3 a., Marivaux (18 janv.). MM. Montbars (M. Rémy), Rameau (Dorante), Duparc (le comte), Darras (Lubin), Baron fils (Dubois) ; Mmes Raucourt (Mme Argante), Arbel (Araminte), Basset (Marton). 5 r.

Le Dénouement imprévu, c. 1 a., Marivaux (1er fév.). MM. Jahan (Argante), Gerval (Eraste), Paumier (Crispin), Chataignié (Dorante) ; Mmes Wissocq (Mme Argante), Dauzas (Lisette). 1 r.

Bérénice, tr. 5 a., Racine (15 fév.). MM. A. Lambert (Titus), Sarter (Antiochus), Gerval (Paulin), Jahan (Arsace),

Taldy (Rutile) ; Mmes Dux (Bérénice), Marcya (Phénice). 1 r.

La Comtesse d'Escarbagnas, c. 1 a., Molière (15 fév.). MM. Berthet (Thibaudier), Paumier (Criquet), Chataignié (M. Harpin), Godeau (le vicomte), Darras (Bobinet), Auguste (Jeannot) ; Mmes Dunoyer (la comtesse), Fège (Julie), Groslier (Andrée), Anna (le comte). 1 r.

L'Amour et la Raison, c. 1 a., Pigault-Lebrun (22 fév.). 1 r.

La Mère confidente, c. 3 a., Marivaux (8 mars). MM. Duparc (Ergaste), Darras (Lubin), L. Delaunay (Dorante) ; Mmes Arbel (Mme Argante), Wissocq (Angélique), Sinty (Lisette). 1 r.

Don Juan d'Autriche, c. 5 a., C. Delavigne (26 mars). MM. A. Lambert (frère Arsène), Montbars (D. Quexada), Rameau (Philippe II), Fenoux (Don Juan), Duparc (Raphaël), Marsay (D. Ruy Gomez) ; Mmes Dux (dona Florinde), Wissocq (Peblo), Dunoyer (Dorothée). 14 r.

Le Préjugé vaincu, c. 1 a., Marivaux (5 nov.). MM. Duparc (le marquis), Gerval (Dorante), Paumier (L'Épine) ; Mmes Guernier (Lisette), Varly (Angélique). 4 r.

La Coupe enchantée, c. 1 a., La Fontaine (8 nov.). MM. Montbars (Thibaut), Paumier (Griffon), Berthet (Josselin), Darras (Tobie), Baron fils (Bertrand), Bullier (Anselme) ; Mmes Lherbay (Perrette), Piernold (Lélie), Noris (Lucinde). 7 r.

Le Glorieux, c. 5 a. en v., Destouches (15 nov.). MM. Duard (Pasquin), Jahan

(Lycandre), L. Delaunay (comte de Tu-
fière), Magnier (Valère), Chataignié
(Philinte), Darras (Lafleur), Taldy (M.
Josse), Bullier (Lisimon); Mmes Wissocq
(Isabelle), Legat (Lisette). 4 r.

Les Amis du jour, c. 1 a., Beaunoir (22
nov.). 6 r.

Le Tuteur, c. 1 a., Dancourt (6 déc.).
MM. Berthet (M. Bernard), Chataignié (le
chevalier), Gerval (Dorante), Baron fils
(Lucas), Paumier (l'Olive); Mmes Noris
(Angélique), Dauzas (Lizette), Noémie
(Mathurine). 1 r.

Les Trois Gascons, c. 1 a., Dancourt
(13 déc.). MM. Duard (de Spardagnac),
Gerval (Eraste), Paumier (Frontin), Bul-
lier (Oronte), Jahyer (La Rose); Mmes
Piernold (Julie), Noris (Lucile), Basset
(Marton). 1 r.

Mérope, tr. 5 a., Voltaire (13 déc.).
MM. Damoye (Polyphonte), Magnier
(Egysthe), Duparc (Narbas), Taldy (Eury-
clès); Mmes Grumbach (Mérope), Delion
(Ismène). 1 r.

L'Esprit de contradiction, c. 1 a., Du-
fresny (20 déc.). MM. Bullier (Oronte),
Gerval (Valère), Berthet (Thibaudier),
Darras (Lucas), Fournier (un notaire);
Mmes Raucourt (Mme Oronte), Wissocq
(Angélique). 1 r.

Un certain nombre de ces pièces n'ont
été jouées qu'aux matinées du jeudi, avec
conférences de MM. Sarcey, Larroumet, Lintilhac, etc.

PIÈCES DU RÉPERTOIRE.

ANCIENNES.

CORNEILLE. *Le Cid*, 5 a., 7 r.
MOLIÈRE. — *Le Dépit amoureux*, 2 a., 7.
— *L'École des femmes*, 5 a., 1. — *Les Femmes savantes*, 5 a., 5. — *Le Malade imaginaire*, 3 a., 9.— *Le Médecin malgré lui*, 3 a., 9. — *Psyché*, 5 a., 1.— *Tartuffe*, 5 a., 3.
RACINE. *Athalie*, 5 a., 5. — *Phèdre*, 5 a., 5. — *Les Plaideurs*, 3 a., 4.
REGNARD. *Les Folies amoureuses*, 3 a., 5. — *Les Ménechmes*, 5 a., 6. — *Le Légataire universel*, 5 a., 8.
DANCOURT. *Le Chevalier à la mode*, 5 a., 2.
LE SAGE. *Crispin rival de son maître*, 1 a., 4. — *Turcaret*, 5 a., 4.
MARIVAUX. *Les Sincères*, 1 a., 1.
VOLTAIRE. *Zaïre*, 5 a., 2.
BEAUMARCHAIS. *Le Barbier de Séville*, 4 a., 4.
PATRAT. *L'Anglais*, 1 a., 4.
BAWR (Mme de). *Les Suites d'un bal masqué*, 1 a., 2.

CONTEMPORAINES.

BOIS. *Racine à Chevreuse*, 1 a., 4.
COPPÉE (F.). *Le Trésor*, 1 a., 16.
DUMAS (A.) fils. *Le Fils naturel*, 5 a., 61.

Des artistes étrangers au théâtre ont donné, en outre, le 31 mai, dans une représentation extraordinaire (souscription au monument d'Émile Augier), *le Post-*

Scriptum, le 1ᵉʳ acte de *la Jeunesse*, le 1ᵉʳ acte du *Fils de Giboyer* et *la Cigüe*.

Recettes de l'année : 441,605 fr. 22 c., pour 330 représentations, dont 60 en matinées. La plus forte (3,676 fr. 75 c.) a été réalisée, le 24 novembre, avec *Monsieur Alphonse*.

Clôture du 20 juin au 20 septembre.

GYMNASE

1820-1895. — Boul. Bonne-Nouvelle, 38.
Directeurs, MM. Masset et E. Abraham,
puis MM. A. Carré (✻) et Porel (✻).

—

PIÈCES JOUÉES PENDANT L'ANNÉE.

PIÈCES NOUVELLES.

Dette de jeunesse, c. 3 a., G. Bertal
(11 janv.). 13 r.

Famille, c. 3 a., Aug. Germain (30
janv.). MM. Noblet (Lucien), Maugé
(Dorfeuilles), Calmettes (Maurice), Colombey (Lanjally), Numès (Pedro), Victorin (Pastoret); Mmes Darlaud (Jane),
Demarsy (Francisquina), Yahne (Hu-
guette), Henriot (Mme Dorfeuilles), Ver-
nières (Mme Pastoret), Alix (Rose). 100 r.

Le Pèlerinage, c. 4 a., Boucheron et
Ordonneau (6 avril). 9 r.

Le Guet-Apens, c. 1 a., Gavault et de
Cottens (8 avril). 45 r.

Pension de famille, c. 4 a., M. Donnay (27 oct.). MM. Noblet (Raymond),

Mayer (André), Galipaux (Jacques),
Nertann (Richomme), Numès (sir Lati-
mer) ; Mmes M. Legault (Mme Aubert),
Darlaud (Aline), Rosa Bruck (comtesse
Ablanoff), Verneuil (Germaine), Yahne
(Sarah), Lucy Gérard (Éva), Claudia
(Mme Plouff). 53 r.

REPRISES.

La Filleule de Cabassou, c. 1 a., Lieus-
son (7 janv.). 102 r.

Ma Gouvernante, c. 4 a., A. Bisson
(8 mai). 24 r.

Nos Bons Villageois, c. 5 a., V. Sardou
(19 sept.). MM. Dailly (Morisson), Calmettes (le baron), Boisselot (Floupin), A.
Michel (Grinchu), Gauthier (Henri), Torin (Tétillard), Numa (Courtecuisse),
Dauvillier (Grandménil) ; Mmes S. Carlix (Geneviève), Suger (Pauline), Claudia (mère Buisson), Médal (la Mariotte),
Grimault (Chouchou), Bernou (Perrette).
47 r.

La Question d'argent, c. 5 a., A. Dumas
fils (6 déc.). MM. Calmettes (René), A.
Michel (Durieu), Numès (Jean Giraud),
Mayer (de Cayolle), Nertann (de Ron-
court) ; Mmes Drunzer (Elisa), Rosa Bruck
(C^esse Savelli), Claudia (Mme Durieu),
Béranger (Mathilde). 11 r.

Le Chapeau d'un horloger, c. 1 a., Mme
de Girardin (25 déc.). MM. Calmettes
(Gonzalès), Galipaux (Amédée), Gauthier
(Rodrigues), Boudier (Robineau), Gou-
get (Dollar) ; Mmes Suger (Stéphanie), L.
Gérard (Henriette). 7 r.

Un Fils de famille, c. 3 a., Bayard et de Biéville (25 déc.). MM. Lafontaine (le colonel), Numès (Kirchet), Maury (Frédéric) ; Mmes Desclauzas (Mme Laroche), S. Avril (Emmeline), Grimault (Pomponne), Médal (Marianne). 7 r.

RÉPERTOIRE.

Marthe, 1 a., E. Daudet, 8 r. ; *la Chrysalide,* 1 a., Drack, 7 ; *la Duchesse de Montélimar,* 3 a., A. Valabrègue, 8.

Recettes de l'année : 617,315 fr. 50 c., pour 278 représentations, dont 30 en matinées ; la plus forte (6,136 fr.) a été réalisée, le 3 novembre, avec *Pension de famille.*

Clôture du 31 mai au 19 septembre.

VAUDEVILLE

1792-1895. — Rue de la Chauss.-d'Antin, 1.
Directeurs, MM. A. Carré (✻) et Porel (✻).

—

PIÈCES JOUÉES PENDANT L'ANNÉE.

PIÈCES NOUVELLES.

Villégiature, c. 1 a., Meilhac (15 janv.). M. Mayer (Jacques); Mlle Réjane (Lucie). 4 r.

Folle entreprise, c. 1 a., M. Donnay (26 fév.). 4 r.

Maison de poupée, c. 3 a., Ibsen, traduct. Prozor (20 avril). MM. Candé (Helmer), Mayer (Krostad), Lérand (le docteur); Mmes Réjane (Nora), Thomsen (Mme Linde), Netza (Anne-Marie), Morey (Hélène.) 4 r.

Brignol et sa Fille, c. 3 a., A. Capus (23 nov.). MM. Dieudonné (le commandant), Lérand (Brignol), Lagrange (Valpierre); Mmes Samary (Mme Brignol), Lecomte (Cécile), de Géraudon (Mme Valpierre).

REPRISES.

Les Résignés, c. 3 a., Céard (15 janv.).
MM. Mayer, Grand, Lérand ; Mmes Samary, Suger et de Géraudon. 4 r.

Clara Soleil, c. 3 a., Gondinet et Sivrac (29 janv.). MM. Dieudonné (Roland), Galipaux (Célestin), Gauthier (Oscar) ; Mmes Legault (Evelyne), D. Grassot (Mme Ragonaud), M. Caron (Clara-Soleil), Avril (Léonie). 4 r.

Les Lionnes pauvres, c. 5 a., E. Augier et Foussier (13 fév.). MM. Candé (Pommeau), Duquesne (Bordognon), Chautard (Lecarnier) ; Mmes Réjane (Séraphine), Legault (Thérèse), D. Grassot (Mme Charlot), M. Caron (Victoire), Cabel (Henriette). 4 r.

Le Porte-Cigares, c. 1 a., R. Deslandes (26 fév.). 4 r.

La Grammaire, c. 1 a., Labiche et Jolly (23 nov.). M. Boisselot (Caboussat). 4 r.

RÉPERTOIRE.

La Petite Sœur, 1 a., Mme Barbier, 4 r. ; *L'Invitée,* 3 a., de Curel, 4 ; *Nos Intimes,* 4 a., V. Sardou, 4 ; *Madame Sans-Gêne,* 4 a., V. Sardou et E. Moreau, 262.

NOTA. — Les pièces jouées 4 fois n'ont été représentées qu'aux soirées d'abonnement.

Recettes de l'année : 1,528,829 fr. 10 c., pour 295 représentations, dont 44 en matinées ; la plus élevée (7,823 fr.) a été réalisée, le 27 janvier, avec *Madame Sans-Gêne.*

Clôture du 6 juin au 28 septembre.

PALAIS-ROYAL

1831-1895. — Palais-Royal, péristyle Joinville, 72 et 73.

Directeurs, MM. Mussay et Boyer.

PIÈCES JOUÉES PENDANT L'ANNÉE.

PIÈCES NOUVELLES.

La Lettre, c. 1 a. E. Pourcelle (9 janv.). 129 r.

Un Fil à la patte, c. 3 a., G. Feydeau (id.). MM. Saint-Germain (Bouzin), Milher (le général), Raimond (Bois d'Enghien), R. Luguet (Lantéry), Dubosc (Chenneviette), Didier (Fontanet), Garon (Antonio); Mmes J. Cheirel (Lucette), Doriel (Viviane), Franck-Mel (la baronne), Bode (Marceline), Bilhaut (une dame), Médal (Nini). 139 r.

Les Joies du foyer, c. 3 a., M. Hennequin (1er sept.). MM. Saint-Germain, Calvin; Mmes Lavigne, Franck-Mel, Kerwich. 66 r.

Un Coup de tête, c. 3 a., Bisson et Sylvane (3 nov.). 20 r.

Les Ricochets de l'amour, c. 3 a., A. Valabrègue et M. Hennequin (27 déc.). MM. Calvin, Milher, Hittemans ; Mmes M. Magnier, Depoix, Lavigne, Kerwich 6 r.

REPRISES.

Le Petit Abbé, saynète music., 1 a., H. Bocage et Liorat, mus. Ch. Grisart, avec Mme Chaumont (16 mai). 40 r.

Prête-moi ta femme, c. 2 a., M. Desvallières (id.). MM. Milher (Rabastoul), Raimond (Gontran) ; Mmes Kerwich (Angèle), Doriel (Edith), Renot (Magay). 40 r.

Les Trois Chapeaux, v. 3 a., A. Hennequin (26 juin). M. Saint-Germain (Baptiste). 5 r.

RÉPERTOIRE.

Monsieur chasse, 3 a., G. Feydeau, 37 r. ; *une Enquête,* 1 a., M. Hennequin, 121 ; *le Bibelot,* 1 a., d'Hervilly, 57 ; *Leurs Gigolettes,* 4 a., Meilhac et de Saint-Albin, 6 ; *Monseigneur,* 1 a., Méreuil et de Gorsse, 6.

Recettes de l'année : 793,931 francs pour 318 représ., dont 22 en matinées ; la plus élevée (5,561 fr.) a été réalisée, le 14 janvier, avec *un Fil à la patte.*

Clôture du 30 juin au 1er septembre.

4

VARIÉTÉS

1779-1895. — Boulevard Montmartre, 7.
Directeur, M. F. Samuel.
Secrétaire général, M. J. Brasseur.

—

PIÈCES JOUÉES PENDANT L'ANNÉE.

PIÈCES NOUVELLES.

L'Héroïque Le Cardunois, c. 3 a., A. Bisson (25 janv.). 10 r.

L'Amant de carton, v. 1 a., H. Bocage (13 mars). 33 r.

Madame la Commissaire, v. 3 a., H. Chivot et H. Bocage (id). 3 r.

L'Article 214, c. 3 a., Ordonneau et Sylvane (18 sept.). 16 r.

La Rieuse, c. 3 a., Blum et Toché (21 nov.), avec Mme Judic. 29 r.

La Vertu de Rose, v. 1 a., Blum et Toché (22 nov.). 29 r.

REPRISES.

Gentil-Bernard, c. 5 a., Dumanoir et Clairville (23 fév.), avec causerie de F. Sarcey.

MM. A. Brasseur (Jaillou), Gobin (Samuel Bernard), Petit (La Tulipe), E. Georges (Jasmin) ; Mmes M. Ugalde (Gentil-Bernard), Bonnet (Mlle Sallé), Lavallière (Claudine). 19 r.

Lili, c.-v. 3 a., A. Hennequin et Millaud (24 mars). MM. Dupuis (Plinchard), Baron (le vicomte), Lassouche (le baron), C. Petit (Bonpain), E. Georges (Bouzincourt), A. Simon (René) ; Mmes Judic (Amélie), Mathilde (Mme Bouzincourt), Bonnet (Victorine). 17 r.

Madame Satan, c. 3 a., E. Blum et Toché (11 avril), augmentée de *Satan-Revue,* avec MM. Baron (Phryné), A. Brasseur (le compère), Gobin (Falstaff), Lassouche (le petit Cendrier), Mmes J. Granier (Otero), Lender (la commère), Auguez (la chanson de 1830). 72 r.

Les Trente Millions de Gladiator, c. 3 a., Labiche et Ph. Gille (17 déc.). MM. Dupuis (Eusèbe), Baron (Gredane), A. Brasseur (Gladiator), Gobin (Jean), Petit (Pepitt) ; Mmes Mathilde (Mme Gredane), Lender (Suzanne). 17 r.

RÉPERTOIRE.

Boquillon à la recherche d'un père, 3 a., Bayard et Dumanoir, 1 r.; *Gymnastique en chambre,* 1 a., Bisson, 61 ; *Horace et Liline,* 1 a., Blum, 110 ; *les Saltimbanques,* 3 a., Dumersan et Varin, 1 ; *Garanti dix ans,* 1 a., Gille, 12 ; *les Charbonniers,* 1 a., Gille, mus. Costé, 17 ; *Modes à l'entresol,* 1 a., Marc-Sonal et Gréhon, 27 ; *Mam'zelle Nitouche,* 3 a., Meilhac et A. Millaud, 30, *les Brigands,* 3 a., Meilhac et Halévy, mus. Offenbach, 32 ; *le Premier Mari de France,* 3 a., A. Valabrègue, 10.

Recettes de l'année : 947,483 fr. 50 c., pour 290 représ. dont 24 en matinées ; la plus élevée (6,504 fr. 50 c.) a été réalisée, le 24 déc., avec *les Charbonniers* et *les Trente Millions de Gladiator.*

Clôture du 21 juin au 18 septembre.

COMÉDIE-PARISIENNE

1893-1895. — Rue Boudreau.

Directeur, M. Koning, jusqu'au 27 février. A partir de cette date, les représentations, fort clairsemées, n'ont été données que par des sociétés particulières.

—

PIÈCES JOUÉES PENDANT L'ANNÉE

PIÈCES NOUVELLES.

Pignerolles malade, c. 1 a., R. O'Monroy (21 janv.). 38 r.

Un Père, p. 1 a., de Montignac, et *l'Art*, p. 3 a., Thalasso (8 mai). 1 r.

L'Enfant, p. 1 a., de Weindel, et *l'Engrenage*, p. 3 a., Brieux (15 mai), avec MM. Dieudonné, Mayer, Depas, Mmes Rose et Suz. Carlix. 1 r.

Son Professeur, c. 1 a., Chancel (23 mai). 1 r.

L'affaire Mancel, c. 1 a., G. Mitchell; *Ils sont trop verts*, c. 1 a., Scheler et Plan, et *la Glissade*, c. 3 a., Meurey et A. Thierry (20 juin). 1 r.

Créanciers, c. 1 a., Strindberg, traduct. Loiseau ; *la Gardienne,* c. 1 a., de Regnier, et *Frère,* c. 1 a., Colleville et Zépelin (21 juin). 1 r.

Dinah, c. lyr. 4 a., M. Carré et de Choudens, mus. Missa (28 juin). 2 r.

Comme ils sont tous, c. 5 a., E. Fabre (5 nov.). 1 r.

Blagues et Bourdes, r. 2 a., Dorfeuil, Lebreton et H. Moreau (19 déc.). 1 r.

Sous la loi, c. 3 a., Colleville et Brandès (20 déc.). 1 r.

Rosmerta, dr. 4 a., Ch. Vincent (22 déc.). 1 r.

On a donné en outre : sous la direction Koning, 59 représ. de *Suzanne et les Deux Vieillards,* et de *la Veuve ;* puis, dans des matinées extraordinaires, 1 représ. de *Chez une petite dame,* *Un Caprice,* *Deux Douleurs,* et *Pierrot trompé.*

Recettes de l'année: 46,132 fr. 15 c., pour 69 représ., dont 2 en matinées ; la plus élevée (2,147 fr.) a été réalisée, le 2 janvier, avec *Suzanne et les Deux Vieillards* et *la Veuve.*

PORTE-SAINT-MARTIN

1822-1895. — Boulevard Saint-Martin.
Directeur, M. Rochard (✻).
Secrétaire général, M. G. Blavet.

—

PIÈCES JOUÉES PENDANT L'ANNÉE.

PIÈCES NOUVELLES.

Tibère à Caprée, dr. 5 a., St. Rzewuski (4 mai). MM. Taillade (Tibère), Ph. Garnier (Séjan), Gravier (l'apôtre), Péricaud (Trasyllus), Desjardins (Caligula), Rosny (Hélios) ; Mmes A. Laurent (Lucienne), Haussmann (Livie), Leconte (Stella), Lamart (Daphné). 45 r.

Sabre au Clair, dr. 5 a., J. Mary (4 nov.). MM. Joumard (de Vandières), Gravier (Jordanet), Péricaud (Lemayeur), Desjardins (Méderic), Rosny (Mauregard), Fontanes (de Savenay) ; Mmes Desclos (Marguerite), Samuel (Régine), Bode (Mme Lemayeur).

REPRISES.

Monte-Cristo, dr. 5 a., A. Dumas et Maquet, arr. p. Blavet (15 mars). MM. Ph. Garnier (Dantès), Taillade (Faria), Gravier (Mondego), Péricaud (Caderousse), Desjardins (Villefort), Rosny (Bertuccio),

Fontanes (Albert) ; Mmes Honorine (la Carconte), Haussmann (Mercédès), Lamart (Haydée), Fredericks (Julie). 54 r.

La Casquette au père Bugeaud, dr. 5 a., Marot et Clairian (13 juil.), avec Mme Tessandier (Nedjoumah). 10 r.

Les Mousquetaires, dr. 5 a., A. Dumas et Maquet (21 sept.). MM. Joumard (d'Artagnan), Gravier (Cromwel), Desjardins (Mordaunt), Sarter (Athos), Rosny (Charles Ier), Fontanes (Aramis), Degeorge (Porthos), Albert (de Winter) ; Mmes Ruault (Henriette), Samuel (Madeleine), Huart (l'hôtesse). 43 r.

On a donné, en outre, 83 représent. de *Napoléon*, et une de *la Passion*, d'Haraucourt (23 mars). Des artistes étrangers an théâtre ont joué enfin, à la matinée du 5 avril, *l'Avocat, une Date fatale* et *la Scène à faire.*

Recettes de l'année : 830,518 fr. 25 c., pour 305 représentations, dont 39 en matinées ; si l'on met à part celle qu'a réalisée l'unique représentation de *la Passion* (11.213 fr. 50 c.), la plus élevée (7,125 fr. 50 c.) a été obtenue, le 2 janvier, avec *Napoléon.*

Clôture du 3 juin au 13 juillet, et du 22 juillet au 6 septembre.

AMBIGU-COMIQUE

1829-1895. — Boulevard Saint-Martin.
Directeur, M. Grisier.
Secrétaire général, M. Armand Lévy.

—

PIÈCES JOUÉES PENDANT L'ANNÉE.

PIÈCES NOUVELLES.

Les Chouans, dr. 5 a., E. Blavet et P. Berton, d'ap. Balzac (12 avril). MM. Chelles (Cte Hulot), P. Berton (de Montauran), Burguet (Corentin), Renot (Beauchamp), Charpentier (Pille-Miche) ; Mmes Laure Fleur (Marie de Verneuil), Sylviac (la comtesse), Descorval (la Barbette). 104 r.

La Belle Limonadière, dr. 5 a., P. Mahalin et Péricaud (20 juil.). MM. Chelles (Vidocq), Desjardins, Bréant, Renot ; Mmes Henriot, S. Munte, Daubrun. 91 r.

La Fée Printemps, dr. 5 a., J. Mary (19 oct.), avec M. Volny. 27 r.

Les Ruffians de Paris, dr. 6 a., M. Drack (24 déc.). 9 r.

On a donné, de plus, 114 représentations de *Gigolette* et 45 de *Roger la Honte*.

Enfin des artistes étrangers au théâtre ont joué, dans des matinées à bénéfice, outre *A la Chambrée*, *l'Etincelle*, *Jean-Marie* et *Gringoire*, les pièces nouvelles suivantes : *La petite Veuve*, c. 1 a., Grenet-Dancourt (8 mars) ; *Babylone*, dr. 4 a., Peladan (28 mai) ; *le Rossignol*, c. 1 a., P. Wolff, et *une Bonne Soirée*, c. 1 a., Alévy, Vély et Marcelles (21 déc.).

Recettes de l'année : 666,378 fr. 95 c., pour 396 représentations, dont 42 en matinées ; la plus élevée (4,213 fr. 50 c.) a été réalisée, le 1er janvier, avec *Gigolette*.

GAITÉ

1762-1895. — Square des Arts-et-Métiers.
Directeur, M. Debruyère.
Secrétaire général, M. F. Lefèvre.

—

PIÈCES JOUÉES PENDANT L'ANNÉE.

PIÈCE NOUVELLE.

Le Treizième Hussards, op.-c. 3 a., A.
Mars et M. Hennequin, mus. J. Clérice (14
mars), avec MM. Samary (débuts), P.
Fugère, Modot, Mᵐᵉˢ Méaly, Vialda, T.
Raphaële. 26 r.

REPRISE.

Rip, op.-c. 3 a., Meilhac et Ph. Gille,
mus. Planquette (18 oct.). MM. Soula-
croix, débuts (Rip), P. Fugère (Ischabod),
Dekernel (Nick), Mauzin (Derrick), L.
Noël (Jack), Nivette (Hudson), Bernard
(Pickly), Millot, Cardow, Jaltier ; Mᵐᵉˢ
Bernaërt, débuts (Nelly), Sully (Kate),
Marcelle (Jacinthe), S. Collin (Lowena).
Danse : Mˡˡᵉ Riganti. 87 r.

On a donné, en outre, 82 représentations de *Surcouf,* et 95 des *Cloches de Corneville.*

Enfin, des artistes étrangers au théâtre ont donné, dans des représentations extraordinaires : le 1ᵉʳ fév., *A la Chambrée,* l'*Empereur, Gringoire* et *la Joie fait peur ;* le 27 février, *Axel,* dr. inédit 4 a., Villiers de l'Isle-Adam ; le 15 mars, *la Coupe enchantée, Jean-Marie* et *la Joie fait peur ;* le 19 avr., *un Dépit d'amoureux,* com. nouv. 1 a., Marais, et *le Passant ;* le 3 mai, *Flagrant Délit* et *Madame attend Monsieur ;* le 6 mai, *la Scène à faire, Chez l'avocat* et *la Femme ;* le 7 déc., *la Cigale chez les fourmis.*

Recettes de l'année : 776,184 fr., pour 296 représentations, dont 32 en matinées ; la plus élevée (8,584 fr. 50 c.) a été réalisée, le 21 oct., avec *Rip.*

Clôture du 16 juin au 18 octobre.

CHATELET

1861-1895. — Place du Châtelet.

Directeur, M. Floury.
Secrétaire général, M. Edm. Floury.

—

PIÈCES JOUÉES PENDANT L'ANNÉE.

PIÈCE NOUVELLE.

Le Trésor des Radjahs, c. dr. 5 a., d'En-
nery et P. Ferrier (3 fév.). MM. Joumard
(Cabassol), Cocheris (Saverny), Pougaud
(Palaiseau), Bouyer (de Rochegrune),
Gardel (Sidi-Achmed), Rebel (le marquis),
Scipion (Loustalot), Alexandre (M. Pros-
per), Chatelain, Ossart, Rosambeau ; Mmes
Guernier (Rosette), Didier (Diane), Mi-
roir (Dilarah), Lucena (Djelma). 136 r.

REPRISES.

Le Juif-Errant, dr. 5 a., d'Ennery, d'ap.
le roman d'Eug. Sue (9 juin). MM. Pau-
lin-Ménier (Rodin), Joumard (Dagobert),
Pougaud (Gringalet), Bouyer (d'Aigri-
gny), Alexandre (Dupont), Gardel (Cou-
che-tout-nu), Rebel (Agricol) ; Mmes Méa

(Adrienne), G. Moreau (la Mayeux), de Pontry (Françoise), Lucena (la princesse). 118 r.

Les Pirates de la Savane, dr. 5 a., A. Bourgeois et F. Dugué (26 oct.). MM. L. Noël (Jonathan), Bouyer (Andrès), Albert (Bérard) ; Mmes la b^{onne} de Rahden (Léo), Lucena (Hélène), A. Gaudy (Eva). 69 r.

On a donné, en outre, 11 représ. du *Chat du Diable*.

Recettes de l'année : 983,531 fr., pour 333 représ. dont 23 en matinées ; la plus élevée (11,093 fr. 50 c.) a été réalisée, à la matinée du 6 fév., avec *le Trésor des Radjahs*.

RENAISSANCE

1873-1895. — Boulevard Saint-Martin.

Directrice, Mme Sarah Bernhardt.
Administrateur général, M. Ullmann.
Secrétaire général, M. Delilia.

—

PIÈCES JOUÉES PENDANT L'ANNÉE.

PIÈCES NOUVELLES.

Izeyl, dr. 4 a., en v., A. Silvestre et E. Morand, mus. Pierné (24 janv.). MM. Guitry (le Prince), de Max (le Yoghi), L. Noël (le Tukkuttuki), Deneubourg (Scindia), Montigny (un Roi vaincu), Angelo (un tisseur), Lacroix (le lépreux) ; Mmes Marie-Laurent (princesse Harastri), Sarah Bernhardt (Izeyl), Boulanger (Yami). 79 r.

Patron Bénic, c. 1 a., G. de Wailly (17 sept.), avec M. J. Coquelin. 38 r.

Gismonda, dr. 4 a., V. Sardou (31 oct.). MM. Guitry (Almerio), Deval (Zaccaria), de Max (l'Evêque), Angelo (Stradalla), Deneubourg (Lusignan), Mévisto (Basiliades), Montigny (Gregoras), Chameroy (Dom Bridas), Laroche (Giustiniani), G.

Monrose (Léonard), Brunière, Piron, Lacroix, Castelli, Gérard ; Mmes Sarah Bernhardt (Gismonda), Marthold (Thisbé), Grandet (Donnata), Seylor (Agnello), Delisle (Andrioli), Yves Roland (Tiberio), Darley, Denac, Bellanger, Dalcy, etc. 68 r.

La Première, à-pr., 1 a., E. Haraucourt (20 déc.). 2 r.

REPRISES.

Fédora, dr. 4., V. Sardou (3 avril). MM. Guitry (Loris), Angelo (de Sirieix), Magnin (le docteur), Deneubourg (Rouvel), Montigny (Gretch), Lacroix (Tchilef) ; Mmes Sarah Bernhardt (Fédora), G. Fleury (Olga), Seylor (Dimitri), Saryta (C^sse de Tournis), Boulanger (baronne Ockar), Maille (Marka). 49 r.

L'Écureuil, c. 1 a., V. Sardou (21 avril). 29 r.

Jean-Marie, c. 1 a., en v., A. Theuriet (9 janv.). MM. Guitry (Jean-Marie), Piron (Joël) ; Mme Sarah Bernhardt (Thérèse). 1 r.

La Femme de Claude, p. 3 a., A. Dumas fils (17 sept.). MM. Guitry (Claude), Deval (Cantagnac), de Max (Antonin), Montigny (Daniel) ; Mmes Sarah Bernhardt (Césarine), Valdey (Edmée), Delisle (Rebecca). 38 r.

On a donné, en outre, 31 représ. de *la Dame aux Camélias*, 14 de *Phèdre*, 2 des *Rois* et un fragment de *Rome vaincue* (matinée extraordinaire du 10 mai).

Des artistes étrangers au théâtre ont

joué, dans cette même matinée, *la Nuit d'octobre, Lolotte* et *la Petite Veuve*.

Recettes de l'année : 1,330,460 fr. 25 c., pour 283 représ., dont 35 en matinées ; la plus élevée (8,006 fr.) a été réalisée, le 19 novembre, avec *Gismonda*.

MENUS-PLAISIRS

1868-1895. — Boul. de Strasbourg, 14.

Directeurs, M. Miran, puis, successivement,
MM. Chapé, Cox, Vandal et Chapuis.

—

PIÈCES JOUÉES PENDANT L'ANNÉE.

PIÈCES NOUVELLES.

La Revue Sans-Gêne, rev. 3 a., Delilia,
Blondeau et Monréal (3 janv.). MM.
Francès, Raiter, Marcelin, Herbert, Bel-
lucci, A. Simon ; Mmes Cassive, Léonetti,
Guitty, Derval, etc. 54 r.

L'Élève du Conservatoire, opérette 3 a.,
Burani et Kéroul, mus. Wenzel (29 nov.),
avec Mlle Mily Meyer. 33 r.

Tout pour mon art, v. 1 a., Pourcelle
(1er déc.). 30 r.

REPRISES ET RÉPERTOIRE.

Un et un font trois, 1 a. (4 janv.), 17 r.;
Jaunard et Vertillon, 1 a. (19 janv.),
26 ; *Mademoiselle ma Femme*, 3 a. (24
mars), 51 ; *M. le Moraliste*, 1 a. (25 mars),
49 ; *Mme Nicolet*, 3 a. (8 mai), 3 ; *Le Fé-
tiche*, 1 a. (9 mai), 1 ; *Hypnotisée*, 1 a.
(1er juin), 19 ; *Trois Femmes pour un
mari* (id.), 19.

La troupe des Bouffes a donné, en outre, en juin et juillet, 10 représ. de *Temps perdu*, 28 des *Trois Cousines*, et 39 de *Miss Helyett*.

Recettes de l'année y compris celles du Théâtre-Libre : 159,595 fr. 50 c., pour 213 représ. dont 22 en matinées ; la plus élevée (2,627 fr. 50 c.) a été réalisée, le 7 janvier, avec *la Revue Sans-Gêne*.

THÉATRE-LIBRE.

Les pièces suivantes, nouvelles ou jouées pour la 1ʳᵉ fois en France, ont été données sous la direction de M. Antoine :

En l'attendant, c. 1 a., L. Roux, et *L'Assomption de Manuele Mattern*, dr. 3 a., Gehrart-Hauptmann, traduct. Thorel (1ᵉʳ fév.).

Une Journée parlementaire, c. 3 a., Maur. Barrès (23 fév.).

Le Missionnaire, dr. 5 a., Marc. Luguet (26 avril).

BOUFFES - PARISIENS

1857-1895. — Rue Monsigny.
Directeur, M. E. Larcher.
Administrateur général, M. F. Larcher.

—

PIÈCES JOUÉES PENDANT L'ANNÉE.

PIÈCES NOUVELLES.

Les Forains, opéret. 3 a., M. Boucheron et A. Mars, mus. Varney (9 fév.). MM. Huguenet (Paul), Ch. Lamy (Jules-César), Bartel (Toulouse) ; Mmes Simon Girard (Olympia), Maurel (Mme Jupiter), Sully (Clorinde), Darcey (Mme Boniface), Barrot (Rosalie). 72 r.

Le Bonhomme de neige, opéret. 3 a., Vanloo et Chivot, mus. Banès (19 avril). 9 r.

Fleur de vertu, opéret. 3 a., E. Depré, mus. Diet (30 mai). MM. Baron fils, Ch. Lamy ; Mmes Mily Meyer, Bl. Marie, Maurel. 26 r.

L'Enlèvement de la Tolédad, op.-c. 3 a., Fab. Carré, mus. Audran (17 octobre). MM. Huguenet (Antonio), Ch. Lamy (Gaston), Barral (Poulet), Bartel (Trippmann), Jourdan (Marius) ; Mmes Simon Girard (la Tolédad), A. Maurel (la Mara-

cona), Gallois (la baronne), Burty (Mé-
lie), Manuel (Agathe). 89 r.

Pulcinella, op.-c. 1 a., St. de la Tour et
Turquet (13 nov.). 5 r.

REPRISE.

La Femme de Narcisse, opéret. 3 a., Fab.
Carré, mus. Varney (24 sept.). MM. Huguenet (Narcisse), Barral (Renardel), Jourdan (S.-Phar), Schey (Hippolyte) ; Mmes
Simon Girard (Estelle), Maurel (Eglan-
tine), Burty (Palmyre). 30 r.

On a donné, en outre, 87 rep. d'*une
Dent et un Chapeau*, 78 de *Mam'zelle Ca-
rabin*, 30 de *Poste-restante*, 70 de *Temps
perdu* et 53 du *Train N° 12*.

Enfin, des artistes étrangers au théâtre
ont joué, le 24 mai, en matinée, *Jeanne
d'Arc*, scène inédite 1 a., Grandmougin, et
l'*Histoire d'un Pierrot*.

Recettes de l'année : 556,445 fr. 50 c.,
pour 305 reprès., dont 32 en matinées ;
la plus élevée (4,975 francs) a été réalisée, le 27 octobre, avec l'*Enlèvement de
la Tolédad*.

Clôture du 24 juin au 15 septembre.

FOLIES-DRAMATIQUES

1831-1895. — Rue de Bondy, 40.

Directeur, M. A. Vizentini, puis M. Peyrieux.

Secrétaire général, M. Ch. Akar.

—

PIÈCES JOUÉES PENDANT L'ANNÉE.

PIÈCES NOUVELLES.

Clary et Clara, opérette 3 a., H. Raymond et A. Mars, mus. V. Roger (20 mars). MM. Vauthier, Guyon, Guy; Mmes Mily Meyer et Nixau. 6 r.

La Fille de Paillasse, op.-c. 3 a., Liorat et L. Leloir, mus. Varney (20 avril). MM. Vauthier, Riga, Guyon ; Mme Thuillier-Leloir. 33 r.

La Femme de paille, c. 1 a., H. Bocage (22 sept.). 41 r.

Tout Paris en revue, r. 3 a., Blondeau et Monréal (9 nov.). MM. Chalmin, Perrin, Dorgat, Modot, Vandenne, etc. ; Mmes Cassive, Tilma, Leblanc, Dezoder. 62 r.

REPRISE.

Le Tour du cadran, v. 5 a., Crémieux et H. Bocage (22 sept.), avec Mlle Chassaing (Nini). 47 r.

On a donné, en outre, 28 représ. de *Bien élevée,* 90 de *Cousin-Cousine,* 104 des *Deux chambres,* 50 de *Mam'zelle Clochette* et 23 des *Vingt-huit jours de Clairette.*

Enfin, du 7 juin au 2 septembre, la troupe des Nouveautés a joué 89 fois *un Bain de ménage,* et 100 fois *Champignol malgré lui.*

Recettes de l'année : 525,435 fr. 85 c., pour 361 représ., dont 40 en matinées ; la plus élevée (4,216 fr. 25 c.) a été réalisée, le 11 novembre, avec *Tout Paris en revue.*

NOUVEAUTÉS

1876-1895. — Boulevard des Italiens.

Directeur, M. Micheau.

Secrétaire général, M. Lionel Meyer.

PIÈCES JOUÉES PENDANT L'ANNÉE.

PIÈCES NOUVELLES.

Paris qui passe, rev, 3 a., Blum et Toché (20 janv.), avec MM. Germain, Tarride, Regnard, Mmes Pierny, Deval, Lantelme, etc. 53 r.

Fanoche, c. 3 a., Ordonneau (8 mars). 36 r.

Son Secrétaire, v. 3 a., M. Hennequin (10 avril). 8 r.

Nos Moutards, v. 3 a., Blum et Toché (23 avril). 34 r.

Le Jeu de l'Amour et du Bazard, c. 1 a., P. Ferrier (17 sept.). 105 r.

Les Grimaces de Paris, r. 3 a., Courteline et Marsolleau (26 oct). 40 r.

L'Hôtel du libre échange, c. 3 a., G. Feydeau et Desvallières (5 déc). MM. Germain (Pinglet), Colombey. (Paillardin), Guyon (Mathieu), Regnard (Boulot), Le Gallo (Maxime), Lauret (Bastien),

Giéger (Boucart), Rablet (Ernest), Charvet (Raoul) ; Mmes M. Caron (Marcelle), Macé-Montrouge (Angélique), Murany (Victoire), Cartoux (Rose), Marcelle (Flore), Sylviani (Jacinthe), de Salle (Marguerite), Boyer (Violette).

On a donné, en outre, 55 représentations de *Bain de Ménage*, 38 de *Champignol malgré lui*, 55 du *Collectionneur*, 18 de *L'Élection Pouparel* et 56 de *Mon Prince*. On a joué, enfin, pendant le mois de juin, 20 fois *l'Engrenage*, 19 fois *Son Professeur* donnés précédemment à la Comédie-Parisienne, et une fois *Fifine* (23 juin), com. nouv. en 1 a., d'E. Brieux.

Recettes de l'année : 501,454 fr. 50 c., pour 293 représentations, dont 27 en matinées ; la plus élevée (6,506 fr. 50 c.) a été réalisée, le 24 déc., avec *L'Hôtel du libre échange*.

Clôture du 23 juin au 16 septembre.

THÉATRE
DE LA RÉPUBLIQUE

(Ancien Chateau-d'Eau.)

1866-1895. — Rue de Malte.

Directeur, M. Lemonnier.

Artistes : MM. Bellecour, Dalmy, Dacheux, Grégoire, Richard, Fraizier, Bour, Jourda, Thorsigny, Kartal, Arvel, V. André, Bernay, Chalande, Darville ; Mmes Lemonnier, Levi-Lecler, Villars, Cassothy, Marsans, d'Orville, Divrix, Thierry, Salvadora, etc.

PIÈCES JOUÉES PENDANT L'ANNÉE.

PIÈCES NOUVELLES.

L'Éléphant blanc, dr. 5 a., J. Dornay et de Montépin (23 janv.). 32 r.

Les Bandits de Paris, dr. 5 a., Th. Henry (24 fév.). 27 r.

Eva la folle, dr. 5 a., Pourcelle et Menard (10 août). 21 r.

Jacques l'honneur, dr. 5 a., Sasie et G. Grison (30 oct.). 28 r.

RÉPERTOIRE ET REPRISES.

La Grâce de Dieu (1ᵉʳ janv), 23 r.; *la Closerie des Genets* (22 mars), 45; *la Charbonnière* (27 avril), 13; *Tartuffe* (17 mai), précédé d'une conférence de Clovis Hugues « sur les chefs-d'œuvre au peuple », avec MM. Bellecour (Tartuffe), Fraizier (Orgon), Castelli (Valère), Thorsigny (Cléante), Jourda (Damis), Mᵐᵉˢ J. Kesly (Dorine), L. Leclerc (Elmire), Marsans (Marianne), Divrix (Mᵐᵉ Pernelle), 3 r.; la scène des « Bavardes », du *Mercure Galant* (id.), 3; *les Rêves de Marguerite* (18 mai), 2; *le Sonneur de Saint-Paul* (20 mai), 20; *un Procès intime* (26 mai), 13; *la Prière des Naufragés* (8 juin), 24; *le Pacte de famine,* (4 juill.), 19; *Divorce à l'amiable* (6 juill.), 26; *l'Héritage de Jean Gommier* (24 juill.), 17; *les Orphelins du Pont Notre-Dame* (31 août), 28; *le Vieux Caporal* (28 sept.), avec M. Taillade, 33; *Deux Anges gardiens* (27 nov.), 9; *Par droit de conquête* c. 3 a., E. Legouvé (id.), 9, et *le Tour du monde d'un enfant de Paris* (6 déc.), 29.

Des artistes étrangers au théâtre ont donné, en outre, dans des matinées à bénéfice : *A la Porte* (18 mars); *les Conseils de grand'mère* (8 avril); *le Petit Hôtel* et *A la Chambrée* (6 mai); *la Partie de piquet* et *Une Tasse de thé* (28 oct.); *la Soirée du seize* et *le Refuge* (11 nov.); *l'Amour de l'art* et *On demande des quêteuses,* c. 1 a., nouv. Truffier et Blémont (18 nov.); *le Divorce de Pierrot*, et *le Passant* (25 nov.).

Recettes de l'année : 333,709 fr. 95 c., pour 384 représentations, dont 22 en matinées ; la plus élevée (2,324 fr. 25 c.) a été réalisée, le 9 décembre, avec *le Tour du monde d'un enfant de Paris*.

THÉATRE
D'APPLICATION

1888-1895. — Rue Saint-Lazare.

Directeur, M. Bodinier.

—

PIÈCES JOUÉES PENDANT L'ANNÉE.

PIÈCES NOUVELLES.

A la chambrée, c. 1 a., Matrat et Fordyce (28 déc. 93).

Hermann et Dorothée, dr. 3 a., Saint-
Just, d'ap. Gœthe, et *la Chaumière*, dr.
2 a., du même (28 janv. 94).

Instantanées, pant. 2 a., Boussenot, F.
Beissier et L. Gregh (8 fév.).

Paris-Bazar, r. 1 a., P. Flers (15 fév.).

*La Farce des femmes qui font refondre
leurs maris*, c. 1 a., en v., G. Vicaire et
J. Truffier (24 fév.).

Bath-Shéba, dr. lyr. 1 a., L. Hattais et
J. Bonval; *la Dernière Aurore de Jeanne
d'Arc*, op. 1 a., Mᵐᵉ Renaud Maury et
Crosti; *l'Oiseau bleu*, dr. lyr., 2 a., Mᵐᵉ Si-
mone Arnaud et A. Coquard (8 mars).

La Bombe, c. 1 a., Botrel; *les Conseils*

de grand'mère, c. 1 a., de Bellune (12 mars).

L'Amour marmiton, opérette b. 1 a., X. et H. de Saussives (16 mars).

Pluie d'orage, c. 1 a., d'Agenais (17 mars).

Une Nuit de carnaval, pant. 3 a., Ch. Aubert et Bonnamy ; *le Muet*, opérette mimée, 1 a., Galipaux et E. Pessard (26 mars).

Ce qu'elles veulent, c. 1 a., E. Sée ; *Pierrot rouge*, pant. 1 a., G. Belle et G. Paulin ; *le Nouveau jeu*, c. 1 a., H. Lavedan (2 avril).

Revue à domicile, c. 1 a., Marquet et Vicq (6 avril).

Les Folies bouts de bois, r. 1 a., P. Fournier (19 avril).

L'Amour de Pierrot, c. 1 a., Schwob ; *Quatre-vingt-treize bis*, r. 1 a., P. Weil et A. Alexandre ; *Parfum d'Arabie*, c. 1 a., Peytral (21 avril).

Monsieur sans gêne, v. 1 a., L. Harel ; *le Terme de Pierrot*, c. 1 a., d'Ingouville ; *les Fils d'Adam*, c. 1 a., Mme Rachilde (29 avril).

La Revue en rêve, r. 1 a., M. Carré et Colias (20 mai).

L'Enfant trouvée, c. 3 a., L. Figuier, et *Ce qu'on dit dans l'autre monde*, c. 1 a., Demaria (21 mai).

Le Diable couturier, lég. 1 a., Tiercelin et Guy Ropartz (27 mai).

Pierrot amoureux de la lune, pant. 1 a., Mellerio (28 mai).

Le Modèle rêvé, pant. 1 a., J. Frappa et M. Costa (12 juin).

M. Ruy Blas, monom. 1 a., Millan-voye, Eudel et Diet ; *Sourds-Muets,* dr. 1 a., G. Devore, et *Mme Manchaballe,* monom. 1 a., E. Michel, O'Monroy et Hugounet (18 juin).

Le Roman de Colombine, c. 1 a. en v., d'Humiac, et *la Moustache,* pant. 1 a., Fauvet et Katz (6 nov.).

Les Imprudences de M. Bilboquet, v. 3 a., Antigeou (10 nov.).

Paulette, c. 3 a., J. Croze et Lebaut ; *Flirt,* c. 1 a., Listchfousse, et *Pinson s'a-muse,* c. 1 a., G. Belle et Meudrot (12 déc.).

Les Rideaux, pant. 1 a., Ch. Aubert et Est. Marti ; *la Batte d'Arlequin,* pant. 1 a., Rémy, Sémiane, E. Larcher et Desgran-ges ; *Dieu le veult,* pant. 1 a., Gerbault, Artus et Mariette (14 déc.).

Scènes vécues, dr. 1 a., Marsolleau ; *Vieux ménages,* c. 1 a., O. Mirbeau ; *P'tit zize,* c. 1 a., G. Mitchell ; *la Peur des coups,* c. 1 a., Courteline, et *Au temps des folies,* c. 1 a., H. Lavedan (20 déc.).

Ivrogne, c. 1 a., A. Alexandre et E. Lévy ; *une Distraction,* c. 1 a., Guimbourg ; *Mariette,* c. 1 a., H. Giraud ; *Pierre Laurin,* c. 1 a., Dewavrin et Croze, et *Rue Saint-Denis à l'entresol,* c. 1 a., Maraudet (24 déc.).

All Right ! r. 2 a., Pollonnais et Cha-taigneraie (30 déc.).

Nota. — La plupart de ces pièces ont été données par les soins de sociétés par-ticulières.

RÉPERTOIRE.

Le Capitaine Bitterlin, les Espérances, l'Étincelle, la Fiancée de carton, Flagrant délit, Jean-Marie, les Jurons de Cadillac, Kerkakoff, le Livre bleu, Mon étoile, le Neveu de mon oncle, Nuit d'hymen, la Nuit d'octobre, le Passant, le Post-scriptum, Pierrot puni, le Refuge, Retour de bal.

DÉJAZET

1861-1895. — Boulevard du Temple.

Directeur, M. Boscher.

Artistes, MM. Hurteaux, Matrat, Narball, Déan, Kerny, Fouet, Lecœur, Stéphane, Monval, Debray, Draquin, etc. ; Mmes Chassaing, Narlay, Mauryce, Génat, Siders, Dalilah, Gérard, Lambert, etc.

PIÈCES JOUÉES PENDANT L'ANNÉE.

PIÈCES NOUVELLES.

Le Lit omnibus, v. 1 a., d'Arsay, 32 r., et *Y, T, rue des Dames,* v. 3 a., Froyez et Artus (10 fév.). 7 r.

Le Troisième larron, v. 1 a., René Lafon (14 mars). 104 r.

Un Modèle de mari, c. 1 a., A. Girard (9 juin). 59 r.

La Villa Beaumignard, c.-b. 3 a., Marc-Sonal et Gréhon (21 juil.). 64 r.

Les Surprises d'un célibataire, c. 1 a., Duchesne (13 août). 94 r.

Flagrant délit, c.-b. 3 a., A. Mars et Derancey (22 oct.). 36 r.

L'Infâme de Claude, par. 1 a., H. Buguet (id.). 5 r.

Associés, c. 3 a., Gandillot (28 nov.). 43 r.

REPRISES.

Coquin de printemps, v. 3 a., Jaime et G. Duval (17 mars). 81 r.

Les Dominos roses, c. 3 a., Delacour et A. Hennequin (26 mai). 30 r.

Le Supplice d'un homme, v. 3 a., E. Grangé et L. Thiboust (23 juin). 19 r.

On a donné, en outre, 36 représentations du *Baiser d'Yvonne*, 14 de *Décoré*, 20 de *Family Hôtel*, 21 d'*Il y a vingt ans*, 36 d'*Oscar Bourdoche*, 45 des *Six Femmes de Paul*, 42 du *Souper d'un réserviste*, 29 du *Sous-Préfet de Nanterre* et 23 du *Voyage des Berluron*.

Recettes de l'année : 146,515 fr. 05 c., pour 403 représentations, dont 57 en matinées ; la plus élevée (2,038 fr.) a été réalisée, le 24 déc., avec *Associés*.

CLUNY

1868-1895. — Boul. Saint-Germain, 71.
Directeur, M. Léon Marx.

PIÈCES JOUÉES PENDANT L'ANNÉE.

PIÈCES NOUVELLES.

Le Premier né, v. 1 a., Th. Barrière (20 janv.). 104 r.

L'Oncle Bidochon, v. 3 a., Vanloo, Chivot et Roussel (2 fév.). 32 r.

Une Fille pour deux pères, v. 1 a., H. Raymond (8 avril). 99 r.

Kiki, f.-v. 4 a., Bertol-Graivil et Marc-Sonal (13 avril). MM. Dorgat, Allart, Lureau, Muffat, Montaubry, Bour; Mmes Eva Martens, Marcilly, Giverny, Génat, Martelle, Bertoux, Romans, Rey. 83 r.

La Marraine de Charley, c.-b. 3 a., Ordonneau, d'ap. Brandon Thomas (14 sept.). MM. Pougaud (William), Lureau (le colonel), Véret (Spétigue), Muffat (Brasset), Coradin (Charley), Bour (Jack),

Chevalier (Huston) ; Mmes Azimont (Ketty), Marcilly (Ellen), Dornay (D. Lucia), Berney (Arabelle). 127 r.

REPRISES

Tête de linotte, c. 3 a., Th. Barrière et Gondinet (16 janv.), avec Mlle A. Lody (Céleste). 53 r.

Le Tunnel, c. 1 a., Gondinet (1er mars). 45 r.

Lidoire, tabl. milit. 1 a., Courteline (9 mai). MM. Muffat (la Biscotte), Montaubry (Dumont), Rouvière (Lidoire). 104 r.

La Mariée récalcitrante, v. 3 a., Gandillot (24 juin). 51 r.

Une Corneille qui abat des noix, c.-v. 3 a., Th. Barrière et Thiboust (9 août). 42 r.

On a donné, en outre, 19 représent. de *Ah ! la Pau... la Pau...*, 48 d'*Au coin du feu*, 42 de *Boubouroche*, 65 des *Deux Chambres*, 51 de *la Diva en tournée*, 4 d'*En partie fine*, 19 d'*Irrésistible* et 15 de *Trois femmes pour un mari*.

Recettes de l'année : 348,572 fr. 75 c., pour 422 représ., dont 60 en matinées ; la plus élevée (2,261 fr. 75) a été réalisée, le 16 décembre, avec *la Marraine de Charley*.

THÉATRES
DE QUARTIER

ET DE

LA BANLIEUE

—

CAFÉS-CONCERTS

PIÈCES NOUVELLES

JOUÉES PENDANT L'ANNÉE 1894.

—

ALCAZAR. — *Les Véli-Vélo de l'année,* r.
1 a., Millot et Delormel (28 juill.).

BA-TA-CLAN. — *La Rouquine,* pant. 1 a.,
L. Garnier, Battaille et Bonnamy
(8 fév.). — *Bonaparte en Égypte,* pant.
1 a., L. Garnier, Battaille et Bonnamy
(15 mars). — *Tahis,* par. 1 a., L. Garnier, Sermet et Battaille (1er sept.) — *Le
Ténor Gueulenboideli,* v. 1 a., L. Garnier
et Battaille (11 oct.).

BATIGNOLLES. — *L'Amour dans le crime,*

dr. 5 a., G. Marot (9 juin). — *La Famille du forçat*, dr. 5 a., G. Marot (13 oct.).

BELLEVILLE. — *Ah ! la Pau, la Pauvre année*, r. 5 a., G. Marot et Péricaud (13 janv.). — *Les Fils de Bussy*, dr. 5 a., G. Didier (25 fév.). — *Le Secret d'une mère*, dr. 5 a., Fr. Carmon (17 mars). — *Les Voleurs du grand monde*, dr. 5 a., L. Vidal et G. Marot (1er avril). — *Honneur pour honneur*, dr. 5 a., Carlant (22 avril). — *La Patronne*, dr. 5 a., Fournière (9 déc.).

BOUFFES DU NORD. — *Le Grillon*, dr. 5 a., Cl. Rochel, de Ricaudy et Thomy (26 janv.). — *L'Araignée de cristal*, dr. 1 a., Mᵐᵉ Rachilde (13 fév.). — *Au-dessus des forces humaines*, dr. 4 a., de Bjornstierne - Bjornson, traduct. Prozor (id.). — *Une Nuit d'avril à Ecos*, dr. 1 a., Trarieux (27 fév.). — *L'Image*, dr. 3 a., Beaubourg (id.). — *Les Dames du Plessis-Rouge*, dr. 5 a., Gandillot (7 mars). — *Solness le Constructeur*, dr. 5 a., Ibsen, traduct. Prozor (3 avril). — *Le Gamin de New-York*, dr. 5 a., Ed. Philippe, Wertheimber et Vider (6 déc.).

CASINO DE PARIS et NOUVEAU-THÉATRE. — *Nos Bons Chasseurs*, v. 3 a., P. Bilhaud et M. Carré, mus. Ch. Lecocq (10 avril). — *La Belle au Bois dormant*, féerie 3 a., L. Battaille, d'Hunnière et G. Hue (24 mai). — *L'Étoile de mer*, b.-pant. 2 a., E. Rossi, José et

Elwall (14 sept.). — *Annabella*, dr. 5 a., Ford et Mœterlinck (6 nov.). — *Nuit suprême*, dr. 1 a., P. Mayeux ; *Petit Ménage*, c. 1 a., Quinel et R. Dubreuil, et *la Fée*, c. 2 a., Mansart (9 nov.). — *La Vie muette*, dr. 4 a., Beaubourg (27 nov.). — *Le Ménage Quériquet*, c. 2 a., Kist ; *Accroche-cœurs*, c. 2 a., du même, et *Ce pauvre Agis*, c. 2 a., du Bois (29 nov.). — *La Puce*, pant. 1 a., Aubert et Ganne (1er déc.). — *Père*, dr. 3 a., Strindberg, traduct. Loiseau (13 déc.).

CERCLE DE L'UNION. — *La Revue quand même*, r. 3 a., Ph. de Massa, Jollivet, J. Normand, Ricard, de Sauvigny, Boussenot, réglée par G. Ohnet (9 juin).

CONCERT DE L'EPOQUE. — *De la Bastille à Charenton*, r. 1 a., Lebreton et H. Moreau (12 janv.). — *L'Eté sans gêne*, r. 1 a., des mêmes (21 juill.). — *Le Matricule 1313*, c. 1 a., Alavoine (12 oct.). — *La Ste-Eulalie*, v. 1 a., Beissier et de Gorsse (2 nov.).

CONCERT DE L'HORLOGE. — *P'tite-Villette-Champs-Élysées*, r. 1 a., Guy, Verneuil et Herbel (20 juill.).

CONCERT DE LA CIGALE. — *L'Année qui passe*, r. 2 a., Numès (29 janv.). — *Le Piège à détente*, v. 1 a., F. Mouton (4 avril). — *Chez la danseuse*, pant. 1 a., Audry, Aubert et Brisse (31 oct.).

CONCERT DE LA FOURMI. — *La Succession Robinet*, v. 1 a., W. Busnach (12 janv.). — *Champignol compère malgré lui*, r. 2 a., de Cottens et Gavault (31 janv.).

CONCERT DE LA PÉPINIÈRE. — *Un Duel pour un mariage*, opérette 1 a., Zévaco (29 sept. 93). — *Les Secrets d'une alcôve*, opérette 1 a., Haurigot et Duranthon (29 janv. 94). — *L'Hôtel Patachon*, v. 1 a., Durel (19 mars). — *La Dernière Frasque*, c. 1 a., Zévaco (6 mars) — *Le Talisman des lutteurs*, c. 1 a., Durocher et Feautrier (20 avril). — *Dans le maquis*, opérette 1 a., Mélandri et Jacoutot (12 oct.). — *Les Cabotins de l'année*, r. 2 a., Couture (6 déc.).

CONCERT EUROPÉEN. — *La Czarda*, op.-c. 1 a., de Néha et de La Chesnaye (28 fév.). — *Changement de propriétaire*, v. 1 a., Arrachart et Goudesone (26 sept.). — *Tournoi d'amour*, pant. 1 a., Tréville (26 oct.).

CONCERT LISBONNE. — *Le Coucher d'Yrette*, pant. 1 a., Verdellet et E. Arnaud, et *la Revue du colonel*, r. 1 a., J. Varney et Sainville (3 mars). — *Un Mâle de Montmartre*, v. 1 a., Poujade et Lamour, et *Japonais par amour*, v. 1 a., Mélandri (20 avril). — *La Grande blonde*, dr. 1 a., de Marthold (8 juin). — *Amour impie*, dr. 4 a., L. Dagé (16 juin). — *L'Empereur des Dos*, opérette, 1 a., Poujade, Lebraut, Méténier et de Trogoff (11 juill.). — *Les Bras de Vénus*, pant. 1.a., de Marthold et Est. Marti (18 nov.).

CONCERT PARISIANA. — *Parisiana*, prol.
1 a., Guy, Verneuil et Herbel (9 sept.).
— *Le Portrait*, pant., 1 a., Audry, Aubert et Ferroni (30 oct.). — *Allume !*
Allume ! r. 2 a., Verneuil, Guy et J. Jouy
(6 déc.).

CONCERT PARISIEN. — *Zut ! encore une*
revue, r. 2 a., Sermet et Talber (19
janv.) — *Les Jécrisses du mariage*, p.
1 a., H. Moreau et Lebreton (16 fév.).
— *Les Belles Amoureuses*, v. 1 a. Delilia
et A. de Jallais (3 mars). — *Le Petit*
Chaperon rose, opérette 1 a., L. Martin
et A. Petit (16 mars).

CONCERT TRIANON. — *M. Miss*, v. 1 a.,
L. Depré et Diet (26 mai). — *La Leçon*
interrompue, b. 1 a., E. Rossi, Ch. Akar
et Langlane (8 juin). — *Ka-ma-ki*, v.
1 a., Mme Christian (20 juin). — *On*
demande un modèle, v. 1 a., de S. Prest
et Mme Christian (22 juin). — *Paris-*
Trianon, r. 2 a., Alevy et A. Vély (31
juill.). — *La Perruche de ma femme*, v.
1 a., Perrault et Maty (7 déc.).

CONCERT 23 RUE DE TURENNE. — *Bar-*
botin et Piquoiseau, c. 2 a., A. Mars
(9 déc.).

EDEN-CONCERT. — *Pas d'enfants*, c. 1 a.,
d'Arsay et Jost (11 fév.). — *Les Cons-*
crits bretons, opérette 1 a., Lebreton,
H. Moreau et Vargues (31 mars). —
Le Moulin de Javelle, opérette 1 a., Grenet-Dancourt, E. Sauvage et P. Henrion (13 avril). — *Madame s'enchaîne*,

par. 2 a., Petit-Mangin et Gidé (12 mai).
— *Conte blanc*, pant. 1 a., Arnould,
Lancelin et Mme Guitty (3 août). —
A la pêche, opérette 1 a., Pradels, Moy-
net et Fragerolle (7 août). — *Par la
gymnastique*, c.-v. 1 a., A. Lambert et
Lebreton (24 août). — *M. et Mme Pierrot*, pant. 1 a., Hubert et A. Bert
(2 sept.). — *Le Royaume du péché*,
opérette 2 a., Corbié et Thomson
(8 sept.). — *M. Mars et Mlle Vénus*,
opérette 1 a., Grenet-Dancourt, Bedeau,
Éveillard et P. Henrion (27 oct.). —
Les Gaîtés de l'année, r. 2 a., Grenet-
Dancourt et Pradels (8 déc.).

ELDORADO. — *Tous Princes*, v. 1 a., Couture et Durel (3 mars). — *O'Ménéné*,
b. 1 a., Silvestre (24 oct.). — *Chez le
directeur*, b. 1 a., Mariquita et Désormes (26 nov.).

FANTAISIES NOUVELLES. — *Les Amours
de Pierrot*, v. 1 a., V. Karl (16 mars).

FOLIES-BELLEVILLE. — *V'la fini qui
grimpe*, r. 2 a., Lebreton et H. Moreau
(19 janv.).

FOLIES-BERGÈRES. — *Le Réveil d'une parisienne*, pant. 1 a., Ch. Aubert et L. Ganne
(31 mai). — *Les Demoiselles du XXe
siècle*, b. 1 a., Leba, A. Moreau, Mariquita et Désormes, et *un Duel après
le bal*, pant. 1 a., Martinetti et Désormes (15 sept.). — *Merveilleuses et
Gigolettes*, c. 1 a., Jouy, Lemaire, Mariquita et Ganne (21 déc.).

FOLIES-PARISIENNES. — *La Jolie Bouquetière*, v. 1 a., de Marsay et Burgairolles (5 janv.). — *Allons la voir*, r. 2 a., Ch. Mey (9 fév.). — *En colonne*, v. 1 a., de Marsay (5 oct.). — *Russes et Tartares*, v. 1 a., de Marsay et Duroc (14 déc.).

FOLIES-SAINT-ANTOINE. — *Saint-Antoine à Paris*, r. 2 a., E. Hugot (19 déc.).

GAITÉ-MONTPARNASSE. — *Le Sixième Acte de Ruy-Blas*, fant. 1 a., A. Hanotelle (20 fév.). — *En perquisition*, c. 1 a., Béker et Dormil (2 juin). — *C'est Kif! Kif!* r. 2 a., Dorfeuil, Lebreton et H. Moreau (22 déc.).

GAITÉ-ROCHECHOUART. — *Tout à la gaîté*, r. 2 a., G. Chauvin et G. Grison (5 janv.).

GALERIE-VIVIENNE. — *Clary contre Clary*, c. 1 a., A. Millaud. — *Le Sabre enchanté*, op.-c. 1 a., Bertol-Graivil, mus. Boussagol (8 fév.). — *Entre honnêtes gens*, c. 1 a., Aug. Germain (14 fév.). — *Villon*, c. 1 a., H. Malo ; *la Revendeuse d'illusions*, c. 2 a., Multzer, et *la Dévotion à Saint-André*, 1 a., M. Vicaire et P. Vidal (25 fév.). — *En son hôtel*, c. 1 a., Quinel et R. Dubreuil (5 mars). — *La Visite du docteur*, c. 1 a., Lemercier de Neuville (12 mars). — *La Jarretière*, op.-c. 1 a., G. Maillard et de Ménil (6 déc.). — *Pardons*, dr. 3 a., J. Koll (7 déc.). — *L'Assaut*, c. 1 a., Desvignes (11 déc.). — *La Nuit blanche*, pant., 1 a., Millanvoye, Eudel et E. Michel (12 déc.). — *Le Coréen*, dr. 1 a., Le Gallet et Motoyosi (24 déc.).

GOBELINS. — *Le Képi*, c. 1 a., Ch. Gabet (29 déc.).

HOTEL-CONTINENTAL. — *Hommes et Femmes*, c. 1 a., L. Puech (31 mars).

JOYEUX-CONCERT. — *Les Naïades des grottes d'azur*, v. 1 a., Redoux (9 fév.). — *La Mi-Carême de M. Gourdeau*, v. 1 a., Moullet, Ridoux et Lust (23 fév.). — *La Fille du garde-chasse*, opérette 1 a., Ridoux (9 mars). — *Professeuse Toc-Toc*, bouf. 1 a., Ridoux, Halet et Pita (17 mars). — *Les Torpilles de Bougival*, opérette 1 a., J. Drault et Gaulois (16 avril). — *Un Baptême de cloches*, opérette 1 a., Ridoux et Dozon (27 oct.). — *Gare, gare, Montparnasse*, r. 2 a., Moulet, Vivier, Ridoux et Gaulois (20 déc.).

MONTMARTRE. — *Un Enfant sur le bras*, opérette 1 a., Picard et A. Noël, et *le Moulin de Sans-Souci*, pant. 1 a., des mêmes (18 mai).

MONTPARNASSE. — *Le Vendeur de soleil*, c. 1 a., M^mo Rachilde ; *Virginité fin de siècle*, p. 4 a., Ch. Froment (25 mai).

OLYMPIA. — *Le Fiancé de cire*, pant. 1 a., F. Cahen et Ad. David (8 fév.). — *Un mauvais Rêve*, pant. 1 a., Maurey et Beyser (15 déc.).

PARIS-CONCERT. — *La Chemise*, opérette 1 a., Xantrac et Scheidecker (12 janv.).

SALLE DE GÉOGRAPHIE. — *Notre Futur*, c. 1 a., G. Feydeau (11 fév.). — *Une Entrevue*, c. 1 a., Berr de Turique (9 déc.).

SALLE DES SOCIÉTÉS SAVANTES. — *C'en est une*, c. 1 a., Mme J. Avril (22 avril.).

SALLE DUPREZ. — *Part à deux*, c. 3 a., R. Rouget et Carpentier d'Agneau, et *le Vieux*, dr. 1 a., G. Belle (22 mars). — *Le Souper interrompu*, c. 1 a., de Gourcuf (20 avril). — *Que dirait Sophocle ?* c. 1 a., E. Schlesinger (1er juin). — *Faute de grives*, c. 1 a., Mme de Lany, et *le Loup et l'Agneau*, c. 1 a., Chancel (id.). — *Le Voyage à Toulouse*, c. 1 a., Deselves (3 juin). — *Les Gestes de l'année*, r. 3 a., Carpentier d'Agneau et Tomy (18 nov.).

SALLE PÉTRELLE. — *Un Mari pour o fr. 30 c.*, c. 1 a., Beissier (27 mai).

SALLE POURTOUR DE L'ÉGLISE. — *Un Oncle au Volapuk*, c. 1 a., Denizot (4 fév.).

SALLE RUE DU SOLITAIRE. — *Le Poignard*, dr. 1 a., Botrel (20 mai).

SALLE RUE DE VANNES. — *Pierrot et Arlequin*, c. 1 a., Lemercier de Neuville (15 avril).

SALON BERNOFF. — *Premier Point noir*, c. 1 a., Lafrique (1er déc.).

SCALA. — *La Chaste Suzanne*, opérette 1 a., Beissier et Cieutat (1er fév.). — *La Tante Lochard*, v. 1 a., Gardel-Hervé

(10 mars). — *Joséphine elle est malade,* pant. 1 a., Courteline et de Sivry (8 sept.). — *Le Retour au pays,* pant. 1 a., J. d'Arc et Deransart (8 oct.). — *Paris scandale,* r. 2 a., Millot (3 déc.).

THÉATRE DU FIGARO. — *La Foire aux potins,* r. 1 a., en v., Redelsperger (14 mars).

THÉATRE MODERNE. — *La Revue de Machin,* sc. 1 a., Meusy; *Une Mère,* p. 1 a., H. Amic; *le Passant,* par. 1 a., en v., P. Gavault, et *une Visite,* p. 2 a., Brandès, traduct. Colleville et Zepelin (19 fév.).

THÉATRE MONCEY. — *Un Poisson d'avril,* v. 1 a., G. Marguery (12 mars).

TIVOLI. — *La Nuit rouge,* dr. 5 a., Chadourne (16 juin).

TOUR EIFFEL. — *Autour de la tour,* r. 1 a., Flers, et *Oh ! Paris,* p. 1 a., Gerbault, Arthus et G. Paulin (11 mai).

TROCADÉRO. — *Célibataire,* c. 1 a., L. Puech (26 mai).

PROVINCE

PIÈCES NOUVELLES

JOUÉES PENDANT L'ANNÉE 1894.

AIX. — *Le Timbre-poste*, c. 1 a., Levat (23 nov. 1893).

ALBI. — *Jeunesse perdue*, c. 1 a., d'Alby et F. Savard (20 oct.). — *Une Dot à la nage*, v. 1 a., d'Alby, Dénizot et Laurens (30 oct.).

ALGER. — *Le Pendu*, c. 1 a., P. Batail (20 fév.). — *Meyel*, dr.-lyr., Carbon et Spinazzi (5 avril.).

AMIENS. — *Napoléon intime*, c. 1 a., Vely (9 juill.). — *Jeanne Vaubert*, c. 1 a., Castelli et Leclerc.

ANGERS. — *Le Phoque*, c. 1 a., Grenet-Dancourt, et *les Épreuves de Jacqueline*, c. 1 a., Uzès (5 juin).

ANGOULÊME. — *France et Russie*, a.-pr., 1 a., Ev. Carrance (11 juin).

ARRAS. — *Séance de nuit*, c. 1 a., M. Hennequin (26 oct.).

ASNIÈRES. — *Le Bésigue chinois*, c. 1 a., Ed. Cadol (15 oct. 1893).

AUXERRE. — *Les Pantins de Madame*, c. 1 a., A. Valabrègue (21 janv.). — *Roméo et Juliette*, dr. 5 a., Leymarie (24 oct.).

AVIGNON. — *L'Horizontale*, v. 1 a., Legray (9 fév.). — *Allons-y*, r. 1 a., Legray et Belloche (10 mars). — *Juan Fernandez*, op-c. 2 a., Claudius (31 mars). — *En Avignon*, r. 1 a., J. Provost (7 août).

BEAUVAIS. — *Jeanne d'Arc*, dr. 5 a., du Pierriez (16 sept.). — *Le Locataire du sixième*, v. 1 a., Baret et Marc-Sonal (4 nov.).

BOLBEC. — *L'Illustre Brisacier*, c. 1 a., Glatigny (7 juill.).

BORDEAUX. — *Madame Cendrillon*, c. 1 a., T. Toulouse (27 janv.). — *La Belle au Bois dormant*, c. 1 a., Haring et M^{mo} Bellier (5 fév.). — *Raté*, c. 1 a., Laroche et Haring (17 fév.). — *Confrontation*, v. 1 a., O. Méténier (3 avril). — *L'Éléphant blanc*, opérette, 1 a., Gallay et Anglade (7 mai). — *Bouillie bordelaise*, r. 2 a., Joé Kahn et Fez, et *la Tache*, c. 1 a. en vers, Labat et Larribeau (9 mai). — *Les Records de l'année*, r. 2 a., Laroche et Meusy (10 nov). — *Paillasse*, op.-c. 2 a., Crosti et Léoncavallo (26 nov.).

— *Le Moblot de Saint-Michel*, dr. 5 a., G. Duprat (15 déc.).

BOULOGNE-SUR-MER. — *Les Roturiers de Pierre-Pont*, dr. 5 a., Lamarche (27 nov.).

BOURGES. — *Napoléon*, dr. 7 a., Chadourne (14 fév.).

CABOURG. — *Une Dame qui prend la mouche*, c. 1 a., Sadi Pety et de Brisoy (4 août).

CAEN. — *Maison vendue*, c. 2 a., M. Gray (3 fév.). — *L'Innocent*, dr. 5 a., L. Jolly (11 fév.).

CHALONS-SUR-MARNE. — *L'Atelier de peinture*, c. b. 1 a., Lemercier de Neuville.

CHAMBÉRY. — *Serment d'ivrogne*, dr. 1 a., E. Max, V. Stock et Leclerc (14 mai).

CHANTILLY. — *Le Fils adoptif*, dr. 3 a. (1er avril). — *Napoléon et l'Abbé Bonaparte*, dr. 5 a., Philibert (18 nov.).

CHAUMONT. — *Mademoiselle Sans-Gêne*, c. 5 a., Bourgade et E. Brault (26 déc. 93).

CHOISY-LE-ROI. — *Pour et Contre*, op.-c. 1 a., Bernard Honoré et E. Fontenelle (25 nov. 93).

COMPIÈGNE. — *Tout Compiègne y passera*, r. 3 a., G. Cœdès (18 mars).

CORBEIL. — *L'Homme de la nuit*, dr. 5 a., H. Raymond et de Gastyne (18 oct.).

DIEPPE. — *Un Voyage de noces*, c. 1 a., Bilhaud et de Saint-Albin (23 août). — *La Bombe glacée*, c. 1 a., Auschitzky (28 oct.).

DIJON. — *Kin-Kin*, opérette, 1 a., V. Ouvrier et Henzillet (5 avril). — *Le Compositeur matrimonial*, c. 1 a., Henzillet (14 avril). — *Dijon sens dessus dessous*, r. 1 a., J. Provost (28 nov.).

DINARD. — *La Famille Pompon*, v. 2 a., Christiane (8 août).

DOUAI. — *Douai tout gai*, r. 5 a., Sapiani (21 fév.). — *Réserviste*, c. 1 a., J. Gascogne (1er mars).

ENGHIEN. — *L'Heure du bain*, c. 1 a., Grenet-Dancourt (26 juill.).

EVREUX. — *Volte-face*, c. 1 a., A. Germain (23 déc.).

GRENOBLE. — *Grenoble fin de siècle*, r. 1 a., E. Rey et G. Hardy (17 janv.). — *Le Fils prodigue*, c. 1 a., F. Esselin (6 mars).

HOULGATE. — *Le Coup de foudre*, c. 1 a., P. Ferrier (10 août).

LE HAVRE. — *Ah Vrai ! c'est Rigolo...*, r. 2 a., Sérard (13 janv.). — *Deux Parapluies sous le Directoire*, v. 1 a., H. Germain et Sérard (21 avril). — *Madame a sa migraine*, c. 1 a., de Bussy (11 juill.). — *Monsieur sans gêne*, v. 1 a., Lebreton et H. Moreau (12 juill.). — *Un Soir d'été*, c. 1 a., Fox (18 juill.). — *Le Chemin le plus court*, c. 1 a., d'Essai (31 août). — *Carnaval*, c. 1 a., de Bussy (15 sept.). — *Le Bouquet de violettes*, c. 1 a., E. Léo, et *Train-Revue*, r. 4 a., E. Léo et R. Adam (22 déc.). — *All Right !* r. 1 a., A. René (24 déc.).

LE MANS. — *Le Mans à vol d'oiseau*, r. 1 a., Richard (25 janv.).

LILLE. — *Zut... j'y vais*, r. 1 a., Lagrillière et Assoignion (10 janv.). — *L'Oncle du Canada*, v. 3 a., Autschitzky (6 fév.). — *Microbe conjugal*, c. 3 a., Lagrillière et Appert (23 nov.).

LONGWY. — *Le Roi Dagobert*, r. 2 a., Marguery, Guérineau et Jowalski (5 avril).

LYON. — *Arlequin Ecolier*, b. 1 a., Natta et A. Luigini (4 avril). — *Prenez ma femme*, c. 1 a., L. Puech, et *la Corde*, c. 3 a., du même (22 juin). — *All Right !* r. 2 a., Hurteaux (21 déc.).

MARSEILLE. — *Taï-Tsoung*, op. 5 a., d'Hervilly, mus. Guimet (11 avril). — *Un Calvaire*, dr. 1 a., Nicarl (28 avril). — *Quicho-Barna*, r. 1 a., Feautrier et Giry (11 mai). — *Clic-Clac !* r. 2 a., Malpertuis et Benet (12 déc.).

MELUN. — *Le Wagon*, c. 1 a., Méderic (17 déc. 93). — *Keiméner*, dr. en v., 3 a., Le Mouël, et *l'Heure du chocolat*, v. 1 a., Tiercelin (11 mars 1894).

MONTLUÇON. — *Le Dragon*, c. 1 a., M. Hennequin (10 fév.).

Montpellier. — *Bas de Cuir à Passe-Lacet*, bouff. 1 a., J. Provost (17 janv.). — *M. de Poursagnac*, c. 3 a., Ch. Gros (6 mai). — *La Robe verte*, c. 1 a., Léo, (23 oct.).

Nancy. — *Nancy s'en gêne*, r. 2 a., A. Bel (12 déc.).

Nantes. — *Le Dîner de Madelon*, op.-c. 1 a., Ed. d'Aubram (24 fév.).

Nice. — *La Famille des Popinards*, c. 1 a., P. Frédy (8 fév.).

Nimes. — *C'était pour Georgette*, v. 1 a., Marcillac (15 avril). — *Frantz l'Espion*, dr. 4 a., Marcillac (13 mai). — *Une Confession*, c. 1 a., Marcillac (3 juin). — *Nîmes pittoresque*, r. 3 a., Marcillac et Tartanac (9 août).

Plombières. — *La Double Épreuve*, c. 1 a., Millanvoye et Eudel (18 juill.).

Reims. — *Djellah*, op.-c. 1 a., Cornet et Moch (22 fév.).

Roubaix. — *En flagrant délit*, c. 1 a., de Valfleury (16 nov. 93). — *Potacol candidat*, c.-v. 2 a., Tillier (28 juill. 94).

Rouen. — *Le Presbytère de Bazeilles*, dr. 1 a., en v., Barbé et Blédort (20 janv.). — *Chez la mère Octave*, p. 1 a., E. Brieux (30 mars). — *Déserteur*, c. 1 a., de Saint-Valery (5 mai). — *Avant*, c. mimée 1 a., Barbé et Le Rey (9 mai). — *Jacques Terrien*, c. 2 a., Bergo (5 juin). — *Mademoiselle d'Eteinnemare*, c. 1 a.,

S. Léon et Barbé; *la Damnation du poète*, c. 1 a., en v., J. Doucet; *Au Foyer*, c. 1 a., E. Deshayes, et *la Mauviette*, c. 1 a., A. Fox (7 juin). — *Chacun chez soi*, c. 1 a., E. Brieux (29 juin). — *Hermann et Dorothée*, op. 3 a., J. Goujon et Le Rey (6 déc.). — *Trop heureuse!* c. 3 a., Bonsergent et Ch. Simon (8 déc.). —*Calendal*, op. 4., P. Ferrier, Mistral et H. Maréchal (21 déc.).

ROYAN. — *Diane*, b. 1 a., Lamy et Fiévet (24 juill.). — *Le Régiment qui passe*, op.-c., M. Hennequin, P. et L. Hillemacher (11 sept.). — *La Fraise*, c. 1 a., Mᵐᵉ Juliette Hugues (12 sept.).

SAINT-ETIENNE. — *Saint-Etienne par ci par là*, r. 2 a., Provost et Bellefleur (24 mars).

SAINT-QUENTIN.—*Ma Femme me trompe*, v. 1 a., Dony (26 fév.).

SENLIS. — *Tout vient à point*, prov. 1 a., Pontsevrez (27 mai 92).

SOISSONS. — *Tout le monde descend*, r. 3 a., G. Cœdès (4 fév.).

TOULON. — *Toulon par ci par là*, r. 1 a., J. Provost et Nove (31 mai). — *Boulapotaff*, opérette, 1 a., J. Provost et Bellefleur (20 juin). — *Le Coup de lancette*, v. 1 a., P. Escudier (27 déc.).

TOULOUSE. — *Dauritha*, b. 1 a., A. Luigini (20 mars). — *Le Printemps*, b. 1 a., Dédé (4 avril). — *Les Mésaventures de*

Beaupoil, c. 1 a., J. Provost (30 avril). — *Hier-aujourd'hui*, c. 1 a., H. Caen (11 mai).

TOURS. — *Tours à la foire*, r. 4 a., Dourel et P. René (1er mars). — *Le Sire Cric-en-Crac*, v. 1 a., Dourel et E. René (24 mars). — *Une Course de taureaux à Cadix*, c. 1 a., Dourel et Domergue (13 avril). — *Divorce avant le mariage*, opérette 1 a., Provaudier (20 oct.). — *Le Centenaire*, v. 1 a., Dourel et René (7 déc.).

TROUVILLE. — *Prologue*, pant. 1 a., de Massa; *Enlèvement fin de cycle*, pant. 1 a., Fordyce, et *Miguel*, c. 1 a., Meilhac (17 août). — *La Catalane*, dr. 5 a., X. de Ricard (17 sept.).

TROYES. — *La Première Communion*, c. 1 a., L. Lacroix (18 janv.). — *Un Mari sans l'être*, c. 1 a., A. Poujol (25 janv.). — *L'Autruche*, c.-b. 1 a., H. Laurence (20 fév.). — *Madame s'en gêne et Monsieur s'en fiche*, à-pr. 1 a., Mouton et Meusy (17 juill.). — *Jaloux de soi-même*, c. 1 a., L. Morin (25 oct.). — *L'Enfant*, c. 3 a., L. Lacroix (13 déc.).

VALENCE. — *L'Inventeur Gervilon*, c. 1 a., L. Pélissier, et *une Étape à Glandonnette*, op.-c. 1 a., Ch. Recoux (13 janv.).

VERSAILLES. — *Jumelles*, c. 1 a., A. Terrade (7 avril). — *L'Amour sans phrases*, c. 1 a., Gandillot (29 sept.).

VICHY. — *La Plantation Thomassin*, opérette 3 a., Ordonneau, A. Valabrègue et A. Vizentini (24 juill.).

VILLERS-COTTERETS. — *Le Petit Chasseur alpin*, op.-c. 3 a., Xantrac et Brus (24 juin).

DOCUMENTS

CONCERNANT LE THÉÂTRE

I. — *Bibliographie.*

ADERER (Ad.). *Le Théâtre à côté*. In-12 ill. May et Motteroz.

ALLEVARRÈS. *La Druidesse,* dr. 3 a., en v., non repr. In-8. Chaix.

ALVIN et PRIEUR. *Métronomie expérimentale ; Paris, Bayreuth, Munich.* In-12. Fischbacher.

Annuaire des artistes, publié par Lippacher (année 1893). In-8. Bureau de l'Annuaire,

Annuaire universel illustré. (Revue générale de l'année 1893). Gr. in-8. Direction J. Martin. Bureau de l'Annuaire,

AUGIER (E.). *Gabrielle* et *l'Aventurière.* Ed. ill., 2 vol. in-8. C. Lévy.

AUSCHITZKY. — *L'Académicien,* v. 3 a., non repr. In-12. Tarbes, imp. Croharé.

AVENEL (H.). *Annuaire de la presse française* (1894). In-8. May et Motteroz.

Bainville. *Le Dernier Jour de Léopardi*, dr. 1 a., en v. non repr. In-18. Chaix.

Beissier. *Un Mari dans une averse*, c. 1 a., non repr. In-18. Hennuyer.

Bellaigue (C.). *L'Année musicale et dramatique* (1893). In-12. Delagrave.

Bernard-Lazare. *Figures contemporaines*. In-16. Perrin.

Bernardini. *La Littérature scandinave*. In-8. Plon.

Bibliographie théâtrale (1893). In-8. obl. Imp. Morris.

Biré (E.). *Victor Hugo après 1852*. In-12. Perrin.

Bjornstiern-Bjornson. *Théâtre* traduit. 2 vol. in-12. Savine.

— *Au-delà des forces humaines*. Traduct. A. Monnier. In-12. Grosillier.

Bodineau. *Le Réfractaire*, dr. 1 a., en v. non repr. In-8. Angers, imp. Hudon.

Bonnin (de). *La Habanera, la Créole* et *Ludmila*, c. non repr. In-18. Chaix.

Boutarel. *Théâtres et Concerts subventionnés*. Broch. in-8. Nancy, Berger-Levrault.

Bouvret (A.). *Un Franc-Picard à Paris*. Théâtre, etc. In-12. Durandin.

Brunetière. *L'Évolution de la poésie lyrique en France au* xixe *siècle*. T. I et II. In-18. Hachette.

Bruno. *L'Horloger de Strasbourg*, dr. en v., 4 a., non repr. In-8. Ollendorff.

Camus. *Le Cachet rouge*, c. 1 a., et *Un Père*, dr. 3 a., non repr. In-12. Haton.

Carlez. *Catel*. Broch. in-8. Caen, Delesques.

Carnet des abonnés de l'Opéra et de la Comédie-Française (1894). In-32. La Fare.

Célès. *Les Adieux de Galsuinthe*, livr. d'op., 1 a., non repr. In-16. Lyon, imp. Bouchard.

Chacun sa manie, c. 3 a., par une religieuse bénédictine, non repr. In-8. Tours, Cattier.

Chambois (l'abbé). *L'Orfèvre du roi*, dr. hist., 3 a., non repr. In-12. Haton.

Charnacé (de). *Wagner jugé par un Allemand*. Broch. In-8. Angers, Lachèse.

Chauvet (H.). *Les Quiskeyennes*, dr. 5 a., en v., non repr. In-16. Goumy.

Cirot, Dufourcq et Théry. *Synchronismes de la littérature française*. In-8. Blond et Barral.

Claretie (J.), Coquelin (Cad.), P. Mesnard. *Toasts en l'honneur de Molière*. In-4. Hôtel des Sociétés savantes.

Claretie (Léo). *Le Sage*. In-8. Lecène et Oudin.

Claveau. *Alfred de Musset*. In-8. Lecène et Oudin.

Closmadenc (de). *Théâtre romain de Locmariaker*. Broch. in-8. Vannes, imp. Galles.

Collin (J.). *Le Droit des auteurs et des artistes*. In-8. Rennes, imp. Simon.

Comettant (O.). *La Musique de chambre à la salle Pleyel en 1893*. In-16. Imp. Gautherin.

— *La Musique de la Garde républicaine en Amérique*. In-8. Imp. Boullay.

Comte (Ch.). *Chateaubriand poète*. Broch. in-8. Lecerf.

Coquelin (C.). *L'Art du comédien.* In-16. Ollendorff.

Corneille. *Chefs-d'œuvre*. Edit. Brunetière. In-12. Hetzel.

Cotard. *Tristan et Iseult*. In-12. Fischbacher.

Debièvre. *Un Lillois précurseur de Racine*. Broch. in-16. Lille, imp. Lefebvre-Ducrocq.

Delaporte. *Drames français*. In-8. Retaux.

Delorme (Marie). *Le Théâtre chez grand' mère*. In-18. Colin.

Destranges (L.). *Tannhäuser*. Broch. in-12. Fischbacher.

Devaux (A.). *George Sand*. In-16. Ollendorff.

Documents relatifs à la querelle du Cid. Gr. in-16. Rouen, imp. Cagniard.

Doumic. *Écrivains d'aujourd'hui*. In-16. Perrin.

Dubois (J.). *La Crise théâtrale*. Broch. in-8. Imp. Moreau.

Dubois (Th.). *Notice sur Ch. Gounod.* Broch. in-4. Didot.

Ducros. *Diderot.* In-16. Perrin.

Dugué (F.). *Théâtre complet.* T. X et dernier. In-12. C. Lévy.

Dumas (A.) fils. *Le Théâtre des autres.* T. II. In-18. C. Lévy.

Duzéa. *Théodoric, Camille Desmoulins* et *le Tsar Pierre III*, tragédies 5 a., en v., non repr. In-12. Duc.

Ephraim et Colias. *Polichinelle*, c. 1 a., en v. non repr. In-18. Ollendorff.

Ernst (A.). *Antigone et la Walkyrie.* Broch. in-8. Chaix.

Ernst (A.) et Poirée (T.). *Étude sur Tannhäuser.* Broch. In-8. C. Lévy.

Eylac (d'). *La Bibliophilie en 1893.* Pet. in-4. Rouquette.

Faguet (E.). *Voltaire.* In-8. Lecène et Oudin.

Fauney. *Marié et pendu*, c.-v. 1 a., non repr. Imp. Maulde.

Foley (Ch.). *Les Bonnes Amies*, c. 1 a., non repr. In-12. Tresse et Stock.

Font (A.). *Favart et l'Opéra-Comique.* In-8. Fischbacher.

Gaillard (l'abbé). *Jeanne d'Arc*, dr. hist. 7 a., non repr. In-8. Gray, imp. Roux.

GANDILLOT. *Une Femme facile*, c. 1 a., non repr., In-18. Ollendorff.

GAUTHIER-VILLARS (L'Ouvreuse du Cirque d'été). *Rythmes et Rires.* In-18. Bibl. de la Plume.

— (Willy). *L'Année fantaisiste 1892 et 1893.* 2 vol. in-12. Delagrave.

— (id.). *Soirées perdues.* In-18. Tresse et Stock.

— (id.). *La Mouche des croches.* In-18 Fischbacher.

GINISTY. *L'Année littéraire 1893.* In-18. jésus. Charpentier.

GONDINET. *Théâtre complet.* T. IV. In-12. C. Lévy.

GRAND-CARTERET. *L'Année en images (1893).* Politique, théâtre, etc. In-16 ill. May et Motteroz.

GR'EECH. *Jeanne d'Arc*, dr. 5 a., non repr. In-16. Bricon.

HÉBERT (Marcel.). *Le Sentiment religieux dans l'œuvre de Richard Wagner.* In-12. Fischbacher.

HEYSE (P.). *Le Coup de grâce*, dr. trad. par Westphal. In-8. Montpellier, imp. Bœhm.

HINOT. *Le Fils à Guignol.* Petites scènes avec chant. 2 vol. pet. in-8. Larousse.

IBSEN. *Braud,* dr. 5 a., traduct. Prozor. In-16. Perrin.

IMBERT (Hugues). *Portraits et Etudes.* In-8. Fischbacher.

IMBERT. *Étude sur Johannès Brhams.* Broch. in-8. Fischbacher.

JUSSERAND. *Histoire littéraire du peuple anglais.* T. I. In-8. Didot.

KUFFERATH. *Tristan et Iseult* et *Guide thématique de Tristan et Iseult.* In-12. Fischbacher.

LABICHE. *Théâtre choisi,* préface de Pailleron. In-8 ill. C. Lévy.

LAFOND. *Alfred de Vigny.* Broch. in-8. Pau, Ribaut.

LAMBERT (A.). *Sur les planches.* In-18. Flammarion.

LANSON. *Histoire de la littérature française.* In-16. Hachette.

LARGERIS. *Samahiva,* dr. hindou. 1 a., en v., non repr. In-18. Chaumel.

LARROUMET. *Nouvelles études de littérature et d'art.* In-12. Hachette.

— *La Maison de Victor Hugo.* In-16, avec planches. Champion.

LASSUS (Augé de). *Les Grands Maîtres mis en petites comédies.* In-18. Ollendorf.

LAURENT (A.). *Les Gloires de la musique.* In-8. Tours, Mame.

LE BEUZY. *Ismart ou le Fils du Druide,* tr. 3 a., en v., non repr. In-8. Vic et Amat.

LEFEBVRE (L.). *Le Théâtre de Lille au* XVII° *et au* XVIII° *siècle.* In-16. Lille, imp. Lefebvre-Ducrocq.

Lefèvre (J.). *L'Électricité au Théâtre.*
In-18. Grelot.

Légendes de l'art (les). Musiciens. In-8.
Hatier.

Legouvé (E.). *Les Idées de Marguerite,*
c. 1 a., non repr. In-8. Hetzel.

— *Mon Père. Comment on écrit une pièce.*
In-8. Gautier.

Lemaître (J.). *Impressions de théâtre.* 8ᵉ
série. In-18. Lecène et Oudin.

Lemonnier (A.). *Les Abus du théâtre.*
In-18. Tresse.

Lenient. *La Poésie patriotique en France.*
2 vol. in-12. Hachette.

Lepelletier (E.). *Madame Sans-Gêne,*
roman d'après la pièce de Sardou et
Moreau. In-12 ill. Lib. illustrée.

— *Patrie,* récit d'après le drame de Sardou. In-4. Fayard.

Le Roy-Villars. *Le Gondolier de la
mort,* dr. 3 a., non repr. In-18. Bricon.

Lintilhac. *Précis historique et critique de
la littérature française.* T. II. In-12.
André.

Luguet (Th.). *Le Missionnaire,* roman
théâtral. In-18. Grasilier.

Lumière (H.). *Le Théâtre-Français pendant la Révolution.* In-18. Dentu.

Mabilleau. *Victor Hugo.* In-16. Hachette.

Magnier (l'abbé). *Gombaud,* tr. 3 a., en v.,
non repr. In-8. Picard-Josse.

MALLARMÉ (St.). *La Musique et les Lettres*. In-16. Didier.

MARIVAUX et BERR DE TURIQUE. *La Femme fidèle*, c. inéd. 1 a., avec préface de Larroumet. In-4. ill. Baschet.

MARTIN (J.). *Nos Artistes des théâtres et concerts*. In-16 avec 400 portraits. Libr. de l'Annuaire universel.

MÉDERIK (l'abbé). *L'Anarchiste*, dr. en 3 a., non repr. In-8. Haton.

MÉNIL (DE). *Les Grands Musiciens du Nord*. Broch. in-8. Rev. du Nord.

MEUNIER (Mme St.). *Théâtre de salon*. In-18. Lemerre.

MICHAUD D'HUMIAC. *Le Supplice d'une épousée*, p. 4 a., non repr. In-8. Avenir dram.

MOLIÈRE. *Œuvres* ill. p. L. Leloir. Notices par Monval. *Tartuffe, M. de Pourceaugnac, les Amants magnifiques*. In-12. Flammarion.

— *Œuvres* ill. p. M. Leloir. Contin. de la publication. In-4°. Testard.

— *Œuvres complètes*. In-32 ill. T. IX, X, XI et XII. Dentu.

— *Œuvres*. Collect. des grands écrivains. Album In-8. Hachette.

MOREAU (M.). *La Malédiction*, dr. 2 a., non repr. In-18. Larousse.

Musée du Conservatoire de musique (le). 1er supplément au catalogue par L. Pillaut. In-8. Fischbacher.

Mystère de la Passion (le), publ. par J.-M. Richard. Gr. in-8. Arras, imp. Laroche.

NERTHAL. *Tannhäuser.* (La conscience dans un drame wagnérien.) In-12. Fischbacher.

NOEL (Ed.). *Les Cent Jours*, dr. hist. 5 a., non repr. In-8. Delagrave.

NOEL et STOULLIG. *Les Annales du Théâtre et de la Musique* (1893). In-18 jés. Charpentier.

NORDAU (Max). *Dégénérescence.* T. I et II. In-8. Alcan.

Notice sur « Famille » d'Aug. Germain. Broch. in-8. Toulouse, imp. spéciale.

NOURY. *Arlequin ministre*, c. 2 a., en v., non repr. In-4. Rouen, imp. Lapierre.

OUVRARD. *La Vie au café-concert.* In-12 ill. Strauss.

PARODI. *Théâtre.* T. II. In-12. Dentu.

PATRAUD et VIALLE. *Rachat d'honneur*, ép. dram., en v., non repr. avec autographe de F. Coppée. In-16. Tulle. imp. Crauffon.

PELLISSIER. *Nouveaux Essais de littérature contemporaine.* In-12. Lecène et Oudin.

PETITIER. *Étude sur les « Érinnyes » de Leconte de l'Isle.* Broch. in-8. Rouen, imp. Lecerf.

PEYRE (R.). *Le Foyer des artistes à la Comédie-Française.* In-12. Charles.

PINCHON. *Théâtre.* In-16. Rouen, Schneider.

Polti (H.). *Les trente-six situations dramatiques.* In-18. Mercure de France.

Queyriaux et Le Jeinisel. *Petit traité de l'art de chanter et de dire.* In-16. Angers, Lachère.

Réal. *Le Théâtre antique d'Orange et ses représentations modernes.* In-18. Lemerre.

Recueil de monologues pour dames. In-18. Lib. théâtrale.

Regnard (A.). *La Renaissance du drame lyrique.* In-18. Fischbacher.

Reinach (J.). *Diderot,* In-16. Hachette.

Romain (L. de). *Médecin - Philosophe et Musicien-Poète.* In-12. Fischbacher.

Romberg. *Rideau à 8 heures.* Pet. in-12. Flammarion.

Rouch. *Montézuma,* dr. en v. 3 a., non repr. In-16. Le Vigan, imp. Courcoural.

Sabatier (A.). *Le Baiser de Jean,* dr. en v., non repr. In-16. Girard.

Saint-Saëns. *Problèmes* et *Mystères.* In-8. Flammarion.

Schneegans. *La Comédie latine, Aristophane et la comédie grecque.* 2 v. In-12. Delagrave.

Schumann. *Ecrits sur la musique et les musiciens,* trad. par de Curzon. In-12. Fischbacher.

Sepet (Marius). *Un Drame religieux du moyen âge.* Broch. in-8. Retaux.

Shakespeare. *Le Songe d'une nuit d'été,* trad. In-32 ill. Dentu.

Shakespeare. *Siège de Corbie (le)*, dr. 5 a., en v., non repr. Rouen, imp. Cagniard.

Simec. *La Fronde*, dr. 5 a., non repr. In-18. Retaux.

Slowacki. *Balladyna*, trag. 5 a., traduct. Gasztowtt. In-8. Imp. Reiff.

Soubies (Albert). *Almanach des spectacles*, nouv. série (T. II, année 1893). Eau-forte par Lalauze. Petit in-12. Flammarion.

— *Soixante-neuf ans à l'Opéra-Comique en deux pages* (de la première de *la Dame blanche* à la millième de *Mignon*). In-4 avec tableaux. Fischbacher.

— *Musique russe et Musique espagnole.* Broch. in-8. Fischbacher.

— *Antoine Rubinstein.* Broch. in-8. Fischbacher.

— *La Comédie-Française depuis l'époque romantique* (1825-1894). In-8 avec tableaux. Fischbacher.

Souvenirs du cinquantenaire de M. Got. Broch. in-8. Quantin.

Strindberg. *Drames et Comédies,* traduct. Loiseau. 2 vol. in-12. Ollendorff.

Superville. *Innocent,* dr. 1 a , non repr. In-16. Bordeaux, imp. Riffaud.

Théâtre chez les Romains (le). Théâtre d'Orange. Broch. in-18. Tours, imp. Bousrez.

Tiercelin. *Trois Drames en vers.* In-8. Lemerre.

Tolstoï et Ostrovsky. *Trois Chefs-d'œuvre du théâtre russe.* Traduct. Pavlovsky et Méténier. In-12. C. Lévy.

Tout Paris. (Annuaire de la Société parisienne pour 1895). In-8. La Fare.

Valori (de). *Verdi et son œuvre.* In-12. C. Lévy.

Vernet. *Almaïza,* dr. hist. 5 a., non repr. In-12. Haton.

Villiers de l Isle-Adam. *Morgane,* dr. 5 a., non repr. In-8. Chaumel.

Vuacheux. *Casimir Delavigne.* In-8. Dumont.

Vyasa. *Sakountala.* Traduct. Foucaux. In-32 ill. Dentu.

Wagner (R.). *Fragm. des Maîtres chanteurs.* Traduct. A. Ernst. Broch. in-4. Chaix.

— *La Walkyrie.* Trad. p. A. Ernst. In-12. Schott.

— *La Tétralogie.* Trad. et commentaire p. Brinn Gaubast et E. Barthélemy. In-8. Dentu.

— *La Tétralogie* et *Parsifal.* Traduct. d'Offoël. In-12. Fischbacher.

— *Tristan et Iseult.* Traduct. May-Lyon. In-8. Imp. Maulde.

Weiss (J.-J.). *Le Drame historique et le Drame passionnel.* In-12. C. Lévy.

Witkowski. *Les Accouchements au théâtre.* In-8. Steinheil.

Wogue. *Gresset.* In-8. Lecène et Oudin.

PIÈCES JOUÉES A LA COMÉDIE-FRANÇAISE
ET A L'ODÉON.

Antigone. In-8. C. Lévy.
At Home. In-12. Chailley.
Bandeau de Psyché (le). In-12. Charpentier.
Bertrande. In-12. Michaud.
Bourgeois républicain (le). In-12. Michaud.
Cabotins! In-12. C. Lévy.
Fin d'un rêve (la). In-12. Tresse et Stock.
Juana. In-12. Charpentier.
Margot. In-12. C. Lévy.
Mégère apprivoisée (la). In-12. Ollendorff.
Neiges d'Antan. In-12. Ollendorff.
Novus Doctor. In-12. Chailley.
Qui ? In-12. Ollendorff.
Romanesques (les). In-12. Charpentier.
Séparation (une). In-12. Boulanger.
Vers la joie. In-8. Charpentier.
Yanthis. In-12. C. Lévy.

II. — *Concours et prix.*

CONCOURS DE COMPOSITION MUSICALE

POUR

LE GRAND PRIX DE ROME.

Premier grand prix, M. H.-B. Rabaud, élève de M. Massenet.

Premier second grand prix, M. O. Letorey, élève de M. Th. Dubois.

Mention honorable, M. Jules Mouquet, élève de M. Th. Dubois.

Le sujet du concours était *Daphné*, de M. Charles Raffalli.

CONCOURS DU CONSERVATOIRE.

CHANT.

Hommes. — Pas de 1er prix; 2es prix, MM. Greil et Simon. — 1ers acc., MM. Gautier et Lefeuve; 2es acc., MM. Gaidan, Berton et Vals.

Femmes. — 1er prix, Mlle Lafargue; 2es prix, Mlles Dubois et Tiphaine. — 1ers accessits, Mlles Marignan, Ganne, Combe et Mastio; 2e acc., Mlle Corot.

OPÉRA.

Hommes. — 1er prix, M. Vaillier; 2es prix, MM. Gaidan et Paty. — 1ers acc., MM. Courtois et Lefeuve; 2es acc., MM. Duc et Lussiez.

Femmes. — Pas de 1er prix; 2es prix, Mlles Ganne et Guénia. — 1ers acc., Mlles Corot et Combe.

OPÉRA-COMIQUE.

Hommes. — 1er prix, M. Dufour; 2e prix, M. Vals. — 1ers acc., MM. Dantu et Gautier.

Femmes. — 1er prix, Mlle Dubois; 2es prix, Mlles Tiphaine et Bergès. — 1er acc., Mlle Marignan; 2e acc., Mlle Mauzié.

TRAGÉDIE.

Hommes. — 1er prix, M. Magnier. —

1er acc., M. Monteux ; 2e acc., M. Mitrecey.

Femmes. — Pas de 1er prix ; 2e prix, Mlle Bouchetal. — 1ers acc., Mlles Roskilde et Camm.

COMÉDIE.

Hommes. — Pas de 1er prix ; 2es prix, MM. Rosenberg et Monrose. — 1ers acc., MM. Coste, Ravet et Melchissédec ; 2es acc., MM. Siblot, Jahyer et Monteux.

Femmes. — 1er prix, Mlle de Boncza ; 2e prix, Mlle Lestat. — 1ers acc., Mlles Lara et Poncin ; 2e acc., Mlle Salmon.

ACADÉMIE FRANÇAISE.

PRIX VITET. — M. Camille Bellaigue.

PRIX MONTYON. — M. René Doumic *(de Scribe à Ibsen)*, M. Reynier *(Thomas Corneille)*, M. E. Lintilhac *(Lesage)*.

PRIX BORDIN. — M. Parigot *(Le Théâtre d'hier)*.

PRIX TOIRAC. — M. A. Parodi *(La Reine Juana)*.

PRIX SAINTOUR.— M. Ch. Livet *(Lexique comparé de la langue de Molière et des autres écrivains de son temps)*.

ACADÉMIE DES BEAUX-ARTS.

PRIX MONBINNE. — M. Alf. Bruneau *(l'Attaque du Moulin)*.

PRIX KASTNER-BOURSAULT. — MM. Albert Soubies et Charles Malherbe *(Histoire de l'Opéra-Comique)*; M. Julien Tiersot *(Rouget de l'Isle et les Fêtes de la Révolution française)*.

III. — *Critique théâtrale.*

Agence Havas, M. G. Visinet.
Agence nationale, Eug. Fraumont.
Annales politiques et littéraires, Ad. Brisson (❋). — C. m., E. Grimard.
Art, E. Stoullig. — C. m., Ad. Jullien.
Autorité, Valère (H. Pressec).
Charivari, Pierre Véron (❋).
Chronique des Arts, Dukas.
Cocarde, Dauriat.
Constitutionnel, A. Dayrolles. — C. m., Vanor.
Courrier du soir, de Prelm (Trémeau). — C. m., H. Boyer.
Dix-neuvième Siècle, Marcel Fouquier.
Echo de la Semaine, Trolliet. — C. m., J. Torchet.
Echo de Paris, H. Bauer. — C. m., H. Bauer et « l'Ouvreuse » (H. Gauthier-Villars).
Eclair, Lieutier.
Entr'acte, F. Bourgeat.
Epoque, P. Demeny.
Estafette, H. Jahyer.
Europe artiste, L. Savoye. — C. m., L. Garnier (❋).
Evénement, H. de Weindel. — C. m., Emile Pessard (O. ❋) et J. Torchet.
Femme du Monde, P. Desachy. — C. m., Abel Brousseit (Albert Soubies) (❋).
Figaro, Henry Fouquier (O. ❋). — C. m., Darcours (Ch. Réty).
Français quotidien, Serizier. — C. m., A. Banès.

France, Gilbert Martin. — C. m., Victor Roger.
France nouvelle, Le Maréchal (Niel).
Gaulois, Hector Pessard (❋). — C. m., de Fourcaud.
Gazette anecdotique, d'Heylli (Poinsot, O. ❋).
Gil Blas, Léon Bernard-Derosnes (❋). — C. m., Alfred Bruneau (❋).
Guide musical, Hugues Imbert.
Illustration, Albin Valabrègue.
Intransigeant, Don Blasius (Foureau).
Jour, Darcy (Mme Ch. Laurent). — C. m., A. Corneau.
Journal, Ivan Bouvier (L. Bertin). — C. m., F. Regnier (Grenier).
Journal des Débats, Jules Lemaître (O. ❋). — C. m., Ernest Reyer (Rey, C. ❋) et Ad. Jullien. — Comptes rendus du lendemain, Fierens-Gevaert.
Journal illustré, Darcours (Ch. Réty).
Justice, Ch. Martel (Ch. Demestre).
Lanterne, Tancrède Martel.
Libéral et *Petit Caporal*, A. Dayrolles.
Liberté, Paul Perret (❋). — C. m., Victorin Joncières (❋).
Libre Parole, Fél. Pascal. — C. m., O. Divy (de Saint-Auban).
Matin, H. Céard (❋). — C. m., Antonin Proust.
Mémorial diplomatique, Sémiane. — C. m. Hatzfeld (O. ❋).
Ménestrel, P.-E. Chevalier. — C. m., Moréno (H. Heugel, ❋) et Arthur Pougin.
Messager de Paris, Jules Guillemot.

Monde, Welschinger (O. ✳). — C. m., A. Coquard.

Monde artiste, E. Stoullig. — C. m., Tic-tac (P. Milliet) et F. Le Borne.

Monde illustré, H. Lemaire. — C. m. Boisard.

Moniteur universel, René-Benoist. — C. m., Adolphe Jullien.

National, E. Stoullig.

Nouvelle Revue, Marcel Fouquier. — C. m., Louis Gallet (✳).

Observateur français, Chassaigne de Néronde.

Paix, G. Vanor. — C. m., A. Ernst.

Paris, Maxime Paz. — C. m., Serpette.

Parti National, Varret (de Kœnigkswarter).

Patrie et *Presse*, Duret-Hostein.

Pays, de Gourcuf. — C. m., de Roffignac.

Petit Journal, Léon Kerst (✳).

Petit Moniteur, Rocheray (G.-E. Daudet).

Petit National, Maxime-Aug. Vitu.

Petit Parisien, P. Ginisty (✳).

Petite Presse, Siebel (Beleys). — C. m., Marcelles (Fournier).

Petite République française, H. Tourot (Touroude).

Plume, A. Segard.

Progrès artistique, La Rivière et de Ménil.

Radical, Henri Biguet.

Rappel, Bertal. — C. m., A. Montel.

République française, R. Vallier.

République illustrée, Ed. Pourcelle.

Revue blanche, Coolus. — C. m., A. Ernst.

Revue d'Art dramatique, C. Bazelet et Carpentier d'Agneau. — C. m., Albert Soubies (✳).

Revue Britannique, Fern. Beissier.
Revue de la France moderne, Quentin-Bauchard.
Revue des Deux-Mondes, René Doumic. — C. m., Camille Bellaigue.
Revue encyclopédique, Léo Claretie. — C. m., A. Ernst.
Revue hebdomadaire, Ganderax (✳). — C. m., Dukas.
Revue idéaliste, Trolliet. — C. m., Mayeras.
Revue internationale, A. Silvestre (✳). — C. m., Dorville (A. Lévy).
Revue politique et littéraire, du Tillet.
Revue théâtrale illustrée, Edm. Benjamin.
Siècle, Camille Le Senne.
Soir, Ad. Mayer. — C. m., B. de Lomagne (Albert Soubies ✳).
Soleil, A. Claveau (O. ✳). — C. m., Goullet.
Télégraphe, Pavilly (Pliquet).
Temps, Francisque Sarcey. — C. m., J. Weber. — Comptes rendus du lendemain, Ad. Aderer (✳).
Univers illustré, F. Bourgeat.
Vie contemporaine, Brieux.
Vie parisienne, Jacques Saint-Cère.
Vie théâtrale, J. Raphanel et E. Mas. — C. m., P. Tarniès.
Voltaire, de Cottens. — C. m., G. Pfeiffer.

IV. — *Nécrologie.*

LITTÉRATEURS.

MM. Bertrand (J.), Chalamel, Chevalet (E.). Delair (P.), Duhomme, Figuier

(Louis), Fournel (Vict.), Johnson, Koning (Vict.), Lapointe (Savinien), Lauzières de Thémines (de), Leconte de L'Isle, Lyden (de), Nourrit (Rob.), Osmoy (Cᵗᵉ d'), Oswald (Fr.), Potron, Roquet, (dit Thoinan), Thierry (Edouard), Valnay.

COMPOSITEURS.

MM. Bachmann, Chabrier (Emm.), Lamothe (G.), Le Corbeillier, Mayeur, Rosenhain, Saintis (A.).

ARTISTES DRAMATIQUES ET LYRIQUES.

MM. Bérardi, David (Ch.), Deltombe, Dumestre, Dumoulin, France - Dulau, Montariol; Mᵐᵉˢ Allenbach, Barbereau, Brohan (Augustine), Fursch-Madi, Penco, Tholer.

DIVERS.

MM. Berthemet (chef de chant à l'Op.-Com.), Bourdon (inspecteur du matériel de l'Opéra), Lacombe (éditeur de musique), Sax (facteur d'instruments).

TABLE

Imp. Jouaust, L. Cerf.

VIE

DE

JEAN-PIERRE DE MESMES

Par Guillaume COLLETET

Quand je réimprimai, en 1872, d'après le seul exemplaire connu, les *Sonnets exotériques* de Gérard Marie Imbert (1), j'annonçai (p. 74-75, note 36), à propos d'un hommage rendu par le poète condomois à Jean Pierre de Mesmes, que je comptais publier prochainement une notice de Guillaume Colletet sur ce dernier personnage, et j'y renvoyai avec un téméraire empressement les bienveillants lecteurs. Diverses occupations ne m'ont pas permis jusqu'à présent de tenir cette promesse. Je puis enfin dégager ma parole, et, pour que l'on me pardonne plus facilement un aussi long retard, je jure que la publication de la notice sur J.-P. de Mesmes sera bientôt suivie de la publication des trois autres notices de Colletet qui sont encore entre mes mains, les notices sur Eustorg de Beaulieu, sur Jean Besly et sur Marc-Antoine de Muret.

(1) *Collection méridionale,* tome II, in-8. Paris et Bordeaux.

Tout mon portefeuille étant alors ainsi vidé, les biographies, extraites du manuscrit autographe de la bibliothèque du Louvre, que j'aurai eu la joie de mettre en lumière, seront au nombre de dix-sept (1). C'est bien peu si l'on considère tout ce qui restait à publier (2) ; c'est beaucoup si l'on compare ce que j'ai recueilli avec ce qu'ont recueilli les autres amis du bon Colletet (3). Je ne songerai jamais, sans un serrement de cœur, aux circonstances qui m'ont empêché de sauver de la destruction une centaine d'autres biographies que j'avais formé le projet de transcrire encore, et dont la liste embrassait tous les poètes de la vaste région où l'on parlait jadis la *langue d'Oc* (4).

(1) Six ont paru, en 1866, dans les *Poètes Gascons* (Bernard du Poey, François de Belleforest, Guillaume de Saluste, sieur du Bartas, François le Poulchre, sieur de la Motte-Messemé, Jean de la Jessée, Joseph du Chesne, sieur de la Violette); deux, en 1868, dans les *Poètes Agenais* (Antoine de la Pujade, Guillaume du Sable); une, isolément, en 1872 (*Guy du Faur de Pibrac*); quatre, en 1873, dans les *Poètes Bordelais et Périgourdins* (Lancelot de Carle, Étienne de la Boëtie, Jean du Vigneau, Marc de Mailliet).

(2) Sur quatre cent cinquante notices environ il en a été publié (je dis publié et non analysé) à peine une cinquantaine. Voir *le Manuscrit des vies des poètes françois de Guillaume Colletet brûlé dans l'incendie de la bibliothèque du Louvre. Essai de restitution par* LÉOPOLD PANNIER, de la Bibliothèque nationale (Paris, 1872, in-8). La curieuse brochure de cet érudit si regrettable et que, pour ma part, je regretterai toujours, est extraite de la *Revue critique d'histoire et de littérature*, où a aussi paru sur le recueil de Colletet un article de M. Gaston Paris, (nᵒ du 22 septembre 1866, p. 189-194), article que je n'ai pas le droit de louer, tant il est flatteur pour moi, mais que M. L. Pannier (p. 5) trouvait remarquable.

(3) Le butin du plus intrépide de tous, mon excellent ami M. Prosper Blanchemain, se compose de neuf biographies, celles de Robert Angot, de Pierre de Cornu, de Jean Doublet, de Claude Gauchet, de Louise Labé, d'Olivier de Magny, de François de Malnard, de Pierre de Ronsard et de Jacques Tahureau.

(4) J'avais, par exception, transcrit les pages sur le parisien J.-P. de Mesmes à cause des relations de ce poète avec l'auteur des *Sonnets exotériques*.

Si quelque chose pouvait me consoler de n'avoir pas
devancé l'incendie à jamais maudit du mois de mai 1871,
ce serait la pensée qu'un jeune érudit, ancien bibliothécaire du Louvre, M. F. de Caussade, qui a déjà si bien
mérité des lettres comme éditeur, avec M. E. Réaume,
des *Œuvres complètes* d'Agrippa d'Aubigné, travaille
avec un zèle digne de tout éloge, à reconstituer, pièce
à pièce, le recueil de Colletet, tant à l'aide des cent
quarante-sept notices du manuscrit Durand de Lançon,
acquis en 1872 par la Bibliothèque nationale, qu'à l'aide
des autres notices qui, soit à l'état de copies, soit à l'état
d'imprimés, nous ont été conservées ailleurs. Si la publication de M. de Caussade ne nous rend pas la moitié
même des trésors perdus, cette publication nous rendra
du moins tout ce qu'au prix des plus infatigables recherches il aura été possible d'en retrouver. Ajoutons
que le bibliothécaire du ministère de l'instruction publique diminuera encore nos regrets, en s'efforçant de
compléter, dans un abondant commentaire, les renseignements biographiques et bibliographiques réunis par
l'auteur des *Vies des Poètes François*. En signalant ici le
grand travail que prépare M. de Caussade, travail dans
lequel tous les petits travaux de ses devanciers seront
absorbés comme d'humbles ruisseaux dans un large
fleuve, je n'éprouve aucun de ces mesquins sentiments
de jalousie que développe parfois, dit-on, la vue d'un
futur héritier. Je salue d'avance, au contraire, la précieuse publication du vaillant érudit avec la double cor-
dialité d'un confrère et d'un compatriote.

Ph. Tamizey de Larroque.

JEAN-PIERRE DE MESMES[1]

La noble et antique famille des de Mesmes, qui esclatte maintenant à Paris en la personne de ces trois illustres frères Henry de Mesmes, président au Parlement (2), Claude de Mesmes, comte d'Avaux, cy devant plénipotentiaire de France à Munster pour la paix générale si généralement désirée (3), et Antoine de Mesmes, seigneur d'Irval, conseiller du Roy, et maistre des requestes ordinaires de son hostel (4), est depuis près de deux siècles originaire

(1) Manuscrit original, tome II, p. 68-73. Copie, tome IV, p. 203-206.

(2) Henri de Mesmes, II⁰ du nom, marquis de Moigneville et d'Esverli, seigneur de Roissi, de Balagni, etc., avait été nommé président à mortier au Parlement de Paris en 1627. Il mourut le 29 décembre 1650, âgé de 65 ans.

(3) Claude de Mesmes, comte d'Avaux, naquit en 1595 et mourut le 19 novembre 1650. Nulle part on ne trouvera un plus enthousiaste éloge de cet homme d'État que dans le *Moréri* (article *Mesmes*, t. VII, 1759, p. 496-497). On y lit, par exemple, que son nom « est célèbre dans toute l'Europe, qu'il suffit seul pour faire tout son éloge, » que cet « ambassadeur, ministre, surintendant des finances, commandeur des ordres du roi » fut « un de ces hommes rares que Dieu fait naître pour le bonheur des souverains et la félicité de leurs peuples. »

(4) Jean-Antoine de Mesmes devint président à mortier au Parlement de Paris, après la mort de son frère aîné, et mourut à l'âge de 75 ans, le 23 février 1673.

d'Escosse (1), car au temps que la Guyenne
estoit angloise, il advint que plusieurs gentilshommes Anglois et Escossois se marièrent
en Gascongne, et entre les autres Aimé de
Mesmes, ancien chevalier du pays (2), estant
fortuitement arresté en la ville de Roquefort, aux
landes de Bordeaux (3), y espousa une fille de
noble et antienne maison (4), et de cet heureux
mariage sont descendus tous ceux qui portent
en France l'illustre nom de Mesmes. Et pour
justiffier d'autant plus ceste vérité, je veux
dire qu'ils sont originaires d'Escosse, c'est, au
rapport de celui dont je veux parler, que dans la
ville de Bevranich (5), qui est sur la frontière

(1) C'est-il bien sûr? l'origine écossaise de la famille de Mesmes
peut-elle être plus sérieusement alléguée que l'origine écossaise
de la famille Colbert? Certains de ces généalogistes qui ne
doutent de rien, ont attribué aux de Mesmes une noblesse des
plus antiques et des plus glorieuses, mais un éminent critique,
aussi judicieux que savant, M. Léopold Delisle, a parfaitement
établi qu'il y avait là de ridicules exagérations. Voir dans la
Bibliothèque de l'Ecole des Chartes, t. XXVIII, p. 201-240, la *Notice
sur le psautier d'Ingeburge*, où M. Delisle a fait l'historique
des diverses généalogies de la famille de Mesmes.

(2) Cet Aimé de Mesmes me paraît appartenir à la période
légendaire de la généalogie de la famille de Mesmes. Dans l'article
déjà cité du *Dictionnaire de Moréri*, article où abonde la fantaisie,
cet *Aimé* devient *Amanieu (Amanivus de Mames, miles)*.

(3) Roquefort est un chef-lieu de canton du département des
Landes. arrondissement de Mont-de-Marsan, à 22 kilomètres de
cette ville.

(4) La femme d'*Aimé* ou *Amanieu* n'est pas nommée dans la
complaisante généalogie donnée par le *Moréri*.

(5) Le nom de cette ville avait été laissé en blanc dans la copie.
Peut-être l'auteur de cette copie se méfiait-il de la géographie
de Guillaume Colletet. Quoiqu'il en soit, je ne trouve *Bevranich*
sur aucune carte. S'agirait-il de Berwick. qui est à l'embouchure
de la Tweede ?

de l'Écosse et sur la rivière de Tunède (1), que
Ptolémée nomme Tmésis, il se trouvoit encore de
son temps plusieurs gentilshommes qui portoient
le nom de Mesmes, ce qui peut servir à
expliquer ce passage obscur de nostre autheur,
où parlant de ce héros de sa maison, Henry de
Mesmes (2), il en parle en ces termes :

> Il porte le nom des Roys
> Roys de Navarre et de France
> Et le surnom Escossois
> Qui respendant la semence
> Devint de Thmesien
> (O semence bien heurée!)
> Gascon, puis Parisien
> En ceste heureuse (3) contrée.

Mais comme il est certain que Henri de
Mesmes, dont il est fait mention dans ces vers,
estoit fils du docte et célèbre Jean-Jacques de

(1) Le nom de cette rivière avait encore été laissé en blanc par
le copiste. Était-ce par prudence et en attendant une décisive
vérification? Il s'agit ici de la Tweede, qui répond à la Tmésis de
Ptolémée.

(2) Henri de Mesmes, seigneur de Roissi et de Malassise, né le
30 janvier 1531, mort le 1ᵉʳ août 1596, donna, selon le *Moréri*,
« un nouvel éclat à son nom, et un grand homme à l'État. »
L'auteur — décidément quelque peu flatteur — qui a rédigé
l'article de *Mesmes*, ne craint pas d'ajouter que le protecteur de
Dorat et de Passerat, que l'ami de Turnèbe, de Lambin, de Paul
de Foix et de Guy du Faur de Pibrac, « ne fut pas moins excellent
capitaine qu'habile magistrat. »

(3) Dans le texte original on lisait *heureuse,* et *hureuse* dans la
copie.

Mesmes (1), qui eust pour père ce brave chevalier Aimé de Mesmes, j'ay peyne à cognoistre le père de celuy dont il est question (2). La Croix du Maine dict qu'il estoit fils naturel de Jean-Jacques do Mesmes (3), et Antoine Du Verdier asseure qu'il estoit son nepveu (4). Pour moy, de qui l'humeur incline toujours plustost à augmenter l'honeur des persones qu'à le diminuer, je panche de costé du second advis, qu'Aimé de Mesmes ait eu plusieurs enffans, que le père de celuy dont il s'agit en ait esté l'un, et qu'il soit venu à Paris en la compagnie de Jean-Jacques de Mesmes, seigneur de Roissy, son frère, et ma créance ou ma conjecture est fondée sur ce que nostre autheur dans l'épistre liminaire de sa comédie françoise des Supposez de Louis Arioste qu'il dédie à Henry de Mesmes, jurisconsulte, il l'appelle d'abord son cousin en ces termes familiers : « Cousin, comme je revisois ces jours passez les vieilles compositions de ma première jeunesse, etc., »

(1) Jean-Jacques de Mesmes, Ier du nom, chevalier, seigneur de Roissi et autres lieux, naquit le 11 mai 1490 en Gascogne : il fut le premier de sa famille qui vint s'établir à Paris. Il mourut en cette ville le 23 octobre 1569, après avoir occupé diverses positions considérables.

(2) Le copiste avait oublié les mots *le père* et avait écrit : « J'ai peine à connoître celui dont il est question. »

(3) « Jean-Pierre de Mesmes, parisien, fils naturel (comme l'assurent aucuns) de messire Jean-Jaques de Mesmes, père de messire Henry de Mesmes, sieur de Roisssy et Malassise. » (*Bibliothèque françoise*, édition de 1772, t. I, p. 573).

(4) « Sieur Jean-Jacques de Mesmes, seigneur de Roissy, son oncle (*Bibliothèque françoise*, édition de 1772, t. II, p. 470).

et que dans son docte livre des Institutions
astronomiques qu'il dédia despuis à Jean-Jacques
de Mesmes, premier et antien maistre des requestes
sous les roys François Ier, Henry II, François II et
Charles IX, il l'appelle hautement son oncle. Or,
s'il eut effectivement esté son fils naturel, il est
bien plus vraysemblable qu'il l'eust plustost par
respect traitté de Monsieur qu'autrement, et qu'il
n'eut pas pris la hardiesse d'appeller Henry de
Mesmes son cousin, mais Monsieur aussi bien que
l'autre. Quoyqu'il en soit, bastard ou légitime, il
nasquit à Paris de ceste illustre famille, environ
l'an 1525, et fut très-galand homme de sa personne.
En sa jeunesse il s'appliqua sérieusement à l'estude
des sciences gayes, et gayement à l'estude des sciences sérieuses, puisqu'il fut laborieux au possible et
que le travail estoit son divertissement. Comme
il aimoit nostre poésie françoise avecque passion, il
brusloit de l'amour des mathématiques jusques à
perdre pour elles le repos et le repas. Olivier de
Magny, qui estoit un de ses familiers amis, le
donne bien à congnoistre lorsque dans son Hymne
de Marguerite de France, fille du roy Henri II, il
l'exhorte ainsy de quitter pour quelque temps son
estude sérieuse et de célébrer dans des vers
l'heureuse naissance de ceste grande princesse :

> Laisse, Colet, ta superbe chronique,
> Et toy les points de la mathématique,
> Sçavant de Mesme, etc. (1).

(1) Voir sur Olivier de Magny une bien intéressante notice de

Mais comme il est bien mal aisé d'acquérir la
cognoissance parfaicte des sciences sans l'intelligence des langues qui en sont les véritables
dépositaires, il s'y adonna avec tant de contention
d'esprit, que non seulement les langues grecque
et latine luy furent très-familières, mais encore
que la langue italienne eut des charmes qui luy
plurent presque autant que ceux de sa langue
naturelle, jusque là qu'il se rendit capable de
congnoistre toutes les délicatesses de ceste langue
estrangère, et mesme de la parler et de l'escrire
avec autant de grâce et d'ornement que s'il fust né
sur les rives du Pau (1) ou sur les bords du Tybre.
Vous qui d'abord doubterez de ceste vérité, prenez
seullement la peine de consulter sa grammaire
italienne et françoise, et les beaux vers italiens
qu'il prit soin de composer et de publier de son
temps, et vous serez bientost sans doubte aussi
bien que moy persuadez de son mérite. Cela
s'appelle n'estre pas l'esclave, mais le maistre
d'une langue.

Toutes ces estudes diverses n'empeschèrent pas

M. Prosper Blanchemain dans ses *Poètes et amoureuses du
XVIe siècle* (Paris, 1877, p. 221-244.) On ne retrouve l'*Hymne de
Marguerite de France* ni dans l'édition des *Odes* d'Olivier de
Magny, publiée au XVIe siècle (Paris, 1559), ni dans l'édition que
vient d'en donner M. E. Courbet (Paris, 1876). Cette pièce a paru
isolément sous ce titre : *Hymne sur la naissance de Madame
Marguerite de France, fille du roy Henri II, en l'an 1553, par*
OLIVIER DE MAGNY, *avec quelques lyriques de luy*. (Paris, Abel
L'Angelier, 1553, petit in-8°.)

(1) *Sic.* La même orthographe se trouve dans la copie.

qu'il ne cultivast la sienne propre avec un grand soin et qu'il ne fist de temps en temps des vers françois-qui ne furent pas jugez indignes de son siècle, puisque ils eurent l'approbation de ceulx qui en estoient les supresmes génies. En effect, ils sont tels que ce grand poëte de son temps Joachim Du Bellay, ravy de la doctrine de ceulx qu'il avoit composez sur le maryage de Henry de Mesmes (1), ne put s'empescher de les honorer de ceste petite ode que j'insère icy d'autant plus volontiers qu'ils ne se rencontrent pas dans le corps de ses œuvres où je l'ay cherchée inutilement (2), et puis il faut tascher à ne rien perdre des grands hommes :

> Quel Démon à ceste fois
> De sa fureur la plus douce
> Jusqu'aux estoilles te pousse
> Sur les aisles de ta voix ?
>
> De la céleste musique
> Ne plaisent tant les doulx sons
> Que le miel de tes chansons
> Plus doulx que le miel attique.

(1) Henri de Mesmes épousa, le 3 juin 1552, sa cousine Jeanne Hennequin, fille d'Oudard Hennequin, seigneur de Boinville, maître des comptes, et de Jeanne Michon.

(2) Cette ode a été jointe pour la première fois aux œuvres de Joachim Du Bellay dans la remarquable édition publiée par M. Ch. Marty-Laveaux, chez Lemerre, en 1866, œuvres qui forment les deux premiers volumes de la *Pléiade française*, tant loués par Sainte-Beuve (13ᵐᵉ volume des *Nouveaux lundis*).

> Heureux son, heureux sonneur,
> Heureuse vierge bien née,
> Et plus heureuse l'hyménée
> De telle vierge donneur (1).

> Heureux l'enfant qui doibt estre
> S'il est aussi bien sonné
> Que tu as bien fredonné
> Le Dieu qui le fera naistre !

Et quoyque le nom fameux de Du Bellay n'esclatte ny au frontispice ny à la fin de ceste ode, si est ce que son style puissant et doux et sa devise ordinaire : *Cœlo musa beat* dont il la souscrivit (2), peuvent desmentir ceux qui soustiendroient qu'elle ne fust pas effectivement de luy. Après tout, le fameux Du Bellay ne faisoit en cela que luy rendre ce que de Mesmes lui avoit déja presté dans ses beaux vers italiens et dans ses vers françois mesmes, où il faict encore ce noble souhait en sa faveur :

> O Dieu que n'aye la main
> Ou bien la plume Angevine
> Ou bien le chant plus qu'humain.
> De la lyre Ronsardine,

(1) La version donnée par Colletet de l'*Ode sur l'Épithalame de Henri de Mesmes et de Jane Hennequin*, justifie en cet endroit la conjecture de M. Marty-Laveaux, qui, trouvant dans les vers de Du Bellay d'*onneur*, avait proposé, avec son habituelle sagacité, de lire *donneur* et non *d'honneur*.

(2) On sait que le poète prit plus tard cette mélancolique devise : *Spes et fortuna Valete !*

par où il désigne clairement Joachim Du Bellay, Angevin (1) qu'il appelle ailleurs dans ses proses le premier Pétrarque françois, comme il appelle Pierre de Ronsard le premier Pindare de France.

Mais pour venir au détail de ses œuvres et en laisser le jugement libre à mon lecteur sans le prévenir davantage ny par les suffrages d'autres, ny par mes propres sentimens, l'an 1552 il fist imprimer à Paris et sans datte et sans nom de l'autheur un poème françois intitulé Epithalame de Henry de Mesmes et de Jeanne Hennequin (2), dont voicy le commencement :

Sus laissez le long séjour,
O nymphes parisiennes,
Et venez au poinct de jour
A ces nopces Mesmiennes,
Et de vos rares beautez,
Decorez ceste journée.
C'est celle que vous chantez
La plus belle de l'année.

O hymen, hymen, hymen
Hymen, hymen, hymenée.

(1) J. Du Bellay naquit de 1523 à 1525 à Liré, aujourd'hui commune du département de Maine-et-Loire, arrondissement de Cholet, canton de Chantoceaux, à 56 kilomètres d'Angers.

(2) La pièce, quoique bien rare cependant, n'est pas mentionnée dans le *Manuel du libraire*. La Croix du Maine ajoute que l'épithalame est accompagné d'un *Discours de l'origine ou extraction des Sieurs de Mesmes, seigneurs de Roissy*, et Du Verdier, que cet épithalame (format in-8°) est accompagné d'une *Exposition des endroits difficiles* contenus en ce petit poème, ce que, du reste, Colletet va, lui aussi, nous dire un peu plus loin.

Vous fuyez ! Dieux ! Qui vous poinct?
Quelle peur vous met en fuitte?
Les Dieux bouquins n'y sont point ;
Icy ne vous font poursuitte
Les Centaures enyvrés.
Par Erynne l'insensée
Les hommes n'y sont navrez
Comme aux nopces de Persée.

O hymen, hymen, hymen
Hymen, hymen, hymenée.

Vous ne verrez en ces lieux.
D'enfer l'engeance très orde,
Ny des sept Dieux le plus vieux
Ny de la noire Discorde
Ne craignez la pomme d'or ;
Discorde s'en est allée.
Où Mars et Bellone encor
Font d'armes grosse assemblée

O hymen, hymen, etc.

On ne void concorde et paix
Parmy les bandes troublées,
Vous ne les vistes jamais
Par mutines assemblées.
Voyez l'une avec Vénus
De son ceston arrestée,
Voyez l'autre les bras nuds
Portant le cor d'Amalthée.

O hymen, hymen, etc.

Voyez les graces autour
Des mignardes amourettes
Qui sèment tout à l'entour
De leurs mères les fleurettes.
Voyez Hymen qui de fleurs
Porte la teste atournée
Et pour une de vos sœurs
Oyez chanter Hymenée.

O hymen, hymen, etc.

Et le reste où la fable et l'histoire ne sont pas
oubliées. Aussy fut-ce pour ce subject qu'il s'advisa d'accompagner ce poème lyrique d'un commentaire en prose qu'il appella Briefve exposition
des endroits difficiles, où il proteste d'abord qu'il
n'a pas dressé ces observations pour instruire les
doctes et les intelligens, puisque ce seroit vouloir
enseigner les aigles à voler et les cygnes à chanter, mais seullement pour conduire ceux qui ne
sont pas si versez à l'intelligence des antiquitez
poétiques. En quoy il faict du moins paroistre son
jugement et sa modestie. Et là-dessus je peux adjouster véritablement qu'il appréhendoit si fort le
jugement public et d'acquérir du blasme voulant
acquérir de l'honeur, qu'il a tousjours faict passer la plupart de ses productions pour celles d'un
autheur anonyme puisque son nom ne se rencontre presque jamais au frontispice de pas une, et
qu'il ne nous le donne qu'à deviner tantost par
quelque devise particulière, tantost par les lettres

capitales de son nom, maintenant par quelque passage tiré du milieu de son discours, et tantost par quelque dédicace de son livre. Par exemple, son epithalame est marquée de sa devise latine qui estoit : *Cœlum non solum*, et sur le mot de Thmesien Gascon il dit dans ses commentaires : Notez que nostre surnom de Mesmes, etc., d'où l'on peut conclure infailliblement qu'il en estoit le véritable autheur. Sa grammaire italienne et françoise imprimée pour la première fois à Paris l'an 1548 (1), n'en désigne l'autheur que par ces lettres capitales : I. P. D. M. que quelques uns ont faussement interprétées : Jacques Pelletier du Mans qui vivoit et qui escripvoit au mesme temps (2), mais la devise italienne qu'il

(1) La Croix du Maine en parle ainsi (t. I, p. 573) : « Il est auteur d'une grammaire italienne et françoise, imprimée à Paris chez Gilles Corrozet, l'an 1548, et l'an 1567, chez Robert le Mangnier, en laquelle il n'a pas voulu mettre son nom : mais ce qui m'a fait cognoitre qui en étoit auteur, çà été une sienne devise, mise sur la fin de la dite grammaire italienne, qui est telle : *Per mestesso son sasso*, laquelle expliquée en françois, signifie *De moymesme je suis Pierre*, qui est un équivoque ou allusion sur son nom et surnom, Pierre de Mesmes, comme s'il eut voulu dire : Je suis Pierre de Mesmes, qui ai composé cet ouvrage. Ce que j'ay récité assez amplement à cause de plusieurs qui n'ont pas cognoissance ni de l'auteur de cette grammaire italienne et françoise, ni de cette devise...... » Du Verdier, bien plus bref, cette fois, que son confrère en bibliographie, se contente d'indiquer l'édition de la grammaire italienne donnée à Paris, in-8°, par Gilles Corrozet, 1548. La Grammaire de J. P. de Mesmes ne figure ni dans les *Jugements des savans* d'Adrien Baillet, ni dans le *Manuel du Libraire*.

(2) C'est ce qu'avait prévu La Croix du Maine, disant *(Ibid)* : « S'il eût mis son nom par lettres capitales ou majuscules en cette façon J. P. D. M. Plusieurs eussent pensé que c'eût été le nom de Jaques Peletier du Mans, tant cognu par ses œuvres, et plusieurs

y adjouste *Per me stesso son sasso*, de moy mesme
je suys Pierre, faict bien cognoistre par ceste allusion ou équivoque sur son nom que Jean Pierre
de Mesmes, et non pas Jacques Pelletier estoit
l'autheur de ceste docte et utile production gram-
maticale. Finalement sa version des Supposés
desdiée à Henry de Mesmes qu'il appelle son cousin, nous peut faire soupçonner au moins qu'un
de Mesmes l'a faicte, et puis deux de nos bibliothé-
quaires l'attribuent justement à celluy-cy (1).
Ceux qui sont bien aises de ne point confondre
les autheurs et qui considèrent toutes les choses
de près, n'ignorent pas combien celles-cy coustent
et combien la recherche en est pénible : Ce que je

ont eu opinion que les vers italiens pris au Tombeau de Madame
Marguerite, Roine de Navarre, sœur du roi François I, sous ces
lettres susdites, signifiassent le nom dudit Pelletier, mais leurs
devises les ont fait recognoître, car ledit Jean Pierre de Mesmes a
celle-cy en latin, *Cœlum non solum*, et Pelletier a cette autre françoise, *moins et meilleur*, mais c'est trop s'arrêter sur ce point.. »
M. de Clinchamp, dans sa notice sur Jacques Pelletier (*Bulletin du
Bibliophile* de juillet 1847, p. 283-308) a dit de ces vers italiens
(p. 296, en note) : « On donnait jadis cette version à l'auteur dont
nous esquissons la vie ; la connaissance parfaite qu'il possédait
de la langue de Pétrarque, autant que les initiales citées plus haut
et qu'on peut, en effet, expliquer par Jacques Pelletier Du Mans,
avaient accrédité cette opinion. Elle est erronée cependant, et le
véritable traducteur est le parisien Jean Pierre de Mesmes. »
(1) La Croix du Maine ne dit rien de cet opuscule, mais Du Verdier déclare que J. P. de Mesmes « a traduit d'Italien, les Supposés,
comédie de Loys Arioste, imprimés à Paris, in-8°, par Estienne
Groulleau, 1552. » B. de la Monnoye fait observer, sous le passage
de la *Bibliothèque françoise*, (1773, t. II, p. 470) que « l'édition des
Supposés de l'Arioste, traduits en françois par J. P. de Mesmes, est
curieuse en ce qu'on y voit, à côté de la traduction, la comédie
de l'Arioste en prose italienne, suivant que l'auteur l'y avoit origi-
nairement conçue avant qu'il la réduisit en vers de douze syllabes. »
Cette observation a été reproduite par J. C. Brunet *(Manuel du Li-*

ne dis pas pour louer mon travail, mais seullement pour fermer la bouche et pour respondre à
ceux qui par ces mesmes circonstances croiroient
avoir lieu de le mépriser. Après tout, qu'ils se
souviennent que ces exactes et petites observations
font une partie de la critique moderne (1), et que
souvent le grand Scaliger, le docte Lipse et le
fameux Casaubon ont la sueur au front pour de
moindres ou de semblables choses.

Je ne diray rien icy davantage de ses Institutions astronomiques contenant les principaux
fondemens et les premières causes des cours et
mouvemens célestes, avec la totale révolution du
ciel et de ses parties, les causes et raisons des
éclypses, tant de la lune que du soleil, imprimés
à Paris, in-4°, l'an 1557 (2), ny de sa Composition
et fabrique de l'astrolabe et de son usage, avec
les préceptes des mesures géométriques, le tout
traduit du latin de Jean Stoefler, célèbre mathé-

---

braire) au mot *Ariosto*, t. I, col. 447. Le savant bibliographe rappelle,
à ce sujet, que ce n'est pas la plus ancienne traduction qui ait
paru des *Supposés*, en notre langue, car Jacques Bourgeois en avait
déjà donné une en 1545, sous le titre de *Comédie très-élégante*.

(1) M. Amédée Thierry a dit quelque part que les détails sont
l'âme de l'histoire. Le mot est surtout juste si on l'applique à l'histoire littéraire, et le rapprochant de la profession de foi de Guillaume Colletet, je recommande le tout à l'attention des critiques
trop épris de vaines considérations générales et qui, du haut de
leur nuage, répondent avec un superbe dédain au lecteur refusant
de les suivre : *de minimis non curat... scriptor.*

(2) Chez Michel Vascosan, in-f°, comme nous l'apprend
Du Verdier. Voir aussi la *Bibliographie astronomique* par Jérôme
de la Lande (Paris, in-4°, p. 80), qui signale la beauté de cette

maticien, enrichy des annotations du docte de
Mesmes et imprimé à Paris, in-8° l'an 1556 (1),
puisque cela n'est pas de mon subject et que je le
renvoye aux mathématiciens pour en juger. Je
diray seullement que sa version en prose françoise
de la Comédie des Supposez de Louis Arioste est
escrite d'un style si pur et si net pour le temps,
qu'il paroist bien que les langues estrangères
n'estoient pas sa seule passion, et que sa langue
maternelle ne fut pas dans sa créance indigne de
sa culture et de ses soins.

J'adjouste que ce fut encore luy mesme qui
traduisit en beaux vers italiens les cent fameux
distiques que ces trois illustres princesses
angloises, Anne, Marguerite et Jeanne de
Seymur composèrent sur le trespas de l'incomparable Marguerite, royne de Navarre (2), comme
on le void par les mêmes lettres capitales de son
nom I. P. D. M., qui sont au-dessus de chaque

édition, mais qui n'a pas connu une autre édition citée par
Brunet, d'après Maittaire : Paris, Fed. Morel, 1599, in-f°. Je trouve
une mention des *Institutions astronomiques* dans le commentaire
fait par Simon Goulart des *Œuvres* de G de Saluste, sieur du
Bartas (Paris, Toussainctz Du Bray, in-f°, 1611, Ire partie, p. 181)

(1) Par Guillaume Cavellat. Voir les ouvrages déjà cités de
Du Verdier, de La Lande, de J.-C. Brunet. Ce dernier (t. VII, col.
1670) indique, de plus, une édition de 1560, (même imprimeur,
même format). L'ouvrage est mis à 25 fr. dans le *Bulletin* de
MM. Morgand et Fatout, libraires (Nos 3 et 4).

(2) *Le Tombeau de Marguerite de Valois, royne de Navarre, faict
premièrement en distiques latins par les trois sœurs princesses en
Angleterre* (Anne, Marguerite, Jane de *Seymour*). *Depuis traduictz
en grec, italien et françois par plusieurs des excellents poëtes de*

quatrain parmy ceux de Jean Dorat, de Joachim Du Bellay, du comte d'Alsinoiz et de quelques autres, et par sa devise : *Cœlum non solum* (1) qui est ensuite au-dessous de deux ou trois petits poèmes italiens en faveur de ces trois héroïques sœurs, il paroist bien que ce sont d'agréables productions de l'esprit de de Mesmes qui estoit capable de tout entreprendre et de tout exécuter dans ses lettres.

On voit encore de ses vers au frontispice de plusieurs livres imprimez de son temps, comme on le peut juger par sa devise : *Cœlum non solum* qui est au-dessous de ces mêmes ouvrages. Ainsi l'ode françoise qui est à l'entrée d'un vieux roman intitulé le *Nouveau Tristan, prince du Léonnois*, et mis en nostre langue par Jean Maugin l'Angevin (2), est de la façon du sçavant

France (J.-P. de Mesmes, Joach. Du Bellay, Antoinette de Louynes, Ant. de Baïf, le comte d'Alsinois): *avec plusieurs odes, hymnes, cantiques, épitaphes sur le même sujet* (par P. de Ronsard, G. Denisot, Salm. Macrin, Nic. Bourbon, Cl. d'Espence, Ch. de Sainte-Marthe, J. Daurat, Jean Tagaut, Jacq. Bouju, J. Morel, P. des Mireurs, G. Bourquïer : le tout publié par Nic. Denisot, comte d'Alsinois, avec la préface du seigneur des Essars, Nic. de Herberay). Paris, impr. de Michel Fezandat et R. Granjon, 1551, petit in-8°.

(1) La même devise *(Cœlo non solo)* devait être adoptée à la fin du siècle suivant, par un saint ecclésiastique dont je viens de chercher à raviver quelque peu le souvenir. Voir *Notes sur la vie et les ouvrages de l'abbé Jean-Jacques Boileau* (1877, in-8°, p. 80, note 1).

(2) *Le premier livre du nouveau Tristan, prince de Léonnois, chevalier de la Table-Ronde, et d'Yseulte, princesse d'Yrlande, royne de Cornouaille, faict françois par* JEAN MAUGIN, *dit l'Angevin.*

de Mesmes. En voicy la seconde ou troisiesme
stance :

> Le torrent gravier cache l'or,
> Les graves ruines le thrésor,
> Les espines la rose,
> Le corps bossu le grand sçavoir.
> Dans les vieux romans on peut voir
> Mainte excellente chose.

Le reste est du mesme style, c'est-à-dire plus
docte que poly.

Il vivoit encore l'an 1558. Antoine du Verdier,
La Croix du Maine, George Draude, et le
Promptuaire des livres ont faict mention de luy
dans leurs Bibliothèques françoises. Charles
Fontaine, qui se picquoit fort d'estre bon poète
et qui ne le fut jamais (1), lui adressa ceste
fade épigramme que j'ay trouvée parmy les
siennes :

> A Jean-Pierre de Mesmes.
>
> Ma Muse estrennant ses amis
> Si elle t'avoit oublié
> Ce péché ne seroit remis,
> Ains à jamais seroit lié.

Paris, veuve Delaporte, 1554, in-f°. *Ibid.* Gabr. Buon, 1567, in-f°.
Lyon, Benj. Rigaud, 1577, 2 vol. in-16. Paris, Nicolas Bonfons, 1586,
in-4°. Voir sur Maugin un recueil où l'on est assuré de trouver
toujours d'excellents renseignements, *le Dictionnaire historique,
géographique et biographique de Maine-et-Loire, par* M. CÉLESTIN
PORT (t. II, 1876, p. 618-619).

(1) Ce Charles Fontaine (né à Paris le 12 juillet 1513, mort vers
1587) fut l'adversaire passionné de Joachim Du Bellay. Sa critique
(1551) de la *Défense et illustration de la langue françoise,* n'est pas
moins plate que le quatrain cité par Colletet, lequel se montre ici
fort bon appréciateur.

Ce célèbre jurisconsulte, ou droict conseillant, comme il s'appelloit plaisamment, Louis le Caron, nommé depuis Charondas (1), dans son poème du Ciel des Grâces, le met au nombre de ces excellens hommes qui esclattoient de son temps par des productions d'esprit :

> Magny, mon de Mesmes encore,
> Esprits que la France honnore.

Et je m'estonne d'où vient que Scevole de Saincte-Marthe qui a faict l'éloge latin des excellens hommes de ceste maison parmy les hommes illustres que j'ay faict parler françois (2) a passé celluy-cy soubs silence. Seroit-il bien possible qu'il ne l'eust pas cognu luy (qui) vivoit de son temps? Ou plustost ne seroit-ce point qu'il auroit creu sa naissance doubteuse, et qu'en ceste qualité il eut voullu refuser un honneur légitime à celuy qui ne l'estoit pas, comme si la vertu, qui est de tout sexe, n'estoit pas aussi de tout temps? Et puis certes il ne se montra pas si réservé, ny si scrupuleux à l'endroict de ces illustres bastards Christofle de

(1) Louis le Caron, dit Charondas, naquit à Paris et mourut en 1617, plus qu'octogénaire. Voir sur cet ami d'Etienne Pasquier, ami qui fut lieutenant au baillage de Clermont, en Beauvoisis, les notices de La Croix du Maine (t. II, p. 46-47) et de Du Verdier (t. II, p. 592-597). *Le Ciel des Grâces*, d'après ce dernier auteur, fut imprimé à Paris, in-8° par Gilles Robinot, 1554. Brunet a omis ce rare opuscule dans l'article *Le Caron* du *Manuel du Libraire* (t. II, col. 912). Louis le Caron a, comme poète, été fort maltraité par l'abbé Goujet (*Bibliothèque françoise*, t. XIV, p. 272-274).

(2) Voir sur la traduction du *Gallorum doctrina illustrium* (Paris, 1644, in-4), l'*Introduction* aux *Vies des poètes gascons*, p. 12.

Longueil (1), Mellin de Saint-Gelais et Jean-Antoine de Baïf, desquels il fit si justement l'éloge. Le mesme Baïf, qui estoit un de ses plus doctes amis, pour éterniser son mérite aussy bien que leur amitié mutuelle, lui desdia un sonnet dans le second livre de ses Amours de Francine (2), où il lui parle de la sorte :

> Mesmes, tandis qu'au ciel tu fiches ton esprit,
> Des astres remarquant le cours et la puissance,
> Sur les bords de la Seine à rien las ! je ne pense,
> Icy dessus le Clain, qu'à celle qui m'y prit, etc.

Quiconque sera curieux de voir la response que de Mesmes lui fist en mesme temps, peut consulter la fin de ces Amours de Francine, où il trouvera un sonnet qui commence de la sorte :

> Baïf, ce doux tourment qui te faict nuit et jour
> Non plus ce mien esprit, non plus mon cœur attise,
> La fureur n'y est plus qui encore te maistrise,
> Mais il faut une fois faire hommage à l'Amour.

(1) Christophe de Longueil, né en 1488 à Malines, mourut en en 1522 à Padoue, après avoir été professeur de droit à Poitiers et conseiller au parlement de Paris. Il était « fils naturel d'Antoine de Longueil, évêque de Saint-Pol de Léon, chancelier de la reine Anne de Bretagne, » comme s'exprime le *Moréri*. C'est dans le livre I de son Recueil que Sainte-Marthe a fait l'éloge de Longueil. vanté aussi par Paul Jove, et, ce qui vaut mieux, par Guillaume Budé, par Etienne Dolet, par Clément Marot et par le cardinal Pole, lequel fut son intime ami.

(2) Voir ce sonnet dans les *Poésies choisies de J. A. de Baïf*, publiées par M. L. Becq de Fouquières (Paris, Charpentier, 1874, p. 139). L'éditeur, soit qu'il n'ait pas connu J.-P. de Mesmes, soit qu'il ait oublié de le faire connaître à ses lecteurs, n'a pas mis la plus petite note sous le nom de cet ami du chantre de Francine. Par un singulier *lapsus* Francine avait été, dans la copie du Louvre, changée en *Francius*.

Nicolas Bergier, de Reims (1), dans la préface de son traitté curieux du poinct du jour (2), pour appuyer quelques-unes de ses opinions, rapporte quelques passages de ses doctes Institutions astronomiques avec le nom de l'auteur en marge. Pierre de Ronsard, dans les premières additions de son Poème des Isles fortunées, dédié à Marc-Antoine de Muret, tesmoigne bien la haute estime qu'il faisoit du mérite de Jean-Pierre de Mesmes lorsqu'il le met au nombre de ses doctes amis qu'il invite à faire avec eux le voyage des Isles fortunées ;

> Je vois Baïf, Denizot, Tahureau,
> Mesmes, Du Parc, Bellay, Dorat, etc (3).

(1) Nicolas Bergier, né à Reims en 1567, mourut en 1623, ayant publié, un an avant sa mort, un livre rempli d'érudition et que l'on peut encore consulter avec profit, l'*Histoire des grands chemins de l'Empire romain* (1622 , in-4°, plusieurs fois réimprimé, notamment en 1736).

(2) *Le Point du Jour, ou Traité du commencement des jours et de l'endroit où il est établi sur la terre,* Reims, 1629, in-12. La première édition est de Paris, 1617, in-8° sous le titre d'*Archemeron, ou Traité,* etc.

(3) A toutes les citations de Colletet je ne joindrai qu'une seule citation, tirée des *Sonnets exotériques* d'Imbert (sonnet XVII, p. 25 de l'édition de 1872) :

> Donc, Mesme, mon voisin, quand d'un hautain esprit
> En faveur des François tu monstres par escrit
> Des célestes flambeaux les loges éternelles, etc.,

Imbert vise en ce tercet les *Institutions astronomiques.* Il est moins facile d'expliquer les mots : *Mon voisin* qu'il adresse au parisien J.-P. de Mesme. Faut-il voir dans ces mots une allusion à l'origine gasconne des aïeux de notre poète, ou par *mon voisin,* Imbert désignait-il le propriétaire de quelque petit domaine situé dans les environs de Condom ?

LE DUC DE SAINT-SIMON

ET

LE CARDINAL GUALTERIO

MÉMOIRE

SUR LA RECHERCHE DE LEUR *CORRESPONDANCE*

(1706-1728)

I.

Dans un chapitre de ses *Mémoires,* le duc de Saint-Simon, voulant caractériser les relations fort amicales et confidentielles qu'il entretint avec le cardinal Gualterio pendant et après la nonciature que ce prélat illustre avait remplie à la Cour de France, s'exprime ainsi :

« *Du commerce fréquent nous vînmes à l'amitié et à la confiance qui a duré entre nous jusqu'à la mort, avec un commerce réglé de lettres toutes les semaines, depuis son départ et presque toujours en chiffre* (1). »

Dans un autre endroit de ses mêmes *Mémoires,*

(1) Voyez les *Mémoires.* Edit. In-8°, Hachette. Tome V, page 49.

toujours à propos du cardinal Gualterio, **le Duc** de Saint-Simon dit encore :

« *Nous nous écrivions toutes les semaines et fort ordinairement en chiffre pour nous entretenir plus librement, et ce commerce a duré régu ièrement jusqu'à sa mort* (1). »

Ces formelles déclarations avaient singulièrement éveillé ma curiosité, pendant que je préparais l'*Historique du cabinet de Saint-Simon*, et que j'informais sur les destins et vicissitudes de ses *Manuscrits* (2). Dès lors je m'étais promis de faire campagne sur le territoire des Gualterio. Je revins plus tard sur ce beau sujet. Qu'était devenue cette correspondance de chaque semaine et en chiffres? Je m'échauffai d'autant plus à l'entreprise d'une si belle recherche que je reconnus que la correspondance entre les deux personnages n'avait pas duré moins de vingt années et qu'il y avait lieu de penser que le duc de Saint-Simon n'avait pas fourni moins de mille et quelques lettres dont la plupart, sans aucun doute, avaient dû être fort longues.

J'informai d'abord sur la personne de M. le cardinal Gualterio, sur ses biens d'hoirie ensuite, puis sur ses héritiers. Je m'enquis donc du lieu d'Italie où je supposais que devaient être ses papiers, et comme j'appris qu'ils avaient été ac-

____

(1) *Mémoires*. Edit. in-8°. Hachette. Tome X, page 397.

(2) **LE DUC DE SAINT-SIMON**, *son Cabinet et l'historique de ses Manuscrits d'après des documents authentiques*. (Paris, E. Plon et Cⁱᵉ, 1874.)

quis, depuis vingt ans environ, pour être déposés dans les collections publiques du *British Museum*, je profitai du prochain voyage que je fis à Londres pour me rendre aussitôt à la célèbre Bibliothèque dont les avenues et les richesses m'étaient d'ailleurs déjà familières.

Le catalogue des « *Additional manuscripts*, (4) » c'est-à-dire l'énumération d'acquisitions relativement récentes, venait précisément d'être publié, et il contenait la description entière, article par article, du Recueil des *papiers* du Cardinal Gualterio. La lecture seule de ce considérable répertoire me parut être d'un extrême intérêt. A un premier coup d'œil, en effet, il est aisé de reconnaître qu'il y a là une mine admirable pour l'histoire des neuf dernières années du règne de Louis XIV et des quinze premières du règne de Louis XV. Le *Recueil* cédé par la famille Gualterio en 1855 a été divisé, réparti, classé et inventorié excellemment. Il consiste surtout en correspondances échangées avec des personnages de différentes Cours de l'Europe tels que souverains, princes et princesses de sang royal, ministres, secrétaires d'État, ambassadeurs et nonces, agents et résidents, envoyés particuliers, ducs et pairs, maréchaux, savants et

(4) *Catalogue of additions to the Manuscripts of the* BRITISH MUSEUM *in the years, 1854-1860.* (Printed by order of the Trustees.) Ce catalogue comprend les manuscrits additionnels depuis le n° 19,720 jusqu'au n° 24,026.

lettrés, et cela avec une profusion et une étendue telles qu'il faudrait de nombreux volumes pour en contenir la seule analyse (1). En un mot, c'est un véritable cabinet politique, historique, scientifique, anecdotique et littéraire où chaque *correspondance*, pour peu qu'elle ait été suivie avec un même personnage, se trouve représentée en un ou plusieurs volumes formés et reliés à part sous le nom du *correspondant* : ainsi : *Lettres du marquis de Torcy* au cardinal Gualterio ; *Lettres de la princesse des Ursins; Lettres de Arnaud de Pomponne; Lettres du Duc de Nocilles*, etc. Les autres correspondances, celles d'occasion et de passage, forment diverses séries classées et divisées, autant que possible par nationalités (2), sous le titre de *Correspondance diverse.*

Je trouvais la correspondance des d'Estrées, du cardinal de Rohan, du cardinal de la Trémouille, de M. de Callières, du maréchal d'Uxelles, du duc de Berwick, et de tant d'autres qui assurément avaient beaucoup moins écrit au cardinal Gualterio que ne l'avait fait le duc de Saint-Simon. Il était cependant difficile de ne pas s'attendre à

___

(1) La collection entière s'étend du *Manuscrit* n° 20,211 au *Manuscrit* n° 20,583 pour les papiers du Cardinal *Filippo Antonio* Gualterio Nonce en France de 1700 à 1706 et du *Manuscrit* n° 20,584 au *Manuscrit* 20,686 pour les papiers de *Luigi* Gualterio son neveu.

(2) Ainsi : *Correspondence of Cardinal* GUALTERIO *with various persons, chiefly Englishmen.* 1701-1728.

N° 20,397 à 20,400. *Correspondence of* CARD. GUALTERIO *with various natives of France.* In chronological order : 1698-1727.

trouver le Duc placé à son rang. Vaine cependant fut mon attente. Tout et tous, lui excepté. Deux ou trois lettres au plus, et dispersées dans la masse des lettres diverses : ce fut tout. Je lus et relus l'inventaire, je feuilletai, j'explorai les volumes. Je fis les rencontres les plus inattendues, Crozat, le célèbre amateur et le grand curieux ; Valincour, l'aimable lettré et bon bibliophile ; le **Père Lafiteau**, évêque de Sisteron et piquant négociateur ; le Sr de Frémont, agent de France à Venise ; l'abbé Chevalier, autre négociateur en cour de Rome ; l'abbé Renaudot, fort savant, fort lettré, fort auteur de mémoires politiques à l'usage des hommes d'Etat ; Pecquet le père, **premier commis des affaires étrangères** ; M. de Breteuil, l'introducteur des Ambassadeurs ; Languet de Gergy, l'illustre curé de Saint-Sulpice ; les Ducs d'Antin, de Beauvilliers et de Noailles; les Archevêques d'Arles, de Bourges et de Rheims ; les Evêques de Montpellier et de Soissons ; les Maréchaux de Tallard et de Tessé ; **Madame de Maintenon** ; la maréchale de Noailles, mais point le duc de Saint-Simon, pour ce qui était de sa correspondance particulièrement abondante et suivie avec le cardinal ! Que penser donc de ces mots ci précis : « *Nous nous entretenions toutes les semaines et fort ordinairement en chiffres?...* » D'un autre côté, j'avais surpris un aveu tout aussi important dans une lettre du cardinal adressée de Rome le 9 mars 1722 à M. de Chavigny, alors à Madrid : « *Nous avons été amis de cœur depuis vingt-trois ans,...* » dit M. Gualterio en parlant de M. de Saint-Simon, ambassadeur extraordinaire en Espagne(1). Il n'y avait donc pas de doute que, de part et d'autre, on se fût beaucoup écrit et fort confidentiellement. Je fis des conjectures. La famille romaine, héritière du nom, et des armes, et des biens des Gualterio, en cédant des liasses manuscrites qui remontaient à près de deux cents ans de date, aurait-elle expressément et consciemment enlevé d'un recueil aussi général la seule correspondance de M. le duc de Saint-Simon ? Pourquoi aurait-elle laissé valable au contrat tout ce qu'elle y a laissé et aurait-elle enlevé de cette collection aussi variée que considérable les seuls écrits du Duc ? Le fait, assurément, n'était pas impossible, j'en conviens, mais assurément aussi, il n'était pas probable. Il aurait été possible au cas où le possesseur, avant de traiter de la cession des papiers de sa maison, aurait eu la pensée, fort littéraire d'ailleurs, de se faire l'éditeur d'une correspondance aussi curieuse. Tout naturellement alors, il n'eût point cédé pour un dépôt public les pièces originales qu'il se serait réservé le soin et l'honneur de publier. Mais il est certain que tel ne fut point son projet, et que, pour lui, les lettres du duc de Saint-Simon adressées au plus illustre cardinal de sa famille n'avaient point

(1) BRITISH MUSEUM. *manuscr* n° 20,353.

un prix plus particulier, dans ces volumineux
recueils, que, par exemple, les lettres du
Roi, les lettres du *Régent*, les lettres du *Che-*
valier de Saint-Georges dit « le Prétendant
d'Angleterre, » les lettres des *secrétaires d'État*
des affaires étrangères, qui s'étaient succédé
au Cabinet de Versailles depuis le marquis de
Torcy jusqu'à M. de Chauvelin, de 1700 à 1728,
les lettres enfin de tant d'autres personnages de
rang fort élevé et de nom déjà célèbre.

Tout d'abord, je vis là un mystère malheureusement fort propre à contrarier ma curiosité très-
excitée : et, mystère il y eut pour moi jusqu'à la rencontre que je fis de la preuve la plus formelle de
la perte peut-être irréparable des pièces originales
d'une correspondance dont la lecture serait aujour-
d'hui pour nous d'un si grand prix. Je la produirai
plus loin dans son éloquente et cruelle authenticité.
Mais il convient peut-être de dire auparavant quel
était ce cardinal qui fut le correspondant ordinaire, familier et confident du fougueux auteur
des plus étonnants *Mémoires* français. On appré-
ciera plus justement encore soit l'étendue de la
perte de pareils documents, soit la valeur du prix
qu'il y aurait à la pouvoir réparer, lorsqu'on saura
mieux qui fut ce prince de l'Église à qui, chaque
semaine, pendant plus de vingt années, le *petit*
Duc à l'œil perçant, — c'est ainsi que Sainte-
Beuve l'a appelé, — adressa ses dires et ses juge-

ments sur les événements de la Cour de France dont il pénétrait les ressorts, et sur les personnages dont il saisissait le jeu des passions, pour les soumettre à l'éclat de son incomparable pinceau.

II.

L'examen très-minutieux que nous avons fait de la masse énorme des papiers personnels du cardinal, la lecture attentive des *Mémoires* qu'il a dressés en des circonstances politiques très délicates, ainsi que des correspondances qu'il a entretenues en divers États de l'Europe avec les esprits les plus distingués, m'ont permis de le suivre, pour ainsi dire pas à pas, dans son intéressante carrière. Mais le lieu ne convient pas ici pour étendre le récit de sa vie, au-delà de l'exposé des principaux faits qui la caractérisent.

Messire Philippe-Antoine Gualterio, noble de la ville d'Orvieto, naquit le 24 mars 1660 à Fermo, ville de l'État de l'Église dans la marche d'Ancone, dont son oncle le cardinal était archevêque et prince. Élevé au collège Clémentin à Rome, il fut à vingt-cinq ans l'un des prélats référendaires de la signature. Occupé d'abord dans les charges confiées ordinairement aux jeunes prélats, il venait d'être nommé gouverneur du patrimoine de S\u1d57-Pierre, lorsque pour la première fois son nom et sa personne furent désignés au Roi très-chrétien, parmi les sujets romains qui, affectionnés à la France, pouvaient prétendre à l'appui de son ambassadeur auprès du Pape, pour être déclarés nonces. Prélat fort sage, il avait aussi beaucoup d'esprit et les d'Estrées qui l'avaient fort connu se plaisaient à témoigner qu'il avait le cœur très-français. Il fut d'abord fait vice-légat d'Avignon au lieu et place de M. Delfini à qui le Roi avait donné sa parole pour l'agréer nonce, et quatre ans plus tard M. Gualterio vint nonce en France au lieu et place du même M. Delfini créé cardinal. Sa correspondance de vice-légat d'Avignon a été conservée parmi ses *manuscrits* et s'étend du 12 janvier au 31 juillet 1700 (1). Nommé nonce au mois de mars, il serait arrivé aussitôt à la Cour sans les particulières difficultés qui s'étaient produites entre le Saint-Siége et le Roi, au sujet de visites que le cardinal Delfini avait dit ne pas vouloir rendre à messieurs les bâtards, enfants naturels de Sa Majesté, visite, que de son côté, Sa Majesté exigeait pour messieurs ses enfants qu'elle avait d'ailleurs déclarés princes légitimés. Le cardinal Delfini partit le 17 mars 1700 sans avoir pris congé.

Le conflit dura des mois. Il faillit y avoir rupture totale dans les relations, et ce ne fut qu'après que l'émotion du Roi eût été adoucie par un bref

(1) Voyez au British museum, le ms. n° 20,266, *Dispacci in segretaria di Stato di monsignore. Illmo et Ecc^{mo} Gualterio vice-legato di Avignone diretti all'. Illmo sign. Cardinale Spada.*

plein de promesses que M. Gualterio, nouveau
nonce, put se mettre en route pour arriver à Paris.
Il y parut le 7 août. Trois jours après Louis XIV lui
donna sa première audience particulière à Versailles, Ses débuts furent heureux ; il était homme
à savoir plaire et le secrétaire d'Etat des affaires
étrangères ne s'était sans doute point fait faute de
répandre parmi les seigneurs et les gens de cour le
galant billet où le nouveau Nonce, le priant d'exprimer sa reconnaissance au Roi, lui avait dit ni plus
ni moins qu'être ministre apostolique auprès de Sa
Majesté lui paraissait « *la somma delle sue fortune.* » Il eut peu à servir le Pape Innocent XII qui
l'avait nommé, ce pontife étant venu à mourir
trois semaines après l'arrivée de son nouveau
nonce à la cour de France. Le conclave ouvert en
octobre fut clos le 23 novembre par l'exaltation au
pontificat du cardinal Albani qui prit le nom de
Clément XI. Le cardinal Gozzadini ayant remplacé
le cardinal Spada dans la Secrétairerie d'Etat, et
lui-même l'ayant été par le cardinal Paulucci, ce
fut donc au pape Clément XI et aux cardinaux
Gozzadini et Paulucci que le nonce Gualterio
adressa toute la correspondance de sa nonciature,
à l'exception de celle qu'il avait tenue avec Innocent XII pendant les trois premiers mois de sa résidence. Divisée en lettres ordinaires et en lettres
secrètes, cette correspondance s'étend jusqu'au
30 décembre 1707 et est conservée tout entière en

minutes et copies parmi les papiers de famille acquis par le *British museum* (1).

Pendant tout le temps que dura son séjour à la
Cour, l'habileté du Nonce fut très-appréciée. Il
évita avec un art extrême d'exciter les passions
qui, sur le terrain théologique tout autant qu'en
matière temporelle, étaient fort disposées alors à
se déclarer pour le plus grand trouble des relations
entre la France et le Saint-Siége. Les circonstan-
tances politiques étaient aussi fort difficiles. L'affaire énorme de la succession d'Espagne venait de
se présenter. On sait si elle fut grave. Les thèses
soutenues en Sorbonne, les déclarations des Jansé-
mistes étaient aussi choses faites pour mettre à l'é-
preuve la dextérité de l'envoyé du Pape, mais en
ces matières délicates où il faut que les démarches
soient conformes aux usages et aux droits de l'Etat,
le Nonce sut demeurer aussi correct qu'adroit et
prudent.

Rarement donc, nonce était mieux entré dans
la faveur de la Cour et avait mieux mérité l'estime
des ministres et des gens d'état. Il n'y eut qu'une
voix dans les grandes maisons sur la grâce de ses
manières, sur l'aménité d'esprit, et sur l'esprit de

(1) Voyez les *Manuscrits Addit.* n⁰ˢ 20,267 à 20,274. *Dispacci im
segretaria di Stato di Monsig. Gualterio nunzio apostolico appresso
il Re christianiss. diretti all Eᵐᵉ Sʳ Card. Spada ;*

*Agl. Eᵐᵒ Sign. Cardinal Capo d'ordine c a Monsig. arch. Gozzadini
etc.,* (30 juillet 1700. 30 décembre 1707).

Et le ms. n° 20,242, « *Registre di Lettere segrete à Nossignore
il Papa Clemente XI.* (13 décembre 1700 au 7 mai 1705.)

conversation de M. Gualterio, sur ses dispositions politiques dans la négociation et sur ses égards pour la nation. Il s'était créé les relations personnelles les plus enviables, et bientôt se présenta pour lui l'occasion solennelle de recevoir d'éclatants témoignages de cette universelle sympathie. Cette occasion se trouva dans la cérémonie de son « *Entrée* » qui eut lieu le 2 avril 1702. Ce fut une acclamation. Les *Journaux* manuscrits de M. de Breteuil (1), introducteur des ambassadeurs et qui était de service, à cette époque, sont curieux à lire pour cette circonstance, non moins que le *Mercure Galant* qui se fit adresser sur la cérémonie une lettre où on met fort en vue tout le bel air du personnage et où il est dit en parlant du Nonce « qu'il a tout l'esprit qu'on peut avoir (2). » Cette même année, le nonce justifia grandement la bonne opinion qu'on avait de lui en France et l'affaire de Venise lui donna lieu de montrer combien il s'entendait à la négociation. La République Sérénissime avait un véritable différend à régler avec le Roi et M. Gualterio

(1) Voyez à la BIBLIOTHÈQUE DE L'ARSENAL, les *Mémoires* du baron de Breteuil. Années 1702-1704. « *De l'Entrée et audience publique du nonce Gualterio.* » Quoique le nonce soit en France dès le mois d'août 1700, (écrit M. de Breteuil), les deuils de la Cour et celuy de son père ne luy ont pas permis de faire plutôt son entrée et comme je n'en avois point encore fait d'aucun nonce, j'ay cru devoir écrire cellecy fort en détail. » (Suivent les détails). Le baron dit aussi « le nonce Gualterio qui est l'homme le plus franc et le plus véritable que j'ay veu venir d'au de là des monts... »

(2) *Mercure-Galant* dédié à Monseigneur le Dauphin. Avril 1702. Pages 252 à 276.

fut excellent arbitre au nom du Saint-Siége. Le
Sr de Dangeau de qui les yeux et les oreilles
étaient toujours grands ouverts sur les mouvements de la Cour pour fournir d'autant mieux à
ses *mémoires-journaux*, dit en assez bons termes
cette fois :

« Le Roy donna le matin audience à M. Gualterio,
nonce ordinaire qui parla fort éloquemment et sage-
ment. C'est par l'entremise du Pape que l'accomodement
se fait avec la République de Venise et que l'ambassadeur de cette République vient demain en qualité d'extraordinaire faire une réparation publique à Sa Majesté.
Le roi répondit au nonce sur tous les points de son discours avec une précision et une dignité dont le nonce
et tous ceux qui pouvaient entendre furent char-
més (1). »

Ce fut aux approches de l'année 1704 que l'on
commença à parler en Cour du désir de voir le
nonce compris dans la promotion au cardinalat
que l'on espérait prochaine. Le Roi fut d'avis d'en
toucher mot au Pape, discrètement d'abord, sauf à
accentuer ensuite. Les propos furent longs à ce sujet et Clément XI ne répondit au désir du Roi qu'a-
près une attente de deux années et demie. Cette promotion dite des couronnes eut enfin lieu au Concistoire du 17 mai 1706 : elle comprenait sept
chapeaux dont ceux du nonce Gualterio et de
l'abbé de La Trémouille chargé des ordres du Roi
à Rome depuis le rappel de M. le cardinal de Jan-

____

(1) Voir « 29 décembre 1702, *Journal du* marquis le Dangeau,
publié en entier pour la première fois, etc. (Paris, Didot. 1760).

son. Louis XIV remit la barrette au nonce le 4 août
et le nouveau cardinal quitta la Cour le 9 septembre pour se rendre en Italie à sa légation des Ro-
magnes où le Pape l'avait nommé peu de temps
auparavant. Les circonstances délicates et disgra-
cieuses qui avaient présidé au départ du précédent
nonce furent bien près de se représenter au départ
du nouveau cardinal. C'était encore l'affaire des visites aux enfants naturels du Roi, à Messieurs les
comtes de Toulouse et du Maine, princes légitimés.
L'hésitation fut extrême et l'histoire des embarras
qu'éprouva **M.** Gualterio serait piquante à exposer
en tous détails. La complaisance par laquelle il finit et « qui lui fit auprès du Roi le plus sensible
mérite, le perdit à Rome, » du moins pour un
temps. Ce fut avec les plus grandes marques d'a-
mitié solide et de regret manifesté qu'il quitta la
Cour. « Le Roi l'aimoit et le considéroit, (dit
Saint-Simon) les ministres y avoient pris confiance, Il s'était fait beaucoup d'amis. Il avóit extrêmement réussi (1). »

Les apprêts de son départ, en effet, avaient été
diverses fois retardés. D'importantes consulta-
tions politiques lui furent demandées par le secrétaire d'Etat des affaires étrangères à qui il avait
remis plusieurs « *Mémoires* » d'un grand intérêt
sur les affaires de Rome en particulier. M. de Torcy

______

(1) *Mémoires du* duc de Saint-Simon. Tome **X.** Page 41, (Edit.
Hachette. Paris 1874.)

de son côté, lui remit des « *Instructions* » (1) qui
ne sont pas moins curieuses. Dès ce jour, le cardinal Gualterio peut être regardé comme un cardinal de la faction de France et pensionnaire du
Roi. La Cour de France lui a d'ailleurs sans cesse
marqué sa faveur. L'archevêque de Rheims étant
mort en mars 1710, le Roi donna au cardinal
l'abbaye de Saint-Remi. « C'est une des plus
belles qu'il y ait en France, des plus nobles
et d'un très-gros revenu, » lui écrivait M. de Puy-
sieux. Et l'archevêque de Bourges lui mandait, de
son côté, sur cette donation royale: « Rien n'a été
plus applaudi, vous êtes adoré icy et on n'oubliera
jamais vos manières, votre procédé et vos talents. »
En 1711, le « prétendant d'Angleterre » que ses
partisans appelaient « le Roi » obtint du Pape avec
l'appui du Roi très chrétien que le cardinal Gualterio fût chargé de ses intérêts en Cour de Rome et
cette qualité lui donna un caractère essentiellement
politique qui lui attira, peut-on dire, autant de tra-
verses que d'honneurs. La cour de France le revit
en 1713, mais au seul titre de visiteur, avec l'agrément du Roi. Il arriva le 13 juin et salua Sa Majesté
le lendemain à son lever où l'occasion lui fut belle
pour faire son compliment sur la conclusion des

---

(2) Les *Instructions* se trouvent dans le *ms. addit.* 20,318,
BRITISH MUSEUM ainsi que toutes les pièces de la *correspondance*
du marquis de Torcy avec le cardinal Gualterio depuis le
19 juillet 1700 jusqu'au 17 décembre 1726. Voir aussi le *ms. addit.*
nº 20,319.

traités de paix signés à Utrecht. Son séjour fut de quelques mois, il avait eu les triomphes de la Cour, dont logement à Marly, et les sourires du Roi et des promenades avec Sa Majesté, ce qui, pour M. de Dangeau était chose la plus enviable et la plus admirable qui se pût voir et noter. Il faut encore entendre son ami Saint-Simon disant à ce sujet les choses curieuses que voici :

« J'eus le plaisir de revoir mon ami le cardinal Gualterio. Nous nous écrivions toutes les semaines.... Assez oisif à Rome, il voulut venir voir le Roi et ses amis encore une fois en sa vie et il arriva à la mi-juin à Paris et tout de suite à la Cour. Le Roi fut véritablement touché de ce voyage et le lui témoigna par toutes sortes d'amitié et de distinctions : il fut de tous les *Marlis*. Le cardinal de Rohan le logea et le fournit d'équipages.

Je ris fort avec lui de la peur qu'il avait faite aux ministres. Les maximes du Roi, dont j'ai parlé plus d'une fois et dont il s'étoit expliqué à l'occasion du cardinal de Janson, ne les purent rassurer. Les princes changent quelquefois ; la face de la Cour l'étoit totalement depuis le départ de ce cardinal : l'exemple du Mazarin les intimida : ils ne purent comprendre qu'un homme de cet âge et de cette dignité entreprît, de gaieté de cœur, un si grand voyage sans objet que celui qui, en effet, l'amenoit. Ils furent du temps à tâter le pavé avec lui ; mais à la fin ne voyant rien éclore, ils reprirent leurs esprits et leurs anciennes manières avec lui.

Il fut extrêmement fêté de tout le monde et avec empressement du plus dfstingué. Il ne quitta la Cour que pour aller voir le Roi d'Angleterre en Lorraine et passer deux jours chemin faisant, dans son abbaye de Reims avec l'archevêque son ami... Il fut du voyage de Fontainebleau, très-bien logé, et il y prit congé du Roi et de ses amis au commencement d'octobre avec le serrement d'un bon cœur qui compte bien ne les revoir plus, et le Roi en parut peiné lui-même et le combla de bontés... (1). »

Extrêmement lettré, fort ami des anciens et ne détestant point les modernes, il ne manquait plus en France à ce cardinal que les honneurs académiques et il les reçut deux ans après qu'il eut fait ce dernier voyage à la Cour. En 1713, Son Eminence reçut ses lettres de nomination à l'académie des Sciences et à celle des Inscriptions. Le Régent qui l'avait fort apprécié personnellement lui témoigna la même estime que le feu Roi, et la première marque solide qu'il lui en voulut bien donner, fut la mise en possession, en 1716, de l'abbaye de Saint-Victor « qui est une abbaye royale avec de beaux droits et de belles collations près du jardin royal des Simples et dans un fort bon air et une agréable situation. » Ainsi s'exprimait l'un de ses correspondants ordinaires en lui donnant avis de la libéralité de M. le Régent. Le goût réciproque que le duc d'Orléans et le cardinal Gualterio avaient pour les choses d'art les avait aussi fort rapprochés, et son Eminence se prêtait avec la dernière complaisance à traiter des acquisitions importantes de tableaux et statues pour son Altesse royale. Les lettres conservées à cet égard dans les manuscrits du Cardinal,

(1) *Mémoires* du duc de Saint-Simon. Tome X, pages 40 à 42. (Édit. Hachette 1874).

et particulièrement celles des années 1715 et 1721
touchant aux négociations entamées par M. Crozat
pour l'achat de la galerie Odescalchi et autres ouvrages de peinture, ne sont pas les moins curieuses
à consulter (1).

Après son retour de France à Rome, en novembre 1713, le cardinal Gualterio avait aussitôt repris
ses habitudes de fidèle et assidu correspondant.
Chaque courrier pour France et Espagne et pour
divers autres pays apportait de lui, soit des mémoires d'Etat, soit des lettres particulières. Il
résidait tantôt à Rome, consultant avec une extrême activité sur les affaires de la politique générale, tantôt dans la province d'Orvieto où, avec la
plus grande dépense, il avait bâti la villa de Cognolo
et fait dresser de vastes jardins. Son goût pour
les bâtiments allait jusqu'à l'entraînement et sa
passion trop marquée pour remplir des cabinets
et galeries de pièces de curiosité anciennes et modernes ne laissa pas que de rendre ses affaires domestiques fort obérées. Cardinal déclaré national et
pensionnaire de France, il eut à prendre dans deux
conclaves les intérêts du Roi. Ayant, en effet, vu
mourir Clément XI après un pontificat de vingt et
un ans, il assista à l'exaltation d'Innocent XIII en

(1) Voyez *ms. addit.*, n° 10,316. *Lettres* de Philippe d'Orléans au
nonce, puis cardinal Gualterio, 11 avril 1700, 5 octobre 1723, et
n° 20,389 ; *Lettres* de l'abbé De Camps, 14 janvier 1717 à 26 juillet
1723 et surtout le n° 20,390, *Lettres* de M. Crozat au cardinal G.
et du cardinal G. à M. Crozat : 5 août 1715 à 28 mars 1722.

1721 et à celle de Benoît XIII en 1723. Le dernier honneur qu'il reçut de France fut celui de sa promotion de prélat dans l'Ordre du Saint-Esprit dont la croix et le cordon lui furent envoyés au mois de juin 1724. Le dernier ambassadeur de France avec lequel il eut commerce à Rome, fut le cardinal de Polignac et le dernier ministre chargé des affaires étrangères en France avec lequel il eut correspondance ordinaire fut M. de Chauvelin. La trop célèbre affaire dite de la *Constitution* fut celle qui occupa les derniers moments de sa lucidité. Il la connaissait de longue date et l'avait suivie pour y avoir été mêlé dès les premiers jours de son entrée en nonciature. Au mois de février 1728, le cardinal Gualterio ressentit un premier accident apoplectique qui fut le signe de sa fin prochaine. Il mourut en effet deux mois après le 21 avril 1728. Il avait soixante-neuf ans d'âge et vingt-deux ans de cardinalat. Son éloge fut prononcé à l'académie des Sciences par M. de Boze, le 25 décembre de l'année de sa mort.

C'est en quelques lignes charmantes que Saint-Simon a tracé le portrait du Cardinal Gualterio. Voici cette heureuse esquisse telle que nous la trouvons dans ses « *Mémoires* » à la date de 1706 :

« Gualterio avoit infiniment d'esprit, et un esprit réglé, sensé, sage, prudent, mais gai et souple, beaucoup d'agrément et de douceur, une grande connoissance du monde et une fort aimable conversation, avec toute l'aisance d'un homme accoutumé aux grandes Cours, et

à la meilleure compagnie ; il la faisoit lui-même et sa
conversation étoit charmante et souvent instructive sur
une infinité de choses. Ce qu'il avait de plus recom-
mandable, mais de plus singulier pour un homme de
son pays et de son état, c'étoit la probité, la fidélité et la
candeur, avec tout l'art nécessaire pour les conserver
entières dans le maniement des affaires et le commerce
du monde.... »

III.

Tel était le personnage qui devint le correspondant le plus fidèle et le plus régulier du duc de
Saint-Simon. Je m'imagine que le Duc aura été
l'un des premiers seigneurs que M. Gualterio aura
rencontré et avec lequel il aura échangé quelques
propos agréables et polis d'abord, puis familiers,
dans les quelques jours qui suivirent son arrivée à
la Cour en qualité de nonce. Il se peut même que
leur premier entretien ait eu lieu lorsque M. le Nonce
se présentant à Saint-Cloud, fit sa première visite à
Monsieur, qui lui fit voir dans le plus grand détail
« *quei delitiosi giardini.* » Ce qui est certain, c'est
que le Nonce, du temps même qu'il était légat
d'Avignon, avait lié une amitié étroite avec l'abbé
de Mailly, parvenu « à force de bras à l'archevêché
d'Arles, à la mort du dernier Grignan. » Le
duc de Saint-Simon, ami et parent de l'archevêque

avait eu à traiter avec Gualterio et ils étaient devenus amis particuliers. (1) « *Du commerce fréquent nous vinmes à l'amitié,* dit le Duc, *et à la confiance qui a duré entre nous jusqu'à la mort avec un commerce réglé de lettres toutes les semaines, depuis son départ.* » Ce sont là paroles qu'il ne faut pas oublier, et c'est pourquoi je les répète. (2) Pendant quelques années, le commerce fut favorisé par l'obligeance du secrétaire du cabinet du Roi, M. de Callières, qui joignait à l'envoi de la correspondance personnelle qu'il avait avec le Cardinal, celle de M. le duc de Saint-Simon, et la première fois que j'en trouve la preuve, date d'un mois à peine après le départ de France de M. Gualterio. « *Voicy, Monseigneur, une lettre que M. le duc de Saint-Simon m'a prié de vous faire tenir,* » lui écrit M. de Callières, le 15 oc-

(1) Voyez le chapitre VI du tome II et le chapitre XI du tome XV des *Mémoires*. (Edition Hachette, Paris 1865).

(2) Saint-Simon expose, en ces termes, le début et la suite de ses relations personnelles avec le nonce :

« Gualterio et moi ne nous visitâmes d'abord que par des messages, et quand il venoit les mardis à Versailles, nous nous y voyions dans les appartements. Nous nous plûmes réciproquement, à moi parce que je lui trouvai bientôt de quoi plaire, à lui parce qu'il avoit résolu de devenir de mes amis. Quand nous nous fûmes un peu plus connus cette gêne de lieu tiers nous fatigua. Il me proposa son escalier secret et qu'à porte fermée il me recevroit sans façons. Ce *mezzo termine* ne m'accommoda pas et je le lui dis franchement. Cela lui fit prendre son parti de venir chez moi et à Paris où je n'étois presque point, et à Versailles toutes les fois qu'il y venoit. »

tobre 1706 (3). Je le trouve encore intermédiaire, quatre ans après. « *Voicy un paquet de M. le duc de Saint-Simon,* » écrit-il le 12 février 1714. De son côté le Cardinal joignait à ses envois pour M. de Callières sa correspondance pour le duc et pair : « *j'ay reçu Monseigneur les lestres que Vostre Emminence m'a fait l'honneur de m'écrire du 19 du passé, (10 août 1710) avec le paquet qui y estoit joint pour M. le duc de St-Simon à qui j'espère de le rendre en main propre ce soir à Versailles...* » Et comme cela, à tous moments; du moins, jusqu'à l'époque où, par suite de la mort de Louis XIV, M. de Callières cessa ses fonctions. (2) Pen-

(3) Voyez BRITISH MUSEUM. *Addit. Mss,* n° 20,368. *Lettres* de M. de Callières au card. Gualterio, 1er août 1706-13 avril 1716 et *Minutes* des *Lettres* du Cardinal à M. de Callières, 8 février 1707-11 février 1713.

(2) M. DE CALLIÈRES fut un personnage fort connu et estimé dans son temps, mais assez oublié aujourd'hui, bien qu'il ait eu fauteuil d'immortel à l'Académie. Il fut très-honnête homme, très-bon secrétaire du cabinet royal, faible diplomate et d'un esprit médiocre parmi les gens d'esprit. Né à Thorigny, en Basse-Normandie, le 14 mai 1645, Il fut plénipotentiaire à Ryswick, en 1693, et eut l'honneur de signer le célèbre traité de la paix conclue. Il a écrit des petits livres dont l'enseigne vaut assurément mieux que le dedans ; ainsi : « *Des mots à la mode,* » (1662). « *Traité du bon et du mauvais usage de s'exprimer et des façons de parler bourgeoises,* » (1693). « *De la raillerie des anciens et des railleurs de nostre temps,* » (1692 et 1699). Ce sont là de très-jolis titres. Il a aussi traité « *Du bel esprit,* » (1695). Le moins oublié de ses ouvrages est « *De la manière de négocier avec les Souverains* », si tant est que cette manière puisse être érigée en méthode et que l'inspiration, et l'esprit particulier, et le tact, et le don de connaître et apprécier ne soient pas ce qu'il peut y avoir de plus désirable et de plus sûr pour négocier convenablement avec les Princes. Il mourut le 5 mai 1717.

dant l'ambassade extraordinaire de M. le Duc de Saint-Simon, en Espagne, l'intermédiaire entre les deux illustres correspondants fut le nonce à Madrid, Aldobrandini. Celui-ci écrit le 29 novembre 1721 au cardinal Gualterio et lui mande qu'il a reçu sa lettre pour le duc de Saint-Simon à qui il l'a remise en main propre (3), de même le 14 février et à cette date il en envoie une du Duc qui la lui a donnée le 17. Quant à celles qu'il a reçues du Cardinal à la même adresse, depuis le départ de M. l'Ambassadeur pour la Cour, il les a envoyées à Paris.

Lors donc que l'on se représente avec quelle sûreté de confidence le duc de St-Simon put écrire tout ce qu'il avait en l'âme au cardinal, lorsqu'on sait quelle façon était la sienne, quelle impétuosité caractérisait ses impressions, quels regards il tenait perpétuellement dirigés sur les acteurs de la vie politique à la Cour, quelles amitiés le liaient à des personnages tels que Torcy, Pomponne, et autres grands confidents et conseillers, quelles facilités il avait pour beaucoup entendre et apprendre, on peut aisément se figurer quel journal considérable a dû fournir ce commerce de lettres régulièrement établi et accompli par cet observateur incomparable, pendant près de vingt années. Hélas ! on peut aussi comprendre toute l'étendue de

(3) BRITISH MUSEUM. *Addit. Mss.* n° 20,433. *Lettres* de Aldobrandini, archevêque de Rhodes, nonce à Madrid, au card. Gualterio, 12 juillet 1721-13 décembre 1727. Page 91 et suiv.

la perte d'un tel recueil et avec quelle amertume
il est naturel qu'on la déplore, lorsqu'après les
plus grands efforts pour s'assurer de la découverte d'un monument écrit de cette importance,
de cette curiosité et de cet intérêt, on est arrivé,
comme nous, à la preuve peut-être absolue d'une
destruction peut-être aussi irréparable.

Voici cette preuve avec l'historique de la rencontre que nous en avons faite. Ce sera l'épilogue
de ce *Mémoire*.

Nous avons dit qu'avec une ardeur dans la recherche et un enthousiasme d'entreprise dignes
d'un sort meilleur que celui qui devait leur être
départi, nous avions passé les longues journées
d'un mois d'été à compulser, à examiner, à inven-
torier en quelque sorte l'énorme recueil des papiers, tels que *mémoires* particuliers et d'Etat, *let-*
tres familières et politiques, *journaux à la main,*
et toutes autres *pièces manuscrites* formant la collection dite du Cardinal Gualterio, acquise en Italie aux derniers héritiers de son nom par l'administration du *British Museum*. J'ai dit quelle
avait été ma surprise en même temps que ma
déception, lorsque le résultat parut avéré pour moi,
que la seule partie de la collection originale qui manquait, était celle que j'étais venu chercher. Fort
persuadé que j'avais accompli toutes les tentatives
qu'il était possible de concevoir pour mieux réussir, j'étais résolu à quitter la place, lorsque par une

sorte d'acquit extrême de conscience, je pensai à parcourir les *papiers* laissés par le neveu du cardinal Gualterio, lequel vint aussi Nonce en France, vingt-cinq ans après la mort de son oncle, et deux ans après la mort du duc de Saint-Simon, et le même qui, dans sa jeunesse, était venu à Paris porteur du Bonnet pour M. l'évêque de Fréjus devenu cardinal de Fleury. Le manuscrit n° 20,669[a] fut particulièrement de nature à m'intéresser : petit registre, volume in-4° de 52 feuillets, il contenait *quarante-cinq lettres* de la main du duc de St-Simon, adressées depuis la mort du Cardinal son ami, à divers membres de la famille, et le plus grand nombre à l'abbé Gualterio, neveu de feue son Eminence. La première lettre est du 20 février 1727, la dernière du 27 décembre 1742. La quatrième lettre, datée de la Ferté, dernier septembre, fut une révélation. Je n'eus pas à douter, après l'avoir lue, que toute la correspondance qu'avait eue le duc de Saint-Simon avec le Cardinal n'avait été brûlée, sur la prière expresse et instante de Saint-Simon lui-même adressée au neveu héritier des papiers, et par l'intermédiaire du Père Fouquet, fait évêque d'Eleutheropolis, et autre correspondant du duc en cour de Rome depuis qu'il était revenu de la Chine. Le lecteur pourra

(1) Ce recueil des papiers de *Luigi* Gualterio qui fait suite à celui des papiers du Cardinal Philippe Antoine Gualterio, son oncle, ne comprend pas moins de 280 manuscrits. Il s'étend du n° 20,581 au 20,686. BRITISH MUSEUM, *Addit. Mss.*

croire comme moi, après la communication que je vais lui faire de cette pièce curieuse, qu'il faut renoncer sans doute pour jamais à retrouver les *mille et quelques lettres* que le duc de S'-Simon avait écrites, la plupart en caractères chiffrés, à M. le cardinal Gualterio, depuis le 15 octobre 1706 qu'il avait quitté la Cour de France, jusqu'au 21 avril 1728, date de sa mort.

La Ferté, dernier septembre 1728.

Je vois monsieur par l'honneur de vostre lettre du 9 de ce mois que vostre délicatesse a esté peinée de ce que j'ay écrit à M. Fouquet sur les lettres que j'ay écrittes à feu M. le C^l vostre oncle. Je vous rends mil très humbles graces de me le mander franchement parce que cela me donne le moyen de ne vous rien laisser sur le cœur, chose qui me serait d'autant plus amère que j'espère n'y jamais donner d'occasion et que je rechercherai toujours avec empressement touttes celles qui vous pourront marquer combien je désireray toujours que vous soyés content de moy. C'est aussy par délicatesse que je me suis adressé à M. Fouquet pour ne vous point renouveller une douleur telle que celle de la perte d'un tel oncle et laisser agir le temps sur cela sans obstacle de ma part. Voila le vray au naturel que je vous supplie de recevoir pour tel parcequ'il n'y a point eu d'autre motif. Un mot qui se dit pour prendre vos ordres sur cela coule et passe, une lettre se lit, on y répond, l'impression est plus longue et plus profonde, c'est ce que j'aurais voulu éviter. Pour revenir à la chose, tout ce qu'il vous plaira. C'estoit un commerce que l'estime et l'amitié avoit rendu continuel et que ma vénération pour la probité pour la franchise pour le cœur entièrement excel-

lent et tout francois et pour la profonde capacité de
M. le C¹ vostre oncle avoit rendu très estroit et tres confident : *outre que mes lettres ne valent point par elles
mesmes d'estre gardées*, il échappe beaucoup de choses
en écrivant en toutte confiance *qui ne sont que pour
estre leues et tout aussy tost bruslées*, beaucoup plus
quand le commerce ne peut plus avoir lieu et que celuy
à qui ces lettres ont esté écrites n'est plu par un grand
malheur pour ceux qui demeurent et qui luy ont esté
aussy parfaitement attachés que moy. C'est donc à vous
Monsieur à faire là dessus ce que vous croirés devo
faire ou *de les brusler* ou *de les ensevelir dans un éternel
oubli, mais un oubli seur et certain* par les raisons
que je viens de vous dire, et à moy à vous remercier encore de m'avoir écrit franchement parce que je serois au
désespoir de vous causer la moindre peine et que vous
puissiez avoir le plus léger ombrage sur la façon pleine
et entière Monsieur dont je vous honorerai toujours
avec le plus véritable dévouement.

LE DUC DE SAINT-SIMON. (1)

Le père Fouquet, ici nommé, paraît pour la première fois dans les correspondances du cardinal
Gualterio en 1723. Il avait été long tems en Chine,
missionaire de la compagnie de Jésus. Le duc de
Saint-Simon avait été mis en rapport avec lui par
l'entremise du Cardinal et on voit par divers billets
et lettres adressés à son Eminence qu'il était en
quelque sorte chargé d'éclairer la curiosité du Duc

___

(1) BRITISH MUSEUM. *Addit. mss.* n° 20,669 b. *Lettres* du duc de
Saint-Simon à l'abbé Gualterio et au duc Gualterio. Paris 1727-
1742.

sur les choses et affaires du Céleste Empire (1).
C'est ainsi qu'il lui faisait passer des notes qu'il
serait sans doute possible de retrouver parmi les
papiers de Saint-Simon recueillis et gardés dans
les *archives* du ministère des Affaires Étrangères.
« J'ose, Monseigneur, (écrit-il au Cardinal le 28
août 1724), supplier V. E. d'envoyer chiffrée, quand
cela luy sera commode, la lettre que je prends la
liberté de joindre icy pour M. le duc de Saint-Simon. Je l'ay faite plus longue que je ne pensois
parce que j'ay voulu escrire les nouvelles venues
de la Chine m'imaginant qu'elles divertiront peut-
estre quelques moments votre illustre ami (2). » Ces
attentions, diverses fois marquées, avaient établi

(1) Voir sur le Père Fouquet l'article qui lui est consacré dans la
Bibliographie des Ecrivains de la Compagnie de Jésus, par Auguste
de Backer, avec la collaboration d'Alois de Backer et de C. Som-
mervogel de la même Compagnie. Il lut choisi vers 1690 pour la
propagation catholique dans l'Asie centrale et revint à Rome en
1720. Voir dans le tome V des *Lettres édifiantes* une *lettre* de lui
au duc de La Force, datée du 26 novembre 1702, à Nen-Tchang-
Fou, capitale de la province de Kiem-si, à la Chine. Il a publié à
Rome en 1729, en trois feuilles, « *Tabula chronologica Historiæ
Sinicæ cum cyclo qui vulgo Kia-Tse dicitur.* » M. Abel Remusat a
dit de lui : « De tous ses confrères le Père Fouquet fut peut-être
celui qui se laissa le plus éblouir par l'idée de retrouver les
mystères du Christianisme renfermés dans les caractère symbo-
liques des Chinois. On peut dire qu'il poussa cet engouement
jusqu'à l'extravagance. » Je n'ai vu nulle part, sauf dans les papiers
de Gualterio, que le Père Fouquet ait eu une correspondance
avec le Duc de Saint-Simon. C'est là encore un motif à piquante
et intéressante recherche à faire du côté des papiers du grand
auteur des *Mémoires.*

(2) BRITISH MUSEUM. *Addit. mss.* n° 20,396. *Lettres* du Père Fouquet au card. Gualterio. Rome 8 février 1723, — 15 avril 1727.

des relations presque familières entre le père Fouquet, devenu évêque d'Eleutheropolis et le duc de Saint-Simon. M. d'Eutheropolis était fort au courant de la correspondance importante et régulière qui avait existé entre les deux personnages. Un billet dont le ton respire entièrement le goût de l'étude montre que l'ex-Révérend Père était entré dans l'intimité du Cardinal dès l'année 1724. « Je médite, dit-il, une grande retraite pour me rendre tout de bon à l'étude. Je n'interromprai ma solitude que pour aller rendre quelquefois mes devoirs à Votre Eminence et profiter de ses lumières ou pour passer d'utiles heures dans sa belle et nombreuse bibliothèque, usant de la grâce qu'elle a bien voulu me promettre. » Un lettré de ce genre était bien fait pour convenir à l'auteur des *Mémoires*, retiré dès cette année même en sa grande maison des champs, en son domaine admirable, mais un peu solitaire, de La Ferté-Vidame, et il est bien naturel que, la question s'étant présentée de demander en grande confidence à l'héritier du cardinal, de « *brusler ou d'ensevelir dans un éternel oubli mais un oubli seur et certain,* » tout le recueil d'une correspondance de vingt années, le duc de Saint-Simon se soit adressé au Père Fouquet.

Le dernier mot serait, à cet égard, la réponse de Monsignor Luigi Gualterio à la lettre du duc de Saint-Simon du dernier septembre 1728, mais nous ne l'avons point rencontrée. Vaines encore furent nos infinies démarches à travers ses *manuscrits*, pour y réussir. Nous estimons toutefois que la réponse la plus formelle se trouve dans la constatation que nous avons faite et établie de l'absence totale du *recueil particulier des lettres du Duc* dans le *recueil général* de tant d'autres correspondances cédées par la famille du cardinal à l'administration du *British Museum*, cent vingt sept ans après sa mort.

(2) Nous avons désigné, plusieurs fois dans ce *mémoire*, le chiffre de *mille et quelques pièces* pour cette correspondance à retrouver. On se demandera peut-être — et on aura raison de se demander — comment nous avons pu avancer avec cette assurance que le nombre de ces lettres n'a pas dû atteindre, ni plus ni moins, qu'au chiffre de *mille et quelques*.

Voici la réponse :

Le Duc de Saint-Simon a déclaré, chaque fois que le nom et le souvenir du Cardinal Gualterio se sont trouvés sous sa plume, qu'il lui avait écrit *chaque semaine*, depuis que le Cardinal avait quitté la Cour jusqu'à l'époque où il mourut.

Or, M. Gualterio a quitté la Cour en septembre 1706 et il est mort le 21 avril 1728 : soit vingt-et-un ans et sept mois. Etant données cinquante-deux lettres par an pendant ces vingt-et-une années et sept mois, le chiffre précis serait *mille et cent-vingt*. Mais il faut admettre quelques manquements au courrier, il faut déduire les trois mois que le Cardinal a passé de nouveau à la Cour, lorsqu'il fit son voyage en France, en 1713, et pendant lesquels le Duc de Saint-Simon remplaça la correspondance par la conversation. Estimons pour ces causes *cent-vingt* lettres en moins sur le total établi d'après les déclarations, diverses fois produites par le Duc de Saint-Simon. Le chiffre restant est *mille* et certainement il est admissible, car il est difficile d'être plus précis que ne l'a été l'auteur des *mémoires* à ce sujet. Il n'a pas dit « nous nous écrivions *tous les mois* » ; il a dit « nous nous écrivions *toutes les semaines* ».

Une lueur d'espoir, toutefois, nous reste encore. Si faible qu'elle soit, il nous sera peut-être permis, sinon de la vérifier, du moins de l'exposer. Le duc de Saint-Simon eut certainement l'usage de conserver par devers lui une *copie* de la plupart de ses lettres importantes. Ayant médité de bonne heure le projet d'écrire, à un moment ou l'autre de sa vie, des *mémoires particuliers*, il s'était facilement rendu compte du service considérable que lui pourrait rendre un jour la consultation des pages si nombreuses qu'il avait écrites au jour le jour, selon le cours successif des événements dont il était le témoin et dont il avait souvent le secret. La conservation en copie d'une correspondance aussi abondante, aussi régulière, aussi confidente que celle qu'il avait adressée au cardinal Gualterio, avait en soi toute la valeur du journal intime le plus soigneusement tenu, et il n'est pas à douter qu'il a dû présider à cette conservation pour l'aider à la rédaction de ses *Mémoires,* dans sa résidence et retraite à la Ferté-Vidame. Ce n'était ni plus ni moins que vingt-deux années de documents précis, de renseignements datés sur les personnes et sur les choses de la Cour, sur les affaires de l'Etat, sur les faits de famille! La prévision d'un si grand secours n'avait pu être négligée par cet esprit si perspicace et si pénétrant. Mais, dans la suite, et après n'en avoir plus eu besoin, a-t-il brûlé lui-même ces

copies? Ou bien est-il permis de croire, d'après les
faibles épaves, recueillies et publiées dans le dernier chapitre de notre ouvrage sur le *cabinet
des Manuscrits* de l'auteur des *Mémoires,* que
Saint-Simon, après avoir utilisé ces copies, n'ait
pas songé à accomplir la même destruction qu'il
avait recommandée avec une instance si grande
pour les *originaux*, à Monsignor Luigi Gualterio ?
Nous avons publié, en effet, tout un document
qui n'est autre que le *texte préparé* d'une
longue *lettre* datée d'Espagne (20 janvier
1722) pour être mise en chiffre et adressée au cardinal Gualterio, à Rome (1). Mais,
à tout prendre, quelle preuve absolue pour-
rait-on tirer d'une ou deux épaves pour conclure à la conservation du monument? Ce ne sont
que feuilles volantes et qui, peut-être, n'ont été
conservées que par suite d'un oubli ou par le
fait d'un classement erroné? Quoiqu'il en soit,
on peut dire que la seule lueur d'espoir se
doit porter vers les *archives* des Affaires Etrangères
où les papiers trouvés après décès chez le duc de
Saint-Simon, soit en son hôtel à Paris, soit en son
château à la Ferté-Vidame, ont été recueillis et
portés, par ordre du Roi, le 21 décembre 1760. Si
ces *copies* de la *correspondance* avec M. Gualterio,
si les textes des *lettres* et *minutes* pour être chiffrées
à l'adresse du Cardinal, ne s'y trouvent point, il en

(1) *Le Duc de Saint-Simon, son cabinet et l'historique de ses
manuscrits, d'après des Documents authentiques.* Page 432.

faudra résolûment déclarer la destruction accomplie par Saint-Simon lui-même et en tenir la perte pour irréparable. C'est à M. le directeur des archives des Affaires Etrangères qu'il appartient de donner à cet égard de formelles et précieuses informations. Lui seul peut aussitôt dissiper toute obscurité, et il ne se rencontrera personne qui ne lui saura le plus particulier gré de la peine qu'il aura prise. Mais, très-faible, nous le répétons, est cette lueur d'espoir sur la rencontre de ces documents, car, en considérant par le menu l'inventaire authentique des *manuscrits* classés et laissés par le duc de Saint-Simon, nous ne trouvons pas qu'il ait été fait mention d'aucun portefeuille contenant spécialement la *copie* ou les *minutes* d'aucune *correspondance* avec le cardinal Gualterio. Or, si le Duc les avait conservées, comment admettre qu'aussi volumineuses qu'elles devaient être, elles n'auraient pas formé le contenu d'un ou plusieurs portefeuilles dignes d'une rubrique aussi particulière que celles du n° 123, par exemple, « *Lettres et Mémoires des Ministres* »; du n° 132, « *Recueils concernant l'ambassade d'Espagne* »; du n° 163, « *Lettres de différents Ministres* ». Il est vrai de dire que les articles classés sous les n°s 166, 167 et divers autres, portent la rubrique « *Lettres et Pièces fugitives* », mais ne faut-il pas entendre par là que ce sont « *Lettres de différentes personnes,* » comme pour les n°s 165 et

172 à 175, et peut-être mêmes des *copies* de *lettres* plus ou moins curieuses, communiquées officieusement au Duc et conservées et classées par lui comme pièces à l'appui et à consulter ? (1) En somme, nulle part en cet inventaire si développé, ne se rencontre une seule désignation de portefeuille contenant copie ou minutes des *lettres écrites par Saint-Simon à l'adresse du cardinal Gualterio*. Peut-être une indication précise se trouverait-elle dans le portefeuille n° 137, s'il a été conservé, lequel était intitulé « *Table particulière des Manuscrits de Saint-Simon* », et qui, d'après le témoignage fourni par le sieur Laudier, son secrétaire-bibliothécaire, le 28 juillet 1755, à M° Grimperel, avocat au Parlement et commissaire au Châtelet de Paris, avait été écrite entièrement de la main du Duc ? (2) Il serait aisé de voir, en consultant cette table, si, parmi les papiers conservés et classés, Saint-Simon a mentionné cette correspondance, devenue pour nous si mystérieuse, et dont il est naturel que la recherche éveille et excite au plus haut

(1) Voyez même *ouvrage* cité, chapitre XI « *Ensuivent les Manuscrits dudit* « FEU SEIGNEUR DUC DE SAINT-SIMON, » *tant ceux de sa main que autres.* » *Inventaire et Description des Portefeuilles.* Pages 148 à 160.

(2) Même *ouvrage* : chapitre XIII. « *Curieux incident de la comparution du sieur* E. LAUDIER, *secrétaire du* « FEU DUC DE SAINT-SIMON » *appelé en témoignage au sujet de l'intégrité du nombre des manuscrits présentés à l'inventaire. Déclarations intéressantes dudit* LAUDIER. Pages 463 à 468.

point la curiosité de tous ceux qui aiment l'étude historique.

IV.

Nous avons dit que le « *Manuscrit* » classé au *British Museum* (1), sous le n° 20,669 B, et appartenant à l'importante série des papiers de Luigi Gualterio, neveu du feu cardinal, et confident du duc de Saint-Simon, était entièrement composé de lettres écrites de la main de l'auteur des *Mémoires*. Nous terminerons le travail que nous venons de produire par un mot explicatif sur ces lettres et sur la destination prochaine qui leur est réservée pour la publicité. Elles sont au nombre de *quarante-cinq*, toutes entièrement autographes. Vingt-cinq sont datées de Paris ; vingt de La Ferté. La première est du 20 janvier 1727, la dernière du 27 décembre 1742. Deux sont à l'adresse de M. le duc de Cumia, frère du feu cardinal et père de monsignor Luigi Gualterio. Les quarante-trois autres sont à l'adresse du *monsignor*, préconisé plus tard arche-

(1) La mention du British Museum, faite pour une dernière fois dans cet article, nous est une occasion heureuse de prier Messieurs les Conservateurs des *Manuscrits* d'agréer l'expression de nos sentiments reconnaissants pour la parfaite obligeance dont ils nous ont honoré. Que M. E. M. Thompson me permette de le remercier personnellement pour toutes les facilités qu'il ma données de faire une prompte et utile exploration du « *Fonds Gualterio.* »

vêque de Myrrha et envoyé nonce en France. La première, qui est à M. le duc de Cumie, le félicite sur le voyage et la présence à la Cour de monsignor Luigi, son fils, à qui mission avait été donnée de porter la barette à M. le cardinal de Fleury (1). Arrivé à Paris dans les derniers jours d'octobre 1726, il était reparti pour l'Italie le 20 décembre. Il était naturel qu'il fût recommandé à M. le duc de Saint-Simon et qu'il ait eu l'honneur de ses fréquents entretiens. L'abbé Tamisier, qui l'accompagna partout et qui rendait compte, au jour la journée, du voyage du jeune prélat au cardinal son oncle, lui écrivit ceci, le 2 décembre : « *Monseigneur a déjà vu plusieurs fois le duc de Saint-Simon de qui il a reçu les plus grandes attentions, et je puis assurer votre Eminence qu'ils sont forts contents l'un de l'autre... (2)* » De retour à Rome, le jeune prélat avait sans doute fort vanté, auprès de son père, l'accueil qu'il avait reçu à l'hôtel de Saint-Simon, et le père avait remercié l'hôte, qui lui répondait le 20 janvier : « *Je reçois avec beaucoup de reconnoissance tout ce qu'il plait à Votre Excellence de me tesmoigner sur le voiage de M. son fils en ce païs cy. Les bontés et l'amitié très-par-*

----

(1) Voyez, pour les détails du voyage et du séjour à la Cour, le *ms. addit.* n° 20,659. BRITISH MUSEUM. *Instructione à monsignor Gualtieri cameriere d'onore di N. S. destinato a portar la baretta cardinalizia al nuovo E. S, cardinale di Fleury.* Septembre 1726. (Pages 2 à 8), puis la *Relation de la mission* (pages 9 à 16).

(2) Id. Ibidem. *Ms. addit.*, n° 20,380.

ticulière dont M. le cardinal Gualterio m'ho-
nore depuis bien des années me seront un garand
bien seur de mon désir de mériter le mesme hon-
neur de Votre Excellence : c'estoit pour moy
une raison bien essentielle de rechercher M. son
neveu et de m'intéresser au succès de son voiage... »
La dernière lettre de ce petit recueil est toute de
compliments. On pourra s'étonner que, devant la
bonne fortune d'une rencontre de ce genre (quarante-cinq lettres inédites de M. le duc de Saint-
Simon !) nous n'ayons point pris le soin de les
publier tout au long. Nous n'en avons publié
qu'une seule, celle du 30 septembre 1728, qui
nous a fourni le renseignement, malheureusement
trop curieux, sur la destruction de la correspondance étendue que nous cherchions. Nous n'en
publierons aucune des autres, estimant que ce
soin appartient à l'un des honorables et savants
commentateurs de l'édition capitale des œuvres
du duc de Saint-Simon, édition appelée à contenir — nous l'espérons du moins — le dernier
mot sur la personne et les écrits de ce grand
seigneur lettré. MM. A. Chéruel et Arthur de Boislisle préparent ce monument, sous la direction de
M. Ad. Regnier, père du regretté bibliothécaire
de l'Institut qui s'était déjà fort distingué par les
soins qu'il avait consacrés à la dernière édition
parue des *Mémoires*. Le savant M. de Boislisle,
pour qui le siècle fécond de Louis XIII et de

Louis XIV n'a plus de secrets et à qui non-seulement la patience, le labeur et une activité de tous les instants pour les recherches, mais encore le discernement parfait dans les rencontres, ont assuré une place éminente parmi les érudits en histoire, a accepté la mission d'illustrer, par autant de curieuses notes que d'utiles commentaires, l'édition définitive. Il a fait aussi le voyage au *British Museum*; il a exploré les collections des manuscrits de ce grand et magnifique établissement, et il publiera entr'autres choses les quarante-cinq lettres dont je viens de parler; il les publiera même d'abord avec le *Testament* que le duc de Saint-Simon fit en 1751, et qui n'a jamais été reproduit, ainsi qu'un certain nombre de pièces. Ces divers documents réunis formeront très-prochainement un demi-volume supplémentaire de l'édition in-12 qui est la dernière qu'ait mise au jour la maison Hachette, devenue seule propriétaire du *Manuscrit original des Mémoires* par l'acquisition qu'elle en a faite en 1855. L'édition capitale et incomparable paraîtra ensuite. Je dis incomparable non-seulement par l'abondance et la sûreté des documents et des commentaires annexés, mais encore par le choix et la qualité des portraits gravés ou reproduits en *fac-simile* d'après les plus belles épreuves anciennes qui soient connues,

De son côté, M. le directeur des archives des

Affaires Etrangères doit, avant peu de temps, — nous assure-t-on, — mettre en lumière des *pièces inédites* dont il a ordonné la copie dans les divers recueils confiés à ses soins et où, sans doute, se trouvent dispersés divers manuscrits du duc de Saint-Simon, demeurés peu connus ou inconnus jusqu'à présent. S'il en est ainsi, on peut estimer que, grâce aux efforts de savants chercheurs, d'érudits commentateurs et d'éditeurs d'un esprit d'entreprise fort glorieux, la République des Lettres n'aura plus rien à apprendre sur le duc de Saint-Simon, autrement dire sur l'un de ceux qui, par l'œuvre éclatante de ses *Mémoires*, l'auront illustrée par une puissance de plume que, sans être excessif en l'éloge, on peut croire inimitable. Que les Dieux donc, qui protégent la République des Lettres, veuillent que, parmi les choses inconnues, qui seront produites par M. le directeur des archives des Affaires Etrangères, se trouvent, une à une, les pièces minutées de ce commerce épistolaire qui exista toutes les semaines, pendant plus de vingt années, et presque toujours en chiffres, entre le duc de Saint-Simon et le cardinal Gualterio! Par quelle expression de vœux meilleurs, plus sincères et plus fervents, plus opportuns en même temps, pourrions-nous terminer ce *Mémoire* sur la recherche d'une correspondance qui n'a jamais été retrouvée et dont l'objet est si particulièrement propre à intéresser tous les curieux des écrits du duc de Saint-Simon ?   Armand Baschet.

LE CABINET DES MÉDAILLES

DE

Nicolas de LORRAINE

DUC DE MERCŒUR, COMTE DE VAUDÉMONT

Nicolas de Lorraine, duc de Mercœur, comte de Vaudémont, marquis de Nomeny est peu connu, à ce que nous croyons du moins, comme collectionneur de médailles et comme bibliophile (1); nous nous efforcerons de combler dès aujourd'hui la première de ces lacunes par la publication de l'inventaire de son médailler. Assurément nul prince lorrain n'était plus à même que Nicolas de Lorraine de rassembler d'intéressantes collections : les nombreuses relations qu'il dût à ses hautes fonctions et aussi à ses trois mariages lui inspirèrent sans doute un goût profond pour l'antiquité vers laquelle un courant puissant entraînait tous les esprits. C'est dans son pavillon du Pont-Saint-Vincent (2) que le prince avait placé son médailler. Cette habitation, à en juger par les détails que nous fournit l'inventaire, ne semble pas avoir eu une grande importance ; mais son agréable situation et les objets précieux qui la décoraient devaient en faire une délicieuse résidence. Le cabinet du prince (situé près de sa chambre à coucher) contenant la collection de médailles, la bibliothèque et

---

(1) Nous comptons publier prochainement l'inventaire des livres qui se trouvaient dans les châteaux du Pont-Saint-Vincent et de Nomeny.

(2) Pont-Saint-Vincent, Meurthe et Moselle, ar, et cᵒⁿ de Nancy.

de nombreux objets d'art, le cabinet des armes ouvrant
sur l'antichambre, la sallette dont les murs étaient cou-
verts de tableaux formaient avec la garde-robe de Madame tout l'appartement privé (1). Les médailles se trouvaient dans trois petits meubles (cabinets) : le premier
renfermait des pièces d'or, le 2ᵐᵉ des pièces d'argent et de
cuivre, le 3ᵐᵉ des pièces d'argent ; malheureusement la
description d'un grand nombre de ces médailles nous
fait défaut, le rédacteur ne les ayant désignées autrement que par les termes de « piécettes de bien de petite valeur » ou de « pièces tant vielles que modernes ».
Quoiqu'il en soit, ce document (2) ne nous paraît pas
sans intérêt et nous avons l'espoir que sa publication
sera favorablement accueillie par les numismates lor-
rains.

F. DE CHANTEAU.

Inventaire et Déclaration des meubles trouvés cejourd'huy
vingt-sixième jour du mois de janvier mil-cinq-cens-septante-
six avant Pasques au chasteau et maison forte du Pont-Saint-
Vincent, par nous Gaspar Lalemant, prévost, Bastien Hanus et
Didier Simonin, eschevins en la justice dudit lieu, appelé avec
nous Jean Cuny greffier ordinaire en ladite justice, requis de
procéder à la confection d'iceluy par nobles hommes Michiel
Bonnet, conseiller et secrétaire de Monseigneur, soy disant
fondé de procuration à cest effect de la part de nostre souverain seigneur, Monseigneur le duc de Calabre, Lorraine, et
au nom et comme tuteur des enffans mineurs d'ans procréez
de feu hault et puissant seigneur, Monseigneur de Vaudémont
et de Dame Jeanne de Savoye son espouse en seconde nopce,
comme nous a apparu par les lettres de sadite procuration en
datte du vingt-quatrième du présent mois de janvier ; et de
Nicolas Remy, aussi conseiller et secrétaire de mondit seigneur
soy disant pareillement fondé de procuration à mesme fin par

(1) Le second étage du pavillon renfermait une chambre et une
antichambre, le troisième une chambre et un cabinet. Il est encore fait mention de la chambre des filles proche le *galatas* (garde-
meuble) et de la chambre du maître d'hôtel. Le pavillon était élevé
sur caves.
(2) Bibl. Nat., Collection de Lorraine, nº 463.

haulte et puissante dame et princesse, Madame Catherine de Lorraine, tant en son nom que comme ayant la garde noble des enffans procréez de mondit seigneur de Vaudémont et d'elle, comme ledit Remy, procureur, nous a faict apparoir par la teneur de sadite procuration en date du vingt-cinquième dudit mois de janvier.

Pour à quoy procéder nous nous sommes transportez, les mesme jour et an, audit chasteau ; où estans, nous a esté par eulx fait démonstration tout premièrement des meubles qui se sont trouvés au cabinet dudit lieu ; nous requérans lesdits procureurs de vouloir rédiger iceulx par bon et fidel inventaire et descrition, ensemble tous les autres qui se trouveront en ladite maison ; leur en délivrer copie pour valoir et servir à l'effect de leurdites procurations ; suyvant quoi nous avons procédé à réduyre iceulx meubles par inventaire comme cy-après :

Et premièrement audit cabinet,

I. Nous ont faii exhibition d'une boîte, plaine de médalles, à trois estages au plus bas desquelz estoient comprinses les pièces d'or que s'ensuyvent :

Une qui est marquée à coing du teston de Lorraine, fabrication de l'an trente-cinq, de l'épesseur d'ung tallard et plus, de la ron deur d'un teston (1).

Une autre marquée, en face des images de sainct Pierre de sainct Paul, et à la reverse de deux clefz croisées avec ceste inscription : NICOLAUS PAPA QUINTUS ANNO JUBILEI (2).

Ung salut.

Ung florin de Lorraine, aux armoiries dudit pays, avec ceste inscription à l'entour : RENATUS (3) DEI GRA LOTHARINGIAE DUX.

Une autre piesse, de l'eppesseur d'ung double réal, de la largeur d'ung carolus, avec une croix, inscripte à l'entour : MOGUNTIA (4).

Un vieil escus.

Encor ung florin de Saint-Nicolas (5).

Ung ducat de Florence.

Une pièce de dix blancs, dorée.

Une pièce, signalée d'ung costé d'ung AGNUS DEI (6) et de l'autre d'une croix, environ du poix d'ung florin.

(1) Pied-fort du teston d'Antoine.
(2) Jubilet de Nicolas V.
(3) René II.
(4) Monnaie d'un archevêque de Mayence.
(5) Florin de René II.
(6) Mouton, type adopté par un grand nombre de seigneurs.

Une autre pièce inscripte es environ et d'ung costé : HENRICUS
DEI GRATIA FRANCORUM REX et de l'autre : PRINCIPI OPTIMO, avec
l'effigie d'une victoire soub laquelle est escript ce mot : GAL-
LIA (1).

Une autre marquée d'un costé d'une croix à fleuron et de l'autre
d'ung roy assis ayant à sa gaulche ung escusson de lyon et de
careaux escartelé (2).

Ung autre, de l'épesseur d'ung teston et du poix de quatre escus ou environ, marquée d'ung costé des armoiries de Lorraine et
d'Anjou mi-partie avec inscription à l'entour de ces mots : IN TE
DOMINE SPERAVI NON CONFUNDAR IN ETERNUM et de l'autre de l'ymage
du duc René à l'entour duquel sont ces motz : RENATUS DEI GRA
DUX LOTHORINGIAE ET GUELDRIE (3).

Une autre inscripte d'ung costé : LEO (4) DECIMUS PONTIFEX
MAXIMUS et de l'autre : LUX VERA IN TENEBRIS LUCET, avec l'image
des trois roys.

Une autre inscrite d'ung costé : DOMINUS MICHI ADJUTOR et de
l'autre : ALFONSUS DEI GRA REX ARRAGONIE SICILIE DUX avec les armoiries d'Anjou.

Une autre inscripte d'ung costé : GALÉAS SECOND VICECOMTE DUC
DE MILAN CINQUIÈME et de l'autre : PAPIE avec une face de lyon tim-
berée d'ung panonceau.

Une autre marquée d'ung costé de l'ymage Nostre-Dame assise
sur ung croissant et de l'autre d'ung escusson avec une croix à
fleur mi-partie d'une trousse *(sic)* (5) abbatial.

Ung escus d'Escosse.

Ung florin d'or.

Ung viel escus.

Ung salut.

Une pièce marquée des armoiries d'Anjou, comme la procédure
(sic) (6), inscripte à l'entour : ALFONSUS DEI GRATIA.

Ung florin de Sainct-Nicolas.

Au Second Estage :

Plusieurs pièces d'or antiques, de la circonférence d'ung sol de
Lorraine, et autres encore plus petites, au nombre de trente-neuf

(1) Double Henri d'or.
(2) Ecu à la chaise d'Angleterre ou de Flandre.
(3) Pied-fort (ou pièce de plaisir) d'un gros d'argent fort rare
de René II.
(4) On lit dans le texte : Les *(sic)*.
(5) Il faut probablement lire : crousse (crosse).
(6) Lisez : précédente.

et au milieu d'icelles encore une autre antique plus grande que les autres et au-dessus d'icelle une placque d'or évosée (1).

Au Troisième Estage :

Plusieurs pièces d'or, de diverses fabrications, tant antiques que modernes, au nombre de trente-sept ; et au milieu d'icelles une médaille esmaillée de rouge à face d'empereur coronnée de laurier.

Au vase qui est au-dessus de ladite boîte : une pièce, de la grandeur d'ung tallard, ayant d'ung costé une rose avec les armoiries d'Angleterre et de l'autre l'image d'ung roy assis en son tronne avec ces motz en sa circonférence : HENRICUS DEI GRA REX ANGLIE ET FRANCIE DOMINUS YRLANDRIE (2).

II. Une seconde boite semblablement à trois estages au plus bas desquelz et au trou du milieu y a ung mouton à la grande laine et aux autres des environs plusieurs autres pièces d'or, tant grandes que petites, vielles et modernes, au nombre de vingt et une (3).

En l'autre estage y a plusieurs pièces, tant d'argent que de cuyvre, de bien petite valeur comme piècette et autre de semblable pris.

Au troisième estage plusieurs médales d'argent, tant antiques que modernes, et au milieu desquelles y en a une du poix d'ung demi-tallard ou environ bien ancienne ; estantes icelles pièces comprinses en quarante-quatre trous.

III. Une tierce boite, à trois estages comme dessus, ayant en son dessoub et plus bas estage plusieurs pièces d'argent, tant vielles que modernes, avec un teston de Ferrare au trou du milieu toutes comprinse en dix-neuf trous.

Au second estage aussy plusieurs pièces d'argent, toutes antiques hors mise une du sacre du roy de France posée au trou du milieu, toutes lesdites pièces comprinses en vingt-cinq trous.

Au troizième et dernier estage aussi plusieurs pièces d'argent, toutes antiques, au nombre de trente-septz.

(1) Lisez : évasée.
(2) Noble à la rose de Henri V ou Henri VI d'Angleterre, frappé en France.
(3) En marge est écrit : « Ladite boite a esté donnée à Monseigneur de Lorraine par Monseigneur de Mercueur. »

UNE SAISIE

DE

LIVRES DE PROPAGANDE PROTESTANTE

La lettre suivante, conservée aux mss. de la Bibliothèque nationale, signale la saisie d'un certain nombre de livres de propagande protestante; elle est intéressante en ce qu'elle nous fait connaître les moyens dont on usait pour répandre les nouvelles doctrines dans les populations, et surtout en ce qu'elle relate le titre des livres saisis avec une exactitude assez rare à cette époque. Il ne faut pas oublier que la propagande réformée avait fait en France, en 1560, des progrès extraordinaires; dans certaines provinces, plus de la moitié des habitants avait embrassé les nouvelles doctrines; les prédications faites en public, malgré l'ordre formel du roi, réunissaient souvent plusieurs milliers d'auditeurs, protégés par des gentilshommes l'épée au poing; enfin, l'audace des réformés était immense et l'on sentait que les guerres de religion ne pouvaient tarder à éclater.

Monsieur, je vous ay bien voulu advertir comme puys deux jours a esté arresté prisonnier en ceste ville ung jeune homme serrurier trouvé sçaysi des livres qui s'ensuivent; asçavoir l'un intitulé : *Juste complaincte des fidelles de France contre leurs adversaires les papistes;* imprimé en Avignon chez Trophisme de Rives 1560 : l'aultre : *Les demandes ou interrogatoires et les responses de feu monsieur du Bourg conseiller en sa cour de Parlement;* imprimé à Paris 1560. Le tiers est *La remonstrance à tous estatz;* aussi imprimé à Paris. Lesquelz livres il a dict luy avoir esté baillés à Chalon-sur-Saonne par ung quidam qui luy dict les avoir achaptez audict Chalon et luy serviroyent pour aprendre à lire. Par quoy vous pourrez fère enquerir comme mieulx sçaurez ordonner es imprimeurs et libraires dudict lieu s'ilz auront aulcuns desdicts livres et vouz fère saysir de la personne avec les livres, par ce que oultre les scandaleux et injurieux propoz qui sont dedens contenuz il y a supposition de lieu de l'impression dont ceste faction et manière de peuple est coutumière d'user. Car je me suis informé de quelques marchans d'Avignon de la cognoissance de l'imprimeur susnommé, que l'on m'a dict ne demeurer poinct audict lieu, qui par ce est une imposture et supposition de soy simplement punissable. Et si aulcune chose de ceste affaire vous vient à cognoissance, je vous prie, Monsieur, m'en vouloir advertir, pour fère procéder au surplus contre ledict serrurier comme la rayson et justice verront estre à fère. Et sinon, après m'estre humblement recommandé à vostre bonne grace, je prie le Createur vous donner, Monsieur, en santé bonne et longue vie. De Lyon, ce XIXe d'aoust 1560.

Le quidan susdict estoit demeuré audict Chalon lors de la délivrance desdicts livres et se tenoit pres l'esglise saint Vincent et fornier de son estat, retiré puys six ou sept semaines à Mascon en la Teste neyre comme a dict le respondant.

Vostre humble amy à vous obeyr,

Anthoine d'ALBON.

A monsieur, monsieur de Tavanes, cappitaine de cinquante hommes d'armes des ordonnances du Roy et lieutenant général pour sa majesté en Bourgoigne en l'absance de monseigneur le duc d'Aumalle.

(Bibl. nation., ms. fr. 4631, p. 61.)

Le premier des ouvrages cités comme saisis dans la lettre précédente est facilement reconnaissable : c'est la *Juste complainte des fidèles de France contre leurs adversaires, papistes et autres, sur l'affliction et faux crimes dont on les charge à grand tort ; ensemble les inconvéniens qui en pourroyent finalement avenir à ceux qui leur font la guerre. En Avignon, chez Trophisme des Rives, 1560. In-8° pièce.* L'auteur de la lettre précédente nie, au cas particulier, et sur l'autorité de quelques marchands d'Avignon, l'existence de l'imprimeur Trophisme de Rives, et il affirme, d'une manière générale, que « ceste faction et manière de peuple « est coustumière d'user de la supposition de lieu de l'impression. » Ce témoignage d'un contemporain confirme donc un fait bien connu des bibliographes spéciaux. Les fausses rubriques de Reims, d'Avignon, de Troyes, de Langres, etc., rendaient plus sanglantes et plus inju-

rieuses encore les satires des pamphlets protestants.
L'étude comparative de ces imprimés a déjà fait reconnaître quelques-unes des officines où ils étaient élaborés, et vraisemblablement ces petites découvertes peuvent encore se multiplier.

Le second ouvrage est également connu; la première édition, citée par les bibliographes, est de Genève, sous le titre de : *La vraie histoire concernant le jugement et la procédure faite contre Anne du Bourg et les réponses d'icelui. Genève, Jacques Bres, 1560, in-12.* On connaît encore : *La confession de foi d'Anne du Bourg, conseiller au Parlement de Paris, son interrogatoire et son procès au mois de juin 1559. Anvers, 1561, in-12.* L'édition citée dans la lettre que nous publions serait donc une première édition antérieure aux autres et non encore signalée.

Le troisième ouvrage est : *La remonstrance à tous estats par laquelle est en bien démontrée la foy et innocence des vrais chrétiens, les abus auxquels sont détenus leurs ennemis et persécuteurs et le jugement que Dieu en fera. Paris, 1560, in-8°, pièce.*

J. ROMAN.

NOTICE

SUR LE TITULUS DE BRONZE

DE

L'OSSUAIRE DE MORAT

CONSERVÉ À LA BIBLIOTHÈQUE NATIONALE

ET SUR L'OSSUAIRE LUI-MÊME

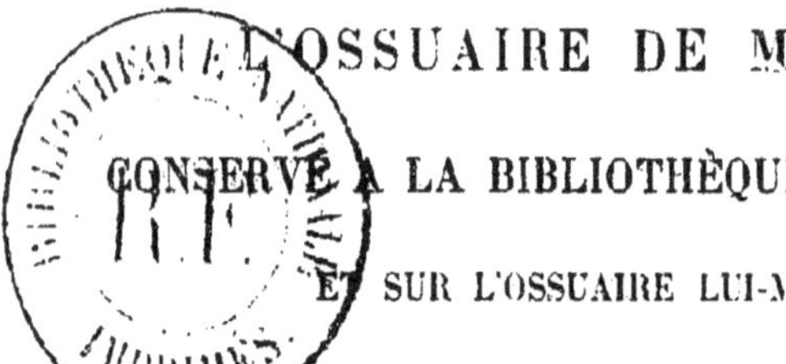

Dans les derniers jours de décembre 1859, le conservateur du département des Médailles et Antiques de la Bibliothèque nationale, faisant une revue générale des monuments nouvellement confiés à ses soins, fit retourner une longue et lourde plaque de bronze qui se dérobait aux regards, dans un coin obscur du vestibule, obscur lui-même, de l'entrée réservée de cet établissement (1). Sur la face devenue visible de cette

(1) Le département des Médailles et Antiques occupait encore, à cette époque, son local primitif, dont l'entrée réservée était dans la rue de l'Arcade-Colbert, ainsi nommée de l'arcade aujourd'hui démolie, par laquelle sa salle principale, l'une des plus remarquables du vieux Paris par ses proportions et l'élégance de sa décoration, communiquait avec la grande galerie du département des Livres imprimés.

plaque qui, jusqu'à ce moment, n'avait éveillé chez lui qu'une attention distraite, ce fonctionnaire lut trois inscriptions, une en latin et deux en allemand qui lui apprirent qu'il avait sous les yeux un *titulus* provenant de l'ossuaire de Morat dont il n'avait jamais entendu parler par ses anciens et qu'il n'avait vu mentionné dans aucune des histoires du Cabinet des Médailles. Surpris par cette quasi découverte, celui à qui le hasard l'avait réservée s'empressa de s'enquérir des circonstances de l'entrée de ce monument à la Bibliothèque nationale. Il n'y réussit que très-imparfaitement; cependant, en consultant les archives de l'administration de la Bibliothèque et les Archives nationales, il apprit que « l'inscription de Morat en bronze » avait été déposée à la Bibliothèque en 1798, l'année même de la destruction de l'ossuaire (1).

Doit-on expliquer l'omission du *titulus* de Morat

---

(1) On lit, dans un rapport de Capperonnier au ministre de l'intérieur, en date du 28 prairial an VI (16 juin 1798) « Suisse. 13°. Inscription de Morat en bronze. » (Archives de la Bibliothèque et Archives nationales, fonds du ministère de l'Intérieur.)

Il n'est parlé du *titulus* de Morat ni dans l'*Histoire abrégée du Cabinet des Médailles et Antiques* de Cointreau, ni dans l'*Histoire du Cabinet des Médailles, Antiques et Pierres gravées*, de Marion du Mersan. Les auteurs de ces ouvrages publiés, l'un en 1800, l'autre en 1838, étaient, dès 1798, attachés au Cabinet des Médailles et bien qu'ils aient, l'un et l'autre, parlé des accroissements du Cabinet des Médailles à l'époque de la Révolution, tous deux semblent s'être donnés le mot pour rester muets sur l'entrée du *titulus* de Morat.

par Cointreau et Marion du Mersan, aussi bien que l'interruption de toute tradition orale dans le Cabinet des Antiques au sujet de ce monument, par l'oubli où il ne tarda pas à tomber dans le coin obscur, où, sans doute faute de place, on s'était vu forcé de l'entreposer à son arrivée ? On serait tenté de le croire ; dans la pensée de ceux qui prirent cette mesure, elle devait être provisoire, car on ne peut accuser Millin, alors le chef actif du Cabinet des Médailles (1), Millin, l'antiquaire éclectique, l'auteur des *Antiquités nationales*, du *Voyage dans le Midi de la France*, etc., etc., d'avoir eu du dédain ou même de l'indifférence pour une inscription relative à un monument aussi célèbre que l'ossuaire de Morat. Malheureusement, comme il arrive souvent, le provisoire s'éternisa et vingt ans après son entrée au Cabinet des Antiques, le *titulus* de Morat y était si complètement oublié que Raoul-Rochette, successeur de Millin en 1818, n'en parle ni dans son Histoire de la Révolution helvétique, ni dans ses Voyages en Suisse, où cependant il se complait à décrire le site de l'ossuaire. Du reste quel que soit le motif du silence qui se fit pendant plus d'un demi-siècle, sur la présence de notre *titulus* à la Bibliothèque, en 1859, il n'y avait pas de raison pour qu'il se prolongeât : aussi,

______

(1) « En 1798, le Cabinet des Médailles avait deux conservateurs, André Barthelemy de Courçay et Millin. » (Histoire du Cabinet des Médailles, etc., par Marion du Mersan. Voyez p. 75).

dès ces temps déjà loin de nous, le conservateur des Antiques songea-t-il à le publier. Avant tout, il le fit disposer plus convenablement, puis au moment de la translation du département des Médailles et Antiques dans le local actuel, où l'espace est un peu moins mesuré, il le fit encastrer dans la muraille d'une salle du rez-de-chaussée. Là, depuis 1865, chacun peut voir le *titulus* de Morat en compagnie de belles inscriptions grecques et romaines et d'autres monuments de grande dimension, comme le Zodiaque de Denderah et la baignoire de porphyre, provenant de l'abbaye de S⟨t⟩-Denis. Quant à la notice projetée, si diverses circonstances en ont fait différer la publication, l'auteur ne regrette pas ce retard. Le retentissement des fêtes célébrées à Morat pour le quatrième centenaire de la bataille ayant rappelé ce projet à son souvenir, il remit son travail sur le chantier, fit de nouvelles recherches et ne tarda pas à apprendre que le Comité des fêtes avait eu l'heureuse inspiration de confier à un érudit distingué, M. Ochsenbein, le soin de rechercher, dans les Archives et les Bibliothèques de la Suisse et des diverses nations qui, au xv⟨e⟩ siècle, étaient étroitement mêlées aux affaires Helvétiques, tous les documents relatifs à la bataille de Morat, et d'en faire un *Corpus*. M. Ochsenbein a rempli cette mission à merveille et son recueil, publié

à l'occasion du quatrième centenaire (1), sera un
monument plus durable de cette mémorable victoire, que l'obélisque de 1822 dont il sera parlé tout
à l'heure. Je n'ai pas besoin de dire que j'ai
profité des recherches de M. Ochsenbein ; j'ai
trouvé dans son livre, avec grand plaisir, indépen-
damment des documents inédits qui y abondent, et
de curieux extraits d'ouvrages rares que je n'avais
pu me procurer, la confirmation des idées que
j'avais conçues dès le premier jour sur le véritable caractère de l'ossuaire. Toutefois, bien que
M. Ochsenbein ait consacré un paragraphe spécial à l'historique de ce monument, je n'ai pas
cru devoir supprimer mon travail. Non-seulement ce savant n'a pas donné une description
exacte de notre *titulus* dont la conservation
et l'existence à Paris paraissent lui avoir été
inconnues, mais s'il en a donné le texte, il n'a pas
été plus heureux que ses devanciers dont aucun
ne l'a reproduit sans quelques inexactitudes.
Ce n'est pas tout : M. Ochsenbein, écrivant à
Fribourg et surtout pour les Suisses, n'avait pas
à s'expliquer sur la signification de l'ossuaire de
Morat ; il n'avait pas à montrer, comme j'ai essayé
de le faire, qu'en l'élevant, les vainqueurs ne pou-

(1) *Die Urkunden der Belagerung und Schlacht von Murten im
Auftrage des Festcomites auf die vierte Säkularfeier am 22 juni
1876.* — Gesammelt von Gottlieb Friedrich Ochsenbein, evang.
Pfarrer zu Freiburg. — Freiburg, 1876. — Grand in-8° de 679
pages.

vaient imaginer qu'on y verrait la manifestation
d'une haine sauvage qui ne se serait pas apaisée
devant des cadavres. M. Ochsenbein n'avait pas
à apprendre à ses compatriotes, catholiques ou
protestants, qu'en recueillant les ossements des
soldats de Charles le Téméraire, les vainqueurs
de Morat ne songèrent pas à élever un trophée
digne de cannibales. En cette occurence, comme en
plusieurs autres, les Suisses obéirent à cette grande
croyance catholique qu'il est salutaire de prier
pour les morts. Je ne le nierai pas ; plus tard,
un peu d'orgueil patriotique, fort excusable d'ailleurs et mesuré dans la forme, a pu se mêler
aux pieux sentiments des premiers jours; on peut
même en voir percer l'expression dans certaines des
inscriptions de l'ossuaire, même sur celles de
notre *titulus*, et, jusque dans la persévérance avec
laquelle la république de Berne, devenue protestante comme sa sujette la ville de Morat, ne
cessa de contribuer à l'entretien de l'édifice,
aussi bien que sa cosouveraine la république
de Fribourg, mais il n'en est pas moins vrai
que le nom de *Chapelle de Morat* qu'on lui
donne souvent et qu'on lui voit donner sur des
estampes gravées en Suisse peu d'années avant
sa destruction, était parfaitement justifié.

Voici la description du *titulus* de l'ossuaire
de Morat que l'on conserve à la Bibliothèque
nationale et qui n'est, ni le seul, ni même

probablement le plus ancien de ceux qui, à diverses époques, furent placés sur les murailles de cet édifice.

C'est une plaque de bronze mesurant 1 mètre 73 centimètres en largeur et 64 centimètres en hauteur, et qui a 25 millimètres d'épaisseur. Cette plaque est ornée d'un entablement de 14 centimètres de largeur qui lui fait une sorte de toit. Deux inscriptions, sculptées en relief, en occupent la partie principale; elles sont séparées l'une de l'autre par une colonnette sobrement historiée. L'inscription à gauche du spectateur, en belles majuscules romaines est en latin et en prose; c'est celle que l'on cite surtout et que l'on a souvent attribuée au grand Haller, anachronisme qui montre que l'on avait rarement remarqué sur notre *titulus*, une troisième inscription qui va nous apprendre que ce monument a précédé de près de deux siècles l'époque de la naissance du célèbre polygraphe suisse. L'inscription à droite, écrite en caractères gothiques, est en allemand et en vers. Enfin, si l'on veut abaisser ses regards jusque sur la plinthe de notre monument, on y lira cette troisième inscription à laquelle je viens de faire allusion. Bien que conçue en allemand, elle est en caractères romains; elle court, gravée en creux, en une seule ligne, au-dessous des deux premières, dans toute la largeur de la plinthe.

1

D· O· M·
CAROLI INCLYTI ET FORTISSI=
MI BVRGVNDIÆ DVCIS EXERCI=
TVS MVRATVM OBSIDENS, AB
HELVETIIS CÆSVS, HOC SVI
MONIMENTVM RELIQVIT.
ANNO· M· CCCC· LXXVI·

2

Diß Gebein ist der Bürgundischen schar.
Im vierzechen hündert sibenzig und sechste iar.
Vor Mürten dürch eyn Eydgnoschaft.
Erlegt mit Bystand Gottes Krafft.
Uff der zechen tusent Rittern tag.
Beschach diser grosser Niderlag.

3

MEISTER PETER VON BEREN GOS MICH. 1564

D · O · M ·
CAROLI INCLYTI ET FORTISSI·
MI BVRGVNDIÆ DVCIS EXERCI·
TVS MVRATVM OBSIDENS, AB
HELVETIIS CÆSVS, HOC SVI
MONIMENTVM RELIQVIT
ANNO · M · C C C C · LXXVI·
MEISTER PETER VON
Diß gebeut ist der Burgundiern schu
hundert siben zig und sechs Ja
Vor Murten durch ein Eidgnoscha
Erlegt mit Bÿstand Gottes Kraf
zechen Tusent Rittern tag
Beschach diser grosser Niderlag
BEREN · GOS MICH 1564

Je traduis ces inscriptions dont le sens n'a pas toujours été compris comme il doit l'être suivant moi :

1

A Dieu très bon, très grand.
L'armée de Charles, illustre et très vaillant duc de Bourgogne, assiégeant Morat, taillée en pièces par le[s] *Suisses, a laissé ce monument d'elle-même.*
L'an 1476.

2

Cet ossuaire est celui de l'armée Bourguignonne, taillé[e] *en pièces devant Morat, en l'an 1476, par une confédération avec l'assistance divine. Le jour des 10,000 chevaliers arriva cette grande défaite.*

3

Maître Pierre de Beren m'a fondu. 1564.

En signant et datant son œuvre, Pierre de Beren a sans doute voulu faire passer son nom à la postérité; il faut lui en savoir gré, car c'est à cette précaution que nous devons de connaître la date de la mise en place de notre *titulus*, et sans doute aussi celle de la composition, sinon de l'inscription allemande probablement plus ancienne, du moins de la latine, dont le style noble, quoique un peu recherché, convient à la fin du XVI° siècle. Toutefois, jusqu'à ce jour, notre pauvre fondeur n'avait pas atteint son but. En effet, non-seulement la plupart des historiens, des voyageurs ou auteurs de guides qui parlent de l'ossuaire de Morat, semblent croire qu'on n'y lisait qu'une seule inscription, la latine de notre *titulus*, qu'ils nomment d'ordinaire absolument l'*inscription*, mais chose plus singulière, les écrivains, en petit nombre, mieux informés qui ont su qu'il n'en était pas ainsi, ont tous estropié le nom de Pierre d Beren, de même que tous, sans exception, ont lu *monumentum* et non *monimentum* qui paraît nettement sur le bronze original. Il n'est pas jusqu'au recueil de M. Ochsenbein, si savamment composé, qui n'ait altéré le nom de notre fondeur ; le savant Fribourgeois l'écrit *Peter von Büren*. A la vérité, M. Ochsenbein a ignoré la conservation du monument original et son existence dans un établissement public à Paris; autrement il n'aurait pas manqué de s'en procurer une copie exacte. Sur ce point de détail, il s'en est sans doute rapporté à l'ouvrage d'Emmanuel de Rodt sur les campagnes de Charles le Téméraire, publié en 1844, qui lui-même renvoie à un dictionnaire antérieur (1). Il n'y a pas, du reste, trop à s'étonner de cette négligence. Jadis on n'examinait pas les monuments épigraphiques avec nos scrupules d'aujourd'hui; et puis, il n'était peut-être pas facile de deviner cette ligne unique, écrite en caractères moins grands que ceux des inscriptions principales,

(1) *Die Feldzüge Karls des Kühnen Herzogs von Burgund und seiner Erben, von Emanuel von Rodt.* — 2 vol. in-8°. Schaffhausen, 1843-1844. (V. t. II, p. 288). M. de Rodt cite Kuenlin dont le Dictionnaire géog., stat. et hist. du canton de Fribourg a été publié en cette ville en 1822.

et si discrètement gravée sur la plinthe de notre
plaque qui n'était pas à hauteur d'appui? Enfin,
alors même qu'on aurait remarqué le millésime
1564, aurait-on daigné s'arrêter à transcrire
le nom d'un fondeur alors que l'on se préoccu-
pait si rarement de rechercher et de signaler
ceux des artistes ? Nous sommes moins in-
grats aujourd'hui; aussi est-ce avec plaisir que je
m'efforce de faire revivre le nom de Pierre de
Beren sous sa véritable forme. Ce n'est pas sans
peine que ce nom arrive enfin à être écrit
comme il l'écrivit en 1564, puisque en 1876,
à Paris, à propos du centenaire de Morat, on
le transformait en *Pierre de Berne* dans une
communication faite à une Société savante par
l'un de ses membres, archéologue distingué
et consciencieux qui cependant avait pu lire au
Cabinet des médailles, sur le monument original,
la signature de Pierre de Beren.

Était-ce un artiste ce Pierre de Beren? Je l'ignore,
et suis tenté de croire qu'il fut simplement fondeur,
attendu que je n'ai trouvé son nom ni dans le grand
dictionnaire de Füssli, ni dans celui de Nagler (1),
mais je puis dire en sa faveur, que, s'il donné le des-
sin de l'ornementation du *titulus* de Morat, c'était
un homme de goût. L'œuvre est bien entendue,
ainsi qu'on en peut juger par l'exacte reproduction
qui accompagne cette notice.

(1) Au moment où j'écris, le nouveau Dictionnaire des artistes,
de M. Julius Mayer, n'est pas encore parvenu à l'endroit où Beren
pourrait être inscrit.

Je n'ai pas à faire le récit de la bataille de
Morat; son lendemain seul m'appartient dans ce
travail consacré à la principale inscription de l'édifice où furent déposés les os des soldats de Charles
le Téméraire, ainsi qu'à cet édifice lui-même.
Il suffira de rappeler que le duc de Bourgogne,
étant venu mettre le siége devant Morat, le 9 juin
1476 (1), fut forcé de le lever brusquement, après
avoir donné à cette petite place plusieurs assauts
vigoureusement repoussés, et avoir perdu sous
ses murs, le 22 du même mois, une grande
bataille, second acte de la trilogie commencée à
Grandson dont le dénouement devait avoir lieu sous
ceux de Nancy. On me permettra cependant
d'établir aussi exactement que possible le nombre
des soldats du Téméraire qui succombèrent, le 22
juin 1476, et en même temps de rechercher de
quels éléments se composait cette armée si facilement défaite. Ces détails ne sont pas étrangers
à mon sujet.

Commynes, en position d'être mieux informé
que la foule des chroniqueurs, et à qui on peut

(1) « Or donc le neuvième jour de Juing le susdict duc Charle
« se logea à l'entour de Morat : Douze mill des siens, ordonnés
« par le Seigneur de Romont, tenoient devers bize, et quarante
« mill (aulcuns disent cinquante voire plus) tenoient les aultres
« parts, machillant comme garibels tout le pays. Le Duc faict dire
« à ceulx de Morat de se rendre et ne reçoipt que desdain du brave
« Chevallier Adrian de Boubenberg, qui dedans tenoit avecque douze
« cent bons compaignons de Berne et de Fribourg, respondant le dit
« Chevallier, que le déléal devant Grandson fiance n'auroit devant
« Morat. » (Chronique de Hugues de Pierre, dans le Recueil de
M. Ochsenbein, p. 177).

généralement s'en rapporter, à moins qu'il ne lui
arrive d'ajouter, sans doute pour plaisanter, un chapitre à l'histoire des grands événements produits
par de petites causes, comme lorsqu'il attribue la
guerre de Bourgogne à certain chariot de peaux
de moutons pris par le comte de Romont (Jacques
de Savoie) à un Suisse (1), Commynes n'a pas su
positivement le chiffre des soldats du duc de Bourgogne et en tous cas ne s'en est pas rapporté aveuglé-
ment à ceux qui le renseignèrent sur ce sujet ; « le
« dict Duc avait assez grant armée... son artillerie
« estoit très grande et bonne, » dit-il avant Grandson (2), puis après avoir mentionné cette première
défaite : « Pour revenir au dict duc de Bourgogne,
« il ramassoit gens de tous cotez, et en trois sep-
« maines s'en trouva si grand nombre que le jour
« de la bataille (3). »

Mais Commynes montre bien les éléments dont se
composait l'armée du duc et n'a pas oublié d'évaluer
le nombre de ses soldats tués à Morat. « car de
« Lombardie luy venoient à toute heure des gens et
« des subjectz de ceste maison de Savoie : et il
« aymoit mieulx les estrangiers que ses subjectz
« dont il povoit finer assez et de bons amys ; mais
« la mort du connestable luy aydoit bien à avoir

<hr>

(1) « Et pour quelle querelle commencea cette guerre ? Ce fut
« pour ung chariot de peaulx de mouton que monseigneur de
« Romont print à ung Suisse passant par sa terre. » (Voyez Mémoires de Philippe de Commynes, Édit. de Mademoiselle Dupont,
livre 5, chap. 1, t. II, p. 10.)

(2) Commynes, Ibid., p. 5.

(3) Ibid., p. 24.

« deffiance d'eulx, avec aultres ymaginations (1). »

Après avoir dit qu'il n'arriva pas au duc à Morat comme à Grandson, « où il n'avoit perdu que sept « hommes d'armes (2), » Commynes ajoute, « et cela « advint pour ce que lesditz Suisses n'avoient point « de gens de cheval à Grandson ; mais à ceste heure « cy dont je parle, qui fust près de Morat, y avait « de la part desdictes allyances quatre mille hom- « mes de cheval, bien montéz, qui chasserent très- « loing les gens dudict duc de Bourgongne, et si « joingnirent leur bataille à pied avec les gens de « pied dudict duc, qui en avoit largement ; car, « sans ses subjectz et aucuns Anglois qu'il avoit « et en bon nombre, il luy estoit venu de nouveau « beaucoup de gens du pays de Piemont et aultres « des subjects du duc de Millan, comme j'ai dict. » Quant au nombre des soldats de Charles avant la bataille, et à celui de ceux qui y succombèrent, Commynes est plus explicite, mais comme je viens de le dire, sans être affirmatif. Sur le premier point, il cite le témoignage du prince de Tarente (3) qui lui aurait dit, « quant il fut arrivé devers le Roy « (Louis XI), que jamais il n'avoit veu si belle ar- « mee, et qu'il avoit compté et faict compter l'ar- « mee en passant sur ung pont, et y avoit bien « trouve vingt et trois mille hommes de soulde,

(1) Ibid., p. 5.
(2) Ibid., p. 31.
(3) Frédéric d'Aragon, depuis le roi Frédéric III de Naples. Il avait quitté le duc la veille de la bataille de Morat par ordre du roi son père. (Commynes, t. II, p. 26).

« sans le reste qui suivoit l'armée et qui estoit pour
« le faict de l'artillerie (1) ». Commynes, plus
sérieux ici que lorsqu'il parlait des causes de la
guerre de Suisse, ajoute : « A moy me semble ce
« nombre très grant, combien que beaucoup de
« gens parlent de milliers, et font les armées plus
« grosses qu'elles ne sont, et en parlent legiere-
« ment (2). » Sur le second point, il cite d'abord
le seigneur de Contay (3), puis donne son opinion
dans un passage que l'on ne trouve pas identique
dans les divers manuscrits. « Le seigneur de Con-
« tay, qui arriva vers le Roy tost après la bataille,
« confessa au Roy, moy present, que en ladicte
« bataille estoient mors huict mil hommes du party
« dudict duc, prenans gaiges de luy et d'aultres
« meuues gens assez. Et croy, en ce que j'en ay
« peu entendre, qu'il y avoit bien dix huit mille
« personnes en tout : et estoit aysé à croire, tant
« pour le grant nombre de gens de cheval qu'il y
« avoit, que avoient plusieurs seigneurs d'Alle-
« maigne, que aussi pour ceulx qui estoient encore
« au siége devant ledict Morat. Le duc fuyt jusques
« en Bourgongne (4), bien désolé comme raison
« estoit, et se tint en ung lieu appellé la Riviere,

(1) Commynes, Ibid., p. 32.

(2) Commynes, t. II, p. 32.

(3) Louis, sire de Contay, chambellan du duc, qui devait périr à
la bataille de Nancy. (V. Commynes, t. I, p. 326. Note de Mademoiselle Dupont.)

(4) En Franche-Comté ou comté de Bourgogne. Le village de la
Rivière dont il va être parlé est dans le département du Doubs.

« où il rassembloit des gens ce qu'il povoit. Les
« Allemands ne chassèrent que ce soir, et puis se
« retirèrent sans marcher après luy (1). »

Que veut dire Commynes ? Faut-il admettre
le mot *mortes*, qu'on lit dans « le vieil exemplaire », après *il y avait bien dix huit mille
personnes* et avant ces mots, *en tout ?* Faut-il
lire avec le manuscrit de Saint-Germain, « dix-
« huit mille personnes morts (sic) en tout. » Je ne le
crois pas ; les mots *mortes* ou *morts* ont du être
ajoutés au texte de Commynes. C'est aussi
le sentiment de Mademoiselle Dupont, le sagace
éditeur de Commynes, car elle ne parle de ces
variantes qu'en note et ne leur a pas donné place dans son texte que je viens de reproduire (2).
D'après ce qui précède, il est clair que Commynes
parle ici du nombre des soldats et non de celui des
morts ; il trouvait le compte du prince de Tarente
trop élevé à 23,000, il est donc conséquent avec
lui-même en fixant seulement à 8,000 le nombre
des tués sur une armée qu'il suppose de 18,000
hommes et non de 23,000.

(A suivre.) A. CHABOUILLET.

(1) Commynes, t. II. p. 32 et 33.

(2) C'est aussi sans doute l'avis de M. Ochsenbein qui rapporte
in-extenso ce que Commynes a dit de la bataille de Morat, mais
sans commentaire, et qui ne parle pas des variantes *mortes* ou
morts. (V. p. 156).

LE JOURNAL

DE

RENÉ FLEURIOT

Gentilhomme breton

1593-1624

René Fleuriot, seigneur de Kerlouët, Coetguéno
et La Saudraye, naquit en l'année 1567. Il était fils de
Réen Fleuriot, seigneur de Carnabat, en la paroisse
de Plouizy, et Coëtguéno, en Langoat, et de Marguerite de Kerleau ; celle-ci avait pour père Gui
de Kerleau, seigneur de Goazanarhant et pour mère
Marie de l'Isle. Son frère aîné, Charles, seigneur
de Kernévénoy, Carnabat, Kergario, fut chevalier
de l'ordre et épousa, le 24 janvier 1591, Marie de
Kerguésay. Il était, par sa femme, beau-frère de
Claude de Kerguésay, chevalier de l'ordre, gentilhomme ordinaire de la chambre du roi, capitaine
de 50 hommes d'armes des ordonnances. La fille
de Charles Fleuriot, Marguerite, épousa Jean d'A-
cigné, baron de La Touche. On voit que René était
un des gentilshommes les mieux apparentés de
cette partie de la Bretagne. Il avait d'autres frères
et sœurs : Jean, seigneur de Kerégos ; François,

seigneur de Kerselvestre ; Renée, dame douairière
de Menebré ; Yvon, seigneur de Kersaliou ; Claudine, dame de Coatelazan.

René Fleuriot servit, dans le parti des royaux,
sous son beau-frère, mais fut poursuivi par la
male-chance dans sa carrière militaire. Une première fois il est fait prisonnier aux environs de
Guingamp, pendant que les troupes royales assié-
geaient cette ville. Au bout de cinquante jours
il recouvra la liberté, sans bourse délier, grâce à
la capitulation de Guingamp qui permit aux deux
partis d'échanger leurs prisonniers.

En 1594, il fut de nouveau captif, à l'issue d'un
combat sur lequel nous avons quelques détails.

Pendant que le maréchal d'Aumont assiégeait
Morlaix, Mercœur cherchait à venir au secours de
cette place ; il était en marche lorsque, par suite
de dissentiments avec les Espagnols, ses alliés,
ceux-ci l'abandonnèrent. Ne pouvant réaliser son
projet avec une troupe devenue trop faible, il bat-
tit en retraite, le 17 septembre 1594. A cette nouvelle un détachement fut envoyé par le maréchal,
sous les ordres du s^r du Liscoët, pour s'assurer des
mouvements des ligueurs. Les éclaireurs revinrent
en annonçant que l'arrière-garde était en pleine
retraite sur la route de Quimper. Au camp royal,
chacun s'étonna que cette reconnaissance ait été
faite sans tenter d'inquiéter les ligueurs et, cédant
à un mouvement de jalousie, et de bravade, Bas-

tenay, le surlendemain, se mit à la tête d'une petite troupe pour tenter de faire mieux que Du Liscoët. Ils atteignirent l'ennemi aux environs d'Huelgoat ; mais, plus téméraires qu'habiles, ils furent
défaits et taillés en pièces.

René Fleuriot, au nombre des prisonniers, fut
emmené à Hennebont (1). Parmi les morts figurait le seigneur de Lesmais, l'un des témoins du
mariage de René : il fut tué par un soldat qui dis-
putait avec un de ses camarades à qui resterait le
prisonnier. Cette fois encore notre gentilhomme
s'en tira à bon marché ; lors de la capitulation de
Morlaix on échangea les prisonniers de part et
d'autre.

En mars 1595, René Fleuriot est encore pris
près du château de Kerhuel, en Goëllo, bien que les
soldats pris à Huelgoat ainsi qu'à Morlaix eussent
quatre jours de trève pour regagner leurs gar-
nisons respectives. Il y a lieu de penser que la
parenté du s^r de Kerloët avec M. de Kerguésay, et
sa fortune assez considérable, ne furent pas sans influence sur la décision de Mercœur. René avait
été pris par le s^r de Toullot, capitaine de 100 chevaux-légers pour le duc de Mercœur ; mais celui-
ci avait déclaré la prise mauvaise, tout en gardant
le s^r de Kerloët, qui fut enfermé au château de Di-

____

(1) Le duc de Mercœur tenait à garder quelques otages, avec
l'intention de les traiter comme le maréchal d'Aumont allait traiter les ligueurs pris à Morlaix, dont la capitulation imminente
était prévue.

nan. Anne de Sanzay , comte de La Maignanne, prisonnier du duc d'Aumont depuis le siége de Morlaix, obtint de Toullot, moyennant 2000 écus. la liberté de deux royaux, les s^r^ de Coetcourzault et de La Martinière ; pour l'indemniser, Mercœur lui donna René Fleuriot, et celui-ci pouvait dès lors sortir de captivité à la condition de payer les 2000 livres données au s^r^ de Toullot, plus 550 livres pour les frais faits par La Maignanne par suite de sa captivité. Le 3 juillet, René obtint du comte la permission de sortir du château de Dinan pendant quinze jours, sous la caution de François du Breil, seigneur de Rais, et de Jean Botherel, seigneur de Beauvoir, afin de réaliser les sommes exigées; il était de retour le 2 août et promettait de fournir les fonds le 2 octobre suivant; ce fut le seigneur de Beauvoir qui les avança avec la garantie de Charles Fleuriot (1). Les rançons, comme on le voit, étaient alors de véritables opérations commerciales, et, lorsque l'on faisait un prisonnier suffisamment riche, on avait tout intérêt à lui conserver la vie.

(1) *28 mai*. Mercœur, étant à Dinan, décide que René Fleuriot fera mettre en liberté La Maignanne ou acquittera la rançon et les dépenses de celui-ci. — *20 juin*. Mercœur, étant à Nantes, ordonne que René Fleuriot acquittera la rançon du comte de Sanzay. *(Archives des Côtes-du-Nord.)* — *2 août*. Acte notarié par lequel le comte de La Maignanne établit qu'il a fait mettre en liberté deux gentilshommes royaux en payant 2000 livres au capitaine Toullault; que René Fleuriot s'engage à lui rembourser cette somme plus 550 livres pour les frais d'emprisonnement de La Maignanne. — *7 août*. Charles Fleuriot se porte caution envers le sieur de Beauvoir qui a avancé ces sommes. *(Cab. des Titres.)*

Dès que René Fleuriot fut libéré envers le comte de La Maignanne, il se remit en campagne et pris part à un coup de main qui fit alors quelque bruit. Notons, avant de préciser le fait, que le seigneur de Kerloët ne cherchait pas à faire grand étalage de ses actions de gnerre. Nulle part, dans ses notes, il ne se pose en héros d'aventures : nous pourrions même lui reprocher d'être trop laconique sur mille détails qu'il eut pu nous donner.

A la fin de juin 1595, le maréchal d'Aumont résolut de faire le siége de Comper, non loin de Concoret, dans la direction de Ploermel, un peu pour s'emparer d'une place qui était au pouvoir des ligueurs, mais surtout pour plaire à la comtesse de Laval. Celle-ci, qui en était propriétaire, tenait à à ne pas voir plus longtemps ce château aux mains des ennemis. Le maréchal ne put réussir, fut grièvement blessé et mourut peu après des suites de cette blessure.

Trois mois plus tard, le 10 novembre, Comper était emporté par surprise, par les s^{rs} d'Andigné-Maineuf, accompagnés de 16 hommes déterminés qui, assure Des Fontaines, furent presque tous blessés, mais dont aucun ne mourut. De ce nombre était René Fleuriot; nous n'en avons qu'une preuve aussi laconique que certaine. C'est ce passage, extrait d'un petit registre écrit de sa main : « Le s^r de Précréant me doibt d'argent presté, sans sédulle, ni recognoissance, à sçavoir : sur un instant, 22 escus que je luy anvoié par son valet de chambre, nommé Le Hamel, le 12ᵉ mars 1592 ; plus je luy prestit aussy 11 escus en la boutique de Bachellier, pour achetter un pistolet, le 15 février 1593 ; et 3 *escus que luy presté au siége de Comper lorsque je revins de prison de Dinan.* »

René Fleuriot, après la paix, se retira dans son manoir de Kerlouët où il vécut de cette existence tranquille qui était alors celle de tous les gentils-hommes résidant sur leurs terres. Il était mort .avant 1637, date du testament de sa veuve, laissant Claude, qui fut seigneur de Kerloët; Toussaint, seigneur de La Saudraye; Marc, seigneur de La Boissière; Marguerite épouse de Pierre de Keroignant, seigneur de Trezel, et Marie, religieuse.

Anatole DE BARTHÉLEMY.

Issy après est enregistré le temps que j'espousé damoiselle Margueritte de Cheff-de-Bois, dame et hérittière de Kerlouët, ma femme; ensemble la naissance de mes enfants et la mort de partie d'eulx, avecq plusieurs aultres chousses mémorables advenuz tant pendant la guerre de la Ligue en Bretagne que depuis la paix; le tout soubz le règne de Henry quattriesme, roy de France et de Navarre, à quy Dieu veille prolonger la vie pour le bien et repos de son peuple et de son Estat.

Claude, mon fils aisné fust nay le 6 juign 1594. Morisse fut nay le 5ᶜ juillet 1596. Margueritte le 17ᵉ mai 1599. Louisse, le 13 février 1598. Marie, le 18 juign 1600.

Toussaints, le 9 juign 1601. Fleurie, le 12 septembre 1601. Marc, le 8 avril 1607. Rennée, le 21 juign 1610.

Le 23ᵉ jour de juign, un mercredi veille de la Saint-Jan 1593, j'espousse devant jour, en la chapelle de Kervel, près Guingamp, damoiselle Margueritte de Cheff-de-Bois (1), dame hérittière de Kerlouët, en présence de messieurs de Kergoumar (2), Bastenes (3), Lesmes (4), de Kernévénoy (5), mon frère, et de mesdames de Kergoumar (6) et de Kernévénoy (7) et plusieurs aultres tant gentilshommes que damoiselles.

Le sixiesme jour de juign 1594 fust nay en la ville de Guingamp, à l'hostel de Kernévénoy, sur les quatre heures après midy, mon fils aisné et fust battisé en l'esglisse Nostre-Dame, le 20ᵉ du mesme mois par vénérable et discret messire Guillaume du Halgoët (8), évesque de Tréguer; et fust compère hault et puissant Claude de Kerguésay, seigneur de Kergoumar, et commère haulte et puissante dame Marie de Goulaine, dame de Les-

(1) Marguerite, fille de Jean de Chef-de-Bois, seigneur de Keriel et de Marguerite de Kerleau.

(2) Claude de Kerguésay, chevalier de l'ordre, gentilhomme ordinaire de la chambre, maréchal de camp, gouverneur de la ville et château de Guinguamp; il était seigneur de Kergomar, Kernéguez, Traoundoun, Guermorvan, Coëtisac.

(3) Marc-Antoine de Rochefort, seigneur de Bastenay, tué au Pont-de-l'Arche, près de Rouen, en 1596.

(4) Charles de Lesmais, seigneur de Kerozion, tué en 1594 au combat de Huelgoat.

(5) Charles Fleuriot, seigneur de Kernévénoy, La Sauldray, Coëtguéno, Carnabat, frère aîné de René. Le fief de Kernévénoy arriva par sa fille aux d'Acigné, et son nom, devenu à Paris Carnavalet, fut donné au célèbre hôtel qui est aujourd'hui Musée municipal.

(6) Louise de Goulaine, dame de Kergomar.

(6) Marie de Kerguézay, dame de Kernévénoy.

(8) Guillaume de Halegoët, évêque de Tréguier, de 1594 à 1602; il était fils de Pierre du Halgoët et de Marguerite de Kergrec'h.

maes : et fust nommé par ledit seigneur de Kergoumar, Claude, de son nom.

Le dimanche de Pasques-Fleuries 1591, fus prins prisonnier près Guingamp par le sieur de Couttredrez (1) et ces troupes, et fus prisonnier jusqu'a la Pentecouste ensuilvant, auquel jour fust rendu la ville de Guingamp, par composition, à monseigneur le prince de Dombes qui estoit lieutenant général pour le roy en Bretaigne, et ainsin je sortis sans ranson.

Le 21ᵉ septembre 1594, je fuz derecheff prins prisonnier près Huelgoat (2), ensemble avec Messieurs de Kergoumar, la Boutillière et plusieurs aultres, par l'avant garde de Monsʳ de Mercure que menoit le marquis de Bélisle (3), et fusmes menés prisonniers à Henbont (4) où nous demeurasmes jusqu'à la prinse du chatteau de Morlaix par M. le maréchal d'Aumont qui nous retira en eschange des prisonniers quy furent pris audit chatteau, de fasson que nous sortismes sans ranson.

Le 29ᵉ jour de mars 1595, je fus encorre repris prisonnier près le Keruel Ruffault (5) par les chevaulx légers du capittaine de Toullault (6), soubz quatre jours de treffve acordé aulx prisonniers prins tant à Huelgoat qu'à Morlaix, pour se retirer chascun en sa garnison ; et néantmoins par l'injustice de Monsʳ de Mercure, je fus jugé de mauvaise prinse pour Toullaut et affecté

(1) François de Coëtrédrez ne laissa qu'une fille qui porta ses biens aux Du Parc-Locmaria.

(2) Huelgoat, arrond. de Châteaulin (Finistère).

(3) Charles de Gondy, marquis de Bellisle, fils du maréchal de Retz.

(4) Hennebont, arr. de Lorient (Morbihan).

(5) Il y a, dans la commune de Plourivo, (cᵒⁿ de Paimpol, arr. de Sᵗ-Brieuc,) un fief de Kerhuel qui fut longtemps possédé par une famille du nom de Ruffaut.

(6) Charles de Toullot, seigneur de la Boblinaye, capitaine de 100 chevaux-légers pour le duc de Mercœur.

par représaille au comte de la Maignenne (1) pour se
libérer de prison, dont je paié pour sa ranson deulx mille
cinq cents escus et deulx cent cinquante escus pour
mes despens au chatteau de Dinan, où je fuz prisonnier
six mois.

Le cinquiesme jour de juillet 1596 fust nay en la maison de Kerbrésellec (2), sur les quattre heures après
midy, mon segond filz, et fust babtissé en l'esglisse
paroichiale de Pommerit - le - Vicomte (3) par maistre
Allain Correc, curé de ladite paroesse; et fust compère
Toussaints de Périen, sieur de Kerbrésellec et Bréseil-
lac, et commère haulte et puissante dame Janne de
Quellenec dame de Kerjollis (4) qui le nomma, du nom
de son dernier mary, Morisse. Le petit mourut à la fin
de septembre 1597 aagé de 15 mois.

En stannée 1596 venant à dix-sept, il y eust une
grande cherté par toute la France et particulièrement
en Bretaigne où le bouesau de fourment vallut jusqu'à
quattre et cinq escus (5).

Le 13ᵉ jour de feburier 1598 fust nay ma fille aisnée
en la ville de Guinguamp, sur les cinq heures du soir,
et fust babtissé en l'esglise Notre-Dame le 22ᵉ dudit mois

(1) Anne de Sanzay, comte de la Maignanne, chevalier de l'ordre,
gentilhomme ordinaire de la chambre, capitaine de 50 hommes
d'armes des ordonnances, maréchal de camp, seigneur de Bou-
rouguel et de Mollac. Il était fils de René, seigneur de Sᵗ-Marsault
et de Renée du Plantys.

(2) Kerbrésellec, commune de Pommerit-le-Vicomte.

(3) Pommerit-le-Vicomte, canton de Lanvollon, arrond. de Sᵗ-
Brieuc (Cotes-du-Nord).

(4) Jeanne de Quélenec, dame de Kerjolly, en Plouha, veuve de
Maurice du Quélenec.

(5) « Le peuple, dit Jean du Matz, gouverneur de Vitré, ne vivoit
plus que d'herbes, parmy les champs, pour la grande stérilité
des bleds; et y a eu père chastié pour avoir tué son enfant, le
voyant languissant de faim. »

par révérand père en Dieu missire Jan Fleuriot, abé de
Bégar (1) ; et fust compère noble et puissant Yve de
Kerleau, sieur de Goazarcharan (2), et commère haulte
et puissante dame Louisse de Goulaine dame de Kergoumar, qui la nomma de son nom Louisse, laquelle mourut à Kerlouet (3) sur les quatre à cinq heures du soir,
et fust enterrée à Quimper en la chapelle de céans,
aagée de 4 ans.

Le 28 mars 1598 fust faicte la paix en Bretaigne, entre
le roy et Mons* de Mercure, à Angers, après avoir duré
la guerre neuff ans, pendant laquelle je fus prins trois
fois prisonnier, comme il se void sy devant.

Le 17 de may 1599, au decours de la lune, fust nay en
la maison de Kerlouët, sur les huict heures du matin,
ma seconde fille, et fust baptisée en l'esglisse parochialle
de Quemper-Guézennec par missire Jouhan Botthauha,
recteur de ladicte paroisse, le 25ᵉ dudict mois; et fust
tinse sur les fonds par escuier Bertrand Fleuriot, sieur
de Keréven, procureur du roy à Lannion, et fust commère damoiselle Margueritte de Kerleau , ma mère,
dame de Kernabat, quy la nomma Margueritte.

Le 18 juign 1600, jour du dimanche, au croixant de la
lune, fust nay à Kerlouët, sur les huict heures du matin,

(1) Je n'ai pas eu les documents nécessaires pour établir la parenté qui pouvait exister entre l'abbé de Bégar et René Fleuriot ; plus loin, nous voyons le seigneur de Kerlouet qualifier le
même personnage d'abbé de Bégar et archidiacre de Tréguier;
il semble qu'il y a confusion ; en effet, dans un acte de tutelle de
Pierre Fleuriot, seigneur du Roudourou, conseiller au parlement,
nous voyons figurer parmi les parents : Charles Fleuriot, seigneur
de Kernévénoy, Jean Fleuriot, abbé de Sᵗᵉ-Croix, et Jacques Fleuriot, grand archidiacre de Tréguier.

(2) Yves de Kerleau, seigneur de Goazarcharan et de l'Isle, fils
de Raoul et de Marguerite Botterel.

(3) Kerlouët, commune de Quemper-Guézennec.

(4) Quemper-Guézennec, canton de Pontrieu, arrond. de Guingamp (Côtes-du-Nord).

ma troisiesme fille, et fust baptissée en l'esglisse de Quemper-Guézennec par dum Fransois Pouchaër, curé de ladicte paroiesse le 26ᵉ dudit mois : dont fust compère escuïer Jean Le Ver, sieur de Kergroas et commère noble et puissante dame Marie de Kerguésay, dame de Kernévénoy quy la nomma de son nom Marie.

Le 30ᵉ octobre 1600 fust desmolly et démantelée la ville de Paimpoul (1) qui avoit esté fortiffiée par le sieur de La Tremblaie (2), l'année 1591 ; sa garnison a faict de grandes ruines sur le pais.

Au mois d'aoust, le 12ᵉ, 1600, le roy commensa la guerre au duc de Savoie pour le recouvrement du marquisat de Salusses usurpé par ledit duc l'an 1589, lorsque la Ligue commensa à lever les armes contre le roy Henry 3ᵉ ; enfin la paix fust faicte par l'entremisse du pape, parceque le duc bailla la Bresse au roy en échange dudit marquisat.

Le mercredi 12ᵉ jour de septembre 1602, fust nay à Kerlouët, sur les onze heures du soir, au plain de la lune, ma quattriesme fille, et fust babtissée en l'esglisse de Quemper par dum Fransois Pouchaer, le 17ᵉ jour dudit mois, dont fust compère escuier Fransois Fleuriot, sieur de Kerselvestre, mon frère, et damoiselle Marie Fleuriot, dame des Isles, commère, qui la nomma Fleurie à cause d'un aultre qui portoict le même nom.

Le 26ᵉ novembre 1602 tomba une grande nège qui deura bien quinse jours sur la terre, et fust sy haulte qu'on y alloict jusqu'au genou ; dedans plusieurs se naièrent stannée en ladicte nège.

Le 27ᵉ de septembre 1601 fust nay à Fontainebleau le Dauphin, au grand aisse et contentement de toute la

(1) Paimpol, arrond. de Sᵗ-Brieuc (Côtes-du-Nord).

(2) René de Grézille, seigneur de la Tremblaye, colonel de la cavalerie légère et gouverneur de Moncontour pour le duc de Mercœur, tué au siége de Plessis-Bertrand, en 1597.

France. dont furent faicts les feulx de joie par toute la France.

Au mois de juign 1602 fust découverte la conjuration du maréchal de Biron et du conte d'Auvergne par le sieur de la Fon la Nocle, contre le roy, le Dauphin et l'Estat, dont ensuivit la punission dudit maréchal qui eust la teste tranchée à la Bastille, à Paris, et le sieur de La Fontenelle, cadet de Beaumanoir Eder (1), fust rompu viff sur la roue, convaincu d'avoir partisipé à ladicte conjuration.

Au mois de feburier 1604, fust faict défanse de non plus trafiquer en Espaigne ny Flandres, sur paine de la vie, à causse des trante pour cent que le roy d'Espaigne et l'archiduc de Flandres avoient impossé sur toutes les marchandises qui entroient et sortoient de tous les pays de leur obéissance.

Le vendredy neufflesme jour de juillet 1604, deulx heures devant jour, fust nay à Keriouët, la lune estant quasy en plain, mon troisiesme fils, qui fust babtissé à l'esglisse de Quemper le 13 dudit mois par dum Fransois Pouchaer; et fust compère noble et puissant Toussaints de Perrien, sieur de Brelfeillac, et commère damoiselle Madelaine Roger, dame de Pennerun. Le petit fust nommé Toussaints par ledit seigneur de Breffeillac.

Le 29ᵉ de novembre 1604 fust publié à Pontrieu (2) la

(1) Gui Eder, seigneur de La Fontenelle en Trégueux, capitaine de 100 chevaux-légers et de 200 arquebusiers à cheval, maître de camp d'un régiment de 1200 hommes de pied, gouverneur de l'île Guyon, ville de Douarnenez, pour le duc de Mercœur. Il était fils de René Eder, seigneur de Beaumanoir, l'Ongle, La Haye - Eder, la Ville-Doré, Kerliguo, et de Péronnelle de Rosmar. Ce fut un des capitaines ligueurs qui acquit le plus de célébrité en Bretagne, avec le comte de La Maignanne. (Voy. *Anc. évêchée de Bretagne,* t. II, p. 287 à 384.)

(2) Pontrieux, arrond. de Guingamp (Côtes-du-Nord).

liberté du traffic tant en Espaigne qu'en Flandres, et les trante pour cent qu'on avoict impossé en l'un et en l'aultre furent ostés.

Le 19 octobre 1605, aux Estats tenuz à Saint-Brieuc on abolit la pancarte de dix huict livres par tonneau de vin qui avoict esté misse pour entretenir les gens de guerre de l'an 1592; et fust mis au liu de ladictte pancarte un soult pour pot de vin qui se débitteroit aulx tavernes pour raquitter le domaine du roy aliéné en Bretaigne.

Le 25ᵉ, 26ᵉ et 27ᵉ mars qui furent le sabmedy, le dimanche et le lundy de Pasques, il y eust une tempeste extrême quy fist perdre grande canditté de maisons à Lannion et par tout ailleurs, l'an 1606.

La nuit d'entre le dimanche et le lundy des Rameaux, le 13ᵉ jour de la lune et le 8ᵉ du mois, quy estoict presque au plain, fust nay à Kerlouët mon quattriesme fils et fust babti ssé en l'esglisse de Quemper par messire Guillaume André, recteur de ladicte paroiesse, dont fust compère noble et puissant missire Claude du Poierrier, seigneur du Méné et commère Janne de Kermarec, dame de Kerchallet qui le tindrent sur les fonds le 17ᵉ d'avril 1607, et fust nommé le petit par ledit seigneur du Méné, Marc du nom de son fils aisné, d'aultant que mon fils aisné avoict non Claude.

En l'an 1607 au mois d'apvril fust publié ledict jour pour rabiller et eslargir les chemins, sçavoir les chemins de province à aultre à 26 pieds, et les chemins de ville cappittalle à aultre de 16 pieds, et de bourg en aultre de 14 pieds.

Au mois de janvier 1608, il y eust une forte groue qui portoict charette et chevaulx et dura bien trois mois ou environ. En laditte année moururent le seigneur d'Avaugour (1) et le seigneur de Goulaine (2) en mesme temps.

Au mois de mars 1608 le bled encherdist et vallut : le fourment jusque quinse et saezes réalles, la mouture treze réalles.

La mesme année les pluyes furent si ordinaires au mois de septembre et octobre qu'il se pourist grande canditté de bleds, qui caussa la cherté au bled; les avoines aussy moururent par les grandes groues qu'il fist l'iver, en sorte que l'avoine a vallu jusque 45 et 50 s. le boueseau.

Le 25 septembre 1608 Monsieur de Vendosme fist son entrée à Rennes, come gouverneur du pais, et tint les Estats audict Rennes.

Le sabmedy 6ᵉ de septembre 1608 mon frère Kerselvestre espoussa en l'esglisse de Saint-Léonard, près Guinguamp, entre trois et quattre heures du matin, damoiselle Louïsse Jégou, hérittière et dame de Kergollou et du Bot, laquelle ne fust en mariage avecq ledit sieur de Kerselvestre, son mary, que trois mois et traeze jours, car elle mourust de la vereulle la nuict d'entre le vendredy et le sabmedy vintiesme de décembre, entre une heure et deulx après menuict. Dieu luy fasse miséricorde par sa bonté.

Le mardy 23 juign 1609 mourust ma quattriesme fille, nommée Fleurimonde Fleuriot sur les trois heures après midy, en l'aage de sept ans neuff mois. Dieu luy fasse miséricorde.

---

(1) Jean d'Avaugour Bellouan, seigneur de Saint-Laurent, fils de Robert et de Bonaventure du Bois-de-la-Motte, lieutenant général pour le duc de Mercœur. Les notes de René Fleuriot donnent pour la mort de ce personnage et du suivant une date qui n'avait pas encore été fixée.

(2) Gabriel de Goulaines, fils de Claude et de Jeanne de Bouteville du Faouët, maréchal de camp pour le duc de Mercœur.

Le vendredy 14ᵉ may, 1610, fust tué le roy Henry 4ᵉ dans un carosse, d'un coup de coulteau au costé gauche, près le semittière Sᵗ-Innocent, par un nommé Fransois Ravaillac, fils d'un avocat d'Angoulesme.

Le .. de janvier 1611, mourust la dame de Kerjollis (1) en sa maison de Kergoat près Kerrahès. Dieu luy fasse miséricorde.

La nuict d'entre le dimanche et le lundy 21ᵉ de juign 1610 accoucha ma femme d'une fille, sur la fin de la lune, qui fust babtissée par dum Fransois Pouchaer, curé de Quemper, le dimanche 27 juign, et fust compère nobles homs Philipes Péan, sieur de Coatelazran (2), et noble et puissante dame Margueritte Fleuriot, ma niesse et hérittière de Kernévénoy, qui la nomma Renée et non de son nom à causse que mon aisnée portoit le mesme nom de Margueritte. La dicte Renée estoit ma cinquiesme fille.

Le mardy 26ᵉ juillet 1611, mourust mon frère aisné à Kernabat, sur les neuff heures du soir, âgé de quarante huict ans. Dieu luy fasse miséricorde.

Le jour de Toussains 1611 mourust ma cinquiesme fille, nommée Renée, sur les sept à huict heures du matin, en la chambre basse de Kerlouët, aagée de seize mois dix jours. Dieu luy fasse paix.

Le 2ᵉ d'apvril 1612 fust commensé le pavillon de mon cabinet dont la fasson cousta 60 livres 3 souls 6 deniers ; montture de charpente 45 livres et 4 souls, monture à leurs despans ; la couverture 21 livres et leurs despans ; la terrasse et blanchir sept livres dix souls et leurs despans ; la fasson des fenestres et portes douze livres et leurs despans.

---

(1) Jeanne du Quélenec, voy. plus haut.

(2) Philippe Péan, seigneur de Coëtglazran, avait épousé Claudine, sœur de René Fleuriot.

Le mercredi 10ᵉ d'apvril, deulx heures avant jour 1613, mourut damoiselle Claude Fleuriot, dame de Coatlazran, ma seconde sœur, d'une fieuvre chaulde. Dieu luy fasse miséricorde : elle est morte en 33ᵉ an de son aage.

Le .. aoust 1613, mourust escuier Jan Fleuriot (1), sieur de Roudourou, d'un coup d'espée qu'il eust au bras d'un apellé Greslerie.

Le mardy 28ᵉ de mars 1614 mourust vénérable missire Jan Fleuriot, abé de Bégar et grand archidiacre de Tréguier, lequel se naia au dessoubz du moulin de Touchelenic, tombant de cheval en l'eau, allant en dévosion à Nostre-Dame de Grasse (2). Dieu luy fasse paix.

Le 15ᵉ jour de novembre 1615, fust plantée la croix des Capuchins devant Penquer, en intension de bastir leur couvent ; Monsʳ de la Rivière (3) leur a baillé laditte maison de Penquer pour l'emplassement de leurdit couvent.

Le dernier jour d'apvril 1616 mourust à Guingamp Monsʳ de La Rivière-Coattrieu, gouverneur dudit lieu, après avoir esté travaillé de la goutte dix ou douze ans. Dieu luy fasse miséricorde.

Le 28ᵉ aoust 1616 mourust vénérable missire Adrien d'Amboise, évesque de Tréguer (4), qui estoit un très docte home. Dieu luy fasse paix. En son lieu fust nomé évesque Monsʳ l'abé de Saint-Men (5).

Le dimanche 31 aoust 1616 mourust le sieur de Ru-

(1) Jean Fleuriot devait être fils de Pierre, seigneur du Roudourou, branche sur laquelle je n'ai pas de renseignements.

(2) Grâces, arrond. et canton de Guingamp (Côtes-du-Nord).

(3) Guillaume de Coatrieux, marquis de La Rivière, fut gouverneur de Guingamp.

(4) Adrien d'Amboise, évêque de Tréguier, de 1604 à 1616.

(5) Pierre Cornulier, conseiller au parlement, évêque de Tréguier de 1616 à 1620, transféré à Rennes.

veneuzit (1) en sa maison de Ruveneuzit, aagé de 74 ans.
C'estoit un très abille jurisconsulte et home éclairé. Dieu
luy fasse miséricorde.

Le premier jour de septembre 1616, fust aresté prinsonnier au Louvre Monsr le prince de Condé d'où l'on
n'espère pas qu'il sorte de longtemps, crainte qu'il ne
trouble l'Estat.

Le premier jour d'octobre 1616, commensa l'oraison
des quarante heures à Guingamp, obtenu par les bons
pères capuchins, pour ayder à la construction de leur
couvent, avecq indulgences plénières.

Le 24 aoust 1617, fust tué sur le pont du Louvre, le
marquis d'Ancre, par le sieur de Vitry qui fust faict
mareschal de France pour avoir asasiné ledit marquis ;
la mort duquel aporta la paix et le retour de Mes^{rs} de
Nevers, de Vendosme, du Maine et de plusieurs aultres
seigneurs de la Court, et osta tout le maniement de
l'Estat à la reine mère quy fust renvoiée à Blois.

Le 8° de juign 1617 fust prins dans sa maison de la
Rochejagu ledit seigneur (2), par Monsr de Grandbois (3),
son fils aisné, et ce, par l'intelligence de Monsr de La
Touche (4), son cadet, quy luy fist ouvrir les portes et
luy livra son père et sa maison. L'on pouroit dire que
c'est un méchant acte, sinon que cela est fatal en ste
maison aulx enfants, d'emprisonner leurs pères et mères
sur le décours de leurs ans.

Le mardy 6° feburier 1618 mourust le sieur de Perrien, l'un de mes bons amis. Dieu luy fasse miséricorde.

---

(1) Claude de Lanloup, seigneur de Kercabin, Lanlef et Runeveusic, conseiller au parlement.

(2) Jean d'Acigné, seigneur de La Rochejagu et de Grandbois.

(3) Honorat d'Acigné, comte de Grandbois, qui épousa sa nièce,
Anne-Marie d'Acigné.

(4) Jean d'Acigné, baron de la Touche, était, par sa femme, neveu de René Fleuriot.

La nuict entre le samedy et le dimanche de la Pentecouste, sur les trois heures après menuist, mourut en
son logis, à Guingamp, damoiselle Margueritte de Kerleau, ma mère, aagée de quattre vingt deulx ans. Dieu
luy fasse miséricorde. La Pentecouste estoict le 3 juign
1618.

Le vandredy 28ᵉ juign 1619, la dame de Blanche-
lande (1) présipitta madame de la Grandville (2) du hault
d'une coste quy est près Kermarquer (3), en la greffre,
pansant luy rompre le cou; non contant de ce, estant
tombée sur la greuve, criant qu'elle n'estoit morte, elle
luy courut sus et la voullut masacrer à coups de caillou;
crime exécrable devant Dieu et devant les hommes.

Le 28ᵉ septembre 1619, mourut à Kernabat (4), missire
Jan d'Asigné, seigneur de la Rochejagu, ayant esté
captiff deulx ans ou environ.

Le lundy 27ᵉ janvier 1620 mourust Monsieur du Guermorvan Kerivon (5) sur les huict ou neuf heures du
soir; c'estoict un brave et vaillant home qui avoict commandé une compagnie de chevauls légers pandant la
guerre de la ligue et avoi esté son lieutenant. Dieu luy
fasse miséricorde.

Le 15ᵉ janvier 1623, au 56ᵉ an de mon aage, je fuz at-
taqué de la gouste au pied droict.

(1) Marie Arrel, femme de Julien Budes, seigneur de Blanche
londe.

(2) Renée Arrel, femme : 1° de Jean Guéguen, seigneur de la
Grandville; 2° de Jean Budes, seigneur de la Courbe; 3° de Louis
de Camboust, seigneur de Bessay.

(3) Kermarquer, comm. et cant. de Lézardrieux, arrond. de Lannion (Côtes-du-Nord).

(4) Kernabat, comm. de Plouisy, cant. et arrond. de Guingamp
(Côtes-du-Nord).

(5) Amauri de Kerguésay, frère de Claude, fut chevalier de
l'ordre, capitaine de 50 lances de ses ordʳᵉˢ, seigneur de Kermor-
van. Il possédait Kérivon par sa femme Françoise de Goallez.

Le mardy unsiesme d'apvril 1623 mourust Monsʳ de
Kergoumar en sa maison de Quermorvan. Dieu luy fasse
paix. C'estoit un abille et sage gentilhomme qui avoict
esté gouverneur de Guingamp pendant la guerre de la
ligue.

Le dimanche 19ᵉ novembre 1623, mon fils aisné espoussa damoiselle Fiacre le Bahezre (1), dame hérittiere
de Kerfichan-Rosvilliou, en l'esglisse trévialle de Sᵗ-Ser-
vès-Parc-Duot (2), et furent espoussés par le rectour de
ladicte paroiesse, sur les neuff heures du matin, en la
présence de la dame de Kerjégu, le sieur et la dame de
Lesmaboules (3), les sieurs de Kersallic Trezel, la Haie
Canaber et moy et plusieurs aultres.

Le 20 mars 1624, ma fille Marie entra en religion, en
l'abaye Sᵗ-Suplisse et print l'abit le lundy 27ᵉ avril (4).
Dieu luy fasse la grasse de se bien aquitter en la func-
tion qu'elle a esleu.

(Archives des Côtes-du-Nord ; dossier Fleuriot de Langle).

---

(1) Elle mourut le 1ᵉʳ août 1626.

(2) Duault, comm. de Callac, arrond. de Guingamp (Côtes-du-
Nord); le village de Sᵗ-Servais était une des trèves de cette paroisse.

(3) Il faut peut-être reconnaître ici le sieur et la dame de Lesmabon. En 1633 Guillaume Guynement, seigneur de Lesmabon se
plaignait amèrement de ce que Claude Fleuriot, seigneur de
Kerloët ne parlait de rien moins que de le faire enfumer comme
un renard; il le menaçait de lancer sa meute sur lui, s'il sortait
de son manoir, et envoya ses gens, sous prétexte de tuer des
merles, faire, autour de Lesmabon, des mousquetades qui
effrayaient le vieux gentilhomme.

(4) A l'occasion de cette prise d'habit, Margueritte de Kerleau,
aïeule de Marie Fleuriot, donna 150 livres de rente; le père et la
mère donnèrent 600 livres, plus 120 livres pour les habits.

LES
ÉTATS GÉNÉRAUX
SOUS CHARLES VII

ÉTUDE CHRONOLOGIQUE D'APRÈS DES DOCUMENTS
INÉDITS.

Le règne de Charles VII est certainement dans
l'histoire des États Généraux une des périodes
les moins bien connues. Malgré les nombreux
travaux dont cette époque a été l'objet, on a peu
de renseignements et une grande confusion subsiste
encore sur les sessions tenues de 1421 à 1439. Il
suffit, pour s'en convaincre, de comparer les deux
listes données par M. Vallet de Viriville (1) et par
M. Picot (2). — Nous ne parlons que des ouvrages
les plus récents et les mieux faits. — Tandis que
le premier restreint à sept le nombre des sessions
d'États Généraux bien établies, le second en admet
onze, parmi lesquelles figurent seulement quatre
de celles qu'accepte M. Vallet de Viriville.

(1) *Bibliothèque de l'École des Chartes.* 1872, p. 27-30.
(2) *Hist. des États Gén.*, t. I.

Faire la critique de ces deux listes pour en dresser une moins défectueuse et plus complète, publier en même temps des documents inédits sur les États Généraux de 1421 à 1439, tel est l'objet du présent travail. Assurément la liste que nous donnerons n'a pas la prétention d'être tout-à-fait définitive et à l'abri de tout reproche; néanmoins ce ne sera pas peine perdue pour nous si nous ne faisons que réfuter quelques erreurs et combler quelques lacunes. Notre sujet, ainsi compris, est absolument restreint au domaine des faits ; il ne comporte pas les développements et les considérations de tout genre qu'exigerait une étude historique sur le rôle des États Généraux sous Charles VII ; cette étude historique, nous n'avons pas à la faire maintenant : nous nous bornons à en dresser la charpente (1).

Avant d'aborder la discussion, il est indispensable de nous expliquer sur l'expression même d'*États Généraux*. Naturellement, appliquée à la première moitié du règne de Charles VII, cette expression ne peut s'entendre que « des Trois Estaz des pays de l'obéissance, » comme le disent

(1) Les documents qui nous ont servi proviennent, soit de la Bibl. nat., soit surtout des Archives municipales de Lyon, que M. Guigue a mis à notre disposition avec une obligeance dont nous tenons à le remercier publiquement. Nous avons profité aussi de notes prises dans les Archives de Tours, par M. Delaville Le Roulx, qui prépare la publication d'extraits des comptes de cette ville pour le xive et le xve siècle. Une publication de ce genre, précieuse à bien des points de vue, fournira sans doute de nouveaux documents à l'histoire des États-Généraux.

la plupart des actes officiels de l'époque. Mais il s'en faut cependant que tous les pays obéissant à Charles VII aient été représentés dans ces assemblées des Trois États, dont nous allons donner la chronologie. Une seule (Chinon, septembre 1428), comprit à la fois les pays de Languedoil et ceux de Languedoc. Toutes les autres, nous le montrerons pour chaque session, ne furent, à vrai dire, que des États de Languedoil auxquels députaient ou pouvaient députer seulement la Touraine, le Maine, l'Anjou, l'Orléanais, le Poitou, la Saintonge, l'Angoumois, la Marche, le Limousin, le Berry, l'Auvergne, le Bourbonnais, le Forez, le Beaujolais, le Lyonnais et, dans les dernières années, la Champagne et l'Ile-de-France. Et il en fut ainsi, tantôt parce que le roi ne convoquait par ses lettres que les pays de Languedoil, tantôt parce que le Languedoc, convoqué officiellement, pour une raison ou pour une autre, n'envoyait que peu ou point de députés. Quant au Dauphiné, il n'a, que nous sachions, pris part à aucune de ces assemblées.

Il arriva même quelquefois qu'au lieu d'une assemblée générale de Languedoil, le roi en convoqua deux, tenues à peu d'intervalle dans des villes différentes et composées de provinces différentes. Il y avait alors comme des États de Languedoil dédoublés, qu'on ne saurait regarder comme de simples États provinciaux, et que nous n'avons pas hésité à admettre dans notre liste.

Les choses ainsi éclaircies, reste un point dont nous devons dire quelques mots. Les États Généraux de Chinon, en septembre 1428, étant mis de côté, nous ne nous trouvons en présence que d'États de Languedoil, réunis parallèlement aux États de Languedoc. Doit-on admettre ceux-là à l'exclusion de ceux-ci dans une histoire des États Généraux, et pourquoi? La question peut être débattue. M. Vallet de Viriville la résout négativement, d'une façon implicite, car il mentionne les États de Languedoil de Poitiers (octobre 1425) sans les faire figurer dans sa liste des sept sessions d'États Généraux; mais on peut croire qu'il eût modifié son opinion, s'il eût reconnu que, comprise ainsi, sa liste devait se réduire à une seule session authentique. M. Picot pense autrement, puisqu'il mentionne plusieurs assemblées des États de Languedoil. En somme, il n'y aurait pas grand profit à discuter longuement la question, car ce n'est qu'une question de mots. Nulle part, (sauf Chinon, septembre 1428), nous n'avons d'États Généraux réels. Nous avons, d'un côté, des États de Languedoc, de l'autre, des États de Languedoil. Or, les premiers sont assez bien traités dans l'Histoire du Languedoc des Bénédictins pour que nous n'en parlions pas; au contraire, l'histoire des autres est à faire, et cela suffit pour que nous nous en occupions exclusivement. Ajoutons que si la question se tranchait par l'importance de l'étendue territoriale et des subsides votés, les États de Languedoil mériteraient à juste titre le nom d'États Généraux. En effet, tandis qu'à Mehun-sur-Yèvre, en novembre 1425, les États de Languedoc accordent au roi une aide de 260,000 francs sur les communes, les États de Languedoil, convoqués pour le même objet, venaient de voter, à Poitiers, 700,000 francs.

Afin de faciliter au lecteur l'intelligence de l'exposé qui va suivre, nous allons reproduire, vis-à-vis l'une de l'autre, d'une façon sommaire, les listes de MM. Vallet de Viriville et Picot.

VALLET DE VIRIVILLE	PICOT
1421, 22 avril. Le 'chapitre de Marmoutier décide qu'il enverra des députés à l'assemblée des Trois États convoquée à Clermont.	
*1423, 12 janvier, Bourges. Les États Généraux votent des subsides (1).	1423. janvier, Bourges. États Généraux, accordent une **taille** dont on ignore l'importance.
	1423, mars, Selles. États de Languedoll. Pas de renseignements.
1423, 14-21 août, Selles. Les Trois États, en présence du roi, votent 200,000 liv. tournois.	
1424, 16 mars, Selles. Les États de Languedoc, en présence du roi, lui accordent 1,000,000 de livres.	
	1424, 12 mai, Selles. États de **Languedoll**, accordent une aide dont on ignore le chiffre.

(1) M. Vallet de Viriville marque du signe * les assemblées d'États Généraux *bien constatées.*

VALLET DE VIRIVILLE (Suite).	PICOT (Suite).
*1424, 19 déc., Espaly. États Généraux, accordent 150,000 l. t.	
1425, octobre, Poitiers. États de Languedoil, votent 450,000 l. t.	
*1425, nov., Mehun-sur-Yèvre. États Généraux, votent 260,000 l. t.	1425, nov., Mehun-sur-Yèvre. États Généraux. On ignore le chiffre de l'aide votée par les États de Languedoil.
*1427, sept., Chinon. États Généraux, votent 500,000 l. t.	1427, sept., Chinon. États Généraux, votent 500,000 l. t.
*1428, octobre, Chinon. États Généraux, votent 500,000 l. t.	1428, 1er oct., Chinon. États Généraux, votent 400,000 l. t. pour secourir Orléans.
1 430, mars, Sully. États de Languedoc, votent 150,000 l. t.	1430, mars, Sully. États Généraux votent 200,000 l. t. pour le sacre du roi.
1430, déc., Chinon. États des trois ordres réunis devers le roi.	1430, déc., Chinon. États de Languedoil. Aide dont le chiffre est inconnu.
1433, sept.-oct., Tours. Aide votée au roi par les Trois États.	1433, sept.-oct., Tours. États Généraux réunis pour approuver l'éloignement de La Trémouille; votent probablement un subside.
*1434, avril, Vienne. États Généraux.	
	1435, oct., Tours. États Généraux. Ratification du traité d'Arras et rétablissement des aides.
*1439, 2 nov., Orléans. États Généraux.	1439, oct., Orléans. États Généraux.

Reprenons, à notre tour, l'ordre chronologique, tout en discutant les sessions admises par MM. Vallet de Viriville et Picot ; nous insérerons, à leur place, les renseignements et les sessions nouvelles que nos recherches nous ont fournis. Nous imprimerons en **égyptiennes** la date et le lieu des sessions que nous admettrons définitivement dans notre liste.

1421, 12 mai, Clermont. — Cette session, indiquée seulement par M. Vallet de Viriville, est aujourd'hui bien connue, grâce à M. Grandmaison et aux documents qu'il a extraits des archives de Tours (1). Convoquée pour le 1er mai, elle ne se tint que le 12 et les jours suivants, sous la présidence de l'archevêque de Bourges, en l'absence du Dauphin. Au lieu des 1,200,000 livres que demandait la Cour, les États votèrent un subside de 800,000 livres, dont 100,000 devaient être payées par le clergé et 700,000 par le tiers État. Nous donnons plus loin, d'après les Archives de Lyon, la lettre de convocation que M. Grandmaison n'avait pu découvrir à Tours(2). On remarquera que le préambule fait allusion à une assemblée antérieurement réunie à Selles, en Berry, qui conseilla la convocation des États Généraux. C'est évidemment cette assemblée, qu'on ne saurait considérer comme une session d'États Généraux, dont veulent parler les *Articles proposés aux États de Clermont*, publiés par M. Grandmaison. D'autre part, le texte des lettres de convocation ne semble pas restreint aux pays de Languedoil; mais, en fait, ce ne furent que des États de Languedoil, puisque le subside voté ne porta pas sur le Lan-

(1) *Bulletin de la Soc. arch. de Touraine, IV*, 139-155.

(2) *V. Pièces justificatives, I.*

guedoc ni sur le Dauphiné. C'est ce que montrent des lettres intéressantes du Dauphin aux habitants de Lyon, dont nous donnons un extrait en note (1).

1423 (n. st.) **16 janvier, Bourges**. — Cette assemblée, qui se tint à Bourges, avait été convoquée pour le 16 janvier, à Issoudun, comme on le voit par les lettres de convocation datées de Mehun-sur-Yèvre, le 8 décembre. Nous les publions d'a-

---

(1) ...Comme nous, estans derrenierement en la ville de Selles, eussions, par l'advis et deliberacion de plusieurs prelas, nobles et autres gens notables ilec assemblez, ordonné mander et assembler gens de tous estas en la ville de Clermont en Auvergne au premier jour de may derrenierement passé, pour adviser et prendre conclusion ilec sur ce qui nous estoit et est necessité de faire pour le recouvrement de la personne de Monseigneur et de sa seigneurie et nostre, et le relievement de ses subgiez, et pour lors eussions eu et avions en voulenté et intencion d'estre ausdiz jour et lieu ; mais depuis, en poursuivant la bonne fortune qu'il a pleu a Dieu, nostre Createur, de nous faire avoir eu victoire contre noz anciens ennemis à la journée de Baugé, avons esté conseilliez de aler et entrer en nostre personne ou pais de Normandie a puissance, par quoy n'avons peu estre ausdiz jour et lieu de Clermont, et pour ce y avons envoié aucuns de nos conseilliers pour ilec proposer ausdictes gens qui y seroient assemblez nos voulenté et entencion sur ce que desirons à faire à l'aide de Dieu et aussi pour declairer les charges que pour le paiement et souldoyement des gens d'armes estans en nostre Compaignie en grant nombre avions a faire et supporter, en requerant aide, conseil et confort, et finallement nous a esté octroyé et accordé audit lieu de Clermont par les gens des .III. Estas un aide de .VIII^cM. l. t.; c'est assavoir par les gens d'eglise estans en l'obeissance de mondit seigneur et de nous en Languedoil, C^m l. t. et par les gens lays et seculiers estans en icelle obeissance en Languedoil .VII^cM. l. t... (prière et ordre de lui avancer 10,000 l. t. à recouvrer sur Pierre Chevrier, commis en l'élection de Lyon a recevoir la portion de subside). Escript à la Ferté-Bernart, le penultième jour de may.

(Orig. Arch. Lyon AA 22, f° 8).

près les Archives de Lyon (1). M. Grandmaison les signale également à Tours (2) ; mais il les date à tort de 1423, en y voyant une convocation primitive des États de Selles, en mars 1424. Comme toutes les lettres closes, elles ne portent que l'indication du jour, mais l'année est assurée par les registres des délibérations de la ville de Lyon (3). Le chiffre du subside voté par les États fut très-élevé : ils accordèrent au roi un million de livres tournois, dont 900,000 supportées par le tiers État et 100,000 par le clergé (4). MM. Vallet de Viriville et Picot, qui ignorent le chiffre de l'aide votée, voient néanmoins dans cette assemblée des États Généraux réels, c'est-à-dire composés des pays de Languedoil et de Languedoc. Mais la convocation ne s'applique qu'aux pays de Languedoil, ce qui semble leur donner tort d'une façon pé-

(1) *V. Pièc. justif. II.*

(2) *Loc. cit.*, p. 142.

(3) « Le dimanche X⁰ jour de janvier mil. CCCC. XXII, a S. Jehan... Ilz ont concluz que Bernert de Varey et Guillaume Panoillat aillent pour la ville de Lion a Yssouldun ou le roi nostre sire a mandé les trois Estas au XVIᵉ jour de ce moys de janvier. » BB 1, fº 171, rº.
Le lendemain Guillaume Panoillat refusant est remplacé par Jean Gontier; le 2 février suivant les deux députés sont de retour de *Bourges*. (Fº 171 vº.)

(4) Un grand nombre de pièces nous donnent le chiffre d'*un million* (Bibl. nat., Fr. 25,710 pièce 124, etc.). La part respective des gens d'église et des gens lais nous est révélée par les reg. mun. de Lyon (fº 172, vº). Le scribe avait d'abord écrit : *un millyon de liv.*, puis se ravisant, il a barré *un* et *lyon de* et ajouté en interligne *IX*ᶜ au commencement et *sur les laiz* à la fin ; ce qui se lit : *IX*ᶜ *mil. liv. t. sur les laiz.*

remptoire. Toutefois, la vérité nous oblige à déclarer que, dans les registres de Lyon, on lit, à la date du 9 février 1422 (a. s.) : « Ilz ont esté d'acors que pour le premier terme de l'aide octroyé à Bourges au Roy nostre sire par les Trois Estats du *(sic)* pais de Languedoil et Languedoch mandés et assemblés ou mois de janvier derr. passé oudit lieu..... » Il est évident pour nous qu'il ne faut voir là qu'une distraction du scribe : il n'avait certainement dans l'idée que le mot *Languedoil*, comme le prouve *du* et non *des pais;* mais *Languedoil* s'opposant naturellement à *Languedoc*, il a été amené à écrire ce dernier par une association d'idées absolument inconsciente (1). Comme en pourrait penser autrement, nous nous croyons tenu de prouver par d'autres raisons que le Languedoc n'a pas pris part à ces États. Beaucoup de textes, parlant des États de Bourges, disent simplement « les gens des Trois Estaz » sans mentionner ni Languedoc ni Languedoil (2). Nous avons cependant une pièce, de 1439 il est vrai, où le roi parle « de l'aide d'un million d'or a nous octroyé à l'assem-

_____

(1) Il arrive même quelquefois que les scribes écrivent *Languedoc* pour *Languedoil* dans des cas où aucun doute ne peut subsister (*cf. infra* 1426 avril, Montluçon et 1431 avril, Poitiers).

(2) « Charles... à noz amez et feaulx conseillers, les commissaires par nous ordonnez au fait et distribucion de l'aide à nous octroié ou mois de janvier derr. passé par les gens des Trois Estats à l'assemblée faicte en nostre ville de Bourges, pour nous aider à debouter hors de nostre roiaume noz anciens ennemis, recouvrer nostre seigneurie et noz subgez qu'ilz y occupent, salut et dilection... 8 mars 1423. (Fr. 20,915, p. 143. — *cf.* Fr. 25,711, n° 19).

blée des gens des Trois Estatz de nostre obeissance *de nostre pais de Languedoil* par eulx faicte
à Bourges en l'an mil. CCCC. vint et deux (1)... »
— Au contraire aucune pièce ne mentionne
expressément la participation du Languedoc à cette
assemblée. Cela serait d'autant plus étonnant que
les États de Languedoc furent convoqués peu de
temps après, en mai, à Carcassonne, et accordèrent un subside. Enfin, nous citerons un autre
acte qui nous paraît absolument probant. Par
lettres du 30 mars 1423, Charles VII autorise le
comte de la Marche, Jacques de Bourbon, moyennant 8,000 l. t. une fois payées, à percevoir à son
profit les sommes auxquelles son comté de la
Marche *a été* taxé, pour sa part de l'aide
accordée au roi à Bourges en janvier précédent et auxquelles ses seigneuries de Castres,
Lombez et Lezignan *seront* taxées pour leur part
de l'aide qu'accorderont les États de Languedoc
convoqués à Carcassonne pour le mois d'avril suivant (2). — Nous croyons donc pouvoir affirmer
que, comme les Etats de Clermont, ceux de Bourges
ne furent que des États de Languedoil.

A. THOMAS.

(1) Fr. 25,710, pièce 124.
(2) Fr. 20,492, *vidimus* contemporain.

(A suivre.)

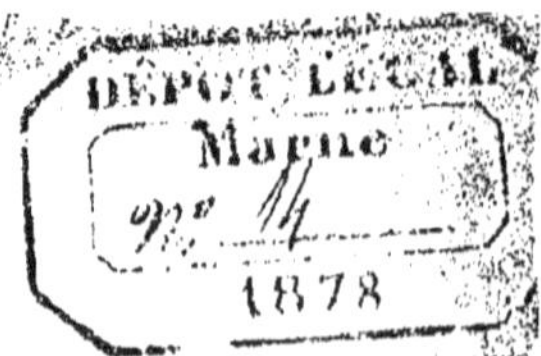

MADAME DE BEAUVAIS

ET SA FAMILLE

Divers écrivains ont parlé plus ou moins longuement de la première femme de chambre d'Anne d'Autriche, du crédit singulier dont elle jouit si longtemps, de la part qu'elle prit à certaines intrigues de la Régence et de la Fronde, de la place qu'elle occupa ensuite à la cour de Louis XIV, du rang que ses enfants y eurent à leur tour (1). Mais on n'a eu jusqu'ici d'autre guide que la chronique, et la chronique, peu soucieuse de l'exactitude, a fait commettre nombre d'erreurs, quelques-unes même assez graves pour dénaturer la physionomie des personnages ou les incidents les plus remarquables de leur existence. C'est à ces erreurs et aux lacunes encore subsistantes dans les informations que nous allons essayer de

(1) L'étude la plus complète sur ces différents sujets est celle de M. Jules Cousin, intitulée : *L'Hôtel de Beauvais, rue Saint-Antoine;* br. de 108 pages, avec fac-simile, 1861. (Extrait de la *Revue universelle des arts.)* Jal a consacré aussi à Mme de Beauvais un des articles les plus longs et les plus touffus de son *Dictionnaire critique,* p. 151-155; mais il y a multiplié comme à plaisir ces erreurs d'un caractère presque puéril qui déparent trop souvent un livre si utile et si précieux.

porter remède, en nous servant de documents
d'une authenticité certaine, et presque uniquement
de papiers de famille. Quoique nous ayons l'intention de laisser de côté les épisodes de l'histoire de
Mme de Beauvais qui ont été le plus souvent traités
par nos devanciers, et, bien que cette notice ait un
caractère plus particulièrement généalogique et
chronologique, nous croyons cependant qu'elle
offrira, chemin faisant, quelques aperçus curieux
sur une partie de la cour du grand roi.

Avant Saint-Simon, qui trouvait étonnant que
Mme de Beauvais parût « à la cour en grand
habit, comme une dame (1), » et qui contestait à
son fils le droit de prendre un titre de baron (2);
la « chronique médisante » du dix-septième
siècle, dont on trouve l'écho dans des recueils
même sérieux, avait fait de M. de Beauvais,
le mari, un marchand de rubans du Palais, et de
son beau-père, Michel Bellier, un fripier, ou même
un crocheteur des halles. On en a cru la chronique plus volontiers, malgré les documents du
Cabinet des titres (3), qui étaient cependant fort

(1) Addition au *Journal de Dangeau*, 14 août 1690 ; cf. *Mémoires*,
éd. 1873, tome I, p. 106-107.

(2) « Ce baron de Beauvais, aussi peu baron que le baron de
Breteuil. » Addition au *Journal de Dangeau*, 11 août 1697; cf.
Mémoires, tome I, p. 107.

(3) Voir le tableau généalogique reproduit par M. Cousin dans
l'Appendice de *L'Hôtel de Beauvais*, p. 92-95.

exacts. et auxquels il suffira d'ajouter quelques compléments pour établir l'origine vraie de la favorite d'Anne d'Autriche et de son mari.

De même que beaucoup de généalogies parisiennes, celle-ci commence par deux simples bourgeois, Martin et Claude de Beauvais, qui vivaient dans la première partie du seizième siècle. Claude fut hôtelier et épousa la fille d'un de ses confrères; mais, dès le degré suivant, Jacques de Beauvais, commissaire-examinateur au Châtelet (1) (1544), puis greffier des présentations au parlement et bailli de Meaux, se fit pourvoir, le 16 février 1569, d'une charge de notaire-secrétaire du roi. Il la posséda jusqu'à sa mort, 28 avril 1589, c'est-à-dire pendant vingt ans révolus, et acquit ainsi une noblesse qu'il transmit à ses enfants, avec la seigneurie de Villiers et des armes, fort bourgeoises d'ailleurs : « D'argent à une fasce de gueules chargée de trois roses du premier et accompagnée de deux coquilles d'or (?) » Il avait épousé, le 28 mars 1552, Ambroise Regnot, fille d'un commissaire-examinateur, et en eut :

> 1° Jacques de Beauvais, lequel fut maître des comptes à Rouen, et mourut en 1597, sans postérité;
>
> 2° Philippe de Beauvais, qui fut fait secrétaire du roi sous la Ligue et mourut, aussi sans pos-

______

(1) Ces commissaires étaient des magistrats de police, chargés de procéder aux visites, captures, informations, scellés, comptes, etc.

térité, en juin 1636, portant les titres d'écuyer, seigneur de Marquieux, Martinsart et autres lieux ;

3° Pierre, qui suivra ;

4°, 5° et 6° Trois filles.

Pierre de Beauvais, étant avocat au parlement, se fit confirmer, à la mort de son père, dans les priviléges de la noblesse, et devint, quelques années plus tard, substitut du procureur général au parlement, puis premier substitut. Il épousa, le 2 juin 1585, Cassandre Alixant, fille d'un président au parlement de Bretagne, et en eut :

1° Jacques II de Beauvais, seigneur des Rôtis, de la Boissière, etc., lequel fut avocat, puis substitut du procureur général, résigna cette charge au profit de son frère cadet, pour devenir conseiller au parlement de Metz, testa le 20 août 1643, et mourut sans postérité ;

2° Pierre II, qui suivra ;

3° Marie de Beauvais, qui fit profession en l'abbaye Notre-Dame-du-Parc, le 9 juin 1607, et mourut le 17 septembre 1653.

Pierre II devint ainsi le seul héritier d'une fortune qui n'avait cessé de grossir, et qui se composait de rentes, de maisons à Paris, de terres, etc. Pierre — c'est lui que la chronique qualifie de marchand de rubans — fut baptisé le 9 août 1602 et hérita de la charge de substitut du procureur général (19 novembre 1626) ; mais il l'échangea, en octobre 1630, bien avant de se marier, pour celle de lieutenant général de la prévôté de l'hôtel.

Ce fut le 23 février 1634 qu'il épousa Catherine-Henriette Bellier. — Celle-ci n'était pas encore noble, mais appartenait à la domesticité la plus intime de la reine Anne d'Autriche. Sa grand'mère, Mme Bellier, ancienne remueuse du Dauphin (1), était première femme de chambre de cette princesse, et, lorsqu'elle mourut, le 23 avril 1636, « plusieurs seigneurs et dames de la cour assistèrent à ses funérailles, en considération de l'honneur qu'elle avoit eu de servir au berceau le roi, Monsieur et toutes les filles de France (2). » Cette Mme Bellier eut pour remplaçante sa bru, Mlle de Filandre, c'est-à-dire Marie Chesneau ou Chesnot, aussi remueuse des enfants de France et femme de chambre de la reine, mariée à Michel Bellier, sieur de Filandre et de Platbuisson, huissier du cabinet de la reine, et mère de Catherine-Henriette. Deux ans plus tard, Louis XIII, sur la recommandation de la reine, anoblit Michel Bellier, par lettres signées à Saint-Germain, en juin 1638, « ayant, disent ces lettres, toute sorte de satisfaction des services rendus au feu roi notre très-honoré seigneur et père, à nous et à la reine, notre très-chère épouse et compagne, par notre cher et bien amé Michel de Bellier, sieur de Filandre et de Platbuisson, et par feu la dame de Bellier, sa

(1) Il est plusieurs fois parlé d'elle dans le *Journal de Jean Héroard*. En juillet 1634, la Bellier eut un don de 9,000 livres, comme première femme de chambre.

(2) *Gazette* de 1636, p. 261.

mère, et par la demoiselle Filandre, sa femme,
aussi première femme de chambre de la reine,
depuis longtemps [1]. » Marie Chesneau conserva
sa charge pendant huit ans, testa le 20 juin [1]
1646, et mourut vers la même date.

Sa fille, Catherine-Henriette, avait été élevée à
la cour, et y remplissait les fonctions de femme
de chambre, en attendant qu'elle héritât de la
charge de première femme et de la confiance que
la reine avait eue dans les deux dynasties précédentes. Profitant de la toute-puissance de sa maîtresse, après la mort de Louis XIII, elle fit obtenir à son mari un brevet de conseiller du roi
en ses conseils d'État et privé (10 juin 1643).
La charge de lieutenant général de la prévôté fut
vendue au mois de novembre suivant, et, en outre,
la fortune des deux époux s'accrut de l'héritage du
frère, de M. de Beauvais, le conseiller. Cette situation leur permit d'avoir un séjour de plaisance
aux environs de Paris : ils acquirent d'abord, en
1646, la maison et le parc que possédait à Saint-
Mandé le maître des requêtes Barrin de la Gallis-
sonnière; puis, en 1647, la seigneurie de Gentilly,
vendue par Jean du Clédat, docteur en médecine(2).

(1) Voyez le texte de ces lettres dans le ms. de la Bib. nationale
fr. 4139, fol. 205, et leur confirmation pour le fils et les petits-
enfants du premier impétrant, dans le registre du secrétariat de
la Maison du roi. Arch. nationales, O¹ 25, fol. 361, décembre 1681.

(2) Le contrat, daté du 8 septembre 1647, est au Cabinet des
titres. Il y avait là, sur les bords de la Bièvre, une belle maison,
bâtie par Nicolas Chevalier, premier président de la Cour des
aides, et ornée d'un magnifique jardin.

C'est cette dernière seigneurie que le fils de Mme de Beauvais, et peut-être son mari, transformèrent en baronnie.

Ce fut le beau temps des deux époux.

Tandis que le mari remplissait ses fonctions de conseiller d'État (1), la femme prenait une part considérable à toutes les intrigues de la cour. On ne sait pas au juste quel rôle elle eut dans l'affaire du marquis de Jarzé, qui d'ailleurs lui coûta près d'un an d'exil à Gentilly; mais ce qui est bien prouvé, c'est qu'elle fut l'agente de Foucquet et de Mazarin tour à tour, ou en même temps, et bien pensionnée par les uns comme par les autres : Foucquet lui donna plus de 100,000 livres (2) et acheta ses maisons de Saint-Mandé, pour s'en faire à lui-même une retraite aussi somptueuse que discrète; le cardinal, quoique moins prodigue, devait payer à leur valeur les rapports confidentiels qui existent encore dans les papiers du ministre (3).

(1) Il fut un des commissaires établis en 1645 pour la vente du domaine, en 1656 pour les affaires des fermes et du clergé.

(2) Chéruel, *Mémoires sur Foucquet*, tome II, p. 31 et 132-139.

(3) Archives des Affaires étrangères, *France*, vol. 143 et autres. Il semble probable que Mme de Beauvais savait à quoi s'en tenir sur les relations d'Anne d'Autriche avec le cardinal; voir une curieuse anecdote racontée par Bartet à Mazarin lui-même (octobre 1659), dans *Saint-Simon considéré comme historien de Louis XIV*, par M. Chéruel, p. 229-235. Les *Mémoires de d'Artagnan* (t. I, p. 177), ouvrage tout à fait apocryphe, mais venu de quelqu'un qui avait de très-bonnes informations, prétendent que Mazarin avait pris Mme de Beauvais par la tendresse, en 1643, pour avoir son appui auprès de la reine et contrebalancer l'influence de Chavigny.

Si l'on ajoute à ces produits les largesses in-
cessantes d'une bonne maîtresse et les profits
indirects de tout genre (1), on comprendra comment la première femme de chambre crut pouvoir suffire à l'énorme dépense d'une construction comme l'hôtel de Beauvais. Ce fut en

(1) C'est à quelque affaire productive où elle avait fourni son
entremise toute-puissante, que se rapporte la lettre suivante au
chancelier Séguier. (Bib. de l'Institut, ms. Godefroy 271, n° 117).
Quoique M. Jules Cousin ait déjà donné le fac-simile d'une lettre de
la Beauvais, comme ses autographes en circulation sont fort rares,
nous reproduisons fidèlement le texte de celui-ci, pour donner
une idée des connaissances orthographiques de la familière
d'Anne d'Autriche :

« Monseigneur.

« Ayant faict conestre a M^{de} Cousinot la grasse particuliere que
vous luy feries a ma consideration, et que vous ne feries pas la
mesme chose pour tout le monde, ie lay trouve dans le santi-
ment de croyre quelle pouvet faire la chose sans moy, à la premiere instance quelle vous en feret ou feret faire. Set pour
quoy, Monseigneur, ie vous suplie tres humblement de me faire
lhoneur de comander que lon rande et la vielle et la nouvelle
laictre ou brevet sans estre selle haſln que ie luy rande en pareille nature quelle me la donne ; et comme il se presente tous
les iours forsses ocasions ou iay besoin de vostre bonte, ie vous
suplie, Monseigneur, de me la conserver pour la premiere rencontre, dont ie vous en sero infiniment redevable et en aure la
reconoissance quand doit avoir la personne du monde qui vous
est le plus surement et veritablement,

« Monseigneur,

« Vostre tres humble, tres obligee,
tres obeisante servante.

« C. H. BELLIER DE BEAUVAIS. »

« Ce 8 septembre 1649. »

1654 (1) qu'elle acquit le terrain de la rue Saint-
Antoine ; en mai 1658, les entrepreneurs du
Beauchamp et de Préfontaine livrèrent les
bâtiments bâti sur les plans de Lepautre,
avec des pierres prises par la reine mère

(1) M. Jules Cousin place vers le même temps l'aventure du
jeune roi, et y voit l'origine de ces dépenses. (*L'Hôtel de Beauvais*,
p. 15 et suivantes.) Louis XIV avait alors seize ans, et Mme de
Beauvais, qui, d'après la date de son mariage, devait être née vers
1615, avait ainsi une quarantaine d'années. C'est à une époque antérieure, en 1649, que Mme de Motteville parle d'elle en ces termes :
« Elle n'étoit ni belle ni jeune, et vouloit avoir des amis... La reine
la considéroit, non par ses vertus, ni pour la beauté de son âme,
ni pour celle de son visage, mais à cause de l'adresse de ses
doigts et de son extrême propreté. » Et, en 1651, voici le portrait
qu'on faisait d'elle dans la *Carte du pays de Braquerie : « Beauvais*,
sur la *Carogne*, est une petite ville, dans un fond, où l'on ne voit
le jour qu'à demi, et dont les bâtiments sont très-désagréables.
Elle a eu néanmoins des gens de très-grande condition pour gouverneurs, entre autres un commandeur de Malte, qui y a laissé
une belle infanterie. On ne s'étonnera point que des gens de
naissance et de mérite se soient arrêtés à un si méchant logis,
quand on saura que ç'a été le principal passage pour aller à la
ville de *Dona Anna*, où tout le commerce se faisoit durant qu'on
bâtissoit le *fort L*. Depuis que ce fort est entré dans ses droits, la
ville de Beauvais n'a plus eu de gouverneur de marque, mais des
gens de basse étoffe et inconnus, que la ville y entretient, quoiqu'elle ne vaille plus la dépense. Ceux-ci ont toujours eu soin de
bien maintenir l'infanterie. » (*Historiettes de Tallemant des
Réaux*, tome IV, p. 536.)

Quant à l'authenticité même de l'épisode que Saint-Simon a
popularisé, et qui, plus que tout autre titre, a valu une certaine
célébrité à Mme de Beauvais, nous montrerons plus loin que le
commentateur du *Chansonnier* dit *de Maurepas*, qui probablement est Gaignières (mss. fr. 12617, p. 490, et 12618, p. 249), raconte
les mêmes faits, presque dans les mêmes termes, que Saint-Simon.
On sait, en outre, qu'il est fait allusion aux relations de la Beauvais avec le jeune roi dans les lettres de Madame, dans Bussy-
Rabutin, dans certaines clefs des *Caractères*. Tout récemment,

sur les chantiers du Louvre ; mais les pein-
tres et doreurs travaillaient encore en 1660, peu
de temps avant que la reine mère, la reine d'Angleterre, Mazarin, Turenne et les plus illustres de
la cour vinssent inaugurer le nouveau logis, en
assistant, du haut du balcon central, à l'entrée
solennelle de Louis XIV et de Marie-Thérèse (26
août 1660). Ce « superbe monument des libéra-
lités de la reine mère et de Son Éminence, » comme
l'appelle la *Gazette*, n'avait pas coûté moins de
500,000 livres (1), disait-on, et néanmoins, vers
le même temps, Mme de Beauvais acheta pour
son fils, dans le faubourg Saint-Germain, la belle
maison du comte du Dognon. La ruine suivit de
près ces folles prodigalités. Grugée par des amis de
toute catégorie (2), poursuivie par toutes sortes
de créanciers, mais comptant sur une promesse de
la reine de payer ses dettes, Mme de Beauvais fit

M. Tamizey de Larroque signalait, dans l'*Investigateur* (1877, col.
551), un passage de l'*Histoire du règne de Louis XIV*, par Limiers
(1717), où la même tradition a pris place. Ne doit-on pas voir aussi
une allusion dans ce passage des *Mémoires de Choisy* (p. 577) :
« Catau (diminutif de Catherine, dont la reine se servait elle-
même) ne manquoit ni d'esprit ni d'expérience, et d'ailleurs *elle
avoit ses raisons pour prendre le parti du roi.* »

(1) Ce chiffre est donné par les papiers de famille.

(2) Si l'on rapproche des passages de Saint-Simon le portrait de
la « ville de Beauvais » que nous avons reproduit aussi dans une
des notes qui précèdent (p. 137), ou les allusions plus ou moins
discrètes de divers contemporains, il n'est guère douteux que les
Chamarande, les Bétoulat et autres galants n'aient contribué à la
ruine de cette fortune si industrieusement amassée. Monglat
dit quelque part que Mme de Beauvais n'était pas « ennemie de
nature. »

d'abord face aux dépenses de la construction en vendant tout ce qu'elle avait de disponible, y compris deux charges dans la maison de Monsieur (1). Elle essaya aussi, en 1661, de tirer parti du renom déjà fait à l'hôtel de Beauvais, en le mettant en loterie, avec le mobilier, avec ses pierreries, et même avec ses maisons de campagne (2). La loterie ne réussit point, à supposer que ce fût une chose sérieuse; et enfin, le jour où Anne d'Autriche vint à mourir, tout fut perdu. On avait trop compté sur sa reconnaissance; quoiqu'elle eût été assistée dans les plus cruelles douleurs, jusqu'au dernier instant, par la fille et survivancière de Mᵐᵉ de Beauvais, celle-ci n'eut qu'un legs de 30,000 livres, tout à fait insuffisant pour arrêter une ruine que précipita et qu'acheva, quelques années plus tard, la mort de Pierre de Beauvais.

Celui-ci finit ses jours à Gentilly, vers le 15 février 1674; l'inventaire qui fut fait le 13 avril suivant, et qui nous a fourni une foule de renseignements précis, donne en même temps plus d'une preuve de l'état précaire où était tombé le ménage :

(1) Quand on créa la maison de Monsieur, en 1651, Mᵐᵉ de Beauvais essaya d'avoir une partie de la charge de secrétaire des commandements, mais elle n'eut que celle de contrôleur général des finances, vainement convoitée par Colbert, et plus tard, en en détachant les fonctions de surintendant des domaines, on en fit deux charges dont Béchameil et Boisfranc se rendirent acquéreurs. *(Lettres de Colbert*, publiées par P. Clément, t. I, p. 89, 95. 171 et 181 ; *Journal de Dangeau*, t. I. p. 255.)

(2) *La Muze historique*, de Loret, 20 mars 1661.

presque tous les meubles qui se trouvaient soit à la
rue de Grenelle, soit à la rue Saint-Antoine, durent
être placés sous le nom du tapissier ou d'un des
enfants du défunt, pour éviter la saisie. Il fallut
abandonner tout de suite l'hôtel du faubourg Saint-
Germain, dont Loret avait décrit si complaisamment
les splendeurs en novembre 1663. Le comte d'Auvergne le prit en location (1); plus tard, en 1685,
le doge de Venise y demeura un mois avant d'aller faire amende honorable à Versailles, et enfin,
le 15 mai 1686, les Petites Cordelières du couvent
de Sainte-Claire, rue des Francs-Bourgeois, l'acquirent de Mme de Beauvais, ou plutôt de ses créanciers : la grande salle, où l'on avait jadis donné
bals et fêtes « de conséquence, » devint une
église (2).

Mme de Beauvais finit par abandonner entièrement son bien aux créanciers, le 31 décembre
1683; mais une intervention toute-puissante
adoucit singulièrement pour elle la rigueur de
ce sacrifice nécessaire.

Dès la mort de son mari, le roi avait pourvu au
plus pressé en accordant à leur fils, ou plutôt en
renouvelant à son profit un privilége lucratif, celui

(1) Voir la lettre autographe de Mme de Beauvais à Colbert, reproduite en *fac-simile* par M. Jules Cousin.

(2) On finit par faire deux hôtels d'un seul. Une partie a été
habitée par Mme de Créquy, par les Lacave et par le prince de la
Tour-d'Auvergne, qui fut ambassadeur à Londres. L'autre partie,
avant de devenir mairie du viie arrondissement, appartint à Mme de
l'Espinasse, femme d'un sénateur du premier empire.

des « carrosses, coches, chariots et autres voitures pour aller et venir par terre aux lieux où Leurs Majestés, les enfants de France et leur Conseil séjourneront (1). » Privilége lucratif, car le baron de Beauvais en céda l'exploitation moyennant une rente annuelle qui ne cessa de s'élever avec l'accroissement de la circulation ; quarante

(1) Arch. nationales, O¹ 18, fol. 37 v°. Ce privilége de 1674 annulait expressément celui qui avait été donné au profit de Mᵐᵉ de Beauvais, le 3 octobre 1667, et qui n'était pas le premier en date, car le commissaire Delamare (*Traité de la Police*, tome IV, p. 152-156) cite plusieurs arrêts qui avaient déjà confirmé les droits et le privilége de la mère du baron à partir de 1662. Le nouveau privilége associa à son fils Élie du Fresnoy, ce commis dont la femme avait toute autorité sur Louvois et savait tirer un si bon parti d'une beauté vraiment extraordinaire comme éclat et comme durée. Les deux concessionnaires traitèrent, le 18 juillet suivant, avec la compagnie des voitures à l'heure de Paris (privilége accordé en 1666 à MM. de Sautour), où du Fresnoy avait aussi une part, qu'il partagea avec M. de Beauvais, et, pendant quelque douze ans, ces deux sociétés n'en firent qu'une. Mais, en 1685, un arrêt du 19 juillet cassa leurs traités, révoqua le privilége de 1674, et un édit du mois d'août suivant (Delamare, p, 153) le rétablit sous une autre forme, avec des garanties qui délivraient à jamais les carrosses de la cour de la concurrence des autres voitures publiques, et avec la faculté d'exposer carrosses, coches et calèches sur toutes les places de la ville destinées à cet effet. Les carrosses de la cour eurent dès lors une marque distincte. durent toujours être attelés de quatre chevaux, et ne purent servir à un autre usage que celui de la cour, « pas même aller prendre ni ramener les gens chez eux. » Les prix étaient réglés à 60 sols par personne, pour Versailles et Saint-Germain, dans les carrosses à deux et quatre places, 40 s. dans les grands carrosses à six et huit places, 30 s. dans les coches suspendus, et 25 s. dans les coches non suspendus. Comme il avait été question de réunir les carrosses de la cour à la messagerie de Versailles, qui dépendait du domaine de cette ville, Beauvais et du Fresnoy s'engagèrent à payer une redevance annuelle de 12,000 livres au domaine, si on les chargeait

ans plus tard, on calculait que les carrosses de la cour avaient donné plus de deux millions de bénéfices (1), et, transmis de main en main, ils constituèrent une véritable fortune pour les héritiers de la première femme de chambre d'Anne d'Autriche.

Là ne s'arrêta point la gratitude du roi. En 1679, il aida le baron à faire un riche mariage avec une Berthelot et lui donna un présent de noces de 12,000 livres. En 1684, quand la ruine de Mme de Beauvais fut consommée, il vint à son secours, d'abord en défendant de saisir les gratifications qu'il pourrait lui faire à l'avenir, puis en rachetant des créanciers la terre de Gentilly et la lui rendant, avec de suffisantes garanties contre

d'exploiter la messagerie, et ce fut dans ces conditions qu'ils trouvèrent fermier à 33,000 livres, puis à 37,000 livres, en 1690. Ce chiffre fut élevé à 41,500 livres en 1697 et 1705, plus 20,000 livres de pot-de-vin à chaque renouvellement de bail, et cinquante journées de carrosse pour les propriétaires du privilége. Mais lorsqu'un arrêt de 1710 eut permis aux carrosses ordinaires d'aller en cour, il fallut donner une indemnité de ce fait aux fermiers. Après 1715, l'abandon de Versailles par la cour obligea aussi de payer l'indemnité prévue de cet autre chef par le bail. En réalité, le bénéfice des propriétaires Beauvais et du Fresnoy n'avait été que de 6,000 livres de 1667 à 1685, et il ne leur revint ensuite que 15,160 livres net sur les baux de 40,000 livres. Voyez les arrêts et règlements donnés dans le *Dictionnaire des arrêts* de Brillon, t. I, p. 433-445, et t. VI, p. 960. Comme la fixité absolue du prix des courses n'eût pas permis de supporter la cherté extrême des fourrages en certaines années, on obtenait, en ce cas, la permission d'augmenter temporairement le tarif d'un quart. Delamare (t. IV, p. 455-456) cite un arrêt du 27 juillet 1731 rendu en ce sens.

(1) Brillon, *Dictionnaire des arrêts*.

toute tentative nouvelle de saisir mobilier, chevaux ou équipage (1). Probablement aussi il ne
fut pas étranger à la vente fictive, à prix réduit,
qui se fit le 18 juillet 1686, de l'hôtel du faubourg
Saint-Antoine, et qui permit à Mme de Beauvais
de s'y réinstaller avec son fils. Le 28 février précédent, un don de 4,600 livres avait été spécialement affecté à certains agrandissements de l'habitation de Gentilly (2), et en outre Mme de Beauvais
touchait régulièrement une pension de 12,000
livres.

(A suivre).   A. DE BOISLISLE.

(1) Arrêt du 19 avril 1684 et lettres patentes du 2 novembre
1684; le rachat ne coûta que 26,000 livres. (Arch. nationales, O¹ 28,
fol. 331 v° et 397.)

(2) Arch. nat., O¹ 30, fol. 76 v°.

NOTICE

SUR

RENÉ MACÉ

ET SES OEUVRES

René Macé est aujourd'hui un des poètes les plus oubliés du xvi⁵ siècle, bien qu'il ait eu son heure de gloire et de célébrité. Les auteurs, ses contemporains, n'ont pas manqué de lui décerner les épithètes les plus flatteuses; malheureusement ils n'ont pas prodigué de la même façon les détails biographiques sur son compte, et, en dépit de bien des recherches (1), nous devons nous contenter des renseignements que nous donne d'une part la notice de Lacroix du Maine (2), et de l'autre *un seul* vers d'Antoine du Saix, que jusqu'ici on n'avait pas utilisé.

« René Macé Vandomois, » nous dit Lacroix du Maine; notons à ce propos que la famille de René Macé était sans doute originaire de l'Anjou.

(1) Notre confrère, M. de Fleury, ancien archiviste de Loir-et-Cher, a bien voulu pour nous faire, aux Archives de Blois, des recherches, restées infructueuses, dont nous le remercions vivement.

(2) *Bibliothèque françoise*, éd. 1772-1773, II. 370. — Remarquons que la première édition de Lacroix du Maine a paru en 1584: René Macé vivait en 1510, comme nous le verrons plus loin : le témoignage de Lacroix du Maine offre donc presque autant de garanties que celui d'un contemporain.

où le nom de *René*, porté par saint René, patron
d'Angers, et par le *Bon Roi*, a dû être très-répandu :
ajoutons de plus que la connaissance exacte que
montre Macé de cette province, et le soin qu'il
a pris de lui consacrer un long poème, sont de
fortes présomptions en faveur de l'origine *angevine*
de notre poète. Le nom de Vendômois *(Vindocinensis)*, que nous voyons apparaître dans presque
tous les manuscrits de ses ouvrages, lui vient
donc, non pas de la ville où il naquit, mais bien
du lieu où il prononça ses vœux, en devenant
moine bénédictin de la Trinité de Vendôme (1).
Lacroix du Maine ajoute : « surnommé le *Petit
Moine*, chroniqueur du roi et son poète, homme
fort estimé de son temps. »

Ces quelques lignes de Lacroix du Maine con-
tiennent tout ce que les biographes ont dit de R.
Macé, aussi bien D. Liron (2) que l'abbé Goujet (3),
qui le premier cependant a produit le témoignage
contemporain d'Antoine du Saix. A. du Saix cite
deux fois le nom de Macé ; c'est d'abord au commencement d'un de ses ouvrages, en faisant
l'éloge des « maistres jurez et coronnez en l'es-
chole de Minerve, comme sont Sainct Gelais,

(1) C'est à tort que l'auteur (D. J. François) de la *Bibliothèque
générale des écrivains de l'ordre de St Benoît* (II. 139), prétend que
le Père Lelong fait *naître* R. Macé à Vendôme. Le Père Lelong,
dans sa *Bibliothèque historique*, lui donne simplement le nom de
Vendômois.

(2) *Bibliothèque chartraine* formant l'unique vol. de la *Bibliothèque générale des auteurs de France*, 1719, p. 136-137.

(3) *Bibliothèque françoise*, XI. 375 et 390 ss.

René Macé, La Maison Neufve, etc... (1); » c'est
encore dans une des pièces de vers qui font suite
à son *Esperon de discipline* (2). Dans ces vers le
poète ne ménage aucune flatterie à son confrère :
il ne saurait, dit-il, oublier sans ingratitude « *le
grand Renay Macé*, »

> Celluy qui a tout le loz amassé,
> Que jamais homme en Europe et Asie
> Peust meriter par haulte poesie.

Suit une vingtaine de vers pleins d'admiration
pour Macé, qui finissent ainsi :

> C'est l'escripvain de Royalle Cronicque
> Du lys François que l'on consacre à Reins,
> Tant que prieur il en est de Beaureins.

Nous savions déjà que Macé était chroniqueur
du roi (Lacroix du Maine nous l'avait appris, et
René Macé, dans le prologue de sa *Chronique en
vers* faisant suite à celle de Guillaume Crétin, ne
nous laisse aucun doute à cet égard) ; mais ce que
nous ignorions, ce que l'abbé Goujet lui-même,
tout en citant le vers, n'avait pas relevé, c'est que
le *Petit Moine* de Vendôme eût été prieur de Beaurain. Beaurain (3) était alors un prieuré bénédictin, *à nomination royale*, dépendant de la grande
abbaye de Marmoutier (4) : il n'est donc pas étonnant que le poète de François Ier, son chroniqueur

______

(1) *La touche naïfve pour esprouver l'amy et le flateur, inventé
par Plutarque,* etc., (1537). Dédicace au roi, fol. 7 v°.

(2) Éd. 1531 (?), fol. signé N.

(3) Département du Nord, canton de Solesmes.

(4) *Dictionnaire de Géographie sacrée*, I. col. 723, dans le XXVIIIe
vol. de l'*Encyclopédie théologique* de la *Collection Migne*.

ordinaire, appartenant du reste à l'ordre de S'-
Benoît, ait été pourvu de ce bénéfice. Nous pouvons supposer d'ailleurs, d'après le dernier vers
d'A. du Saix, que cette nomination de prieur
suivit de très-près celle de chroniqueur du roi, et
qu'en succédant, en 1525 (1) à Guillaume Crétin,
Macé prit en même temps congé d'Antoine de
Crevent (2), abbé de Vendôme, pour s'en aller à
son tour administrer le prieuré de Beaurain.

A partir de cette époque, Macé a dû partager
son temps entre son prieuré et sa charge d'histo-
riographe royal ; nous le retrouvons, en 1540, où
pour « faire son debvoir (3), » il compose le poème
du *Voyage de Charles Quint par la France.*
Nous le perdons dès lors de vue, et la date de sa
mort ne nous est pas connue. Quelle qu'elle soit,
il en avait assez fait, paraît-il, pour forcer l'admiration de ses contemporains. Ce n'est pas seulement le poète A. du Saix qui le loue comme un
maître, c'est aussi Geofroi Tory, qui lui applique
le distique bien connu de Properce : « Arriere !

<hr>

(1) R. Macé, dans une note mise en marge de son *Voyage de
Charles Quint par la France* (Bibl. nat., ms. fr. 14992, fol. 27 r°),
nous apprend qu'il avait présenté le prologue de sa *Chronique* à
François 1er revenant d'Espagne (mars 1526). Sa nomination de
chroniqueur, était donc antérieure à cette époque, et datait au
moins de février 1525 (Bat. de Pavie), ce qui concorde avec la date
attribuée jusqu'ici sans grandes preuves à la mort de G. Crétin.

(2) *Mémoire pour servir à l'histoire de la S*^{te} *Trinité de Vendôme,*
p. 353-355, formant le tome II de l'*Histoire de Vendôme,* par l'abbé
Simon, 1834, 3 vol. in-8°.

(3) Bibl. nat., ms. fr. 14992, fol. 20 r°, en marge.

arriere! » dit-il (1), « autheurs grecz et latins : de René Massé naist chose plus belle et plus grande que le Iliade. » Ce dernier éloge devait particulièrement flatter le *Petit Moine*, qui cherchait son inspiration aux sources les plus classiques, et pour tout idéal littéraire se proposait l'imitation parfaite d'un passage de Virgile ou d'Homère. C'est aussi Germain Colin qui, dans une Épître à Jacques Bouchet (2), parle du « françois » de Macé, qui

> ... est de telle prestance
> Qu'il resplendit autant que le latin ;

c'est Bouchet (3) qui se défend de haïr Macé, lui reproche toutefois d'avoir médit d'un innocent, mais ne peut méconnaître sa valeur ; c'est Ronsard (4) enfin, qui, dans une ode supprimée par les éditions postérieures à 1550 (5), veut que ses vers témoignent la « gloire » de Macé et portent aux générations futures le nom célèbre de l'excellent poète.

La critique moderne doit-elle ratifier les éloges que ses contemporains prodiguaient à Macé? Nous ne le pensons pas. Le *Chroniqueur de François Ier* n'a aucune personnalité littéraire, il abuse, comme son maître Guillaume Crétin, des allusions classiques et mythologiques, sa

(1) *Champ fleury...*, 1529, fol. III r°.
(2) *Epistres morales et familieres du Traverseur*, 1545, fol. 45 r°.
(3) *Ibidem.* fol. 46 r° et v°.
(4) *OEuvres complètes*, 1857, II. 408-409.
(5) Cette suppression explique le doute que La Monnoye, dans la *Bibliothèque* de Lacroix du Maine, émet sur le témoignage de Ronsard relatif à Macé.

langue est souvent difficile à comprendre et ses allures prétentieuses n'ont ni naturel ni vérité. Nous avons eu, du reste, la bonne fortune de rencontrer un manuscrit (1) où le poëte nous rend témoins de sa manière de composer : il procède *rhétoriquement*, si une telle expression est permise, et nous ne saurions mieux comparer cette école du xvie siècle dont il est un des représentants qu'à cette autre réunion d'écrivains précieux et affétés que nous a valus l'hôtel de Rambouillet.

L'examen des œuvres de R. Macé permettra d'ailleurs de le juger. Ses ouvrages, tous en vers et tous manuscrits, sont de deux sortes, latins et français :

Ouvrages latins. — I. — Bibliothèque de Gotha, ms. sur parchemin de 37 feuillets (2). Ce ms. porte le titre de *Andias seu Elogium urbis Andes*, et est dédié à Louise de Savoie, mère de François Ier. C'est un poème en distiques latins, divisé en trois parties, où Macé, après avoir parlé de la fondation des villes de Vendôme et d'Angers, passe en revue les beautés de l'Anjou, la qualité de ses vins, la grâce et la sagesse de ses femmes; il vient ensuite à dire les actions de ses grands hommes, avec une chaleur qui ne convient qu'à un Angevin, et

(1) *Voyage de Charles Quint par la France*. (Bibl. nat., ms. fr. 14992).
(2) Ce ms. est analysé dans les *Beitræge zur œltern Litteratur...* par Fr. Jacobs et F. A. Ukert, Leipzig, 1835, I. 177-181. Il a été signalé par M. L. Delisle dans le *Bulletin de la Société de l'Histoire de Paris*, II (1875), p. 23.

termine en faisant l'éloge de saint Maurice
d'Angers, qu'invoquent les femmes stériles :

> O quotiens illum votis precibusque vocavit!
> O quotiens humiles obtulit Anna manus!
> Anna suo cupiens innatum ducere regem
> Gignere, qui Gallum duceret imperium.
> At renuere preces cœlestia numina, Francus
> Non alio melius rege regendus erat.
> Quam bene sub Franco Francisco Francia franca est,
> Principe sub Franco franca sit illa opus est.

Ces vers sont une délicate flatterie à l'adresse
de Louise de Savoie, et font allusion à la stérilité
d'Anne de Bretagne, qui permit à François Ier
d'occuper le trône de France en 1515. La reine-
mère, plus tard, n'oublia sans doute pas le *Petit
Moine*, qui, en 1540, dans son poème du *Voyage
de Charles Quint*, ne manque pas l'occasion de
rappeler sa mémoire. Ce fait nous donne une date
pour l'*Andias*, qui ne peut être antérieur à l'avéne-
ment de François Ier.

II. — Bibliothèque nationale, ms. lat. 8417
(anc. 6517). C'est un ms. sur vélin qui comprend,
en vers de tout mètre, des *Élégies*, des *Épigram-
mes* et des *Épîtres*. La première pièce, *Cupidinum
elegia prima*, est dédiée à François Ier ; les autres
sont adressées à des personnages du temps, parmi
lesquels nous remarquons seulement le poète *Robert Corbin* (1), dont Macé se dit l'*amicissimus* (2).
Ces vers, la plupart assez élégamment tournés,

(1) Voy. Lacroix du Maine, *Bibliothèque françoise*, II. 382.
(2) Fol. 15 v° à 16 r°.

ne sont guère que des réminiscences classiques et la part de l'auteur est plus que minime dans leur composition.

Ouvrages français. — 1. — Bibliothèque nationale , mss. fr. 4966 (anc. 6935[4]) et 2823 (anc. 8402[2]). Ces deux manuscrits composent tout ce que nous avons aujourd'hui, à notre connaissance, de la *Chronique rimée* de Macé. L'œuvre de Guillaume Crétin, qui s'arrête à la fin des Carolingiens, est contenue dans les mss. fr. 2817-2822 de la Bibliothèque nationale; René Macé, après un long prologue où il parle de G. Crétin et de sa devise *Mieulx que pis*, continue dans le ms. 4966 la *Chronique rimée* depuis Hugues Capet jusqu'à la fin du règne de Robert. Vient ensuite une assez longue lacune, le ms. 2823 (P. Lelong, n° 16677) ne commençant qu'à la mort de Louis-le-Gros et ne contenant que le règne de Louis-le-Jeune. Macé avait-il composé la partie de la *Chronique* qui s'étend entre la mort de Robert et celle de Louis-le-Gros? Cela est évident; il avait même poussé son œuvre jusqu'à Philippe de Valois, si nous nous en rapportons à la note qui termine le ms. 2823 : « J'ay escript de la suytte de ceste hystoire jusques aux guerres de Philippes de Valois et des Anglois et j'ay commencé à Huc Capet. » Nous n'avons donc pas la *Chronique* complète de René Macé, et le ms. 2823, tout différent comme calligraphie et comme soin du ms.

4966, semble avoir été un *extrait*, comprenant simplement le règne de Louis-le-Jeune. L'œuvre de Macé était peut-être encore plus importante, et, si nous en croyons le Père Lelong (n° 15699), la *Chronique* serait allée jusqu'à François Ier. Quoi qu'il en soit, nous pouvons apprécier en plein état de cause, par ce qui nous en reste, la valeur poétique de R. Macé et son peu d'originalité (1).

II. — *Voyage de Charles Quint par la France.* Ce poème, qui porte aussi le nom de *Bon Prince*, par allusion à Charles-Quint dont le poète fait l'éloge, est de beaucoup l'œuvre la meilleure de R. Macé. Ayant affaire à des hommes et à des événements de son époque, le *Petit Moine* est parfois intéressant ; et les détails intimes et familiers qu'il nous donne sur les personnages de son temps, viennent d'un témoin véridique et bien informé (2). Nous connaissons trois mss. de ce poème : Le premier est dans l'ancienne bibliothèque de Sir Thomas Phillipps : il figure à la col. 870 du Répertoire de G. Hænel. C'est sans doute le ms. que le Père Lelong (n° 17572) et La Monnoye (3) disent avoir appartenu à Foucault. Le second, signalé par M. L. Delisle (4), appartient à

(1) Une note de Duchesne sur la garde du ms. 4966 attribue à tort l'ouvrage à G. Crétin : les premiers vers du *Prologue* nous disent au contraire que l'auteur a « ensuyvi le chemin » de Crétin.

(2) Nous nous proposons d'imprimer très-prochainement ce poème qui fera revivre devant nous un certain nombre de personnages de la cour de François Ier.

(3) Lacroix du Maine, *Bibliothèque françoise*, II. 370.

(4) *Bulletin de la Société d'Histoire de Paris*, II (1875), p. 22-23.

la Bibliothèque Méjanes d'Aix en Provence. Le troisième (Bibl. nat., ms. fr. 14992) est un ms. sur vélin de 44 feuillets, incomplet à la fin. Le poème entier a 1700 vers divisés en trois parties d'égale grandeur à peu près.

Telle est l'œuvre de Macé que nous présentent les manuscrits qui sont à notre disposition, mais les ouvrages qu'il a composés ont dû être en nombre bien plus considérable, comme on peut le supposer d'après différents indices. C'est ainsi qu'en marge du ms. 14992, Macé parle d'une *épigramme* (1), que nous n'avons pas retrouvée dans les manuscrits. De même Geofroi Tory, dans son *Champ fleury* mentionné plus haut, met sur le compte de R. Macé une méprise relevée ailleurs (2), d'après laquelle Dante et les frères Greban auraient vécu à la même époque. Un moment nous avons cru être sur la trace de cette erreur, car nous voyons dans l'*Index auctorum* de Du Cange (3), sous le nom de *Renatus Vindocinensis*, le ms. de la Bibliothèque du roi, n° 1069. Ce ms., qui a porté le n° 10149 dans l'inventaire de Clément, et actuellement a le n° 5896 dans le Catalogue imprimé, est une *Histoire de Florence*. Florence et Dante, ces deux

____

(1) Fol. 27 v°, Macé nous dit qu'il a donné une interprétation du ravissement de Ganymède « en l'epigramme commençant: *Ganimedes en ung champ.* »

(2) Voy. l'*Introduction* p. xiii du *Mystère de la Passion* d'Arnoul Greban, publié par Gaston Paris et Gaston Raynaud *(pour paraître incessamment)*.

(3) Éd. Henschel, vii (1850). p. 419.

noms s'expliquaient l'un par l'autre; malheureusement, après vérification, le ms. latin 5896 n'est autre que l'*Histoire de Florence* de Leonard Bruni d'Arezzo (1), mort en 1444, et n'ayant pu jamais connaître les Greban. Ce sont donc deux ouvrages inconnus à ajouter à la liste de ceux de Macé, le premier auquel renvoie Geofroi Tory, le second que Du Cange désigne par le n° 1069, sans doute fautif.

Pour finir, il nous faut parler d'une *Chronique rimée de Vendôme*, que M. Achille de Rochambeau a trouvée dans la collection Clairambault de la Bibliothèque nationale (2), et qu'il a attribuée à René Macé. Cette *Chronique*, que M. de Rochambeau a publiée (3), se termine, il est vrai, à une époque où R. Macé vivait encore; mais rien ne peut faire supposer qu'elle soit son œuvre; la langue et les expressions sont celles du XVI° siècle, mais nous y trouverions difficilement la *manière* de Macé qui, en général, offre un style plus prétentieux et plus contourné que celui qui paraît dans ce poème. Le nom de Vendôme ne suffit pas non plus, à notre avis, pour faire attribuer la paternité de cet ouvrage à R. Macé, et, en attendant la preuve contraire, nous n'ajouterons pas ce nouveau poème au bagage littéraire du bénédictin de Vendôme.   Gaston RAYNAUD.

(1) Imp. *Strasbourg*, 1610, in-f°.
(2) Clairambault, 1160, Coll. St-Esprit, 50, fol. 127 à 154 r°.
(3) *Galerie des hommes illustres du Vendômois. René Macé.* 1869, in-8°.

LES
ÉTATS GÉNÉRAUX
SOUS CHARLES VII

ÉTUDE CHRONOLOGIQUE D'APRÈS DES DOCUMENTS
INÉDITS.

(Second article. — Voyez page 118).

1423, mars, Selles. — États de Languedoil.
Cette session est rapportée par M. Picot sur la foi
de D. Vaissète (IV, 460). Mais il faut reconnaître
que le savant Bénédictin a commis une erreur de
date. Ces États de 1423 auraient voté une aide
d'un million de livres, *en ce compris l'aide au lieu
des aides* (1), ce qui eut lieu précisément à Selles,
en mars 1424, comme le prouvent beaucoup de
documents originaux. D'ailleurs c'est seulement
en août 1423 que les États autorisent le rétablissement des aides, et en mars 1423, il ne pouvait
être question de l'aide au lieu des aides. Cette
session prétendue doit donc être supprimée et
reportée à mars 1424.

(1) Le chiffre de l'aide est donné par D. Vaissète, *loc. cit.* M. Picot, qui renvoie à l'Hist. du Languedoc, dit que l'on n'a aucun renseignement sur cette session. Peut-être n'a-t-il connu le passage
de D. Vaissète que par l'intermédiaire de la préface du t. XIII des
Ordonnances.

1423, 12-18 août, Selles. — Sur cette session,
mentionnée par M. Vallet de Viriville, inconnue à
M. Picot, nous devons encore les renseignements les
plus complets à M. Grandmaison *(loc. cit.)* Outre
une taille de 200,000 liv. t., les États accordèrent au
roi le rétablissement des aides, (supprimées depuis
son départ de Paris, en 1418,) pour trois ans, à
partir du 1er octobre. Mais les aides ne furent pas
levées longtemps, car dès le mois de décembre
suivant des États provinciaux les remplacèrent
par des tailles directes également percevables pendant trois ans (1).

1424, 10-16 mars, Selles. — Cette session est
mentionnée avec des inexactitudes par MM. Picot
et Vallet de Viriville. Le premier la recule à tort
jusqu'au 12 mai 1424 (2) ; le second y voit seule-

(1) V. Arch. de Lyon. Reg. BB (122 déc. 1423). — L'assemblée
réunie à Chinon, le 13 déc. 1423, que mentionne M. Vallet de Viriville est une assemblée d'États provinciaux qui accorda précisément une taille pour trois ans au lieu des *aides*. Il y eut très-probablement des assemblées analogues dans toutes les provinces de
Languedoïl. Nous en sommes sûr pour le Lyonnais et le Poitou
et l'Auvergne.

(2) M. Picot appuie cette date de l'autorité de D. Vaissète dont
nous allons donner le passage en entier. Après avoir parlé de la
confiscation des biens de Le Meingre de Bouciquaut, il continue
ainsi : « En conséquence le Parlement de Toulouse mit ces terres
sous la main du roi par arrêt du 12 mai 1424. Le roi avait convoqué *alors* à Selles en Berri les trois États des pais de Langue-
d'Oui qui lui étaient soumis. Il présida a l'assemblée assisté de
la reine de Jérusalem et de Sicille, sa belle-mère, du duc d'Alençon, de Charles de Bourbon et du comte d'Aumale. Il exposa aux
députés la situation de ses affaires, et comme il déclara qu'avec
le secours qui lui étoit venu d'Ecosse et de la part de divers seigneurs du royaume il espéroit d'avoir incessamment 10,000 com-

ment des États de Languedoc quand les textes auxquels il renvoie ne disent rien de semblable. Nous donnons aux pièces justificatives les lettres de convocation. Elles sont datées de Tours, le 5 février, et annoncent l'assemblée pour le 10 mars. D'ailleurs elles sont assez courtes et n'ont de remarquable que la formule finale : « Car se faulte y a, nous vous en ferons punir telement que ce sera exemple à tous autres. » Cette menace peu déguisée montre que sans doute les villes convoquées aux États Généraux n'avaient pas toujours répondu avec empressement. Quoi qu'il en soit, les États accordèrent au roi une aide d'un million de livres. Dans cette somme d'un million était compris le montant de l'*aide au lieu des aides* que les États provinciaux avaient accordée au mois de décembre précédent. Cette somme fut-elle répartie entre le clergé et le tiers État comme à Bourges? C'est très-probable, mais nous n'en avons trouvé aucune preuve directe (1).

battans, on résolut qu'il se mettroit incessamment en armes contre ses ennemis, et il convoqua en conséquence le ban de la sénéchaussée de Languedoc pour se trouver à Gergeau sur Loire le 15 de may ensuivant. » Il est évident que la date du 12 mai 1424, date d'un arrêt du Parlement de Toulouse, n'a rien à faire avec les États Généraux. Les détails qui suivent sont probablement tirés des lettres de Charles VII convoquant le ban de Languedoc pour le 15 mai. Elles rappelaient sans doute les États de Selles par l'expression *nagaires* ou *derrenierement tenus* à Selles, ce qui explique pourquoi D. Vaissète n'en a pu donner la date précise.

(1) La date de clôture de la session ressort du reg. des Arch. nat., coté KK 244, f° 23, qui parle « de l'aide mis sus le XVIᵉ jour,

1424, **octobre et novembre**, **Poitiers et Riom**. — Des lettres closes du roi, données à Poitiers le 30 septembre, avaient convoqué une assemblée d'Etats à Montluçon pour le 22 octobre suivant (1). La réunion devait comprendre l'ensemble des pays de Languedoil puisque nous trouvons trace de la convocation à la fois à Lyon, à Tours et à Poitiers (2); mais elle ne se tint pas dans ces conditions primitives. D'après les archives de Tours, elle fut remise à Poitiers au 29 octobre suivant (3), et nous trouvons ailleurs que

de mars mil CCCC XXIII, à Selles. » Entre les textes relatifs à cette session — textes qui malheureusement ne font guère que se répéter, — nous donnerons les suivants :

« C'est le taux de l'aide de 18,500 l. t. imposé et mis sus par le Roy sur les manans et habitans du haut pais d'Auvergne pour leur part et porcion de l'aide d'un million de frans octroyé audit seigneur par les gens des trois Estaz de son obéissance a l'assemblée par eulx faicte a Celles en Berry, ou mois de mars CCCC XXXIII pour la conduite de sa guerre... en laquelle somme sont comprinses 2,500 l. t. pour les deux premiers termes de l'aide qui paravant avoit esté octroyé au lieu des aides... » (Bibl. nat., **Fr.** 23,897.)

« Guerin, s^r de Brion, chevalier, Bertran de Saint-Avit, escuier, et Guillaume Plédieu, licencié en loix, garde de la seneschaussée de la Marche, conseillers du roy nostre sire et commis par lui a asseoir et imposer la somme de IX^m V^c l. t, es conté de la Marche et chastellenie de Montagu en Combraille pour leur part et quote de l'aide d'un million octroié audit seigneur par les gens des trois Estaz a l'assemblée par eulx faicte à Selles ou mois de mars derr. passé, à Jaques de la Ville, salut....Guéret, 20 juillet 1424. » (Bibl. nat., Cab. des Titres, dossier *Brion*, original.)

(1) V. *Pièces justif. IV*.

(2) V. *Arch. hist. du Poitou*, I, 146.

(3) « Envoi de députés à l'assemblée de Montluçon du 22 octo-

le 1ᵉʳ novembre 1424 les États de Poitou assemblés à Poitiers en présence du roi lui accordèrent une aide de 50,000 l. t. (1). D'autre part des documents puisés aux archives de Lyon et de Clermont-Ferrand prouvent d'une façon certaine qu'il se tint une assemblée d'États à Riom dans le mois de novembre (2). L'interprétation de ces faits, en apparence contradictoires, nous semble facile. Il est probable que Charles VII ne pouvant se trouver à Montluçon au jour dit tint à Poitiers le 29 octobre et les jours suivants les États des provinces occidentales de Languedoïl (Poitou, Touraine, etc.) et qu'il alla à Riom au mois de novembre assister à l'assemblée des provinces orientales (Auvergne, Lyonnais, etc.). Cela est d'autant plus

bre 1424 ; remise par le roi à Poitiers au 29 octobre. » (Arch. de Tours, comptes XXI, 88 vᵒ. — Note communiquée par M. Delaville Le Roulx.)

(1) Vallet de Viriville, *loc. cit.*

(2) « 18 octobre 1424. Ilz ont concluz que le procureur aillie à *Montluczon* avec Jehan de Varey à deux francs pour jour et ledit corrier pour deux escus d'or pour jour.

« 6 décembre 1424. Ilz passent mandement à Pere Menuet do bailli et delivrer à Mons. le corrier 104 l. 2 s. 6 d. à lui deues par la reste du voyage feit à *Ryon* vers le roy ; *item* au procureur de la ville la somme de 60 l. t. deues comme dessus.

« 25 janvier 1425 (n. st.). Pere de la Fay a prins la charge de lever une taillie mise sus en lad. ville de Lyon pour la somme de 1500 l. t. et pour le premier terme de la porcion de lad. ville de l'aide octroyé au roy nostre sire à Ryon en Auvergne en novembre derr. passé. » (Arch. de Lyon BB¹, fᵒˢ 216 vᵒ, 217 rᵒ et 223 vᵒ).

« Sus ce que la ville (de Clermont) doit à cauze de la talhie ottroiée au roy nostre sire en la ville de Riom ou mois de... *(sic)* l'an 1424. » (Arch. de Clermont-Ferrand, Reg. I, fᵒ 44ᵃ.)

vraisemblable que nous trouverons des faits analogues dans les années suivantes. Quoi qu'il en
soit, nous n'avons pu découvrir le montant de
l'aide votée ni à Poitiers ni à Riom.

1424, 19 décembre, Espaly-lez-le-Puy. — Nous
ne savons comment M. Vallet de Viriville a pu
voir dans cette assemblée desÉtats Généraux réels.
Ce ne furent que des États de Languedoc, et les
documents mêmes qu'il allègue le disent formellement : il n'y a pas de discussion possible.

1425, 16-20 octobre, Poitiers. — Cette réunion très-importante fut due à l'influence de la
reine de Sicile, belle-mère de Charles VII, et surtout du connétable de Richemont récemment
arrivé aux affaires. Non-seulement le roi le mentionne dans le préambule des lettres de convocation (1), mais le connétable écrivit lui-même une
circulaire aux bonnes villes pour les informer
officieusement de la décision que le roi venait de
prendre sur ses conseils (2). Les lettres sont du
31 juillet, et la réunion était fixée au 1ᵉʳ octobre ;
ce long intervalle était calculé et l'on sut habile-
ment en tirer parti : il permit de lever immédia-
tement une aide de 120,000 francs en attendant
les subsides que l'assemblée ne pouvait manquer
de voter (3) : c'était faire d'une pierre deux coups.
Les bonnes villes apprirent en même temps la con-

(1) V. *Pièces justif.* V.
(2) *Arch. de Lyon,* AA, 77.
(3) *Ibid.* BB¹, f⁰ 235 r⁰.

vocation des États Généraux et le nouvel impôt : l'un devait faire passer l'autre.

La convocation s'adressait à la fois aux pays de Languedoil et à ceux de Languedoc ; mais pour une raison ou pour une autre les États de Languedoc ne furent tenus qu'au mois de novembre, à Mehun-sur-Yèvre. Sur l'assemblée de Poitiers nous avons de précieux renseignements grâce à deux documents qui se complètent l'un l'autre : le premier est une lettre adressée aux conseillers de Lyon par le procureur de la ville, Roulin de Mâcon, qui se trouvait alors à la cour (1); le second, la commission donnée par le roi pour lever dans les provinces l'aide qui lui fut accordée (2). La session s'ouvrit seulement le mardi, 16 octobre, en présence du roi, de la reine de Sicile, du connétable de Richemont, des comtes de Clermont, de Foix, d'Étampes, de Vendôme, d'Harcourt, de Comminge, du seigneur d'Albret et d'autres princes du sang ; elle se tint dans le château de Poitiers et dura jusqu'au samedi suivant, à raison de deux séances par jour. Le roi avait fait exposer l'état de ses affaires et demandé un subside de 800,000 fr.; les États, après en avoir délibéré, l'accordèrent en principe et examinèrent ensuite les moyens de le recouvrer. Les bonnes villes exigèrent que les gens d'église prissent à leur charge 100.000 francs; cela ne semble pas avoir fait difficulté. Mais il n'en

(1) V. *Pièces justif.* VI.
(2) V. *Ibid.* VII.

fut pas ainsi pour les 700,000 francs restants ; les députés du sud-est voulaient une taille, c'est-à-dire un impôt direct pour le tout ; les autres, seulement pour partie. Faute de pouvoir s'entendre on s'en remit à la décision du roi et de son conseil, et le chancelier annonça en son nom aux États, le samedi 20 octobre, que 450,000 francs se lèveraient au moyen d'une taille à trois termes (15 novembre, 1ᵉʳ février, 1ᵉʳ juin) et que le reste se paierait par un impôt indirect du *onzième* sur toutes marchandises et denrées jusqu'à concurrence de 250,000 francs ; en aucun cas cet impôt du onzième ne pouvait durer plus d'un an.

1425, novembre, Mehun-sur-Yèvre. — D'après ce que nous venons de dire, on comprend que l'assemblée de Mehun-sur-Yèvre ne peut être qu'une réunion des États de Languedoc. Aucun document contemporain n'en parle autrement. L'erreur de D. Vaissète, dans laquelle ont été entraînés MM. Vallet de Viriville et Picot, vient de ce qu'il a ignoré la session de Poitiers, tenue par les États de Languedoil ; une fois cette dernière bien connue on ne peut pas se tromper sur le caractère de l'assemblée de Mehun-sur-Yèvre.

1426, avril, Montluçon. — Nous avons dit qu'à Poitiers quelques provinces voulaient qu'une partie du subside fût payée sous forme d'impôt indirect ; elles l'emportèrent puisqu'il fut convenu que 250,000 francs se recouvreraient au moyen du *onzième* ou *onzain*, comme on nomma la nouvelle aide. Mais une réaction ne tarda pas à se produire ; on reconnut les inconvénients de ce genre d'impôt, et une seconde assemblée des États de Languedoil, réunie à Montluçon, en avril 1426, le remplaça par la perception sous forme d'impôt direct ou taille des 250.000 francs précédemment accordés (1).

1426, novembre et décembre, Issoudun et Montluçon. — Nous trouvons, à la fin de 1426, à peu près les mêmes faits qu'à la fin de 1424. D'un côté, nous voyons la ville de Tours nommer des députés à une assemblée « des trois États de plusieurs pais de l'obeissance » convoquée à Issoudun le 10 novembre 1426 (2). Ces députés sont de retour le 4 décembre et font leur rapport : les États

(1) « Nous, Guillaume d'Apchon, sgr. dudit lieu d'Apchon, confessons avoir eu et receu de honorable homme et saige Jehan Mayna d commis par le roy nostre sire, à recevoir ou hault pays d'Auvergne la porcion de l'aide de 250,000 francs octroyé au roy nostre sire à Montluçon ou lieu de l'onziesme par les gens des Troys Estaz du pays de Languedoc *(sic)* ou mois d'avril CCCCXXVI, la somme de 30 l. t...... 10 juillet 1426. » (Bibl. nat. *Pièces orig.* 79, n° 3.)

Languedoc est une faute du scribe pour *Languedoil*, l'Auvergne n'ayant jamais fait partie du Languedoc au point de vue financier ; comparez d'ailleurs la pièce suivante :

« Je..... bastard d'Apchon confesse avoir eu et receu de..... Jehan Maynard, commis par le roy nostre sire à recevoir ou hault pays d'Auvergne la porcion de l'aide de 250,000 francs mis sus derrenierement ou pays de Languedoil au lieu de l'onziesme la somme de 22 l. t...... 28 aoust 1426. » (*Ibid.*, n° 4.)

(2) Commun°ⁿ de M. Delaville Le Roulx, d'après les Arch. de Tours, BB IV.

ont prié le roi de faire la paix avec le duc de Bourgogne et ils lui ont accordé une aide de 120,000 francs, plus une autre aide percevable pendant un an, par laquelle chacun devait payer, par semaine, 5 sous, 3 sous 3 deniers, 20 ou 10 deniers, suivant sa condition. D'autre part les registres de Lyon mentionnent des lettres convoquant une assemblée à Montluçon, le 8 décembre (1), et nous trouvons que cette assemblée accorda également au roi une aide de 120,000 francs (2) et une autre aide de 5 sous tournois et au-dessous (3). Il en faut conclure évidemment qu'il se tint en novembre à Issoudun (4) une assemblée des pays occidentaux de Languedoil, et en décembre à Montluçon une assemblée

(1) « 3 déc. 1426. Ilz ont receu les lettres du roy closes par les quelles il mande estre à Montluçon le.VIIIe. jour de decembre prouchain venant ouquel lieu il y mande pareillement pluseurs autres pays de son obeissance, lesquelles lettres furent données à Mehun le .XXIIIe. jour de novembre derr. passé. » (BB², f° 30 v°.)

(2) « C'est le pappier de l'aide de .IIII^mV^c. l. t. ordonnée estre mis sus ou haut pais d'Auvergne, devisée de la somme de .VI^{xx}. mil l. t. octroyée par les gens des Trois Estaz ordonnez en la ville de Montlisson ou moys de decembre .M.IIII^cXXVI. pour aler à l'encontre de ses ennemiz enciens les Angloys, hoster toutes pilleries et remettre sus justice. » (Bibl. nat., Fr. 23,897.)

(3) Arch. Lyon BB² f° 52 v°. Cet impôt indirect n'eut pas plus de durée que celui du onzième; dès les premiers mois de 1427 il fut converti en une taille directe aussi bien à l'ouest qu'à l'est, sans doute dans des réunions d'États provinciaux. (Arch. nat. Z' A 8, f° 28 v°.; Arch. de Clermont-Ferrand, reg. I, f° 48 v°.)

(4) Un autre texte la place cependant à Mehun-sur-Yèvre : « ...commisseres en la chastellerie de St Benoist du Sault de l'aide octroyé au roy a Meun ou mois de novembre 1426. » (Reg. de la Cour des Aides, Arch. nat. Z' A 8, f° 44.)

des pays orientaux ; qu'ici et là la royauté demanda
et obtint le vote des mêmes subsides. La seule
chose qui puisse faire doute, c'est de savoir si les
deux aides de 120,000 francs s'additionnèrent,
c'est-à-dire si l'ensemble de l'impôt supporté par les
pays de Languedoil fut de 240,000 francs. Un fait
particulier nous permet de croire que non : en avril
1426, l'Auvergne avait été taxée à 30,000 francs
pour sa part de l'aide générale de 250,000 francs (1);
en décembre elle eut à supporter 18,000 francs (2).
Bien qu'il ne faille pas s'attendre dans les répar-
titions de cette époque à une proportion rigoureu-
sement exacte, on ne peut admettre que, dans la
même année, l'Auvergne ait participé pour 30,000
francs à un impôt de 250,000 francs et pour 18,000
francs seulement à un impôt de 240,000 francs ;
on comprend au contraire que, sous l'influence de
certaines causes que nous ne connaissons pas, elle
ait été taxée à 18,000 francs pour un impôt de
120,000 francs, bien qu'une proportion rigoureuse
ne fixât son contingent qu'à 14,400 francs. La
conclusion pour nous sera donc qu'à la fin de
1426, Charles VII obtint des États de Languedoil
une aide de 120,000 francs et que les assemblées
d'Issoudun et de Montluçon furent appelées à

(1) Bibl. nat. Franç. 23,897.

(2) Ce chiffre se déduit de la part même de la Haute-Auvergne
indiquée plus haut (4,500 fr.), cette part étant toujours le quart
de l'impôt entier de l'Auvergne.

consentir séparément, non pas leur part respective, mais l'ensemble même du subside.

1427, septembre, Chinon. — L'accord de
MM. Vallet de Viriville et Picot à admettre cette
session n'a pas grande valeur puisqu'ils ont puisé
à la même source : cette source est D. Vaissète, que
bien malgré nous, nous sommes encore obligé d'accuser d'erreur. Nos raisons, pour rejeter absolument
cette session, sont multiples : 1° aucun document
contemporain n'en fait mention — ce qui n'a qu'une
valeur tout-à-fait relative ; 2° nous ferons remarquer
que ce que dit D. Vaissète de cette prétendue session s'applique parfaitement à celle de Chinon,
sept. 1428 ; qu'il s'appuie exclusivement sur les
Titres scellés de Gaignières, c'est-à-dire vraisemblablement sur une pièce unique ; que dans ces
conditions une erreur de date est d'autant plus
probable que nous en avons relevé une tout-à-fait
analogue pour la session de Bourges, en janvier
1423 : — ces observations constituent déjà des
preuves indirectes assez fortes ; 3° enfin nous publions des lettres closes de Charles VII qui con-
voquent les États Généraux pour le 16 novembre
1427 à Poitiers (1) ; ces lettres sont datées de Lusignan le *3 octobre*. Il n'est évidemment pas admissible que quelques jours seulement après une
session d'États Généraux, où on lui aurait accordé
500,000 francs, le roi ait songé à en convoquer
une nouvelle.

(1) V. *Pièces justif.* VIII.

1428, 8 avril, Chinon. — L'assemblée annoncée pour le 16 novembre n'eut pas lieu faute de députés ; le roi la remit successivement au 8 janvier (D. Vaissète) et au 21 mars, sans obtenir plus de succès (1). Il est probable qu'il résolut alors, ne pouvant arriver à une assemblée générale, de convoquer deux assemblées partielles de Languedoil. Mais les seuls renseignemunts certains que nous ayons se rapportent à l'assemblée occidentale ; le 8 avril à Chinon une réunion d'États accorda au roi une aide de 100,000 francs percevable sur l'Anjou, la Touraine, le Poitou et le Berry (2).

1428, septembre-octobre, Chinon. — Cette assemblée est la plus nombreuse qui ait été réunie sous le règne de Charles VII, car elle comprit à la fois les pays de Languedoc et ceux de Languedoil. D'abord convoquée à Tours pour le 18 juillet, elle fut remise au 10 septembre dans la même ville (3), et ne se tint cependant que vers la fin du mois à Chinon. Les gens d'église accordèrent au roi l'équivalent d'un dixième à lever sur eux (4), et le

(1) Arch. de Lyon, BB², f° 53 r°.

(2) Arch. de Tours, Comptes, XXIV 46 v°. — (Comm. par M. Delaville Le Roulx.)

(3) V. la lettre de convocation. *Pièces justif.* IX.

(4) « Nicholaus Jehe... commissus in singulis civitatibus et diocesibus super facto, acceleracione ac recepta unius subsidii ad equivalentiam unius decime integre per prelatos et alios ecclesiasticos tam lingue Gallicane quam Occitane in congregacione Trium Statuum novissime Caynone tenta concessi... août 1429. » (Bibl. nat. *Coll. de Languedoc*, 89, f° 101.)

tiers État, une aide de 500,000 francs (1) payable
200,000 francs par le Languedoc et le reste par le
Languedoil. Cette aide était déjà accordée le 6 octobre (2), et il est probable que les États de Languedoil ne prolongèrent pas beaucoup plus tard
leur session ; mais ceux de Languedoc restèrent
auprès du roi jusque dans les premiers jours de
novembre. En effet les deux assemblées, bien que
réunies dans la même ville, ne semblent avoir eu
de commun que le vote de l'impôt ; elles eurent
leurs cahiers de doléances séparés. Ceux de Languedoil ne nous sont malheureusement pas parve-
nus ; nous voyons par les cahiers du Languedoc (3)
qu'ils avaient été remis les premiers au roi et qu'ils
contenaient deux articles que ces derniers leur

(1) Et non 400,000 francs, comme le dit D. Vaissète et après lui
M. Picot.

(2) Lettre de Charles VII aux habitants de Lyon. (Arch. de Lyon
AA 22, f° 57.)

(3) « .....Que pour les raisons cy dessus declarées plus à plain
et aussi considéré le bon advis et deliberacion du conseil de Languedoil, comme il appert par la teneur de leurs articles, qu'il
plaise au Roy atraire par devers lui en bon amour et obeissance
et en son service M. le Connestable et pour ce faire lui plaise,
continuer les ambaxades et traitiés qui ont estés commencés...

« Et pour ce que le roy nostre sire leur a fait remonstrer par
pluseurs fois qu'il a eu peu de prouffit le temps passé des finances
du pays de Languedoc par le deffault de ceux qui les ont gouver-
nées, qu'il lui plaise tellement pourveoir au gouvernement des
dites finances et aux receveurs d'icelles, que d'ores en avant les
dites finances viegnent à sa main et à son profit et non d'autre,
ainsi qu'il a esté ordonné et accordé plus à plain au conseil des
Trois Estats de Languedoil darrenierement tenu en ceste ville de
Chinon. » (Bibl. nat. Lat. 9177, f°° 271-80. — Indiqué par M. de
Beaucour, *Charles VII*, p. 60.)

empruntèrent : ils demandaient la rentrée en grâce du connétable de Richemont et des réformes dans l'administration et le personnel financier.

1430, mars, Sully. — Il est difficile de comprendre comment M. Picot a pu voir dans cette réunion des États Généraux. Aucun document n'autorise à le penser, et ce ne fut, au témoignage même de D. Vaissète, qu'une assemblée des États de Languedoc. M. Vallet de Viriville ne s'y est pas trompé.

1430, décembre, Chinon. — Après les États de septembre-octobre 1428, nous entrons dans une période obscure où le manque de sessions ne vient peut-être que de l'insuffisance des renseignements dont nous pouvons disposer (1). Au mois de septembre 1429 le roi manifesta l'intention de convoquer les États Généraux, mais nous ne savons si l'assemblée se tint réellement (2). Sur la session de Chinon, en décembre 1430, nous n'avons qu'un seul témoignage, souvent cité, celui de Jean Jouvenel des Ursins (3); elle semble avoir été spécialement composée de députés du nord-est du pays de Languedoil (Reims, Laon, Châlons, Beauvais, Senlis, Troyes, Sens, Melun, Montargis, etc.) dont les plaintes furent d'ailleurs fort mal accueillies

(1) Il y a malheureusement une lacune de 1429 à 1433 dans les reg. de la ville de Lyon.

(2) Vandenbroeck, *Extr. des reg. des Consaux de Tournay*, t. II, p. 348.

(3) Le passage auquel nous faisons allusion est reproduit ou analysé par MM. Vallet de Viriville, Picot et de Beaucour, ce qui nous dispense d'y insister.

par la cour. Nous ne savons s'il y eut une aide votée, ce qui est probable.

1431, avril, Poitiers. — Cette session des États de Languedoil est demeurée absolument inconnue jusqu'ici. L'assemblée, sur laquelle nous avons peu de détails accorda au roi une aide de 200,000 francs. Peut-être se tint-elle dans les derniers jours de mars et les premiers jours d'avril, car une pièce la place en avril (1) et l'autre en mars (2).

(*A suivre*).   A. THOMAS.

(1) « Charles, etc. A nos amez et feaulx Girard Blanchet, chevalier, nostre conseillier, maistre des requestes de nostre hostel et maistre Jaques de Canlers, nostre secretaire, salut et dileccion. Comme ou mois d'avril derrenier passé la plus grande partie des gens des Trois Estatz de noz pays de Languedoil nous eussent octroyée et accordée la somme de deux cens mil livres tournois pour aidier et secourir à nos affaires... Chinon, 26 décembre 1431. » (Bibl. nat. *Pièces orig.* 364, dossier *Blanchet*, n° 32.)

(2) « Saichent tuit que nous Bertran de St Avit, escuier, Guillaume Piédieu, licencié en loix, garde de la seneschaucée de la conté de la Marche et Jehan Barton, conseillers du roy nostre sire et par lui commis et ordonnez à mettre sus et imposer ou pais et ressort de ladite conté de la Marche la somme de .VII^M. l. t. pour sa porcion de l'aide de .II^c. mil frans à lui ottroyé et par lui mis sus de l'avis et consentement des gens des Trois Estaz de son pais de Languedoc (*sic*) mandez et assemblez en la ville de Poictiers ou mois de mars derr. passé, confessons avoir eu et receu de Jaques de la Ville, commis à recevoir ledit aide oudit pais et conté de la Marche, la somme de quarante livres tournois, c'est assavoir chascun de nous 13 l. 6 s. 8 d. t. à nous ordonnez par les gens des Trois Estaz dudit conté de la Marche et imposez oultre et par dessus le principal dudit aide pour nos peines et travaulx d'avoir vacqué à faire l'impost et assiette d'icellui.... Donné à Chanezailles soubz noz seaulx et seingz manuelz pour tesmoing de ce le 27e jour de novembre l'an 1431 » (Arch. nat. KK 648, n° 127)

COMPTES-RENDUS

I. — Catalogue des manuscrits de la bibliothèque de Vitry-le- François, précédé d'une introduction, par G. Hérelle, professeur de philosophie. — Paris, H. Menu, 1876. In-8° de xv et 84 pages.

Les mss. de la bibliothèque de Vitry-le-François sont au nombre de 156. Ils proviennent des monastères de Trois-Fontaines, de Cheminon, de Haute-Fontaine et de Huiron, des couvents des Récollets et des Minimes de Vitry et des collections Dominé de Verzet, Barbier de Salligny et Herbert. Les bibliothèques de Trois-Fontaines et de Cheminon avaient déjà fourni à M. Hérelle la matière d'un intéressant opuscule intitulé : *Notice sur les manuscrits de la bibliothèque de Vitry-le-François*, Vitry, 1876, in-8°, et l'avaient préparé au travail qu'il vient de donner au public.

L'introduction contient l'historique de la formation, des accroissements et des vicissitudes de toutes sortes de la bibliothèque de Vitry. Elle est très-bien écrite et étudiée avec le soin que M. Hérelle apporte à toutes ses publications. M. Hérelle y constate que des détournements coupables y ont été commis et que le nombre des mss. devrait se monter à près du double. Un tableau donne la classification des mss. selon leur origine, avec la concordance des anciennes et des nouvelles cotes ; enfin, l'introduction est terminée par une liste des mss. disparus.

La méthode suivie par M. Hérelle dans la confection du catalogue est de tous points conforme aux principes de la bibliographie et la critique la plus sévère ne trouverait rien à y reprendre, tant l'auteur a mis de soin à indiquer le contenu de chaque ms., à en faire connaître et en identifier les différents traités et à en signaler les moindres particularités matérielles. En un mot, s'il est possible de faire aussi bien, il serait difficile de faire mieux et le catalogue de M. Hérelle est certainement un des meilleurs que nous connaissions. Tout ce qu'on peut regretter, c'est que l'intérêt des mss. de Vitry-le-François soit si restreint ; ils se composent principalement de traités liturgiques et d'ouvrages théologiques dont l'importance consiste surtout dans l'ancienneté ; le tiers au moins de ces mss. est du xiie siècle ; il y a même un cérémonial du xie. Les mss. qui présentent le plus d'intérêt au point de vue local, sont relatifs à la coutume de Vitry.

Succès oblige. Après un début si heureux, M. Hérelle ne peut pas et ne doit pas s'arrêter en si bonne voie. Il faut qu'il nous fournisse bientôt une nouvelle occasion d'apprécier son réel talent de bibliographe. Les catalogues de plusieurs bibliothèques champenoises restent à faire ; que M. Hérelle s'en charge ou qu'on l'en charge.

Ulysse ROBERT.

II. — **REGISTRES DES COMPTES MUNICIPAUX DE LA VILLE DE TOURS**, avec notes, commentaires, éclaircissements et tables, publiés sous le patronage de la Société archéologique de Touraine, par J. DELAVILLE LE ROULX, ancien élève pensionnaire de l'École des Chartes, membre de la Société archéologique de Touraine.

Ce n'est pas d'un livre paru que nous voulons entretenir aujourd'hui les lecteurs du *Cabinet historique*, mais d'une publication qui va paraître, et qui s'annonce sous les meilleurs auspices. Nos lecteurs n'ont pas oublié le travail consciencieux et intéressant que nous avons publié ici-même sur la *Domination Bourguignonne à Tours et le siége de cette ville* (1417-1418) (1) ; il était dû à la plume de celui qui entreprend aujourd'hui la publication d'une première série des Comptes municipaux de la ville de Tours, devant former 8 volumes environ in-8°, et que précédera une savante introduction sur l'administration de la ville de Tours aux xive et xve siècles, et particulièrement sur l'administration municipale.

Depuis longtemps déjà, la Touraine songeait à publier les documents conservés aux archives municipales et surtout la série des comptes qui remonte à 1358, époque à laquelle se fonda la muni-

____

(1) Tome XXIII, p. 141-231.

cipalité nouvelle par la réunion de Châteauneuf et de l'ancienne cité des Turones en une même enceinte. Aujourd'hui elle met ce projet à exécution, grâce à notre collaborateur, qui a bien voulu se charger du dépouillement et de la mise au jour des registres de Comptes et de Délibérations. Elle ne pouvait confier ce travail à de meilleures mains ; les lecteurs du *Cabinet historique* ne nous démentiront pas, croyons-nous, sur ce point.

Par sa position au cœur de la monarchie, sa situation sur la Loire, son pèlerinage au tombeau du grand saint Martin, si vénéré au moyen-âge ; par le séjour presque constant de la cour en Touraine, Tours, plus que toute autre ville, avait un très-grand mouvement de commerce, d'industrie, d'activité intellectuelle et artistique : elle servait comme d'auberge sur le passage des grands personnages ; hommes de guerre, diplomates, princes du sang la traversent perpétuellement et y débattent de graves intérêts ; les artistes y séjournent et l'embellissent de leurs œuvres ; la cour y répand le luxe et le bien-être ; et toutes ces choses, si précieuses pour l'historien, qu'il s'occupe de négociations diplomatiques, d'histoire des arts, de faits de guerre ou d'économie politique et de statistique, sont consignées dans les Comptes de la ville de Tours. Il serait difficile, parmi toutes les villes qui ont conservé leurs archives, d'en trouver une qui présentât, au même degré que Tours, en dehors de l'histoire locale et provinciale, autant de faits intéressant les érudits, et relatifs aux événements généraux de l'histoire de notre pays.

Les publications de la nature de celle de M. Delaville Le Roulx méritent d'être encouragées ; nous espérons que les lecteurs du *Cabinet historique* ne lui refuseront pas leur concours.

X***

III. — HISTOIRE DE LA FERTÉ-BERNARD; SEIGNEURS, ADMINISTRATION MUNICIPALE, ÉGLISE, MONUMENTS, HOMMES ILLUSTRES, par Léopold CHARLES, membre de l'Institut des provinces de France, correspondant du ministère de l'instruction publique, publiée par l'abbé Robert

Charles, vice-président de la Société historique et archéologique du Maine. — Mamers et Le Mans, Paris, Didron et Menu, 1877. In-8° de 303 pages, avec planches.

Le présent volume n'est, comme l'éditeur prend soin de nous en avertir dans la préface, que la réimpression ou plutôt le résumé des travaux sur la Ferté-Bernard, publiés de 1814 à 1874, par feu M. L. Charles. Ajoutons que l'ouvrage tout entier s'est ressenti de cette origine, si bien qu'au lieu de ne former qu'une seule monographie, il en contient cinq ou six qui ne s'enchaînent qu'imparfaitement. Ces réserves faites, nous ne saurions trop louer l'auteur d'avoir su tirer d'un sujet en somme fort restreint un volume en grande partie intéressant. Il nous retrace l'histoire de cette petite ville depuis le xi�e siècle jusqu'au milieu du xviii⁰ siècle. La partie ancienne, surtout en ce qui concerne la filiation des seigneurs de la Ferté, bien que tout ne soit pas encore dit sur ce sujet, nous a paru suffisamment étudiée. L'administration municipale et l'administration paroissiale ont aussi fait l'objet de chapitres particuliers. La partie la plus intéressante de l'ouvrage est certainement celle qui est consacrée à l'histoire de l'église, charmant monument entrepris dans la dernière moitié du xv⁰ siècle et terminé au xvi⁰; on a eu l'heureuse idée de joindre à cette description un assez grand nombre de planches qui permettent d'en contrôler l'exactitude. Les monuments civils que renferme la Ferté ne sont pas non plus oubliés et il en reste heureusement assez pour mériter une étude particulière. Une série de pièces justificatives et une table terminent le volume : cette dernière contient quelques erreurs regrettables. Quant aux pièces justificatives, on aurait pu désirer qu'elles fussent données *in extenso*; malheureusement on a remplacé par des points, au moins dans les plus anciennes, tout ce qui ne se rapportait pas exclusivement à la Ferté, ce qui en rend parfois l'intelligence assez difficile.

En résumé, malgré les quelques critiques que nous venons de présenter, l'ensemble du livre est satisfaisant et il serait à souhaiter que bien des villes pussent rencontrer des historiens aussi consciencieux que feu M. L. Charles.

E. Molinier.

IV. — Une association d'imprimeurs et de libraires
réfugiés a Tours au xvi° siècle. — Tours, Rouillé-
Ladevèze. In-8° de vii-67 pages, avec un *fac-simile*.

Un de nos plus infatigables chercheurs de province, M. le docteur Giraudet, de Tours, a découvert, dans une étude de notaire
de cette ville, la minute d'un acte d'association des imprimeurs
et libraires réfugiés à Tours à la fin du xvi° siècle. Je n'ai point
à exalter la valeur d'une semblable trouvaille, pour laquelle
M. Rouillé-Ladevèze a déployé toute l'élégance typographique qu'elle
mérite ; il me suffira de nommer les imprimeurs qui y ont signé :
Jamet Mettayer, Claude de Montreuil, Georges Drobet, Marc Orry,
Sébastien du Moulin, Mathieu Guillemot, Jean Richer. Pour donner
une idée de l'importance de cette pièce, M. le docteur Giraudet a
ajouté à la publication du texte des notes fort bien faites, dans
lesquelles il rectifie certaines erreurs de Firmin Didot et de
Mattaire sur J. Mettayer. Il nous fait connaître, d'après des
sources inédites, quelques particularités de la vie de Sébastien du
Moulin, de Georges Drobet, de Marc Orry, gendre de Mett yer, et
certains détails sur l'imprimerie, les imprimeurs et le prix de
l'impression à la fin du xvi° siècle. Ces dissertations, malheureusement un peu courtes, sont closes par une discussion dans
laquelle intervient l'éditeur. Je dois dire que si la question sou-
levée dans cette note n'a pas été définitivement tranchée par les
éditeurs, elle a du reste, embarrassé plusieurs personnes et des
plus compétentes, à Paris et ailleurs. Le champ reste libre aux
discussions.

H. Bouchot.

V. — Inventaire général et méthodique des manuscrits
français de la Bibliothèque nationale, par Léopold
Delisle, membre de l'Institut, directeur de la Bibliothèque nationale. Tome II. Jurisprudence, sciences et
arts. — Paris, Champion, 1878. In-8° de 355 pages.

VI. — Inventaire de la collection d'estampes relatives a
l'histoire de France, léguée en 1863 a la Bibliothèque
nationale par Michel Hennin , rédigé par Georges

Duplessis, conservateur sous-directeur adjoint du département des estampes à la Bibliothèque nationale. Tome II, 2ᵉ partie. — Paris, Picard, 1878. Gr. in-8°, pages 225-479.

VII. — Répertoire des sources historiques du moyen-age, par Ulysse Chevalier. — Bio-bibliographie, 2ᵉ fascicule. D.-I. — Paris, librairie de la Société bibliographique, 1878. Gr. in-8°, col. 537-1132.

Est-il besoin de dire que si nous devions rendre compte, même sommairement, de ces trois ouvrages, nous leur aurions, dans cette revue, assigné la place à laquelle leur donnent droit leur importance et la réputation de leurs savants auteurs? Mais comme nous ne voulons aujourd'hui que les annoncer à nos lecteurs, sans en dire tout le bien que nous en pensons, nous espérons qu'il nous sera pardonné d'avoir paru oublier qu'à tout seigneur est dû tout honneur. Que pourrions-nous d'ailleurs ajouter à l'éloge qui a été fait ici même du premier volume et des premiers fascicules de chacune de ces publications? Il est des livres qui se recommandent d'eux-mêmes; les inventaires de M. Delisle et de M. Duplessis et le répertoire de M. l'abbé Chevalier sont de ce nombre. Parce qu'ils répondent au même degré à une question d'utilité publique, parce qu'ils satisfont aux légitimes exigences des érudits et parce qu'ils sont tous trois signés de noms aimés du public, nous sommes heureux de pouvoir les signaler en même temps aux lecteurs du *Cabinet historique*, qui, nous n'en doutons pas, les accueilleront avec la plus vive reconnaissance.

Ulysse Robert.

MADAME DE BEAUVAIS

ET SA FAMILLE

(Suite et fin. — Voyez page 129).

Cependant il semble que rien ne put amé-
liorer sa situation, car nous la trouvons écrivant,
en 1689, au contrôleur général Claude Le Peletier,
cette lettre désespérée :

> « A Gentilly, ce 24e juin 89.

> « Monseigneur,

> « Tant par mon age que par les incomodites quil me
cause, iay recours à cet ecrit, ne pouvant avoir encore
lhoneur de vous aller suplier moy mesme. Ce pendant,
Monsieur, voysy le temps de la Chandeleure que vous
maves faict touiours la grasse de me faire toucher ma
pencion ; neaumois *(sic)* ie comprens fort la nesecite ou
on ce trouve. Jay donc recours a vous, et nay nul apuy
aupres du Roy que la bonte que vous maves faict lhoneur de me faire touiours paroitre. Jay charge cet
homme, qui est a moy, dune lettre pour le Roy : mes ie
luy ayt dit en mesme temps de ne la point donner à
Mr Bontemps sy vous ne le trouves bon. La p^re grasse
donc que ie vous demande, Monseigneur, set de luy faire
dire quil ne la donne point, ou quil la donne sellon ce que
vous iugeres a propos. La segonde grasse, set de vous
remestre dans lesprit que ie nay nul bien que selluy
que le Roy me faict, et que tout de bon ie sere con-
trinte, sy ses grasse finise, de me mestre dans une co-

munate *(sic)* dhospitallies *(sic)* que nous avons a Gentily.
Je le fere asurement de tout mon cœur, sy cette somme que
vous me festes la grasse de me procurer peut servir dans
ce rencontre au soulagement des affaires de ce grand
roy et à l'Estat; vous protestant que ie donneres mille
vie, et aucy que vous croyes que personne net avec plus
de respect que moy, Monseigneur,

> « Vostre tres humble, tres
> obeisante, obligee servante.

> « De Beauvais. »

Mais voici un autre document qui nous éclaire
encore mieux sur cette lamentable déchéance; c'est
le testament olographe de Mme de Beauvais, suivi
de plusieurs codicilles. Nous n'en donnerons que
des extraits analytiques. Le testament est daté du
25 novembre 1684; il en faut remarquer le début.

Elle invoque « tous les saints et saintes de Paradis, ou en lieu pour y arriver, et notamment la
feue reine mère, ma très-honorée maîtresse. »

« Je demande, dit-elle, à tout ce nombre infini de
bienheureux d'être à mon aide, de demander pardon à Dieu pour moi, me confessant la plus crimi-
nelle et la plus grande pécheresse qui ait jamais été
sur la terre... Je remercie la bonté divine de tant
de grâces qu'il lui a plu de me faire durant le
cours de ma vie, et particulièrement de m'avoir
fait élever par mes père et mère dans la cour, auprès de la plus grande reine et la plus vertueuse
qui ait jamais été, dont je me suis rendue bien

indigne par la méchante conduite de ma vie et par les grands crimes que j'ai commis devant Dieu, du moment de ma connoissance jusques à présent, dont je lui demande très-humblement pardon. Et comme je me reconnois très-indigne de l'obtenir par mes regrets, je me jette aux pieds des cinq précieuses plaies de Monseigneur Jésus-Christ, dont je confesse être seule la cause; mais, par son précieux sang, j'espère mon pardon, et par sa miséricorde, où elle n'aura jamais plus paru... »

Elle demande ensuite à être enterrée sans aucune façon à Gentilly, dans la même tombe que son mari, et veut que son cœur soit transporté à la Religion des Hospitalières du même lieu, dans l'église, « je veux dire dans le jardin, sous l'autel de l'hôpital, où elles mettront un saint Joseph dans le mur, ou à moitié, et feront la chapelle, si je ne l'ai pas faite. »

Son fils le baron est, dit-elle, celui de tous ses enfants « qui a eu plus de douceur ou de complai-sance » pour elle, et c'est le seul qui ait des en-fants... — Il sera son héritier.

« Quant à mon fils aîné, l'abbé de Beauvais, il doit être très-content de son établissement et de sa fortune, lui ayant fait donner par S. M. des bé-néfices considérables dont il a joui et jouit. A l'é-gard de mon cadet, il n'a pas tenu à moi qu'il n'ait été mieux établi, tant par les bénéfices qu'il avoit sur sa tête, que par toutes les bonnes intentions

que je proteste devant Dieu que j'aurois eues pour
lui, et s'il ne s'étoit pas marié sans mon consentement. »

« Et comme l'état fâcheux de mes affaires ne
m'a laissé aucun bien que les gratifications que le
Roi m'a faites dans le temps de l'abandon de mes
biens, je déclare que S. M. m'ayant fait don gra-
tuit, par son brevet du 13 septembre 1684, de la
terre et seigneurie de Gentilly, circonstances et
dépendances, dont vente avoit été faite au roi
par les créanciers de défunt M. de Beauvais, mon
mari, et de moi, moyennant 26,000 livres, qui ont
été payées des deniers de S. M. par le contrat de
ladite vente; et ayant témoigné au Roi que je
souhaitois que le présent qu'il me faisoit de ladite
terre, circonstances et dépendances, de Gentilly
demeurât à toute propriété dans ma famille, pour
marque de reconnoissance de ses bontés, et pour
exciter de plus en plus leur zèle à lui rendre service... » elle fait, dit-elle, don de cette terre au baron, avec clause de substitution à sa descendance
masculine, ou, à défaut de mâles, aux filles, par
ordre de primogéniture, les mâles excluant toujours
les femelles, pour en jouir sans que l'usufruit
puisse être saisi ni transporté.

Par un premier codicille du 1ᵉʳ avril 1686, la
testatrice, « ayant éprouvé tout ce que l'on fait à
la mort des gens », donne à son fils ses meubles,
évalués 4,000 livres, et l'équipage que lui avaient

laissé ses créanciers, lorsqu'elle leur avait fait
l'abandon de ses biens, le 31 décembre 1683 ; et
ce, dit-elle, « pour l'indemniser en quelque façon
de la perte qu'il a faite, tant sur les 120,000 livres
de M. du Bouchet et sur deux charges dans la
maison de Monsieur, que feu M. de Beauvais et
moi avons employées dans les bâtiments de deux
grandes maisons, dont je ne m'étois point [mise] en
peine de lui en donner aucune sûreté, ne pouvant croire que la mort de cette grande reine arri-
vât devant qu'elle eût payé mes dettes, comme
elle avoit eu la bonté de me le promettre... »

« Quant à mon cadet, je redis encore qu'il n'a
tenu qu'à lui de n'être pas en l'état qu'il est. Je lui
avois mis sur sa tête 8,000 livres de rente, c'est
affaire de fait, savoir : 6,000 livres de pension
sur l'abbaye de son frère l'abbé, et une prébende
de la Sainte-Chapelle, dont il tiroit 2,000 livres
par la maison qui étoit échue à ladite. Il voulut
changer de profession, par légèreté... On ne veut
point forcer un enfant à demeurer dans l'église par
force : ce n'a jamais été mon intention, quoique
jeune, que j'eusse été fort aise qu'il y fût demeuré.
Il s'accommoda donc avec son frère l'abbé, lequel
lui faisoit encore une pension de 4,000 livres, qui
étoit une somme assez considérable pour un garçon,
et lequel s'étoit mis dans le service. Sûrement, je
lui aurois procuré des avantages ; mais, au lieu de
vouloir servir le roi, il a mené une vie oisive.

Conclusion : s'est marié sans ma participation à une femme âgée, sans biens, et lui, ainsi, a perdu les 4,000 livres que son frère lui faisoit. Et si, après, l'on s'étonne qu'il n'ait rien, ce n'est point ma faute : qu'il poursuive MM. les créanciers sur le bien de Jacques de Beauvais, son oncle. Il a encore mon douaire à espérer. Je n'ai nul bien à lui donner : l'on ne trouvera ni rente ni maison ; je n'ai pour tout bien que Gentilly, qui n'a nul revenu. »

Par le même codicille, la testatrice charge son héritier de continuer à une sœur, qui est religieuse à l'Abbaye-aux-Bois, une rente de 60 livres par an.

« Le Roi, ajoute-t-elle, me comblant toujours de ses bontés, m'ayant donné, par son brevet du 28 février 1686, 4,600 livres pour l'achat de deux maisons qui faisoient enclave dans mon parc, et les ayant achetées et payées de ses deniers... je donne et lègue aussi lesdites deux maisons à mon fils le baron. »

Il y a encore un codicille du 29 novembre 1687, par lequel on voit qu'elle venait de donner entièrement au baron la propriété de Gentilly.

Elle vécut près de trois ans après la rédaction de ce dernier codicille. « Je l'ai encore vue, dit Saint-Simon (1), vieille, chassieuse et borgnesse, à la

(1) *Mémoires*, t. I, p. 107. On ne peut s'empêcher de trouver une analogie de termes entre ce passage des *Mémoires* et l'article du *Chansonnier* de Gaignières, que nous n'osons pas plus que

toilette de Mme la Dauphine de Bavière, où toute
la cour lui faisoit merveilles, parce que de temps
en temps elle venoit à Versailles, où elle causoit
toujours avec le roi en particulier, **qui avoit conservé beaucoup de considération pour elle** (1). »
Elle mourut le 13 août 1690 ; elle devait être alors
plus que septuagénaire. Son corps fut sans doute
inhumé à côté de celui de son mari, dans l'église de
Gentilly, où une inscription rappelle encore qu'elle
fut la bienfaitrice de la Miséricorde de ce village (2).

Jal *(Dict. critique,* p. 153) reproduire jusqu'au bout. La chanson
est de 1666 et a pour sujet quelque Fromenteau du moment ;
voici le début du commentaire : « Cette femme étoit fort lubrique
et payoit grassement ses [illegible]nants, car elle étoit vieille, laide et
borgnesse : ses char[illegible]s attiroient pas. Il est certain qu'elle
avoit eu néanmoins l[illegible]age du roi Louis XIV, tout affreuse
qu'elle étoit, car, ce pr[illegible]at fort jeune..... » Saint-Simon adopte
non-seulement cette d[illegible]ere partie de la légende, mais il conserve
les termes même dans l'ordre où s'en est servi Gaignières :
vieille, chassieuse et borgnesse, ou *vieille, hideuse et borgnesse,*
dans sa rédaction primitive. (Addition au *Journal de Dangeau,*
14 août 1690.) Le Chansonnier dit aussi que le fils de Mme de Beauvais *prend le titre de baron.*

(1) Voici en quels termes un ministre, Seignelay, lui écrivait en
1683 : « Vous voulez bien, Madame, que je m'adresse à vous pour
savoir ce qui se passa à la mort de la reine mère pour les droits
de la dame d'honneur et de la première femme de chambre, et
que je vous supplie de prendre la peine de me faire savoir ce qui
tomba dans votre partage, et ce qui se trouva appartenir à Mme la
comtesse de Fleix. Je vous prie de vouloir bien me faire réponse
par celui qui vous rendra cette lettre, et me croire toujours,
Madame, votre très-humble et très-obéissant serviteur. » (Arch.
nationales, O^1 27, fol. 274 ; lettre *de la main,* en date du 16 septembre 1683.)

(2) Guilhermy, *Anciennes inscriptions de la France,* tome III,
p. 585.

Elle n'avait pas eu moins de cinq fils et trois filles, dont le *Dictionnaire critique* de Jal (1) nous fait connaître les baptistaires, sauf celui du seul fils qui continua le nom :

1° Anne-Jeanne-Baptiste, baptisée au Louvre le 23 novembre 1637, ayant pour parrain Monsieur Gaston et pour marraine Anne d'Autriche; mariée à Saint-Eustache, le 12 novembre 1652, avec « messire Jean du Plessis, chevalier, baron, de Guébriac, » c'est-à-dire avec Amador-Jean-Baptiste de Wignerod de Pontcourlay, marquis de Richelieu, neveu de la duchesse d'Aiguillon et petit-neveu du cardinal, qui se dissimulait ainsi sous son nom d'adoption et son titre le moins connu. Le contrat, passé aussi secrètement que le mariage, six jours auparavant, avait assuré à Mlle de Beauvais 150,000 livres en avancement d'hoirie. La mariée avait quinze ans moins onze jours, le marié vingt ans moins deux jours. Nous n'insisterons pas sur les circonstances singulières de ce mariage, où l'esprit intrigant de Mme de Beauvais triompha de l'opposition de la duchesse d'Aiguillon et de toute la famille du jeune marquis; celui-ci ne fut assisté à l'église que par ses notaires et par un trésorier de l'extraordinaire des guerres. Quant aux suites, nous renvoyons le lecteur au livre de M. Jules Cousin, à l'*Histoire amoureuse des Gaules*, aux chansons du temps, ou au recueil des manuscrits de Conrart (2). L'union

(1) Page 152.

(2) Le ms. 151 de ce recueil contient une très-curieuse gazette rimée qui a pour sujet le mariage du 12 novembre 1652, et dont il faut rapprocher l'article du *Dictionnaire critique*, p. 154, en

n'eut que dix ans de durée. Au dire de Guy Patin, c'est Guénaut qui aurait successivement tué les deux époux ; le marquis mourut le 11 avril 1662, étant lieutenant général des armées, gouverneur du Havre et capitaine des châteaux de Saint-Germain et Versailles ; la marquise le rejoignit dans les caveaux de la Sorbonne, le 30 avril 1663, emportée par une fièvre continue, à l'âge de vingt-sept ans, et, selon la *Gazette*, « sa vertu la fit autant regretter à la cour qu'elle lui avoit acquis d'estime. » Ils avaient eu six enfants ; l'aîné forma la branche des ducs d'Aiguillon, qui recueillirent plus tard, faute d'hoirs du nom, les restes de la fortune des Beauvais. C'est à leurs héritiers et représentants actuels que nous devons la communication des papiers de famille utilisés dans cette notice.

2° Angélique, née en octobre 1638. Cette seconde fille, qui seconda d'abord sa mère comme survivancière de la charge de première femme de chambre, devint la confidente d'Anne d'Autriche et l'assista dans ses derniers moments. Elle avait beaucoup d'esprit, et sans doute de la beauté, puisqu'elle inspira au comte de Guiche une grande passion (1) ; mais son goût pour les œuvres pieuses et charitables l'emporta dès qu'elle eut fermé les yeux de sa maîtresse. Elle demanda l'autorisation de ses parents pour

ayant soin d'éviter les erreurs qui sont nombreuses chez Jal. Un journal de la Fronde conservé à la Bibliothèque nationale raconte, avec force détails curieux, comment le crédit de Mme de Beauvais l'emporta de beaucoup sur celui de la duchesse d'Aiguillon, tante du marié, et comment la reine mère se déclara très-hautement pour que le mariage fût reconnu valable.

(1) *Mémoires de Mademoiselle*, tome III, p. 276.

prendre le voile, et fit profession à la Visitation de Chaillot le 12 août 1668; la somme que lui avait donnée Anne d'Autriche, lui servit de dot. Élue plusieurs fois supérieure de son monastère et choisie par Louis XIV et Mme de Maintenon pour organiser la maison de Saint-Cyr (1), sœur Claire (Angélique) mourut le 23 mars 1709, âgée de soixante et onze ans.

3° François, baptisé le 2 février 1640 et mort jeune sans doute;

4° Étienne, baptisé le 19 juillet 1641, pourvu le 9 février 1665 de l'abbaye en commende de Montmorel, au diocèse d'Avranches (2), puis d'une charge d'aumônier du roi, en août 1667, et enfin d'un office de conseiller clerc au parlement de Rouen, dans l'exercice duquel il mourut en 1720, étant doyen des conseillers clercs ;

5° Charles, né le 29 juin 1642, et qui ne vécut point ;

6° Louis, qui continuera la descendance, sous le nom de baron de Beauvais, et dont le baptistaire nous manque ;

7° Charles-Ambroise, né le 17 décembre 1650. Celui-ci est le fils dont Mme de Beauvais se plaint si amèrement dans son testament. Les généalogies lui donnent le titre de sieur de la Boissière, et disent qu'il fut capitaine de frégate et

(1) Jal, p. 154-155. Dans cette partie de l'article du *Dictionnaire critique*, le nom de la mère *Priolo*, fille de l'historien, est étrangement défiguré en *Picolo*. Cf. La Beaumelle, *Mémoires pour servir à l'histoire de Mme de Maintenon*, éd. 1756, tome III, p. 214-215.

(2) Voyez la *Muse historique*, de Loret, 14 février 1665, et le *Gallia christiana*, tome XI, p. 540.

épousa N*** du Bois-Launay. Il ne laissa pas de postérité (1). Est-ce lui qu'on appelait le chevalier de Beauvais, et qui, en décembre 1682, alla passer quatre jours à la Bastille, en compagnie de son frère le baron, pour avoir bâtonné, chez un de leurs fermiers, les collecteurs des aides (2)?

8° Olympe, qui était mineure, mais émancipée d'âge lorsque son père mourut, en 1674, et qui se trouvait alors au couvent de Saint-Corentin, près Nantes.

Louis de Beauvais, venu au monde après Étienne, entre 1642 et 1650, était, suivant les chroniques du temps, un fils de Clair-Gilbert d'Ornaison, sieur de Chamarande, l'un des premiers valets de chambre du roi, entretenu, comme Bétoulat de Fromenteau, par la première femme de chambre (3).

Dès l'âge de six ans, sa mère le fit venir à la cour, où il grandit à côté du roi et des jeunes seigneurs que plus tard il retrouva au collége de

(1) En 1693, ayant accompagné Monsieur dans sa campagne de Bretagne, il tomba très-gravement malade et faillit mourir d'un accès de fièvre cérébrale. (Lettre du procureur général Huchet de la Bédoyère au contrôleur général, 3 juillet 1693.)

(2) *Archives de la Bastille*, publiées par M. Fr. Ravaisson, t. VIII, p. 243.

(3) Ms. fr. 12 618, p. 249.

Navarre (1). Puis il eut en don une des douze
charges de maître d'hôtel créées au mois de février
1655, et prit rang ainsi parmi les plus proches familiers. « Il avoit été, dit Saint-Simon, élevé, au
subalterne près, avec le roi. Il fut de ses ballets et
de ses parties, et, galant, hardi, bien fait, soutenu
par sa mère et par un goût personnel du roi, il
tint son coin (2), mêlé avec l'élite de la cour, et
depuis traité du roi toute sa vie avec une distinction qui le faisoit craindre et rechercher. Il étoit
fin courtisan et gâté, mais ami à rompre des
glaces auprès du roi avec succès, et ennemi de
même : d'ailleurs honnête homme (3), et toutefois
respectueux avec les seigneurs. Je l'ai vu, ajoute
Saint-Simon, donner encore les modes (4). » Tel
paraît en effet avoir été le principal mérite de
ce favori au petit pied. « C'est à lui, dit ailleurs le
grand chroniqueur, que les plis, et puis les falbalas
des hommes, et l'ampleur du bas de leurs habits
doivent leur origine, et d'autres modes qui ont

(1) Il se distingua chez les pères Jésuites, dans les représentations théâtrales, où il avait pour camarades les Humières, les La
Vallière, les Ménardeau, les Colbert.

(2) Expression empruntée au vocabulaire du jeu de paume et
signifiant qu'on « sait bien soutenir et renvoyer les coups... parler juste et à propos. » (Furetière.)

(3) Dans le sens d'homme du monde, poli et qui sait vivre.
Voyez la définition de La Bruyère, avec un commentaire de
M. Servois, dans le t. II des *Œuvres*, p. 99. Cf. Taine, *Origines de
la France contemporaine*, t. I, p. 242-243.

(4) *Mémoires*, t. I, p. 107.

passé (1). » En effet, une parodie de 1675, faite en l'honneur de certaine fille de la bourgeoisie parlementaire dont Louis de Beauvais lorgnait les écus, célèbre ses « beaux canons » et son « inimitable rhingrave (2) ».

BEAUVAIS. Venez, petits bourgeois, venez ;
      Avancez, petits misérables ;
      Soyez en ce jour étonnés.
      Voyez les beaux canons que je me suis donnés,
      Tâchez d'en avoir de semblables.

CHŒUR. Voyons les beaux canons que Beauvais s'est
      Tâchons d'en avoir de semblables.   [donnés,

BEAUVAIS. Ma rhingrave triomphe : elle est inimitable ;
      Elle n'a pas un pli que je n'aie façonné.
      Le Montforand le plus aimable
      Auroit peine à former un habit comparable
      A celui dont je suis orné.
      Voyez les beaux canons, etc.

CHŒUR. Voyons les beaux canons, etc. (3).

(1) Addition au *Journal de Dangeau*, 11 août 1697.

(2) Sur les modes de cette époque, modes ridicules, s'il en fut jamais, voyez Walckenaer, *Mémoires sur Mme de Sévigné*, t. II, p. 395.

(3) Chansonnier de Gaignières, ms. fr. 12 687, fol. 297. Cette chanson est une parodie de la scène VII du 3e acte de l'opéra de *Thésée*. Dix ans avant, Molière avait dit, dans le *Misanthrope* (acte 2, sc. I) :

      Est-ce par l'ongle long qu'il porte au petit doigt
      Qu'il s'est acquis chez vous l'estime où l'on le voit?
      Vous êtes-vous rendue, avec tout le beau monde,

Les raffinements d'élégance du baron de Beauvais ne devaient pas moins contribuer que les prodigalités de sa mère à faire tôt ou tard leur ruine
complète ; aussi cherchait-il à prévenir ces conséquences désastreuses par un mariage avantageux. Nous venons de voir qu'en 1675 il courti-
sait une bourgeoise du Marais ; c'était la fille d'un
maître des requêtes, Jeanne Pinon, et, malgré les
tentations de la cour, elle lui échappa pour se
marier plus modestement avec un conseiller au
parlement, déjà veuf d'une première femme (1).
Dix ans auparavant, une autre héritière, la fille du
traitant Marchand, dotée de 100,000 écus, s'était
jetée au couvent, plutôt que de devenir la femme
du favori de Louis XIV (2). Il est vrai qu'à cette
époque ses exploits amoureux étaient trop connus
pour ne pas inquiéter une fille sage ; à n'en citer
qu'un cas, il figurait, en 1666, avec Dangeau et
Briord, parmi les tenants de Mme de Saint-

> Au mérite éclatant de sa perruque blonde ?
> Sont-ce ses grands canons qui vous le font aimer ?
> L'amas de ses rubans a-t-il su vous charmer ?
> Est-ce par les appas de sa vaste rhingrave
> Qu'il a gagné votre âme en faisant votre esclave ?

(1) Michel Vialart, sieur de Herse près Houdan, reçu conseiller
au parlement le 26 mai 1673 et mort le 12 octobre 1703, sans enfants. Sa veuve mourut le 6 avril 1729, à soixante-quatorze ans ;
elle en avait donc vingt environ à l'époque où Louis de Beauvais
lui donnait les fêtes qui éblouissaient les habitants du quartier
Saint-Antoine.

(2) *Journal d'Olivier d'Ormesson*, t. II, p. 386 et 387.

Loup. Enfin, sur le tard, il put faire un mariage assez riche dans le monde des financiers, fournisseurs et traitants, qui étaient plus propres que tous autres à apprécier et à utiliser un homme si bien vu par le souverain. La femme qu'il épousa, en 1679, s'appelait Anne Berthelot de Belloy de Vertigny. Elle était Berthelot, c'est-à-dire, comme Mme de Prie, « de ces gens du plus bas peuple qui s'enrichissent en le dévorant, et qui, des plus abjectes commissions des fermes, arrivent peu à peu, à force de travail et de talent, aux premiers étages des maltôtiers, et des financiers par la suite (1). » Le père d'Anne Berthelot avait acquis une charge anoblissante de secrétaire du roi, et elle avait pour oncles deux fermiers généraux, qui devinrent par la suite des hommes très-importants dans la finance. Sa dot n'était que de 100,000 livres comptant, tandis que le baron apportait une somme de 75,000 livres en meubles, argent et pierreries, y compris 12,000 livres que le roi lui donnait comme présent de noces, plus sa charge de maître d'hôtel avec un brevet de survivance, les 7,000 livres de rente que le privilége des carrosses lui valait déjà, et une créance de 300,000 livres sur sa mère. Le contrat fut passé le 13 juin 1679, avec l'agrément du roi, de la reine, du dauphin, de M. le duc d'Orléans, de Madame, de Mademoiselle et du duc

____

(1) *Saint-Simon*, t. XIX, p. 50.

de Chartres, etc., et en présence du chancelier le Tellier, de Colbert et d'autres grands personnages. La famille du marié était représentée par une nièce, Marie-Marthe de Richelieu, et par les Bellier de Platbuisson (1).

A la suite de ce mariage, Louis de Beauvais ne tarda pas à échanger ses fonctions de maître d'hôtel contre un autre emploi de cour qui le mit encore mieux à même de contribuer aux « plaisirs » du roi : il acheta du vicomte de Marsilly la charge de capitaine des chasses, gouverneur et gruyer des château de Madrid, bois de Boulogne, pont de Saint-Cloud, plaines de Saint-Denis, et généralement de toutes les plaines environnant Paris à trois lieues à la ronde. Cette charge, qui rapportait 7,000 livres d'appointements et 5,000 livres de casuel (2), lui coûta 165,000 livres ; mais, en même temps que les provisions, il eut un brevet d'assurance de pareille somme, en date du 6 avril 1682 (3). L'année suivante, il vendit sa charge de maître d'hôtel à Louis Guillemin de Courchamps, capitaine au régiment de Piémont (4), ce qui ne

(1) Contrat original du 13 juin 1679. Voyez le récit de la noce dans le *Mercure*.

(2) *Dictionnaire des bienfaits du roi*, par l'abbé de Dangeau, ms. fr. 7655, fol. 80. Le marquis de Dangeau (*Journal*, tome VI. p. 169) fait confusion entre cette capitainerie et celle de la Varenne du Louvre, acquise beaucoup plus tard, en 1709, par le fils du baron.

(3) Arch. nationales. O¹ 26, fol. 83 v° à 85.

(4) Celui-ci en fut pourvu le 25 janvier 1683.

l'empêcha pas d'obtenir plus tard, en 1694, des lettres de vétérance (1).

Pour compléter l'article de Louis de Beauvais, rappelons qu'il avait accolé à son nom patronymique le titre plus ou moins régulier de la baronnie de Gentilly (2), et ajoutons un trait que Saint-Simon a négligé, quoiqu'il l'ait relevé chez beaucoup d'autres courtisans : le baron de Beauvais était grand *donneur d'avis*, c'est-à-dire qu'il se chargeait, moyennant bonne remise, de faire agréer aux ministres les projets des faiseurs d'affaires, inventeurs, traitants, etc. Aussi fut-on d'accord pour le reconnaître sous le nom d'Ergaste des *Caractères* de la Bruyère, au chapitre « des Biens de fortune (3). »

Louis de Beauvais mourut assez jeune; ayant eu une première attaque d'apoplexie en 1691, il avait fait à cette époque un testament olographe, dont le début doit être rapproché du testament de sa mère :

« Je remercie la bonté divine de m'avoir fait élever par mes père et mère dans la cour, auprès de la plus grande reine qui ait jamais été, et ce

(1) 19 octobre 1694; O¹ 38, fol. 268 v°.

(2) « Aussi peu baron que le baron de Breteuil, » dit Saint-Simon. Ce Breteuil « se faisoit appeler baron pour être né à Montpellier pendant l'intendance de son père. »

(3) *OEuvres de La Bruyère*, éd. Servois, dans la collection des Grands écrivains de la France, tome I, p. 490-491.

dès l'âge de six ans, desquels services je me suis rendu bien indigne par la méchante conduite de ma vie et par les grands crimes que j'ai commis devant Dieu... J'ai cru que je ne pouvois pas mieux faire que de suivre, en quelque façon, le testament de ma mère, qui est le commencement de celui-ci, après l'avertissement que Dieu a eu la bonté de me donner à mon attaque d'apoplexie, le 22 juillet 1691, étant une mère que j'ai toute ma vie chérie et aimée, chérie et respectée, et qui a demandé, sur la fin de ses jours, pardon à Dieu de toutes ses fautes, et à qui j'ai remarqué un grand déplaisir de l'avoir offensé...

« Je veux qu'on fasse un tombeau pour ma mère du côté de la chapelle du seigneur de Gentilly, à côté du grand autel, avec des pilastres de marbre pour faire une niche de la même figure que l'autel de l'hôpital; dans laquelle niche il y aura à genoux la figure de ma mère, et mon fils qui est mort auprès d'elle, les deux figures en marbre; et je veux en symétrie, de l'autre côté du grand autel, que l'on y fasse ma représentation, et que l'on ménage dans la disposition pour y mettre celle de ma femme, quand elle sera morte... (1) »

Suit un codicille de l'année 1697, portant une substitution aux Richelieu qui devait avoir son effet sous Louis XV.

Louis de Beauvais mourut au château de la

____

(1) Testament olographe du 21 août 1691.

Muette, le 11 août 1697, à la suite d'une longue journée de chasse, et fut enterré à Gentilly. Le roi exprima son regret de cette perte, si nous en croyons Saint-Simon (1); combien de plus importantes ne l'avaient point ému à ce point!

Mme de Beauvais ne mourut que le 13 février 1733, âgée de soixante-dix ans; ils avaient eu pour enfants :

1° Louis, né en mai 1680, filleul du roi et de la reine, et mort probablement en bas âge ;

2° Michel-Gabriel-Raphaël, qui suivra ;

3° Anne-Catherine, qui se fit religieuse à l'Abbaye-aux-Bois ;

4° Marie-Anne-Catherine, qui se maria avec le représentant d'un des plus anciens noms de la Champagne, Marc-Antoine-Scipion de Savigny d'Anglure, marquis de Savigny, guidon des gendarmes de Bourgogne et mestre de camp de cavalerie (2), fils puîné du comte d'Étoges. Elle mourut de la petite vérole, le 14 juillet 1707, après deux mois de mariage, n'ayant que dix-neuf ans (3).

Michel-Gabriel-Raphaël, baron de Beauvais, dernier du nom, ne put conserver la charge

(1) *Mémoires*, tome I, p. 368.
(2) Il avait acheté, en avril 1701, le régiment de Saint-André.
(3) *Mercure galant*, août 1707, p. 173.

de son père ; elle fut vendue à Théophile
Catelan de Sablonnières, capitaine de la Varenne
du Louvre, qui ne la paya que sur le pied de
150,000 livres, malgré le brevet d'assurance de
1682, et se fit pourvoir le 27 janvier 1698 (1). Le
jeune baron entra dans la marine royale, où nous
avons vu qu'il avait eu un oncle, peu recomman-
dable d'ailleurs. Garde-marine en 1707, il était
déjà parvenu au grade d'enseigne en 1709, lorsqu'il se fit pourvoir d'une autre capitainerie des
chasses, celle de la Varenne du Louvre, que Catelan avait vendue, en 1698, à Henri Testu de Ba-
lincour, baron du Boulloir. Revêtu de cette charge
le 9 mars 1709 (2), Dangeau et Saint-Simon nous
racontent pour quelle « bagatelle » il la perdit
dès l'année suivante. « Ce baron de Beauvais, dit
Saint-Simon (3), du père et de la grand'mère duquel il a été parlé en leur temps, ne tenoit plus à
rien après eux. C'étoit un honnête garçon et obligeant, mais qui se brouilla avec Benoît (4), qui

(1) Arch. nationales. O¹ 42, fol. 9. Le roi avait laissé la charge à
la famille et chargé Catelan de diriger la capitainerie en attendant
que Mme de Beauvais trouvât acheteur, ou que son fils pût exercer.
(*Journal de Dangeau*, tome VI, p. 170.) On vendit également une
maison que le baron de Beauvais avait à Fontainebleau, auprès
du château, entre le pavillon de la cour des Cuisines et la porte
de la Surintendance : elle fut achetée par Chamlay. (Arch. nationales, K 1213, fol. 70 v°.)

(2) Arch. nationales, O¹ 53, fol. 25 v°.

(3) Addition au *Journal de Dangeau*, du 23 octobre 1710.

(4) Georges Benoît, contrôleur ordinaire du Gobelet et de la Bouche.
« Le contrôleur doit être présent à la recette de toute la viande et

étoit une espèce de vieux sanglier, très-dangereux pour la familiarité qu'il avoit acquise auprès du roi, de la Bouche duquel il avoit le soin et le détail sous Livry, et fort ménagé par Livry même. Il n'eut pas assez de gibier pour le roi ou pour lui-même, de la capitainerie de Montrouge; il bruta-lisa Beauvais, et tôt après lui fit commander de vendre sa charge à Louis Bontemps, premier valet de chambre, qui, apparemment, en avoit eu en-vie (1). » C'était en août 1710, au moment où le Trésor mettait en vente les charges de la maison qui s'organisait pour le duc et la duchesse de Berry. Le baron de Beauvais obtint la permission d'acheter la charge de capitaine des archers de la porte, mais il la paya fort cher, 50,000 livres,

du poisson pour la Bouche du roi, et, avant qu'on les serve sur table, il examine si toutes les pièces contenues sur le menu sont employées. Il est chargé de la garde du vin et de l'eau pour la personne de S. M. De plus, il tient un registre de toutes les nou-veautés de viandes pour le roi, fruits, confitures, vins de liqueur, etc., qui lui doivent être mises entre les mains. Il a l'œil et l'ins-pection sur toutes les dépenses du Gobelet et de la Bouche, et autres dépenses de la maison. Quand il arrive que le roi mange en public, sans que le bâton soit porté, le contrôleur ordinaire met les viandes sur la table de S. M.; et quand il faut être plu-sieurs à servir, les contrôleurs clercs d'office les y mettent aussi, mais le contrôleur ordinaire sert du côté du roi. Il a son ordi-naire à la table des maîtres d'hôtel chez le roi ou au serdeau de Mgr le Dauphin. » Benoît avait 2,000 livres de gages, 3,000 livres de livrées chez le roi, et 1,000 livres chez le dauphin. *(État de la France.)* Le roi, en 1697, avait mis à sa disposition une des char-ges de maître d'hôtel de la duchesse de Bourgogne.

(1) Cf. les *Mémoires*, tome XIII, p. 161-162. Bontemps paya la charge 80,000 livres. (Arch. nationales, O¹ 51, f. 150.)

et n'en tira pas le profit sur lequel il avait compté,
les seize charges d'archers qui en dépendaient
n'ayant.trouvé que fort peu d'amateurs, même à
prix réduit. Cette acquisition ne put donc qu'em-
pirer la situation de M. de Beauvais, déjà obligé
d'abandonner à ses créanciers tout ce qu'il retirait
du privilége des voitures de la cour, dont le produit était tombé momentanément à 5,900 livres par
suite du doublement des droits de barrage (1).

L'année précédente, il avait épousé Françoise--
Charlotte Landouillette de Logivière, fille de
René Landouillette de Logivière, écuyer, seigneur marquis de Maule, chevalier de Saint-Louis,
commissaire général de l'artillerie, capitaine des
vaisseaux du roi, directeur de la manufacture de
canons et armes pour la marine établie à la Planche-
Meunier, en Limousin. Le contrat avait été signé
le 25 novembre 1709, par la cour entière.

Mme de Beauvais mourut le 29 mars 1719, et fut
inhumée à Saint-Sulpice, laissant une fille unique (2). Le mari s'allia en secondes noces, l'année
1721, avec Marie-Jeanne-Charlotte de Maupeou ,
fille d'un intendant et veuve de Léon de Fontlebon,
comte de Vitrac.

(1) Arch. nationales. Papiers du Contrôle général des finances,
G 1572.

(2) Voir son testament dans le registre des publications du Châtelet, aux Archives nationales, Y 18.

Du premier lit, il avait eu :

> 1° Anne-Françoise-Charlotte, née le 28 octobre 1710, mariée par contrat du 15 avril 1730 à René-Ismidon-Nicolas de Prunier, comte de Saint-André et marquis de Virieu, mestre de camp de cavalerie, enseigne des gendarmes de Berry, qui devint lieutenant général en 1748, eut le gouvernement de Vienne, et mourut le 25 novembre 1765, à soixante-huit ans, sans laisser de postérité;

> 2° Un fils, né le 25 août 1712, qui ne vécut point.

Du second lit, il eut :

> 3° Une fille, qui mourut en bas âge.

Nous ne savons point à quelle date mourut le dernier baron de Beauvais; en 1730, il habitait rue Sainte - Avoye. On dit que la baronnie de Gentilly était encore dans la famille en 1757.

A. DE BOISLISLE.

LES
ÉTATS GÉNÉRAUX
SOUS CHARLES VII

ÉTUDE CHRONOLOGIQUE D'APRÈS DES DOCUMENTS
INÉDITS.

(Troisième et dernier article. — Voyez pages 118 et 155).

1432, **juin-juillet**, **Amboise** (1). — Par des lettres données le 22 mai, à Amboise, Charles VII avait convoqué à Loches, pour le 10 juin, une assemblée d'États, chargée spécialement d'aviser à la paix avec le duc de Bourgogne (2); mais les députés des villes n'étant pas venus en nombre suffisant, on la prorogea au 24 juin, à Amboise,

(1) Dans le tableau de M. Vallet de Viriville, il y a un article ainsi conçu : 1431, 15 septembre, Tours. Assemblée des trois états. Quote part du Poitou : 10,000 fr. (Font. 115; Varin, *Arch. Reims*, t. 7, p. 751). M. Vallet de Viriville revient sur cette assemblée dans le cours de son mémoire (p. 37). Mais nous n'avons pas trouvé dans Varin le passage auquel il est fait allusion, et la pièce qui est copiée dans les Portefeuilles de Fontanieu a été mal interprétée : il n'y est pas question d'assemblée réunie à Tours ni ailleurs, et les 10,000 fr. imposés en Poitou sont, non pas une quote part, mais une contribution particulière levée pour les besoins de la province.

(2) V. *Pièces justif.*, X.

où le roi n'arriva que le 30 (1). Nous ignorons
quelles résolutions y furent prises quant à l'objet
spécial de la réunion ; mais il est bien probable
que c'est dans cette session que les États accordèrent au roi un impôt indirect sur toutes denrées
et marchandises qui entreraient dans les villes et
en sortiraient. Cette aide, que l'on appela l'aide des
entrées et *issues* et aussi l'aide *des barrages*, fut
d'ailleurs bientôt convertie en impôt direct ou
taille. Nous n'avons pas de preuve absolue qu'elle
ait été accordée à Amboise en juillet 1432 ; mais il
y a une grande probabilité en faveur de cette opinion. En effet, dans des lettres du 2 mai 1433,
Charles VII rappelle (2) que « naguères par l'advis
et deliberacion de plusieurs de *son* sang et lignaige
et des gens de *son* conseil, et aussi de *ses* Trois
Estaz pour ce assemblez, pour donner provision à
ses affaires et afin de trouver et recouvrer pour ce
finances venens ens plus ordinairement et à moins
de charge pour le peuple que du fait des aides qui
ont esté levées le temps passé, » il avait imposé
l'aide des entrées et issues dont nous venons de
parler, et que cette aide avait été changée depuis
en un impôt direct auquel le Poitou n'avait pas encore participé, bien qu'il fût déjà entièrement levó
dans les autres provinces. Or ces lettres portent,
à la fin, la mention suivante : « Autreffois faicte

(1) V. Arch. de Tours, Comptes XXV, f° 39. *Cf.* la lettre de Jean
Jouvenel des Ursins (Bibl. nat., Fr. 4767, f° 40 r°).
(2) Arch. nat., K 63, n° 25.

ou moys de septembre derrenier passé... et res-
cripte par vostre commandement le jour d'huy; »
ce qui autorise à croire que c'est en septembre
1432 que l'aide des barrages fut convertie en impôt
direct (1) : elle ne peut donc guère avoir été accordée au roi par les Trois États que dans la session d'Amboise, en juillet 1432.

1433, septembre-octobre, Tours. — Nous
n'avons pu trouver les lettres de convocation de
cette assemblée; il est possible, comme le pense
M. Vallet de Viriville qu'elle ait été d'abord convoquée à Blois et que ce soit à cette occasion que
l'évêque de Beauvais, Jean Jouvenel des Ursins,
ait rédigé son opuscule bien connu, adressé aux
États de Blois en 1433. Quoi qu'il en soit, nous
pouvons donner, sur les travaux de cette session,
des détails ignorés jusqu'ici. Nous ne faisons que
mentionner l'approbation que les États accordèrent
d'après Jean Chartier, à l'éloignement de la Tré-
moille. Le résultat le plus important de cette réunion fut, comme toujours, le vote de subsides.
L'assemblée accorda au roi un impôt direct ou
taille de 40,000 francs à lever sur le tiers État,
plus un fouage de 5 sous tournois et au-dessous,

(1) Une autre pièce met ce fait hors de doute : c'est une dé-
charge levée le 28 septembre 1432 sur « Jehan Pasquier, commis
à recevoir la somme de 30,000 l. t. présentement mise sus ou païs
de Poictou ou lieu du barrage des entrées et yssues de toutes
denrées et marchandises. » (Bibl. nat., Cab. des titres, dossier
Escars.)

comme celui qui eut cours en 1426, percevable pendant six mois, à partir du 1er novembre suivant (1). Elle stipula que le montant de ces deux subsides serait spécialement employé à faire cesser les pilleries auxquelles se livraient de tous côtés les gens d'armes (2), et pour remédier à des abus d'un autre genre qui se commettaient dans les provinces, elle déclara qu'aucune contribution ne pourrait être imposée nulle part sans le consentement des Trois Etats (3). Le nouvel essai d'impôt

(1) « Charles, etc... Comme par les gens des Trois Estas de nostre obeissance de Languedoil à l'assemblée faicte en nostre ville de Tours ou moys de septembre derrenièrement passé, pour pourveoir à noz affaires tant sur le fait de la guerre que autrement, nous ait été octroyé un aide de la somme de 40,000 fr. à estre levé promptement sur les gens lays par manière de taille, avecques un autre aide ou fouage de 5 s. t. pour feu et au dessoubz par sepmaine sur chascun estaigier pour six mois seulement commençans le premier jour de novembre... 14 janvier 1434. » (Arch. nat., K 63, n° 29.)

(2) « Charles, etc. Aux commissaires et esleuz en nostre pays de Poictou a asseoir et imposer l'aide et fouaige à nous octroyez par les gens des Trois Estaz de nostre obeissance de Languedoil a l'assemblée par eulx faicte de nostre commandement en ceste nostre ville de Tours ou mois de septembre derrenierement passé et en ce present mois d'octobre, salut. Combien que à la dicte assemblée nous ait esté octroyé ledit ayde principalement pour faire vuidier les pilleries de dessus noz subgiez et que nostre volenté et entencion est de nous y emploier et que deja en avons assigné grant partie à pluseurs de noz officiers par nous commis à faire cesser et vuidier lesdictes pilleries... Tours, 14 octobre 1433. » (Bibl. nat., Fr. 25,710, n° 77.)

(3) « Jeudi 8 février 1434... Pour les appelans Jouvenel presuppose l'ordonnance faicte derrenierement aux Trois Estaz à Tours, c'est assavoir que pour cause des grans charges et oppressions qui estoient sur le peuple on ne imposeroit plus aucuns aides ou subcides sans appeler les Trois Estaz. » (Reg. de la Cour des aides, Arch. nat., Z¹ A 8, f° 113 r°.)

indirect n'eut pas d'ailleurs plus de succès que les précédents; il souleva des réclamations générales et fut bientôt changé en taille (1).

1434, avril, Vienne. — Cette session est adoptée par M. Vallet de Viriville sur la foi de D. Vaissète qui, après avoir parlé des Etats de Languedoc, tenus réellement à cette date et dans cette ville, ajoute incidemment que le roi avait également assemblé à Vienne les Etats Généraux de son obéissonce. C'est une bien faible autorité pour admettre une session à laquelle aucun document contemporain ne fait allusion, et nous croyons être dans le vrai en la regardant comme purement imaginaire.

1434, août, Tours. — Une réunion plus authentique des Etats de Languedoil eut lieu quelques mois après à Tours. Elle avait été fixée au 12 août (2); mais les lettres de convocation ne sont pas parvenues à notre connaissance. Nous n'avons pas été plus heureux quant au chiffre du subside accordé au roi; tous les documents que nous avons vus parlent d'une aide octroyée par les Etats, mais sans préciser davantage. Ce que nous pouvons dire, c'est que ce subside ne dut pas être considérable, car la quote part du Haut-Limousin

____

(1) Arch. nat., K 63, n° 29, pièce déjà citée.
(2) Arch. de Tours, BB³ (Comm. de M. Delaville Le Roulx).

ne fut que de 3,000 l. t. et celle de la Marche de 2,000 (1).

1435, janvier, Poitiers. — Sans doute les subsides votés par l'assemblée de Tours au mois d'août 1434 ne parurent pas suffisants à Charles VII, car il se décida, peu de temps après, à convoquer une réunion plénière des Etats de Langue-doil et de Languedoc. Les lettres closes furent expédiées à Poitiers le 22 octobre (2) et l'assemblée fut fixée à Montferrand, en Auvergne, au 4 décembre suivant. Mais le roi ne put s'y trouver au jour dit; peu de villes y avaient envoyé et il n'y eut pas de session. Le roi résolut donc, au commencement de 1435, de convoquer à deux reprises les Etats de Languedoil. Au mois de janvier se

(1) « Hugues par la permission divine evesque de Poictiers, con seiller du Roy nostre sire, confessons avoir eu et receu de Anthoine Vouzy, commis en Poictou à recevoir la porcion de l'aide audit seigneur octroié en sa ville de Tours par les gens des Trois Estaz illec assemblez ou mois d'aoust derr. passé, la somme de 200 l. t., etc. 6 novembre 1434. » (Bibl. nat., Fr. 20,886.)

« ...Jehan Barton... et Guillaume Piédieu... par le roy nostre sire et ses lettres patentes données le 6ᵉ jour de sept. derr. passé commis et ordonnez avec autres à mettre sus, asseoir et imposer ou conté et païs de la Marche et chastellenie de Montagu en Combraille la somme de 2,000 l. t. que ledit seigneur a ordonné pour le principal y estre assise et imposée pour sa porcion de l'aide à lui octroyé au mois d'aoust précédant... 21 decembre 1434. » (Cab. des titres, dossier *Barton*, n° 12.)

« ...Jacques de la Ville, commis à recevoir ou pays de la Marche la porcion de l'aide derrenierement octroyé a monseigneur le Roy par les gens des Trois Estaz à l'assemblée faicte devers lui en sa ville de Tours ou mois d'aoust derr. passé... 12 mai 1435. » (*Ibid.* dossier *Armagnac*, n° 110.)

(2) *Pièces justif.*, XI.

tint, à Poitiers, l'assemblée des pays occidentaux : elle semble avoir été assez nombreuse ; elle accorda au roi une aide de 120,000 francs sous forme de taille (1) ; en outre, elle consentit au rétablissement pour quatre ans des anciennes aides qui avaient eu cours pour la guerre au temps de Charles VI (2). Mais cette dernière résolution fut encore une fois modifiée par les États provinciaux qui, presque partout, s'exemptèrent des aides par un impôt direct supplémentaire (3).

Toutes les provinces de Languedoïl n'avaient pas pris part à la session de Poitiers. Par ses lettres closes données à Chinon le 17 mars suivant (4), Charles VII convoqua les États du Bourbonnais, de l'Auvergne, du Forez et du Lyonnais à Issoudun, pour le 8 avril. Malheureusement nous n'avons pu savoir si cette assemblée se tint réellement ni quelles résolutions y furent prises.

(1) « Sachent tuit que je Jehan, bastart de la Marche, chevalier, confesse avoir eu et receu de Jaques de la Ville, commis à recevoir ou pais de la Marche et en la chastellenie de Montagu en Combraille la portion d'un aide équivalent aux aides naguères ayant cours pour le fait de la guerre, et la portion d'un aide de 120.000 francs octroyé au roy nostre sire par les gens des Trois Estatz de ses pays de Languedo.' assemblez devers lui en sa ville de Poictiers ou mois de janvier mil. CCCC. trente quatre, la somme de 40 l. t..... 28 avril 1436. » (Bibl. nat., Fr. 20.392.)

(2) 3 février 1435. Mandement aux élus de Poitou de mettre sus lesdites aides dans ledit pays conformément à l'octroi des gens des Trois États de plusieurs pays de Languedoïl assemblés à Poitiers. (Bibl. nat., *Portef. Fontan.* 117-118.)

(3) V. la pièce rapportée sous la note 2, pour la Marche, et Bibl. nat., Franç. 25,969, p. 956, pour le Poitou.

(4) Arch. de Lyon. AA 22, f° 51.

1435, octobre, Tours. — M. Picot seul mentionne cette session. Il lui attribue deux actes importants : l'approbation du traité d'Arras et le rétablissement des aides. Sur le premier point, M. de Barante est sa seule autorité; nous ne croyons pas qu'elle puisse tenir contre le silence de M. Vallet de Viriville et surtout contre le préambule des letttres de convocation pour la session de Poitiers (1), en février 1436 : là, le roi parle du traité d'Arras et des négociations qui l'ont précédé en des termes qui ne s'expliqueraient pas s'il en avait déjà saisi officiellement les Etats généraux dans une session précédente. — Quant au rétablissement des aides, comme nous allons le voir, c'est seulement l'année suivante qu'il fut accordé au roi.

1436, février, Poitiers. — Cette importante réunion a complètement échappé jusqu'ici aux recherches des historiens. Les lettres de convocation dont nous venons de parler sont datées de Tours, le 8 janvier 1436. Elles ne s'appliquent qu'aux pays de Languedoil qui, seuls aussi, mais complètement cette fois, prirent part à l'assemblée. Les Etats consentirent au rétablissement définitif des aides dont la précédente session de Poitiers n'avait autorisé la perception que pour quatre ans (2) : c'est à la suite de ce vote que fu-

(1) V. *Pièces justif.*, XII.

(2) « Charles, etc... Savoir faisons que considerans que les prédécesseurs de nostre treschier et aué cousin le conte de la

rent rédigées par le Grand Conseil les *Instruc-tions* sur la manière de lever les aides, qui ont été analysées par M. Picot. En outre, les Etats oc-troyèrent pour une fois une taille de 200,000 fr. (1) Le roi se couvrit en quelque sorte de ce précédent pour lever, sans convoquer les Etats, deux tailles égales en 1437 et 1438, et une taille de 300,000 francs en 1439.

1439, octobre-novembre, Orléans. — Cette assemblée est assurément la plus connue du règne de Charles VII, moins peut-être parce qu'elle a fait que par ce qu'elle n'a pas fait, mais qu'on lui a attribué à tort : l'établissement de l'armée per-manente et de l'impôt permanent. Sans vouloir aborder ici la discussion de cette question com-plexe, nous nous bornerons à dire (2) que la prag-matique sanction du 2 novembre 1439, publiée avec le consentement des Etats et destinée à ré-primer les dilleries des gens de guerre en organi-

Marche, de Pardiac et de Castres par don et octroy de noz prœae-cesseurs roys de France ont eu la nomination en leurs terres et seigneuries des offices royaulx sur le fait des aides aux temps qu'ils avoient et ont eu cours en nostre royaume, lesquels aides par l'advis et consentement des gens des Trois Estaz de noz païs de Languedoil à l'assemblée par eulx faicte devers nous à Poictiers ou mois de fevrier derrenierement passé avons ordonné estre remis sus et avoir d'ores en avant cours en nostre dit royaume, etc... Lyon, 10 janvier 1437. » (Arch. nat. P 1364 , cote 1391.)

(1) Bibl. nat.. Franç. 25,710, p. 95.

(2) Nous négligeons, comme étant du domaine public, les détails intéressants donnés par Berry sur le côté diplomatique de la ses-sion, à savoir : la discussion de la paix ou de la guerre avec l'Angleterre.

sant la force armée, ne nous paraît contenir ni l'un
ni l'autre des principes que l'on a voulu y voir :
permanence de l'armée, permanence de l'impôt.
La permanence de l'impôt était si peu dans l'esprit
des Etats qu'ils accordèrent au roi comme aux
sessions précédentes, une aide extraordinaire et
pour une fois de 100,000 francs (1); elle était si
peu dans l'esprit du roi lui-même qu'il convoqua,
à Bourges, pour le 15 février 1440 (2), une seconde
assemblée d'Etats pour obtenir de nouveaux subsides. Mais la révolte de la Praguerie ne permit pas
à Charles VII de se trouver au rendez-vous qu'il
avait assigné aux députés (3), et en fait la session

(1) « ...Jaques de la Ville, commis par le roy nostre sire à recevoir ou païs et conté de la Marche et chastellenie de Montagu en
Combraille la porcion de l'aide de cent mil frans à luy octroyés
par les gens des Trois Estaz de ses païs de Languedoil ou mois
d'octobre derrenierement passé mil IIII° XXXI[X]... 27 avril 1441.»
(Cab. des titres, dossier *Barton.*)

« Clermont, décembre 1439. Les Etats d'Auvergne accordent au
roi une aide de 16,000 francs pour leur part de l'aide de 100,000
francs à lui octroyée par les Trois Etats de son obeissance de
Languedeil assemblés à Orléans en novembre précédent. » (Extrait d'une thèse en préparation pour l'Ecole des Chartes : *Les
Etats Provinciaux de la France centrale sous Charles VII*)

(2) Arch. de Tours, BB⁶. (Comm. de M. Delaville Le Roulx.)

(3) V. Bibl. nat., Cab. des titres, dossier *Barton*, n° 28, et
une pièce très-intéressante publiée par M. de Beaucourt, t°
tome III de son Mathieu d'Escouchy, p. 10, 13, 14, etc. Ur
correction en passant, quoique étrangère au sujet : à la p. .
leçon fautive *jusques à Guo et Achambon* ne doit pas être corrige.
en *jusques à Buxière-la-Grue et à Bourbon l'Archambault.* La correction est bien plus simple ; il faut lire : *jusques à Evo et à Chambon.* Il s'agit, en effet, des deux petites villes d'Evaux et de Chambon, dans la Combraille, auj. dép. de la Creuse.

d'Orléans est la dernière que les Etats Généraux aient tenue sous son règne.

Le lecteur qui aura eu la patience de nous suivre à travers les discussions un peu arides qui précèdent nous saura gré sans doute de résumer en quelques mots les conclusions de cet article. En somme, sans parler des rectifications de détail et des documents nouveaux que nous mettons au jour, nous avons rejeté quatre sessions comme purement imaginaires : Selles, mars 1423; Selles, 12 mai 1424; Chinon, septembre 1427; Tours, octobre 1435; nous en avons restitué quatre autres aux Etats de Languedoc seuls : Espaly, décembre 1424; Mehun-sur-Yèvre, novembre 1425; Sully, mars 1430, et Vienne, avril 1434; nous avons montré que, sous Charles VII, la réunion des Etats de Languedoil et de ceux de Languedoc n'a eu lieu en fait qu'à

Chinon, septembre-octobre 1428 ;

nous avons reconnu treize réunions plenières des Etats de Languedoil, dont cinq complètement ignorées jusqu'ici :

> Clermont-Ferrand, mai 1421 ;
> Bourges, janvier 1423 ;
> Selles, août 1423 ;
> Selles, mars 1424 ;
> Poitiers, octobre 1425 ;
> Montluçon, avril 1426 ;

Chinon, décembre 1430 ;
Poitiers, avril 1431 ;
Amboise, juin-juillet 1432 ;
Tours, septembre-octobre 1433 ;
Tours, août 1434 ;
Poitiers, février 1436 ;
Orléans, octobre-novembre 1439 ;

enfin nous avons constaté que, sans parler des États provinciaux dont nous n'avons pas à nous occuper ici, il y eut parfois des États de Langue-doil scindés en deux sessions régionales :

Poitiers et Riom, octobre et novembre 1424 ;
Issoudun et Montluçon, novembre et décembre 1426 ;
Chinon et ....., avril 1428 ;
Poitiers et Issoudun ? janvier et avril 1435.

On nous pardonnera, nous l'espérons, la sécheresse et l'inhabileté du procédé en faveur de l'importance du résultat.

ANTOINE THOMAS.

PIÈCES JUSTIFICATIVES

I.

8 février 1421. — Lettres de convocation pour les Etats Généraux de Clermont, le 1er mai suivant.

> De par le Regent le roiaume, Daulphin de Viennois,
> Treschiers et bien amez,

Pour resister à l'oultrageuse entreprinse de l'adversaire d'Angleterre qui a present tient en sa main et subjeccion la personne de Monseigneur, dont nous avons si grant et amère desplaisance de cuer que plus ne pourrions avoir, et pour entendre à sa délivrance et le remettre en sa franchise, puissance et auctorité roial, comme il appartient, et aussi au recouvrement de sa seigneurie et nostre, nous avons nagaire fait assembler en ceste ville de Selles aucuns de nostre sang et lignage et pluseurs prelaz, barons, chevaliers et autres personnes notables de divers estaz, par l'advis desquelz avons entre autres choses ordonné mander en plus grant nombre des bons et loiaulx subgetz de mondit Seigneur et nostres de tous estas au premier jour de may prouchainement venant en la ville de Clermont en Auvergne, et pour ce vous prions et requerons et neantmoins mandons de par mondit Seigneur et nous, sur la loiaulté et obeissance que devez à lui et à nous et en tant que desirez la conservation de ceste seigneurie et de vous-mesmes, que au jour et lieu dessusdiz vous envoiez par devers nous aucuns des plus notables d'entre vous en nombre sonffisant pour avoir vostre conseil, confort et aide sur les choses dessusdites et l'execucion d'icelles, aians les dessusditz que ainsi envoierez bon et souffisant povoir de par vous pour consentir, accorder et conclurre tout ce qui en ladite assemblée sera advisé, conseillié et determiné; et gardez que en ce n'ait point de faulte.

Treschiers et bien amez, nostre Seigneur soit garde de vous.

Escript à Selles en Berry le viiie jour de février.

CHARLES.VILLEBRESME.

Et au dos : A noz treschiers et bien amez les conseillers, bourgois, manans et habitans de la cité et ville de Lyon.

(Original, Arch. de Lyon, AA 20, f° 23.)

II.

8 décembre 1422. — Convocation à Issoudun pour le 16 janvier 1423 des Etats Généraux qui se tinrent à Bourges dans le même mois.

De par le Roy,

Chiers et bien amez.

Nous avons ordonné et presentement mandons plusieurs gens d'église, nobles et de chascune des bonnes villes certain nombre de tous les païs de Languedoyl à nous obeissans estre devers nous en nostre ville d'Yssouldun au xvie jour de janvier prouchainement venant pour assister et estre presens a oyr que nous voulons leur faire dire sur la provision des affaires de nostre royaume, tant sur le fait de la guerre comme autrement, au bien de nous, de nostre dit royaume, de vous et de tout nostre peuple et pour avoir sur ce leur advis et conseil, et pour ce voulons, vous mandons et commandons estroictement que vous envoiez deux notables personnes d'entre vous ausdiz lieu et jour pour la cause dessusdite, ayant puissance de par vous de consentir et accorder tout ce qui a ladite journée sera pour le bien dessusdit advisié, appoinctié et conclut; et gardez que en ce n'ait faulte, toutes excusacions cessans et arriere mises.

Donné en nostre chastel de Meun-sur-Evre, le viiie jour de décembre.

MALLIÈRE.

(Orig. Arch. de Lyon, AA 68.)

III.

5 février 1424. — Convocation des Etats Généraux à Selles pour le 10 mars.

De par le Roy,

Chiers et bien amez,

Pour aucunes choses grandement touchans le bien de nous et de nostre seigneurie, de vous et de noz autres subgiez, nous vous mandons que vous envoiez par devers nous en la ville de Selles en Berry, le xe jour de mars prouchainement venant deux ou

trois d' vous ayans puissance de faire, traictier et appoinctier ce.
que ausdiz lieu et jour sera advisié; et gardez que en ce n'ait
aucun deffault sur la loyauté et obeissance que nous devez, car
se faulte y a nous vous en ferons punir telement que ce sera
exemple a tous autres.

Donné à Tours le v° jour de fevrier.

LANCELOT.

(Orig. Arch. de Lyon, AA 68.)

IV.

30 septembre 1424. — Convocation des Etats Généraux à Montluçon pour le 22 octobre.

De par le Roy,

Chiers et bien amez,

Pour certaines grandes et haultes materes ouvertes et encom-
mancées touchans le bien et reunion de nostre seigneurie et de
noz subgiez et l'appaisement des divisions qui jusques cy ont esté
en nostre royaume et entre noz diz subgiez à nostre tresgrant
prejudice et desplaisance, en quoy esperons fermement, Dieux
avant, par vostre bon conseil et advis prandre ceste foiz bonne
conclusion, vous mandons et expressement enjoingnons, sur la
loiaulté et obeissance que nous devez, que, pour ceste cause e
autres, envoiez par devers nous deux ou trois notables personnes
d'entre vous, lesquelx soient et comparent en la ville de Montluçon le xxii° jour d'octobre prouchainement venant, a tout povoir souffisant de passer et accomplir de vostre part ce qui a
ladite journée, où serons personnelment et à la quelle mandons
semblablement noz autres vassaulx et subgiez de toutes pars en
grant nombre, sera advis, conclud et deliberé; et gardez bien,
toutes excusacions cessans, sur tant que donbtez envers nous
faillir et mesprandre, qu'il n'y ait faulte.

Donné à Poitiers le darrenier jour de septembre.

CHARLES.   VILLEBRESME.

(Orig. Arch. de Lyon, AA 22, f° 40.)

V.

31 juillet 1425. — Convocation des Etats Généraux à Poitier pour le 1er octobre.

De par le Roy.

Chiers et bien amez,

Pour pourveoir aux grans affaires de nostre royaume, nous, par le conseil de deliberacion de nostre treschiere et tresamée mere la royne de Secile, de beau cousin le connestable et de pluseurs autres de nostre sang et lignage et de nostre grant conseil, avons ordonné mander et assembler par devers nous les gens des Trois Estaz de nostre obeissance en nostre ville de Poictiers au premier jour d'octobre prouchainament venant; si vous mandons que toutes [excusacions] cessans et arriere mises, vous envoyez ausdiz lieu et jour jusques à deux ou trois des plus notables d'entre vous souffisamment garniz et fondez de procuracion et povoir pour oir ce que leur vouldrons faire dire et remonstrer, et pour consentir, passer et accorder tout ce que par lesdites gens des Trois Etatz sera conclud et octroyé pour le bien de nous et de nostre seigneurie.

Donné audit lieu de Poitiers le derrenier jour de juillet.

VILLEBRESME.

(Orig. Arch. de Lyon, AA 22, fº 38; double fº 52.)

VI.

23 octobre 1425. — Lettre de Roulin de Mâcon aux conseillers de la ville de Lyon. — Extraits relatifs à la session de Poitiers en octobre 1425.

.....Toutesvoyes depuis j'ay demouré à Poictiers et poursuy le mieulx que j'ay peu; mès, pour les journées de Trois Estas qui commencerent mardi derrenier passé, xvıᵉ jour de ce moys, et ont duré jusques samedi derrenier passé, et tous les jours deux fois en conseil, c'est assavoir au matin jusques à une heure après midi et après jusques à huit heures ou chastiau de Poictiers, je n'ay guieres peu besoingner. A la fin desquelles journées le Roy accepta le don de .vıııᶜ.ᴍ. frans qu'il demanda, et lui fut octroyé par ceulx du païs obeissant du Languedoil, dont les .ıııᶜ.ʟ.ᴍ. se paieront par taille à trois termes ou Languedpil, le premier le

xvᵉ de novembre, le ⅱᵉ le premier de fevrier et le ⅲᵉ le premier
de juing prouchain venant; les c.ᴍ. seront sur les gens d'église,
et les ⅱᶜ.ʟ.ᴍ. pour ce que les ungs, c'est assavoir d'Angiers,
d'Orliens, Blaiz, Touraine et autres vouloient des aides partie, et
les autres des païs bas jusques en Lionnois vouloient que tout se
paiast par taille. veu par le Roy la contrarieté des païs, ordonna
que lesdis .ⅱᶜ.ʟ.ᴍ. frans se paieroient par ung xⅰᵉ sur toutes dan-
rées et marchandises par tout le païs obeissant jusques à ung an
et non plus, et se ladicte somme estoit plus tost cueillie, plus tost
finera ledit xⅰᵉ ; ausqueulx .ⅲⅰᶜ.ʟ.ᴍ. frans contribueront mon-
noyers et autres, comme fut dit publiquement ledit samedi derrenier passé en la presence du Roy et par monseigneur son chan-
cellier... Les Trois Estas de Languedoc se doivent tenir la sepmaine qui vient à Bourges; je pense bien que je verray tout avant
que je m'en aille .. Escript à Poictiers le mardi xxⅲⅰᵉ jour d'octobre.

Vostre humble serviteur, Roulin de Mascon.

(Orig. Arch. de Lyon, AA 103.)

VII.

*Protocole des commissions délivrées par Charles VII pour impo-
ser dans les provinces le subside à lui accordé par les Etats de
Languedoil à la session d'octobre 1425.*

Charles, etc. A noz amez et feaulx conseilliers le prieur de la
Selle, maistre Guillaume Le Tur, Guillaume Charrier, le senes-
chal d'Auvergne, le sire de Crox, et à Guiot Coustave, Gonin
Roland et Pierre de Nesson esleuz ou païs d'Auvergne sur le fait
des aides, salut et dileccion. Comme par nostre ordonnance pluseurs prelas, barons et gens des bonnes villes de nostre obeissance de Languedoil soient presentement venuz en grant nombre
en nostre ville de Poictiers faisans et representans les gens des
Trois Estas de nostre dite obeissance de Languedoil, ausquelz en
presence de nostre treschiere et tresamée mere la Royne de
Secile, de nos treschiers et tresamez cousins le comte de Clermont, le Connestable, les contes de Foix, d'Estampes, de Vendosme, de Harecourt, le sire de Lebret, le conte de Comminge et
pluseurs autres de nostre sang et lignage pour ce assemblez, nous
ayons bien au long fait dire, exposer et remonstrer les tresgrans
affaires que avons a supporter par necessité, tant pour resister à
noz anciens adverseres et ennemis le Anglois comme pour la
prosecucion de la paix et reunion et reconciliacion d'aucuns de

nostre sang et autres noz subgez envers nous, à quoy avons
ferme esperance de parvenir, Dieux aidant, par le moyen de nostre
trescher et tresamé frere le duc de Bretaigne avecques lequel
avons nagaires convenu, etc. ; esperans aussi par ce et à l'aide de
noz autres parens, etc. de debouter nosdiz ennemis et recouvrer
etc. ce que ne povons faire sanz grans finances etc. en requerant
a nosdiz parens presens et ausdiz gens des Trois Estaz representans etc. la somme de *tant* pour la conduite de ces choses etc.,
lesquelz après la deliberacion eu sur ce entr' eulx, saichans veritablement les affaires et necessitez dessusdites estre telz que dit
est, voulans ainsi que tousjours ont fait aidier etc. en demons-
trant leur bonne et vraie voulenté etc., nous ont bien et liberalment octroyé ladite somme de *tant* estre levée et cueillie sur eulx
par toutes voyes et manieres possibles, dont avons esté d'eulx
trescontens; pour lesquelles voyes adviser ont esté assemblez
lesdites gens des Trois Estaz etc. et sur ce aient esté pluseurs
oppinions et voyes pourparlées et à nous rapportées pour en ordonner à nostre plaisir : savoir vous faisons que eue sur ce grant
et meure deliberacion avecques nosdiz parens et pluseurs de
nostre grant conseil et autres notables personnes des gens d'é
glise, nous de nostre auctorité royal et plaine puissance avons
ordonné et ordonnons par ces presentes que de la dite somme de
tant sera deduit ainsi que requis a esté par lesdites gens des
bonnes villes *tant* livres tournois pour la porcion des gens d'e-
glise et que sur toutes manieres de gens laiz de Languedoil officiers ou aultres quelconques privilegiez et non privilegiez sera
miz suz, imposé, cueilly et levé la somme de *tant* excepté toutes
voyes nobles vivans noblement suivans et frequentans la guerre,
vrais escoliers estans et continuans l'estude sanz fraude et povres
mendians, a paier icelle somme a trois termes etc... Donné etc.

(Bibl. nat., Franç. 5024, f⁰ 146.)

VIII.

*3 octobre 1427. — Convocation des Etats Généraux à Poitiers
pour le 16 novembre.* (Cette session n'eut pas lieu.)

De par le Roy,

Chiers et bien amez,

Pour le grant desir que nous avons que bonne provision puist
estre donnée au reboutement de nos ennemis et aussi aux grans
inconveniens qui à l'occasion des guerres ont esté et sont, et que

par bon conseil et advis des seigneurs de nostre sang, prelaz, nobles et autres gens des Trois Estaz de nostre royaume nous y puissons mettre tele ordonnance pour le temps à venir qui soit ferme et estable, par quoy noz subgiez puissent estre relevez des grans charges et oppressions qu'ilz ont souffertes et encores seuffrent à nostre tresgrant desplaisance, nous mandons incontinent lesdiz seigneurs, prelaz, nobles et autres gens desdiz Trois Estaz de nostre obeissance tant de Languedoil comme de Languedoc venir et estre en nostre ville de Poictiers au XVIe jour de novembre prouchain venant ; ausquelz est nostre entenciou de communiquer bien plainement et ouvertement l'estat des affaires de nostredit royaume ; si voulons et vous mandons sur tant que vous desirez et amez le bien de nous et de nostre seigneurie et que ladicte ordonnance et provision puist estre faicte pour le recouvrement d'icelle que ausdiz lieu et jour vous envoiez deux ou trois des plus notables personnes d'entre vous, bien esleuz et qui es choses dessudictes nous puissent et sachent donner bon conseil, lesquelx nous voulons et tous autres qui seront audit conseil estre liberalment et franchement oïz en tout ce qu'ilz nous voudrons dire et consoillier en leurs leaultez, ayans toutevoyes de vous bon povoir et souffisant pour besongner, faire et conclurre au surplus avec lesdiz seigneurs, prelaz, nobles et autres desdiz Trois Estaz à ladicte assemblée tout ce qui en icelle sera advisé, conclut et deliberé pour le bien de nostre dicte seigneurie ; et à ce ne veuillez faire faulte.

Donné à Lesignen le IIIe jour d'octobre.

CHARLES.   FROMENT.

(Orig. Arch. de Lyon, AA 22, fo 36.)

IX.

22 juillet 1428. — Convocation à Tours pour le 10 septembre des Etats Généraux qui se tinrent à Chinon.

De par le Roy.

Chiers et bien amez,

Vous savez comment par nostre derrenier mandement des Trois Estaz vous avons escript et mandé estre ou envoier souffisamment pour ceste cause, par devers nous à Tours au XVIIIe jour de ce present mois, ce que n'avez acomply, et pensons bien que ce a esté pour les empeschemens survenuz ; pour ce et pour autres consideracions avons ladicte journée, par l'advis et deliberacion de beaux neveu et cousins d'Alençons, de Clermont et de Perdyac et autres de nostre sang, lesquelz en toute unité et bonne amour sont et assistent entour nous et à noz consaulx et affaires, remise et continuée par tous delaiz audit lieu de Tours au x⁰ jour de septembre prochainement venant et audit jour et lieu mandons venir tour ceulz des diz Trois Estaz de nostre obeissance tant de Languedoyl et de Languedoc que de nostre Dauphiné; pour quoy vous mandons et enjoingnons sur la loyauté et obeissance que nous devez que, toutes excusacions cessans, envoiez à ladicte journée aucuns voz notables deputez ayans de vous plain povoir pour conseillier, besongner et consentir tout ce qui sera advisé, deliberé et conclut à ladicte assemblée, à laquelle entendons determiner par meure deliberacion de tous les grans affaires de nostre royaume, et aura un chascun des assistens franche liberté de en ce acquiter sa loyauté et de dire pour le bien des besoingnes tout ce que bon lui semblera; si gardez sur tant ce que vous doubtez envers nous faillir que faulte n'y ait.

Donné à Bourges le xxII⁰ jour de juillet.

CHARLES.   CANLERS.

(Orig. Arch de Lyon, AA 22, fᵒ 42.)

X.

22 mai 1432. — Convocation à Loches, pour le 10 juin, des Etats qui se tinrent à Amboise en juillet.

De par le Roy.

Chiers et bien amez,

Vous avez pu savoir comment puis nagaires avons envoyé nostre ambassade bien notable et des principaulx d'entour nous par devers nostre cousin le duc de Bourgongne en sa ville de Dijon pour besoingner pardevers lui et les siens sur le fait de la paix de ce royaume; et pour ce que nosdiz gens, qui sont à chemin de leur retour pardevers nous, ont escript et fait savoir entre autres choses que pour ceste mesme cause a esté par le cardinal de Ste Croix du consentement des deux parties prinse journée de convencion au vIII⁰ jour de juillet prochainement venant, à Auxerre, à laquelle journée aura des gens de grant estat pour la part de nostre dit cousin. Nous, considerans la grandeur de la matière et les haultes choses qui à ladicte convencion seront à traictier, volans de bonne heure, comme le cas bien le requiert, avoir sur ce bon advis et meure deliberacion, escripvons pour ce tant pardevers pluseurs notables prelaz et barons de nostre obeissance que aussi pardevers vous et autres de noz bonnes villes en vous priant et neantmoins mandant sur tant que vous desirez le bien de la besoingne que pour nous donner sur ce que dit est advis et conseil envoyez pardevers nous en nostre ville de Loches au xe jour du mois de juing prouchainement venant troys notables personnes d'entre vous qui soient gens de bon conseil, car ausdiz jour et lieu mandons semblablement les autres, et [à] ce ne vueillez pour ung si grant bien faillir, toutes excusacions ces·sans.

Donné à Amboise le xxii° jour de may.

Charles. Froment.

(Orig. Arch. de Lyon, AA 22, f° 68.)

XI.

22 octobre 1434. — Convocation des États Généraux à Montferrant pour le 4 décembre. (Cette session n'eut pas lieu.)

De par le Roy,

Chiers et bien amez,

Pour aucunes choses qui tresgrandement touchent et regardent l'onneur, bien et conservation de tout nostre estat et seigneurie et le relievement de noz royaume et loyaulx subglez, et afin mesmement de avoir sur ce et tous noz plus haulx affaires le bon advis, conseil et aide tant des seigneurs de nostre sang que des prelaz, barons et autres preudes hommes de nostredit royaume avons par meure deliberacion ordonné conclut et arresté de fere assembler à une foiz les gens des Trois Estaz de noz païs de Languedoil et de Languedoc et de faire et tenir en nostre personne icelle assemblée en la ville de Montferrant au iiie jour du mois de décembre prochainement venant; si vous mandons et enjoignons expressement et sur la loyaulté et obeissance que nous devez que ausdiz jour et lieu vous envoiez diligemment voz commis et deputez, c'est assavoir deux ou trois personnes notables et de bon conseil atout povoir souffisant de consentir et accorder en vostre nom tout ce que à ladicte assemblée sera deliberé et

conclut : et gardez bien, toutes excusacions cessans et sur tant
que doubtez envers nous faillir et mesprendre, que faulte n'y
ait.

Donné à Poictiers le xxıı° jour d'octobre.

CHARLES.   CHALIGAUT.

(Orig. Arch. de Lyon, AA 63.)

XII.

*8 janvier 1456. — Convocation des Etats de Languedoil à Poitiers
pour le 10 février.*

De par le Roy,

Chiers et bien amez,

Vous avez assez peu savoir les grans diligences que tousjours
avons faictes pour la deffense de nostre royaume, mettre paix et
union en nostre seigneurie, affin de relever nos bons et loyaulx
subgez des grans maulx que longuement ont enduré et souffert,
mesmement pour reunir à nous nostre treschier et tresamé frere
et cousin le duc de Bourgogne, et à ceste cause avons derrenierement envoyé plusieurs de nostre sang et lignage et autres de
nostre grant conseil en la ville d'Arras ou a esté tellement beson-
gné que, la mercy Dieu, bonne paix a esté formée et conclue
entre nous et nostredit frere de Bourgogne ; et pour ce que desirons donner provision en tous les grans affaires de nostre royaume
par le bon advis et conseil de vous et de noz autres loyaulx vassaulx et subgiez, avons deliberé et conclud faire venir et assembler pardevers nous les gens des Trois Estaz de nostre païs de
Languedoil en nostre ville de Poictiers au x° jour de fevrier prouchainement venant ; si vous mandons et enjoingnons sur le plaisir et service que nous devez que ausdiz jour et lieu vous envoyez
aucuns notables voz commis et deputez aians povoir souffisant
de par vous pour besongner et conclurre en ce qui de nostre part
sera dit et remonstré à ladicte journée ; et gardez, toutes excusacions cessans, que en ce ne faciez faulte, car pas n'en serions
contens, mais y prendrions desplaisance grande.

Donné à Tours le vııı° jour de janvier.

CHARLES.   CHALIGAUT.

(Orig. Arch. de Lyon, AA 22, f° 63.)

LOUISE DE FRANCE

FILLE DE LOUIS XV

———

Le 12 avril 1770, Louise-Marie de France, dixième enfant de Louis XV et de Marie Leckzinska, entrait, à l'âge de 33 ans, au Carmel de St-Denis. Maîtresse des novices au lendemain de sa prise de voile (12 septembre 1771), puis prieure (1773), réélue prieure en 1785, elle y passa les dix-sept dernières années de sa vie sous le nom de Sœur Thérèse de St-Augustin, et y mourut le 23 décembre 1787.

C'est à cette période de sa vie que se rapportent les douze lettres que nous publions aujourd'hui : la première est de 1776 ; la dernière du 5 novembre 1785. Adressées à M. de Bonal, évêque de Clermont depuis 1776 jusqu'à la Révolution, elles se trouvent aux archives départementales du Puy-de-Dôme, et nous en devons la communication à l'obligeante amitié de l'archiviste, M. Cohendy, que nous sommes heureux de remercier ici. Une seule de ces lettres, la VIIe,

est adressée à la supérieure des Carmélites de Chalon-sur-Saône : elle fut envoyée à M. de Bonal
après la mort de la princesse, par le vicaire général de Chalon, M. Bérard, pour qu'il fût fait droit
aux vœux exprimés par Louise de France.

I

On trouvera, dans les notes de chacune de ces
lettres, des éclaircissements sur les personnages
et les événements auxquels il est fait allusion. Mais
il n'est pas sans intérêt de connaître préalablement
le correspondant auquel elles sont adressées.

François de Bonal, né le 9 mai 1734 au château
de Bonal, était issu d'une ancienne famille de l'A-
génois (1). Chanoine, puis vicaire-général de Châ-
lon-sur-Saône, visiteur des Carmélites de France,
il fut enfin, le 6 octobre 1776, promu à l'évêché de
Clermont. Jusqu'à la Révolution, aucun événement saillant ne met en lumière son caractère ni
son influence. Il nous apparaît comme un esprit
suffisamment large et libéral, puisqu'il voulut, en
1783, dispenser ses diocésains de faire maigre pendant tout le carême. Cette tolérance lui attira même
de vifs reproches de Louise de France dans une

(1) Voy. La Chesnaie des Bois, *Dict. de la Noblesse*, 3ᵉ édit.,
t. III, col. 458.

lettre connue (1). Mais, au mois de janvier 1789, il se signala par un vigoureux mandement contre la licence de la presse. Nommé député du clergé du bailliage de Clermont aux États généraux, il se montra hostile à la réunion des ordres et fit à Target, qui invitait les membres du clergé à la réunion *au nom du Dieu de paix*, cette réponse restée célèbre : « *Le Dieu de paix, Monsieur, est aussi le Dieu de l'ordre et de la justice* » (2). Remplacé au siége de Clermont, en 1792, par l'intrus Périer, supérieur de l'oratoire d'Effiat, il émigra et mourut à Munich, le 3 septembre 1800 (3). Louise de France nous semble éprouver, pour le caractère de ce personnage, une vive sympathie, et nous permet par là de juger un peu du sien.

II

Ces lettres, au point de vue historique, n'ont

(1) Publiée en 1839 chez Thomassin, sous ce titre : *Lettre de Madame Louise de France à Msr de Bonal....*, en date du 17 janvier 1783.

(2) Voy. Auribeau, *Mémoires pour servir à l'histoire de la persécution en France*, t. I, 1re partie, p. 155. D'Auribeau cite encore un assez grand nombre d'écrits ou de discours émanés de lui et publiés dans la collection ecclésiastique de l'abbé Guillon. Paris. 1791 et ann. suiv., 7 vol. in-8º, publiés sous le nom de l'abbé Barruel. — *Déclaration sur le serment civique du 9 juillet 1790.* — *Dire sur la distinction des deux puissances au nom des évêques députés.* — *Discours sur le rapport des Comités concernant la constitution du clergé*, etc.

(3) Voy. Jarry, *Oraison funèbre du cardinal de Larochefoucauld* p. 43, note 2. Munster, 1801. In-8º.

point un intérêt exceptionnel. Ce sont, au fond, des
lettres de religieuse à un « ancien Père ». Mais cette
carmélite n'est point une religieuse ordinaire. Sa
qualité de fille de France, le rôle qu'elle a joué
dans les affaires religieuses et politiques du royaume
pendant le règne de Louis XVI, celui surtout qu'on
lui a prêté et les jugements divers qu'on a portés
sur son compte, donnent quelque prix à ces documents familiers, où le caractère de la princesse se
montre sans détours.

On la représente généralement comme le soutien
vigoureux et actif des ordres religieux et des tra-
ditions ecclésiastiques. La lettre IV°, sur la sécularisation de l'abbaye de Lavesne ; la lettre V° et
le mandement relatifs à la conversion de cette
« brebis » qui avait tourné au Jansénisme ; la
lettre IX°, concernant la réunion du prieuré de S^te-
Croix-de-Varennes aux carmélites de Riom, mettent
particulièrement en lumière ce côté de son caractère.

Quelques-uns des écrivains récents qui se sont
occupés de son rôle politique (1), la font entrer
dans la conspiration sourde qu'avaient ourdie
contre Marie-Antoinette, Mesdames Adélaïde et
Victoire. Rien, dans ces douze lettres, ne vient appuyer formellement cette opinion. Mais il faut

(1) Voy. M. E. de Barthélemy : *Mesdames de France*, 1 vol. in-8°.
Didier, 1870. — M. Todière : *Louis XVI, Marie-Antoinette et le comte
de Provence*, 1 vol. in-8°. Paris, 1863 ; — œuvres consciencieuses
et intéressantes.

reconnaître que Marie-Antoinette ne faisait point
tous ses efforts pour satisfaire les vœux de sa tante.
Dans cette même affaire de l'abbaye de Lavesne,
ce fut à elle que s'adressèrent les religieuses pour
obtenir cette sécularisation tant désirée, après avoir
été vigoureusement éconduites par Madame Louise.
Il est vrai qu'un dissentiment sur ce point de détail n'entraînait pas une rupture, car M. de Bonal
s'employa activement à la sécularisation, et Louise
conserva avec lui les relations les plus amicales.

Il semble encore, d'après la lettre IX⁰, qu'en
1781, ses rapports n'étaient point aussi intimes
avec son neveu Louis XVI qu'au commencement
du règne de ce prince (1). Les difficultés qu'elle eut
avec le trésor pour la réclamation de la rente que
le feu roi lui avait laissée ne furent peut-être pas
étrangères à ce refroidissement (2). En réalité, nous ne rencontrons rien, dans ces lettres,
qui établisse avec certitude son influence directe

(1) Voy. la note 2 de la lettre IX⁰, qui contient un extrait d'une
lettre adressée par le roi à sa tante (communiquée par M. Rathery à M. E. de Barthélemy, *Mesdames de France*, p. 339.)

(2) Elle écrivait, le 13 octobre 1776, au garde des sceaux : « J'ose
vous dire, Monsieur, que ma retraite a plus épargné à l'État que
le fonds de rente qui m'est laissé. Si vous en êtes curieux, je
vous le compterai aisément... Recevez mes remerciements pour
le poisson. Nous en avons déjà reçu un envoi, mais j'aimerois
mieux ne manger que du poisson pourri et tirer notre ordre de
la pauvreté où il est. » (M. E. de Barthélemy, *loc. cit.*, p. 338.)

M. E. Charavay doit publier incessamment, dans la *Revue des
documents historiques*, une lettre intéressante sur le même sujet.

sur les affaires politiques de l'époque. Doit-on
conclure de ce silence que cette influence n'ait pas
existé? Évidemment non. N'eût-elle pas pourtant,
elle qui « allait tant à la bonne foi » avec M. de
Bonal, fait part, vaguement au moins, à son correspondant, de ses mécontentements secrets?

La sœur Thérèse de St-Augustin ne se présente
donc point ici animée de cet esprit de coterie et
d'intrigue qui, selon Mme Campan (1), aurait
fait dire à Marie-Antoinette « que c'était
bien la petite carmélite la plus intrigante qui
existât dans le royaume ». Mais, à chaque lettre,
à chaque phrase, nous retrouvons la prieure de
communauté pleine de zèle et de dévouement pour
le bien de ses « pauvres maisons » et le succès de
ses entreprises religieuses. Cette ardeur n'exclut,
d'ailleurs, ni la modération, ni la dignité, et n'est
point, comme on l'a dit avec une aussi grande
témérité de critique que de style, « une *préoccupa-*
« *tion de toutes les heures* qui dégénérait en
« *absorption profonde* et altérait même parfois
« en elle les *saines notions du juste et de l'injuste,*
« ce qui devait fatalement la conduire à l'exclusi-
« visme et à l'intolérance... » (2).

(1) *Mémoires*, t. III, p. 89.

(2) M. Honoré Bonhomme, *Louis XV et sa famille*, p. 258. Le
même « historien », après avoir cité une phrase de l'abbé Proyart,
où il est dit que la princesse, dans sa jeunesse, « recherchait ses
aises, les commodités et les délicatesses de la vie, » résume d'un
mot le caractère de Louise : *C'était une Amazone doublée d'une
Sybarite* (p. 213). Voilà une femme expéditivement jugée et sans

Ne nous arrêtons pas à d'aussi grands mots. Disons seulement que la vivacité naturelle de son esprit, dont ses biographes nous rapportent tant d'exemples et qui resta toujours un des traits distinctifs de son caractère, lui rendait l'indignation prompte et facile : et elle l'exprimait comme elle la sentait, très-vivement. Les affaires religieuses surtout la touchaient au plus haut degré. L'intérêt que nous la voyons prendre à la sécularisation de Lavesne et, selon M. Bérard, à l'affaire des Non-Catholiques, en est une nouvelle preuve.

Nous ne nous flattons point, du reste, de faire connaître nettement, au moyen de ces quelques lettres, le caractère de Louise de France. Toutes les lettres de la fille de Louis XV, déposées aux archives de Clermont, sont ici publiées dans leur entier et sans triage. Nous nous abstenons d'en tirer nous-même aucune conclusion. Il semble pourtant que l'impression qu'on recueille de cette étude, soit vraiment favorable à la princesse ; et qu'à travers ce style plein de naïveté et d'abandon,

appel : il n'y a plus à y revenir. — La gravité de cette appréciation montre quelle confiance il faut accorder aux autres jugements que nous trouvons dans ce livre.

M. Jules Soury, dans ses études sur les filles de Louis XV (*Portraits de femmes*, 1 vol. in-12), use d'un langage plus correct et
une critique en apparence moins légère : mais, partageant le
de M. Bonhomme pour les sources de valeur douteuse, Bau-
d'Argenson, la *Chronique scandaleuse,* il est plus hostile encore lui à Louise de France. Nous verrons plus loin (lettre XIe)
quelques-unes des affirmations de M. Soury méritent d'être
réfutées.

on sente un cœur honnête, une volonté ferme, un esprit exclusif peut-être, si nous l'envisageons avec les idées larges de notre temps, mais pénétrant, actif, élevé.

III

Le style, à vrai dire, fait le principal attrait de cette correspondance. Ce n'est pas la gravité digne et un peu sèche de Mme de Maintenon, à laquelle se rattache, par plus d'un côté, — par son zèle religieux surtout, — notre princesse royale. Ce n'est plus le naturel raffiné, la naïveté quelque peu recherchée de Mme de Sévigné. Ce n'est pas non plus l'esprit fin, sceptique et sans émotion de Mme du Deffant. Les lettres de Louise-Marie ne doivent pas être lues devant toutes les grandes dames de la Province, avides d'apprendre des nouvelles de Paris. Son correspondant n'est pas, comme Walpole, un homme dont la réputation d'esprit est universelle, auquel il faut payer, par un art et des efforts continuels, l'honneur d'une correspondance suivie. Elle écrit à un ami, à un conseiller, à un « ancien père », — et pour lui seul. Elle ne cherche point l'esprit : son caractère religieux l'en empêche ; ses graves obligations ne lui en laissent guère le temps. Elle dit en courant : « Bonsoir, mon père ; pardonnez-moi ma brièveté, mais le temps me presse de finir cette épitre » (lettre Ire); et ne se met point en peine des mots qu'elle passe; car sa pensée va plus vite que sa plume (1). L'orthographe peut-être y perd en régularité; mais le style y gagne en naturel et en franchise. Les compliments mêmes sont tournés si simplement qu'ils semblent vrais. « Je n'aurais pas cru, écrit-elle à M. de Bonal après le départ de celui-ci pour Clermont, qu'après tous les sacrifices que j'ai faits pour parvenir à estre Carmélitte, il m'en restât encore d'aussi sensible après que je la serois... » (lettre Ire.) Les reproches, quand il y a lieu, ne se déguisent guère davantage (2). Elle dit ce qu'elle pense et à peu près comme elle le pense : elle « va toujours à la bonne foi ». C'est là un mérite littéraire plus grand qu'on ne croit et qui manque souvant aux femmes illustres dont nous parlions tout à l'heure. Quoique Louise de France leur soit inférieure à bien des égards, il faut reconnaître que cette carmélite a un tempérament d'écrivain. Elle appartenait, elle aussi, à cette époque où, comme dit Courier, la moindre femmelette en eut remontré à nos Académiciens. Cette simplicité même et ce naturel qui donnent un vrai charme au style ont leur importance pour l'histoire, car nous pouvons chercher le caractère dans l'expression de la pensée, sûrs qu'elle n'est point fardée de couleurs étrangères, parée de faux brillants et d'ornements affectés.

(1) Voy. le 1er alinéa de la lettre Ire.
(2) Voy. la lettre IVe, relative à la sécularisation de Lavesne.

IV

Ces lettres sont presque toutes signées du nom qu'avait pris Louise-Marie en entrant au Carmel de St-Denys : sœur Thérèse de St-Augustin ; et cette signature est invariablement suivie des trois lettres R. C. I. (1) : *Religieuse Carmélite indigne.* Enfin, l'adresse est le plus souvent accompagnée de l'apposition du grand ou du petit sceau du Carmel de St-Denys : *De gueules, à une croix d'or pattée en chef et ancrée en pointe, accompagnée de 3 étoiles du même, posées 2 et 1, le tout surmonté d'une couronne de duc et de 7 étoiles pour le grand sceau, 5 pour le petit sceau.* En légende : *Des Carmélites de St-Denis.*

A ces douze lettres, nous en avons joint une autre de Madame Victoire, sa sœur, également adressée à l'évêque de Clermont, M. de Bonal, et qui se trouve dans le même fonds. Elle fut écrite en 1786, après le voyage de Mesdames à Vichy. Mme Vic-

---

(1) Ces trois lettres, même de son temps, n'étaient pas intelligibles pour tout le monde. Dans une lettre au cardinal de Bernis, du 22 février 1785, Louise lui raconte l'anecdote suivante : « Notre mère... avait une lettre pressée à écrire au M{is} de Mac-Mahon, que vous avez vu à Rome. Je le fis pour elle et signé Sr Thérèse de St-Augustin, religieuse carmélite indigne (R. C. I.). En me répondant une lettre fort polie, il mit l'adresse : « Madame Thérèse de St-Augustin, R. C. I. Après cela la première fois qu'il vint la voir je ris bien avec luy de ce beau titre ; il étoit désolé et moy je m'amusés beaucoup et je m'en amuse encore. (E. Regnault, *Études des PP. Jésuites*, 17e année, Ve série, t. IV, p. 850.)

toire y mentionne le projet d'un nouveau voyage
en Bourbonnais et en Auvergne, lequel ne se réalisa point. Il est facile de comparer le style et l'esprit des deux sœurs ; et cette comparaison est tout
à l'avantage de Louise qui nous semble mériter, —
avec Madame Adélaïde, — une place à part dans le
groupe des filles de Louis XV.

———————

I

J. ✝ M. Ce 22 avril (1).

Voicy, mon Père, ma prose pour Mʳ de Sᵗ-Germaint ;
vous voudrez bien la luy remettre en personne et luy
porter le plant ; je le luy annonce et que vous luy expli-
querez. Cette affaire est une œuvre de charité à laquelle
j'espère que vous ne vous refuserez pas.

J'ai su des nouvelles de M. Rigaud (2) par une de ses

(1) Cette lettre est vraisemblablement de 1776. Au mois de septembre, M. de Bonal était évêque de Clermont, et nous savons
par la lettre IIᵉ qu'il resta fort peu de temps visiteur des Carmélites.

(2) M. Rigaud était vicaire général de Tours et vsiteur apostolique et général des carmélites de France. En cette qualité il signa
avec l'évêque de Cydon et M. Le Quien de la Neuville le mandement

pénitentes de Tours à laquelle il mande qu'il y sera à l'acention et qu'il si arrestera peu de jours, voulant être à Paris pour la Pentecôte. Bonsoir, mon père, pardonnez-moi ma brièveté ; mais le temps me presse de finir cette épitre.

Sr Thérèse de Saint-Augustin. R. C. I.

Adresse : M. l'abbé de Bonal, visiteur des Carmélites de France, à l'hôtel, rue Tournon, à Paris. (Scellée du petit sceau, 5 étoiles.)

II

A St Denis, J. † M. Ce 6 Juillet 1776.

Quelque intérêt que je prenne, Monsieur, à ce qui peut vous arriver d'heureux, je ne puis me réjouir de vôtre nomination à l'évêché de Clermont. Je n'aurais pas cru qu'après tous les sacrifices que j'ay faits pour parvenir à estre Carmélitte, il m'en restât encore d'aussi sensible après que je la serois. Mais Monsieur le Cardinal (1) me le fait éprouver. Quelque peu de temps qu'il vous aye laissé nôtre visiteur, vous l'avez été assez pour mériter nos regrets. Je suis bien sensible aux vôtres. Je parleray demain à M. le Nonce (2) qui doit

du 15 septembre 1771, annonçant l'entrée en religion de Louise de France.

Il remplissait encore les mêmes fonctions lors de la mort de la princesse, en 1787.

Pendant toute cette période, il joue un rôle important au Carmel de Saint-Denis. (Voy. *Chron. de l'ordre des Carmélites.* Troyes, 1861, t. IV, p. 300-310 passim.)

(1) Il s'agit sans doute du cardinal de Luynes, archevêque de Sens et président du bureau des Communautés religieuses (Voy. lett. Xe, p. 30).

(2) Le nonce était alors Doria Pamphili, né en 1751, archevê-

faire ici une cérémonie de voile noir, pour la diminution
de vos bulles, ne pouvant m'adresser pour cela directement à N. S. Père le Pape. Nous espérons bien aussi,
Monsieur, qu'en quittant le Carmel vous l'honnorerez
toujours de vos bontés, et que vous le visiterez lorsque
vous en aurez l'occasion, particulièrement le nôtre : on
y sera toujours enchantés de voir son *ancien Père*. Pour
moy je seray toujours fort aise, Monsieur, de recevoir
de vos nouvelles, et de vous réitérer soit de vive-voix,
soit par écrit, les assurences du sincère attachement
que je vous ait voüés.

Sr THÉRÈSE DE St-AUGUSTIN. R. C. I.

III

J. ✝ M. Le 28 décembre 1776.

C'est avec grand plaisir, Monsieur, que j'ay reçu vôtre
lettre : j'espère que vous ne porterez pas la prudence
jusqu'à vous borner au jour de l'an. Pour moy, j'auray
toujours une grande satisfaction à vous assurer que mes
sentiments sonts les mêmes pour vous. J'en ait eû une
bien sensible en apprenant la réception qu'on vous a
faite à Clermont : Encore vos diocésains ne savoient-ils
pas tout leur bonheur de vous avoir pour leur pasteur :
ils sont heureux d'être à même de le goûter. Le Carmel,
tout vertueux qu'il se pique d'estre, n'est point honteux
d'en laisser connoître sa jalousie. C'est un sentiment
que vous lui pardonnerai, j'en suis sûre et je l'espère,

que de Séleucie à 20 ans et envoyé comme nonce en France en
1773.

Ses lettres de créance sont du 6 septembre. Une lettre du duc
d'Aiguillon au pape, du 8 novembre 1773, mentionne son arrivée
à Versailles dans les premiers jours de ce mois. (Arch. des Aff.
étrang. Rome 1773. T. 862.)

n'étant pas une des carmélites les moins coupables, si
tant est qu'il en faille *dire sa coulpe*. Mais personne ne
peut m'en savoir mauvais grai, pas même, je suis sûre,
M. l'abbé d'Algrai (1) ; je ne la lui cacherai pas, si l'occasion s'en présente. — Avez-vous eu, Monsieur, la bónté
de vous souvenir de la Sainte-Epinne? Mon neveu l'infant Ferdinand (2) m'en parle souvent. Il faudra aussi
que vous m'envoyez la mesure du parement d'autel de
cette église, s'il en faut un, parce qu'il m'a chargez de
faire faire un ornement lorsque j'aurois la relique Ne
m'oubliez pas, Monsieur, dans vos saints sacrifices: j'y
ait bien de la confience.

Sr Thérèse de Saint-Augustin. R. C. I.

Adressée à *Monsieur l'Evesque de Clermont en Auvergne,
à Clermont.* Scellée du grand sceau.

IV (3)

J. † M. Ce 8 juin 1778.

Je viens d'apprendre, Monsieur, une nouvelle qui me
fait bien de la peine, c'est qu'on veut faire un chapître

(1) M. d'Algrai avait dû succédé à M. de Bonal dans la charge
de *visiteur*. Les diverses *Vies* de la Princesse n'en parlent point.

(2) Ferdinand, infant et duc de Parme, fils de don Philippe
d'Espagne et d'Elisabeth de France, était né le 20 janvier 1751. Il
avait alors 25 ans et gouvernait Parme depuis 1765. Tout ce passage est obscur. L'infant Ferdinand voulait-il faire présent de
cette relique à sa tante et celle-ci la donner à son tour à l'évêque
de Clermont? Cette explication est la plus plausible, quoique difficile à concilier avec le caractère du prince qui, nourri des doctrines philosophiques, élève de Condillac et de Mably, avait peu
 ̄ ant la mort de Clément XIII expulsé les jésuites et aboli l'in-
quisition dans ses États. (Voy. Botta. Hist. d'Italie, t. IX — Enci-
clopedia popolare Milanese.)

(3) Cette lettre a été publiée par M. Marcellin Boudet dans l'inté-

noble de l'abbaye de *La Veine* (1) de l'ordre de S' Benoit *et que vous vous y intéressiez fort* ; et il paraît que ce sonts les religieuses même qu'on veut séculariser, car on me mende qu'elles vivent déjà en Chanoinesses, et *le mémoire le porte clairement*. J'ai refusé de m'en mesler en disant qu'une religieuse ne devait pas coopérer à séculariser des religieuses et c'est à une Carmélitte que je mandais cela.

Mais, Monsieur, quel malheur seret-ce si on allait donner cet exemple ? Après avoir fait des chapîtres nobles, on en ferait qui ne le seraient pas, comme il y a des collégialles ou les chanoinnesses ne font pas de preuves. On a été préservé dans les couvent de filles jusqu'à présent de l'orrible destructiont que subissent les moinnes, parce que on ne savoit que faire de nous et que les couvents débarassent les familles, mais si l'on va commencer à donner le branle, combien de mauvais couvent vont devenir chapitres. Ha Monsieur, que vôtre

ressante notice qu'il a consacrée à l'abbaye de La Vesne : *Chronique de l'abbaye de Lavesne* (Clermont, 1862.)

Nous avons cru devoir la reproduire pour donner la collection complète des lettres de Louise de France qui se trouvent aux Archives de Clermont-Ferrand.

(1) L'abbaye de Lavesne, fondée en 1131, selon M. Boudet, par Pierre-le-Vénérable et sa mère Raingarde, était située non loin de Thiers, sur les bords de l'Allier.

En 1778, les 14 dames bénédictines qui composaient le prieuré de Lavesne voulurent le faire ériger en un Chapitre noble et séculier. Dans les premiers jours de juin, à l'instigation de l'une d'elles, Mme Legroïng, qui exerçait un grand ascendant sur la prieure, Mme de Lestranges, elles adressèrent une pétition dans ce but à Louise de France. C'est le *Mémoire* dont il est parlé dans cette lettre.

On voit comment Louise l'accueillit. Mais, par l'intermédiaire du Cardinal de Larochefoucauld que sollicitèrent les religieuses, la reine s'en mêla, — et le 4 août 1781, le roi, par un brevet, autorisait l'érection du prieuré de Lavesne en chapitre noble et séculier. (Voy. Bibl. de Clerm. Impr. d'Auvergne. N° 530.)

zèle s'anime et ne ce laisse pas tromper par la bonté de
vôtre cœur qu'on attaque sous prétexte de donner des
ressources à la noblesse d'Auvergne. Je vous envoye *le
mémoire* qu'on m'a adressez pour que vous voyez la conséquence dont cela serait pour la religion. Pourvoyez à
la réforme des communautés de votre diocèse, mais ne
protégez jamais les sécularisation (1); qu'il ne soit pas
dit que c'est par vous que cela est commencé ; toutes
vos anciennes filles vont se mettre en prières pour soutenir votre courage.

Ma sœur Julie (2) à qui je viens d'apprendre cette
nouvelle, par attachement pour notre saint état et par
celluy qu'elle a pour vous partage mon sentiment et
vous prie, Monsieur, de recevoir les assurences de ses
respects. Soyez persuadez, Monsieur, de tous mes sentiments pour vous : la conflence et la liberté avec laquelle
je vous écris vous en doit être une nouvelle preuve (3).

Sr THÉRÈSE DE St-AUGUSTIN (R. C. I.)

(1) Nous retrouvons ici le naturel vif et impétueux de la princesse. Il semble même que l'ardeur et la rapidité avec lesquelles
cette page a dû être écrite, aient influé sur l'orthographe, qui est
plus irrégulière encore que de coutume.

(2) La sœur Julie s'appelait dans le monde Julienne de Mac-
Mahon. Née vers 1732, elle entra au Carmel de St-Denis à l'âge de
15 ans. Elle avait 38 ans quand Louise y entra à son tour : elle
fut chargée snr-le-champ de veiller particulièrement sur la princesse, -- en qualité d'*ange*, suivant l'expression de ses biographes,
— et elle occupa toujours une grande place dans l'affection de
Louise de France.

En 1773, le 28 novembre, celle-ci la nomme maîtresse des novices (Voy. une lettre du 29 novembre 1773, adressée à l'évêque
d'Amiens ; citée par le P. Regnault dans les *Études des PP.
Jésuites*, n° de novembre 1873 : *La vénérable Louise de France,
Fille de Louis XV.*) Nous retroavons son nom dans quelques
unes de ces lettres, notamment dans la cinquième.

(3) M. de Bonal se montra peu sensible tant aux prières de
Louise de France, qu'à celles de la sœur Julie. Il travailla au

V

J. † M. Ce 16 juillet 1779.

Vous avez pris tant d'intérest, Monsieur, à vôtre ancienne brebis galeuse (1) que je croit que vous serez bien aise d'avoir sa circulaire. Les 4 dernières années de sa vie ont été aussi édifiantes que le millieu avoit été scandaleux. Elle a eû le bonheur de conserver sa teste, jusqu'à la fin.

J'aurois eû beaucoup plus de choses à vous dire, mais j'ai crû qu'il suffisait de s'en tenir à l'essentiel : ma sœur Julie (2), ma sœur Raphaël (3) me prient, mon Père, de vous assurer de leurs respects et attachement.

Sr Thérèse de St-Augustin R. C. I.

contraire à la sécularisation, et nomma pour poursuivre l'affaire son grand vicaire, l'abbé de la Mousse, par les soins duquel une bulle de Pie VI, ordonna la sécularisation le 28 août 1782, un an après l'édit du roi. (V. M. Boudet loc. cit.).

(1) Les *Chroniques de l'ordre des Carmélites* donnent peu de renseignements sur cette brebis galeuse rentrée au bercail, sœur Marie-Marthe de Sto-Croix. C'était, disent-elles, « une ancienne sœur du voile blanc, que son attachement aux erreurs jansénistes avaient malheureusement refoulée dans le monde ». Elle fut transportée à St-Denis, le 5 juillet 1775, avec l'autorisation de Mgr de Beaumont : « elle ressemblait à un squelette, et tout son « costume portait l'empreinte d'une profonde misère : elle était « âgée de 90 ans et avait les jambes entièrement paralysées. » (V. *Chron. des Carmél. de la réf. de Sto Thérèse, dep. leur introduction en France*, t. IV, p. 328.)

La *circulaire* d'ailleurs est plus explicite que toute autre chose. — Voy. p. 32.

(2) Voyez pour la sœur Julie, la lettre précédente. — Le 30 novembre de cette année 1779, elle était élue prieure en remplacement de Madame Louise.

(3) Louise-Maurice Hesselin de Mergé, née le 6 février 1746, entra au Carmel de St-Denis, sous le nom de sœur Raphaël dans le courant de 1771. Elle mourut, suivant le P. Regnault (loc. cit.

VI

J. † M. Ce 12 septembre 1779.

Je vous fais mes remerciements, Monsieur, de touttes vos bontés et attentions pour nôtre chère sœur Thérèse de St-Augustin (1). J'ay bien pensé à elle toute la journée, m'ayant mandé qu'elle feroit ses vœux aujourd'huy qui est l'anniversaire des nôtres (2). Pour sa pauvre tante, Madame Marie de St-Régis est ravie au 3e ciel. Depuis ce matin, elle pleure de dévotion et elle rit tout à la fois de joye. Je suis toujours bien inquiette de la pauvre mère Cécille (3). Comment aura-t-elle pu faire la

nov. 1873, p. 730), le 12 octobre 1837, au monastère de la rue Cassini, à Paris. Elle assista aux derniers moments de Louise de France qui lui donna *in extremis* un crucifix et semblait la tenir en grande affection. (Voy. *Chron. des Carmél.* loc. cit. p. 341.)

(1) L'érudit archiviste du Puy-de-Dôme, M. Cohendy, nous a communiqué une liste des sœurs du Carmel de Riom, contenue aux archives de Clermont dans le dossier relatif à la réunion du prieuré de Sainte-Croix de Varennes. Cette liste, sans date, doit manifestement se rapporter à l'époque de la réunion dudit prieuré qui eut lieu le 12 décembre 1786.

Dans cette liste nous trouvons :

« Ma sœur Dubois [*protégée de Madame Louise (sic)*] dite en religion *Thérèse de St-Augustin*, 3e sacristine, 8 ou 9 ans de religion. »

Cette sœur Dubois, dite Thérèse de St-Augustin, avait aussi une sœur plus jeune, désignée dans la même liste sous le nom de sœur *Louise-Julie-Éléonore* « *encore protégée de Madame Louise* » *(sic)*.

(2) Louise de France avait fait sa profession le 12 septembre 1771.

(3) Cette mère *Cécille* est d'après la même liste « la mère Langlois, dite en religion *Thérèse Cécile de St-Cyprien*, 1re dépositaire et maîtresse des novices, 48 ans de religion. » M. Cohendy croit la liste en question écrite de sa main.

profession : il faut qu'elle aye un courage qui surpasse tout ce qu'on peut imaginer.

Voudriez-vous bien me mander, Monsieur, avec quelle herbe vous guérissez les meaux de dents : nous avons une sœur qui en souffre beaucoup, et elles ne peut pas se les faire arracher parce qu'elles sont adérentes, et on risque de luy arracher la mâchoire. Ce sera une grande charité à vous de nous le mender. Je vous en seroi infiniment obligée. Je vous prie, restez bien persuadez de tous mes sentiments pour vous et qu'ils ne changent jamais.

Sʳ THÉRÈSE DE Sᵗ-AUGUSTIN, R. C. I.

VII

J. ✝ M. Ce 29ᵉ octobre 1779.

J'ay été bien aise, ma R. Mère, de laisser à nôtre chère sœur Catherine de la Croix le plaisir de vous apprendre que nous payerions la dote de la demoiselle de la Porte. Il seroit fort heureux que le Père consentit à la mettre dans la communauté dont vous me parlé. Mais, à cause de la pention qu'il ne peut pas payer, ny nous non plus, je vous conseillerois très-fort de la faire entrer comme nous avons faits pour cecy pour ma sœur Thérèse de Sᵗ-Joseph qui est entrée la surveille qu'elle a eu 16 ans (1). On lui a fait prendre l'habit au bout de 3 ou 4 mois :

(1) Louise de France avait été nommée maîtresse des novices au lendemain de sa prise de voile. A ce titre, elle avait dû prendre une grande part à l'éducation de ces jeunes filles, et réfléchir sur les moyens de les « élever comme on veut ». Voyez dans Proyart *(Vie de Mᵐᵉ Louise de France,* t. I, *passim)* les billets qu'elle écrivait à une jeune novice, *Sophie-Elisabeth de Beaujeu,* — près de laquelle, selon son panégyriste, elle remplissait les fonctions d'*ange,* — et particulièrement celui qui commence par ces mots : *Bonjour, petit hermite blanc.* (Proyart, *loc. cit.,* t. I, p. 184.)

elle n'a fait de la règle jusqu'à ce qu'elle aye 17 ans que
le meigre, l'habit et le coucher, prenoit la discipline les
vendredy, fesoit les mortifications du réfectoire, n'alloit
à Matines que le vendredy et les grandes festes. Point de
jeûnes, qu'une fois la semaine en carême. A 17 ans, elle
a tout pris. Il y a à cela un grand avantage, c'est qu'on
les élève comme on veut ; et je crains que si vous atten-
dez, le père, sous prétexte de sa santé, ne retire son consentement ; et vous ferez une bonne œuvre de la nourrir et vestir pendant ce temps, ce qui ne vous ruinera
pas. — Et si elle sortoit, comme vous seriez privés du
sujet, nous vous donnerions quelques choses, pour vous
en dédomager.

Adieu, ma chère Mère, soyez bien convaincue, je vous
prie de mes sentiments pour vous et vôtre sainte communauté (1).

(1) Cette lettre, adressée à la prieure du Carmel de Chalon, fut
envoyée à l'évêque de Clermont, en 1788, par M. Bérard, vicaire
général de Chalon, qui écrivait alors à M. de Bonal la lettre que
nous joignons ici à celle de Louise de France. On y voit combien
Louise avait pris à cœur cette « misérable » affaire des Non-Catholiques, puisque, selon l'abbé Bérard, elle en est morte :

« Monseigneur,

« J'ai l'honneur de vous envoyer la lettre que Madame Loüise
écrivit, il y a plusieurs années, à l'occasion de l'entrée de sœur
Chatâgnier dans notre Carmel. Cette lettre n'est point signée.
C'est un oubli. De plus l'adresse a été mise pour Mâcon, et cepen-
dant elle étoit écrite pour Chalon ou elle fut renvoyée. Cette
lettre annonce le payement de la dote de la sœür Chatâgnier.
Cette dote n'a point été payée, et Madame Loüise est morte.
Quelqu'un a dit à cet égard que si l'on s'adressoit à Mesdames de
France et que l'on produisît cette lettre, ces dames pourraient
procurer à la communauté de Chalon, le payement de cette dote.
D'après cette assertion nos mères Carmélites m'ont prié de vous
écrire, de vous faire part de cette proposition, et si vous jugez la
demande convenable, de vouloir bien où la faire en leur nom,
où leur indique la marche qu'elles doivent suivre, pour parve-

VIII

J. † M. Ce 27 décembre 1780.

Je vient, Monsieur, vous demander une grâce qui ne m'a pas été sollicitée par la Mère Cécile, mais que je désire beaucoup, c'est que vous écriviez à MM. Rigaud (1)

nir au succès de cette affaire. L'estime que Mesdames de France ont conçüe de vous, Monseigneur, fait penser qu'elles auront beaucoup d'égard à votre entremise. Je regarde la perte de Madame Loüise, comme très-grande pour l'Eglise. Quand la misérable affaire des Non-Catholiques n'auroit produit et ne devroit produire d'autre mauvais effet que d'avoir abrégé les jours de cette sainte princesse s'en seroit assez pour regarder leur retour comme un grand malheur. Il paroit ici un ouvrage très-fort contr'eux et qui prouve avec autant de succès que d'énergie qu'il faut laisser les choses dans l'état où Loüis 14 les avait mises sur cet objet. — Je vois avec bien de la peine, Monseigneur, que depuis un certain tems, on agite une foule de questions qui, en rendant les Français raisonneurs, ne les rendent ni meilleurs citoyens, ni meilleurs chrétiens, ni meilleurs sujets. Que ne suis-je auprès de vous, Monseigneur, pour épancher mon cœur avec une pleine liberté touchant mille objets qui me font souvent gémir en silence? Dans votre dernière lettre, vous ne me dites rien de votre santé, je souhaite que ce silence signifie qu'elle n'est point mauvaise. Notre prélat est toujours à Dijon, occupé des affaires de la province en sa qualité d'élu, je pense que nous le reverrons dans le cours du mois prochain.

Je suis avec un profond respect,
Monseigneur,
Votre très-humble et très-obéissant serviteur,
Bérard, vicaire général.

Chalon-sur-Saône, 17 (*) de l'an de grâce 1788.

(*) Faut-il lire : 1ᵉʳ septembre? ou penser que le nom du mois a été omis après le quantième 17? Cette seconde hypothèse semble plus probable, car la dernière assemblée des élus de Bourgogne s'ouvrit le 12 novembre 1787, sous la présidence du prince de Condé et prit fin dans les premiers mois de 1788.

(1) Voy. la note de la lettre Iʳᵉ, p. 15.

et de Brassac (1) l'histoire abrégéz *(sic)* de la petitte comédienne, et que vous leur persuadiez que bien loing de s'opposer que la M[ère] (2) de Riom garde cet enfant, qu'ils lui ordonne de la garder jusqu'à ce qu'on sache quel parti elle voudra prendre, lorsqu'elle sera d'aage à se décider. C'est peut-estre beaucoup vous demander que 2 lettres au bout de 10 mois d'absence de votre troupeau. Mais elle est devenue votre diocésaine, c'est une âme à sauver, et votre autorité est d'un grand poids auprès d'eux. — J'ay écrit pour avoir la relique de Sᵗ Donat (3) : J'espère qu'elle arrivera avant les tonnerres. Je suis enchantée d'avoir trouvé une occasion de vous

(1) Comme M. Rigaud, M. de Brassac était visiteur apostolique des Carmélites de France. Il signa en cette qualité avec Charles-Auguste Le Quien de la Neuville, évêque de Dax, et l'abbé Rigaud, le mandement du 13 mai 1774 annonçant à l'ordre la mort de Louis XV. Il dut succéder dans ces fonctions à Henri Hachette des Portes, évêque de Cydon, qui, en 1771, fut nommé à l'évêché de Glandève. (Voy. *Chron. des Carmél.* t. IV, p. 300 et 320.)

(2) Il s'agit de la prieure du couvent de Riom qui vraisemblablement était alors la mère Cécile, nommée plus haut.

(3) « Sᵗ-Donat, dit le P. Cahier *(Caractéristique des Saints,* t. I, « p. 427), est honoré en beaucoup de lieux comme protecteur « contre la foudre... Reste à savoir si c'est Sᵗ-Donat, évêque de « Fiésole, ou bien, comme les gens de Bruges le prétendent, Sᵗ-« Donatien (Donat, en Flandre), évêque de Reims. Il a été publié « une petite brochure (à Ypres, 1766, in-12) pour établir que ce « patron *contre le tonnerre, la foudre, grêle et tempêtes,* est un « martyr *(proprii nominis),* dont le corps fut tiré des Catacombes « de Sᵗᵉ Agnès et envoyé plus tard à Munster-Eiffel.... Selon d'au-« tres, ce serait un soldat chrétien de la légion fulminante *(ful-« minata, fulminatrix).* » (Cf. *Act. sanct.* Février, t. I, p 425.)

Il est malaisé de déterminer auquel de ces quatre saints du même nom Louise de France empruntait lesdites relique et attachait une vertu spéciale contre la foudre. Il est probable pourtant que c'est l'évêque de Fiesole, dont son neveu, l'infant Ferdinand, duc de Parme pouvait facilement lui procurer des reliques. Nous voyons d'ailleurs ce prince, en 1776 (Voyez la lettre IIIᵉ), s'acquitter d'une commission de ce genre.

faire plaisir. Malheureusement, elles sont bien rares.
Nôtre M[ère] (1) me charge de vous présenter son tendre
respect. Mes sentiments vous sont connus : ils ne dif-
fèrent jamais des siens, surtout à votre égard.

Sʳ Thérèse de Sᵗ-Augustin. R. C. I

(Scellée.)

IX

J. † M. Ce 28 octobre 1781.

Voicy, Monsieur, à peu près le contenu de ce que j'ay
écrit au roy pour les pauvres Carmélites de Riom. Car
je ne peut prendre sur moy de demander de but en blanc
la destruction d'un ordre religieux, moy qui voudrois
les conserver tous, dût-il m'en coûter je ne sçait quoy.
Je luy mande donc que le feu R[oi] m'ayant promis de
pourvoir à la dotation de mes pauvres maisons et luy me
l'ayant renouvellé, que nous avions une belle occasion
pour celle de Riom en Auvergne, que le prieuré de Sᵗᵉ
Croix de Varennes (2), valant environ 1800 l. étoit vacant

(1) La mère Julie, Julienne de Mac-Mahon, prieure depuis le
30 novembre 1779.

(2) Varennes-sur-Morge, auj. commune du département du Puy-
de-Dôme, à 39 kil. de Clermont.

A cette époque, les maisons de chanoines réguliers de Sᵗᵉ-Croix
(il y en avait quatorze en France) étaient dans le désarroi le plus
complet. La maison principale, fondée à Paris par S -Louis, en
1258, dans la rue de la Bretonnerie, était, en 1778, d'après un rapport du 2 août de la même année (Arch. nat., G⁹, 513-515), grevée
d'un passif de 46,331 l. L'année suivante, ses biens étaient mis en
régie.

A cet effet, on dressa des états, on fit des rapports sur la plupart des maisons de l'ordre. Voici ce que l'on disait à cette
époque (vers 1780) du prieuré de Sᵗᵉ-Croix-de-Varennes :

« La maison de Sᵗᵉ-Croix de Varennes, diocèse de Clermont, n'a
plus que deux religieux et environ 1600 l. de revenu. L'un d'eux,
âgé de 70 ans (Gilles Pressé) las d'être gouverné par un prieur
qu'il accuse de s'approprier tout le revenu et de le laisser man-

par la mort des titulaires; qu'il n'y reste plus qu'un religieux, âgé de 77 ans et incapable non seulement d'en acquitter les charges, mais encore d'en régir les biens et que dans le cas qu'on luy demanda la réunion de ce bénéfice, je ne croÿois pas qu'on puisse en faire un meillieur usage et plus convenable que de le réunir aux Carmélittes de Riom ; que je le priois de s'en informer et que dans le cas où cette réunion seroit généralement approuvés, je la luy demandois comme une grâce, dont je luy aurois la plus grande obligation. Je pense que c'est *tout* ce que je pouvois dire (1). Je luy ait adjouté, et j'espère

quer de tout, hors de la subsistance, demande depuis longtemps à se retirer avec une pension et de consentir à la suppression de la maison.

« Il ajoute que ses infirmités exigent qu'il aille prendre les eaux minérales, et que s'il avoit une pension assurée, il trouveroit à emprunter jusqu'à 200 l. qui lui sont nécessaires pour ses frais de voyage et qu'il ne peut obtenir de son supérieur. Et ses demandes se réitèrent avec ses besoins.

« Il pense que les vues de M. l'évêque de Clermont *seroient d'appliquer les biens de cette maison à son séminaire*, et il est prêt d'y donner les mains. Mais ce prélat ne fait encore aucune ouverture à ce sujet. Cependant ce religieux demande des secours et on ne peut lui en procurer qu'en autorisant sa retraite, et en obligeant le prieur à lui faire une pension provisoire, ou en mettant les biens de cette maison en régie à la charge d'une pension pour chacun d'eux. » (Arch. nat., carton coté G 9, 514-515.)

(1) Si c'était là *tout* ce que contenait la lettre de Louise à son royal neveu, il semble que l'intimité de leurs relations s'était un peu refroidie depuis le temps où Louis XVI lui écrivait, en 1778 : « Je vous prie, ma chère tante, de toujours compter sur moi, et, quand vous pourrez m'écrire, de le faire, afin que je vous prouve par moi-même l'amitié et la tendresse que j'ai pour vous. » (M. E. de Barthélemy. *Mesd. de France*, p. 339, lettre communiquée par M. Rathery). — Sans ajouter foi complète aux anecdotes de Bachaumont ou au *Journal manuscrit de Hardy* (cité par M. Todière : *Louis XVI, Marie-Antoinette et le comte de Provence*), il faut croire que Madame Louise avait pris sa part de l'exil de ses sœurs à Bellevue. — Cette lettre dût être écrite avant le retour

que vous ne me dédirai pas, Monsieur, que s'il le voulait
bien, j'avois lieu d'espérer que l'évesque diocésain ne
nous seroit pas contraire (1).

Sr Thérèse de St-Augustin. R. C. I.

(Scellée.)

Adresse : *A Monsieur l'évesque de Clermont en Auvergne*

X

J. † M. A St-Denis, ce 18 mars 1783.

Je vais bien à la bonne foy avec vous, Monsieur. Voilà
ce que c'est que d'avoir été nôtre père. Ma confiance est
toujours restée filiale. Je vous dirai donc tout bonne-
ment que je voudrois bien que vous vinssiez icy jeudy
vingt nous dire la messe de communautés et faire les
cérémonies du voile de ma sœur Justine. Le cardinal

   •   momentané de Mesdames à la cour, en octobre 1781, lors de la
naissance d'un fils de la reine.

(1) Le roi accéda d'ailleurs aux prières de sa tante. Par un brevet du 20 mai 1781, signé *Louis* et contresigné *de Breteuil*, il ac-
cordait l'union du prieuré au couvent des Carmélites. A ce brevet était jointe une lettre du même ministre à M. de Bonal, lui
exprimant les sentiments favorables du roi :

« Vous avez à Riom une maison de Carmélites très-pauvre et à
laquelle le roi a fort à cœur de procurer les secours dont elle a
besoin pour se soutenir. La suppression de celle de Varennes-
sur-l'Allier en offre une occasion qu'il seroit peut-être impossible
de retrouver. Sa Majesté m'a en conséquence chargé de vous
marquer que lorsque vous vous occuperez de la suppression de
cette maison elle désire que vous en unissiez les biens à celle
des Carmélites de Riom et je ne doute pas que vous ne vous por-
tiez avec empressement à répondre aux vues de Sa Majesté. »
(Arch. du Puy-de-Dôme, docum. commun. par M. Cohendy.)

La réunion fut définitivement consommée par un décret de
M. de Bonal, du 12 décembre 1786.

de Luynes (1) s'est excusé sur son age, ses infirmités et la saison. L'abbé Bertin (2) ne viendra pas non plus. Vous me feriez bien plaisir, mon père, de venir. Notre mère me prie de vous assurer de son respect et attachement : vous connoissez tous mes sentiments pour vous. Sr Thérèse de St-Augustin.

XI

J. † M. Ce 3 novembre 1784.

Je n'ai pas moins de regrets cette année que la dernière, Monsieur, de ne pouvoir me charger de placer Mr Votre parent à l'écolle militaire (3). Mais je n'ai pas

(1) Paul d'Albert de Luynes, archevêque de Sens en 1753, cardinal en 1756, sur la demande de Jacques III, avait alors 80 ans : il était né le 5 janvier 1703. Ce prélat, tant par les actes de sa vie que par les fonctions qu'il avait remplies, devait être particulièrement cher à Louise de France. Il s'était montré le constant défenseur de l'Eglise et des Jésuites contre les parlements; et, premier aumônier de la dauphine, mère de Louis XVI, il avait assisté son époux à son lit de mort. Il était de plus président du bureau des communautés religieuses. Le cardinal de Luynes mourut le 21 janvier 1788. (Voy. la *France ecclésiastique pour l'année 1785.*)

(2) L'abbé Bertin, frère du ministre de ce nom, était conseiller d'état et supérieur particulier de la maison de St-Denis. (Voy. *Chron. de l'ordre des Carmélites*, t. IV, passim.)

(3) M. de Bonal la sollicitait assez souvent pour ses parents. Elle éludait presque invariablement de pareilles demandes. La *vie de la M. Thérèse de St-Augustin* (publ. à Autun en 1857, 2 vol. in-12, livre écrit dans un but plutôt édifiant qu'historique), cite une autre lettre de refus. « Je n'ai jamais été plus mortifiée que « je le suis aujourd'hui, de n'être pas dans le cas de faire ce que « vous désirez pour cette place de St-Cyr, d'autant plus que la « demoiselle est de vos parentes. Mais vous savez bien que je « ne me mêle de rien, et dernièrement encore j'ai été obligée « de faire pareil refus à une multitude de personnes qui me « demandaient une semblable faveur. » (T. I, p. 398.)

Est-ce bien de cette femme que M. Soury *(Portraits de femmes,*

encore pù parvenir à placer celuy qui m'étoit recommandez, et comme son âge n'est pas passé, je ne peut pas m'intéresser pour un autre, ayant promis à celui-là.

Recevez-en, Monsieur, mes excuses et mes regrets. Nous avons eu bien de l'inquiétude du supérieur de mes sœurs de Riom, sur ce qu'elles nous avoient mandé qu'il avoit une attaque d'apoplexie. Nous avons envoyé sur le champ savoir de ses nouvelles, On l'a trouvé à table se portant très-bien ; il faut que ce qu'il a eû aye été peu de choses. J'en suis ravie, car je l'estime infiniment : et s'auroit été une perte affreuse pour ses filles.

Adieu, Monsieur, comtés toujours je vous prie sur la continuité de mes sentiments pour vous.

(Scellée du petit sceau ; avec adresse.)

XII

J. † M. Ce 5 novembre 1785.

Je serois fort aise, Monsieur, de pouvoir rendre quelques services à la communauté du diocèse de Saint-Claude (1) que vous protégez ; mais la situation où je me

p. 279) a écrit : « Madame Victoire sollicitait des places d'ambassade, Madame Adélaïde demandait des évêchés et des abbayes pour ses bons amis ; Madame Sophie osait réclamer un régiment pour quelque petit écuyer de sa maison, mais la plus infatigable solliciteuse et quémandeuse était Mme Louise. » Et, à défaut de faits et de preuves, il cite la phrase célèbre de Mme Campan sur la « petite Carmélite ». Est-ce de la critique sérieuse ?

(1) Le diocèse de St-Claude, fort peu étendu avant la Révolution, ne contenait que quatre couvents de filles : à St-Amour, une communauté très-florissante de la Visitation et une autre d'*Annonciades célestes;* — à St-Claude une communauté d'*Annonciades;* — et enfin à Orgelet un couvent de *Bernardines* qui, de 1717 à 1789, fut un lieu de réclusion ordinaire, une sorte de Bastille, pour les dames nobles de la contrée. (Voy. Rousset, *Dict. géogr. de la Franche-Comté,* 6 vol. in-8°). Rien ne permet de conjecturer à laquelle de ces maisons s'adressaient les faveurs de M. de Bonal.

trouve pour nos pauvres maisons ne me permet pas de
me mêler d'autres ordres. J'en ay bien assez du nôtre.
La maladie et la mort de la mère Julie (2) ne m'a pas
permis de vous respondre plus tôt. Je suis bien sûre que
vous y aurez été sensible, d'autant qu'elle avoit pour
vous tous les sentiments et l'attachement que vous mérité. Je ne suis pas encore revenue de ma douleur : vous
pouvez juger, Monsieur, de toute son étendue, ayant été
à porté de connaître ce qu'elle méritait. Quoique je la
croye heureuse, je n'en sens pas moins la perte.

Ma sœur me charge de vous recommander sa sœur
....(3). Vous êtes au fait de l'affaire : elle désire que
vous la placiez incessamment, c'est-à-dire avant la destruction de la Maison. Vous connaissez, Monsieur, mes
sentiments pour vous.

Sr Thérèse de St-Augustin. R. C. I.

CIRCULAIRE SUR LA CONVERSION DE LA SOEUR
MARTHE DE SAINT-JOSEPH

Quoique cette circulaire n'ait pas grand intérêt historique, nous
avons cru devoir en reproduire une partie, car elle fait ressortir
— plus nettement que les lettres — le caractère et le style de
Louise de France. Sans doute il est permis de croire qu'elle n'a
point travaillé seule à la confection de cette œuvre grave :
M. Bertin ou tout autre ont pu y collaborer. Mais cette circulaire —

(2) La mère Julie était morte le 27 septembre 1785. La douleur
profonde qu'éprouva de cette perte Louise de France est expri-
mée dans plusieurs de ses lettres. Dans l'une d'elles, citée par le
P. Regnault (loc. cit. an. 1873, décembre, n° 12, p. 844) elle écrit :
« Vous parler de ma douleur, cela est inutile : elle est inexpri-
mable. » — Louise fut élue de nouveau prieure à sa place.

(3) *Sic* dans l'original.

remarquablement écrite — est empreinte par endroits de cet esprit vif et ardent qui, selon Proyart (voy. t. I, p. 22), caractérisait Louise enfant et qui ne l'abandonna jamais, même à sa dernière heure, puisque, s'il faut en croire Mme Campan (*Mém.* t. I, p. 28), elle se serait écriée dans son délire : « Au paradis, vite, vite, au grand galop !... » — Elle donne enfin quelques détails sur la faveur dont jouissaient encore les doctrines Jansénistes à la fin du règne de Louis XVI.

Jésus, Maria.

Ma Révérende et très-honorée Mère,

Salut en Notre Seigneur, qui vient d'appeler à lui notre très-chère sœur *Marie Marthe de Saint-Joseph*, âgée de quatre-vingt-treize ans, neuf mois, cinq jours, et de religion, soixante-quatorze et demi. C'étoit la Doyenne de nos sœurs du Voile Blanc. Elle se présenta à nos anciennes Mères avec une ferveur qui les enchanta. Quoiqu'elle eut une sœur religieuse de Chœur à l'abbaye de Montmartre, elle ne voulut jamais, malgré les vives instances de sa famille, accepter d'autre titre que celui de Converse. Son humilité l'avoit décidée à préférer l'office de Marthe.

De pareilles dispositions, *ma Révérende Mère*, annonçoient un courage capable des plus grands sacrifices. La suite justifia les espérances qu'on en avoit conçues. Laborieuse, active, prévenante, remplie d'ardeur, rien ne paraissoit lui coûter. On auroit cru qu'elle avait passé sa jeunesse dans les travaux les plus difficiles ; et cependant son éducation avoit été très-éloignée d'un genre de vie aussi pénible. Ce fut surtout auprès des malades et dans les circonstances les plus révoltantes pour la nature que son zèle se signala.

Que ne devoit-on pas attendre, *ma Révérende Mère*, d'un début aussi brillant ? Quel progrès n'auroit pas fait dans la vertu une âme animée par une ferveur aussi généreuse, si la facilité de son caractère ne l'avoit entraînée à prêter l'oreille à des conseils perfides dont elle ne sçut pas se défier? Vous le sçavez, hélas! que de maux produit l'esprit d'erreur, lorsqu'il pénètre dans les communautés religieuses! Notre très chère sœur Marie-Marthe-de-Saint Joseph eut le malheur de s'en laisser séduire. Trompée par les apparences d'une morale sévère, subjuguée par l'autorité de personnes qu'elle honoroit et qui avoient sa confiance, elle en vint au point de sortir de notre monastère, de quitter notre saint habit, de se rengager dans le siècle, pour y suivre plus librement les sentiments qu'on lui avoit inspiré. Son égarement a duré trente ans; mais le Seigneur, qui n'abandonne point ceux qui ont le cœur vraiment droit, n'a cessé, durant tout ce temps, de lui reprocher le scandale qu'elle avoit donné à l'Église. Inquiète, agitée, bourrelée de remords, elle formoit le projet de solliciter son pardon; et chaque jour, la timidité et le respect humain la faisoient échouer. Combien de fois n'a-t-elle pas assisté à nos saintes solennités, et, lorsque les fidèles s'étoient retirés, combien de fois n'a-t-elle pas mouillé de ses larmes les murs et les grilles de ce sanctuaire, qu'elle baisoit avec la plus tendre douleur?

Toujours arrêtée par une injuste crainte, mais pressée par le cri de la conscience, elle a fait nombre de tentatives, à différents couvents de notre ordre, pour obtenir la grâce d'y être admise; Dieu, qui la vouloit dans sa maison de profession, a permis qu'on la refusât constamment. Enfin, touchée, convaincue, et ne pouvant plus résister à la voix du Seigneur, elle nous fit demander, il y a quatre ans, de la recevoir parmi nous. Vous pouvez juger, *ma Révérende Mère*, quelle fut notre joie en voyant rentrer dans le bercail cette brebis égarée. Si, pour la ramener à son devoir, il eût fallu, comme le bon Pasteur, faire retentir les rochers de nos gémissements, la chercher à travers les ronces et les épines, la porter sur nos

épaules, ah ! nous n'aurions pas balancé une minute,
tant nous soupirions après son retour.

. . . .

Depuis cette époque consolante, nous lui devons la
justice de déclarer qu'elle a sincèrement renoncé et sans
équivoque à toutes ses erreurs et qu'elle nous a édifiés
par les sentiments de la plus amère pénitence. Privée de
la vue et de l'usage de ses jambes, clouée sur un fauteuil
pendant le cours de ces quatre années, jamais il ne lui
est échappé une seule plainte, un seul murmure... Luï
parloit-on du plaisir qu'on goûtoit de la voir réunie à ses
sœurs, aussitôt elle fondoit en larmes et prioit ardem-
ment le Dieu des miséricordes de les étendre sur celles
qui avoient occasionné sa sortie, et qui, séduites comme
elle, ont peut-être encore le malheur d'errer dans le
monde. . . . .

De notre monastère de Jésus-Maria des Carmélites de
S\ :sup:-Denys, ce 9 juillet 1779.

> Signé : votre très-humble et très-obéissante
> servante,
>
> S\ :sup: LOUISE-MARIE-TÉRÈSE DE S\ :sup:-AUGUSTIN. R. C. I.

———

LETTRE DE Mᵐᵉ VICTOIRE [1]

Je viens d'apprendre, Monsieur, que l'abbesse de

(1) Cette lettre n'est point datée : mais elle est évidemment des
premiers mois de 1786. Mesdames Adélaïde et Victoire allèrent à
Vichy pour la première fois au printemps de l'année 1785. Le
projet que forme ici Madame Victoire ne se réalisa pas : elle n'y
retourna point. — Les dépenses considérables qu'avait occa-
sionnées leur premier voyage, y furent peut-être pour quelque
chose. Une lettre de Calonne, à l'intendant de Moulins, du 25

Cussé (1) étoit en démence, et que les religieuses vous avoient écrit pour demander une coadjutrice. Si cela est vray, comme je ne doute pas de l'état de l'abbesse, après l'avoir vue cet été, je désirerais bien cette coadjutorerie pour M^{de} de Pont, qui est religieuse dans une abbaye dont je ne me ressouviens pas du nom, et dont on m'a dit mille biens. Après vous avoir dit mes désirs, je m'en rapporte absolument à votre jugement et avis, sur cette demande. Ma confiance et estime pour vous en sont de sur garand. Ma connaissance avec le père a été à Vichy. Ma santé est un peu meilleure. Cependant je souffre encore de tems en tems, et ses souffrances me forcent d'aller encore à Vichy au mois de jüin. Je suis très aise de vous voir à Vichy et à Beauregard (2), mon estime et ma considération pour vous vous (sic) estans sans bornes.

VICTOIRE.

octobre 1785, porte en effet à 82,748¹, 2ˢ, 1ᵈ les frais du passage de Mesdames dans la généralité de Moulins (Arch. de l'Allier X° 9. pièce 12).

(1) Cusset, — aujourd'hui chef-lieu de canton du département de de l'Allier, à 64 kil. de Moulins, — possédait une abbaye bénédictine de femmes, fort ancienne. Mabillon *(Ann. bened.* t. III, p. 239, n° 7) cite un diplôme de Charles-le-Gros, du 17 août 886, obtenu en faveur de ce monastère, par *Emménus*, évêque de Nevers.

L'abbesse avait la nomination du chantre et des chanoines de la collégiale de Cusset. Le revenu de l'abbaye, d'après d'Expilly, était, en 1764, de 16 à 18,000 livres de rente.

(2) Cette localité, située sur les bords de l'Allier, dans le dép^t du Puy-de-Dôme, à 2 kil. de Clermont, porte encore aujourd'hui le nom de Beauregard-l'Evêque, en souvenir de la maison de plaisance qu'y possédaient les évêques de Clermont, depuis le XIII° siècle. Massillon aimait passionnément cette belle résidence et y mourut. Mesdames y avaient couché lors de leur voyage à Vichy le 12 juillet 1785 ; on voit qu'elle avaient conservé un bon souvenir de leur visite. (Voy. A. Tardieu. *Dict. historique du Puy-de-Dôme,* p. 81).

DOCUMENTS

RELATIFS AUX

CALAISIENS EXPULSÉS PAR ÉDOUARD III

———

Le siége et la prise de Calais par Édouard III, sont des faits assez importants de la guerre de Cent ans pour attirer l'attention des érudits et pour qu'on en étudie, dans tous leurs détails, les péripéties et les conséquences. Ce fut un événement, dont la gravité ne dut échapper ni aux Anglais ni aux Français du xiv° siècle : aux uns il fournit une base d'opérations dans le nord de la France, un trait d'union, pour ainsi dire, entre l'Angleterre et le pays qu'ils envahissaient; les autres sentirent que les Anglais venaient de s'emparer d'une des clés de la France, et, qu'après tant d'efforts tentés en vain pour chasser l'ennemi, après une défense aussi longue qu'héroïque, on était en droit de se demander si le pays tout entier ne subirait pas un jour le sort de Calais.

Nous n'avons point l'intention d'étudier ici cet événement d'une façon complète; nous voulons seulement montrer, en analysant et en publiant quel-

ques documents, comment Philippe VI chercha
à dédommager les malheureux bourgeois de Calais, chassés par les étrangers pour faire place à
une population Anglaise, et à les récompenser de
leur fidélité. Quelque cruelle que puisse paraître la
mesure qui fut prise par Édouard III, elle était
cependant nécessaire, et s'il n'avait agi ainsi, nul
doute que la ville ne fut bientôt retombée au pouvoir de Philippe; car, si au xv⁰ siècle quelques parties de la France purent avoir un moment l'idée
de demeurer Anglaises, on n'était pas encore, à
ce moment, assez lassé pour accepter le repos et la
paix de toutes mains. Les bourgeois de Calais
avaient donné trop de preuves de leur attachement
à la couronne de France, pour que le roi d'Angleterre pût exiger d'eux un serment qui eut été
rompu aussitôt que prêté.

Froissart (1) a consacré un paragraphe aux
habitants de Calais; mais, soit qu'il ignorât réellement les mesures prises aussitôt après la reddition
de la ville pour leur venir en aide, soit qu'il ne

---

(1) Froissart, éd. Luce, tome IV, p, 65 : « Or me samble que
c'est grans anuis de piteusement penser et ossi considérer que
cil grant bourgois et ces nobles bourgoises et leurs biaus enfans,
qui d'estoch et d'estration avoient demoret, et leur ancisseur, en
le ville de Calais, devinrent : des quelz il y avoit grant fuison au
jour que celle fut conquise. Ce fu grans pitiés quant il leur cou-
vint guerpir leurs biaus hostelz et leurs avoirs, car riens n'en
portèrent; et si n'en eurent oncques restorier ne recouvrier dou
roy de France, pour qui il avoient tout perdu. Je me passerai
d'yaus briefment : il fisent au mieulz qu'il peurent; mès la gri-
gnour partie se traisent en le bonne ville de Saint-Omer. »

désirât pas que le lecteur établit un parallèle peu avantageux entre la conduite d'Édouard III et celle de Philippe VI, soit enfin qu'il ait simplement emprunté le fait à Jean le Bel (1) et ne se soit pas autrement préoccupé de le vérifier, il nous dit que les Calaisiens ne reçurent rien en retour de leur dévouement à la cause française et que la plupart d'entre eux durent se retirer à S\u1d57-Omer.

Nous ne prétendons pas ici démontrer la fausseté de cette assertion; cela a été fait depuis longtemps, et M. Luce, dans son édition de Froissart (2) a déjà indiqué quelques pièces tirées des registres du Trésor des Chartes, qui viennent donner à ce chroniqueur un démenti formel. Nous en avons trouvé un assez grand nombre d'autres qui établissent le même fait et que nous citerons au cours de cet article ou que nous publierons à la fin. Ce qu'il est plus intéressant d'étudier, ce sont les ordonnances en vertu desquelles les habitants de Calais reçurent ces dédommagements et les mesures qui furent prises pour en assurer l'exécution.

Après sa tentative infructueuse ponr faire lever le siége de Calais, Philippe se replia sur Amiens. Ce fut le lendemain de cette retraite, c'est-à-dire le 3 août 1347, si l'on adopte la version de Robert de Avesbury, le 4 si l'on adopte la date donnée par

(1) Edit. Polain, tome II, p. 140.
(2) Tome IV, p. XXVII.

un document du 17 mai 1348, que nous publions (1),
que la ville se rendit. Philippe ne dut guère être à
Amiens avant le 9 ou le 10 ; à supposer qu'il apprit
en route la capitulation et les conditions imposées
par les Anglais, il ne put très-probablement pas
rendre d'ordonnance en faveur des Calaisiens
avant son arrivée à Amiens. En effet, il n'est pas
vraisemblable que, dans une retraite qui, au moins
durant la première journée, ressembla fort à une dé-
route, (2) Philippe ait pu assembler son conseil pour
arrêter les termes d'un document aussi important,
surtout au point de vue financier. Nous croyons,
toutefois, que, cette mesure fût décidée au moins
en principe aussitôt après la nouvelle de la capitulation, car c'était aussi bien pour répondre à
Édouard III que pour récompenser les Calaisiens.
Or, si nous considérons que les éditeurs des Ordonnances ont publié, d'après des confirmations et
des vidimus, un texte daté du 10 septembre 1347 (3),
lequel n'accorde aux bourgeois de Calais que la
permission de séjourner en France et quelques
exemptions d'impôts, et que, d'autre part, nous
possédons un document, daté du 8 septembre 1347,
faisant allusion à une ordonnance antérieure leur
concédant des compensations, nous serons con-
duit à conclure : 1° qu'il y a eu une ordon-

(1) N° VII.
(2) Froissart, éd, Luce, tome IV, p. 53.
(3) Ordonnances IV, p. 606 et seqq.; d'après le registre du Trésor, JJ 97, pièce 563.

nance accordant les biens et offices saisis pour
forfaiture aux Calaisiens, rendue avant le 8 septembre: 2° que le fait d'accorder ce privilége aux
Calaisiens impliqùant le droit de séjourner en
France, la date du document publié dans les Ordonnances doit être modifiée et qu'au lieu de lire
10 septembre, il faut lire *10 août*. Nous croyons
ces conclusions d'autant plus légitimes que nous
ne possédons de l'acte publié dans les Ordonnances qu'une seule copie (1), tandis que nous
possédons un grand nombre d'expéditions de la
pièce du 8 septembre (2). Du reste, nul n'ignore
que les copies du Trésor des Chartes sont parfois
très-fautives.

Nous avons déjà dit que l'ordonnance rendue à
Amiens, et que nous daterons désormais du 10 août
1347, ne stipulait en faveur des habitants de Calais
que le droit d'habiter en France où bon leur sem-
blerait, d'y exercer tel métier qu'ils voudraient et
des exemptions de péages et d'impôts, toutes

(1) JJ 97, pièce 563.

(2) Trés. des Chap. JJ 68, pièce 245; JJ 76, pièce 16; JJ 77,
pièce 147. Le recueil des ordonnances où elle est imprimée, d'après
un registre du Parlement, porte la date du 8 septembre. Dans un
ms. de la Bibliothèque de l'Arsenal (n° 4173, anc. Hist. Fr. 266)
intitulé : « *Siége de Calais par les Anglais auquel les Calésiens
ont montré leur fidellité et générosité à la France,* » tiré du ms.
de Marin Bailleul, curé de Sangate, en 1595, on trouve aussi cette
pièce avec la date du 8 septembre, d'après « *la teneur que j'ay
obtenue de la Chambre des Comptes,* » dit l'auteur. — Une expédition de cet acte, faite au xviii° siècle porte la date du 7 septembre (K, 187, liasse 2, pièce 97).

choses fort enviables à la vérité, mais qui étaient bien peu pour des gens qui avaient perdu tous leurs biens. Aussi prit-on, et cela antérieurement au 8 septembre, des mesures plus efficaces. Il fut décidé que toutes les forfaitures, biens meubles et héritages qui viendraient en la main du roi, seraient donnés et distribués aux Calaisiens ; de plus, on arrêta, le 8 septembre, que l'on délivrerait « *aus diz bourgeois et habitanz qui a ce seront convenables et non autres* » tous les offices « *quiex qu'il soient* » (1) qui seraient à la disposition du roi, du duc de Normandie et du duc d'Orléans. L'évêque de Laon, Hugues d'Arcy, l'abbé de Saint-Denis, l'abbé de Marmoutier, Simon le Maye, furent chargés de cette répartition; d'autres lettres à peu près semblables à celles du 8 septembre, mais datées seulement d'Amiens, septembre 1347, ajoutent au nombre de ces commissaires l'abbé de Corbie, Hugues de Vers (2). En même temps on forma une commission composée de deux membres, Pierre de Hangest, conseiller clerc au Parlement et Jehan Cordier, de Sens, maître de la Chambre des Comptes, chargée de régler « *sans lonc procès et*

(1) Du Tillet cite un arrêt du Parlement du 28 novembre 1349, par lequel il fut décidé « *que les offices d'iceluy Parlement n'estoient compris en ladite ordonnance, parce qu'ils devoient estre donnés pour merites et suffisances, non pour récompense de pertes.* » Recueil des roys de France. éd. de 1606, tome II, p. 226

(2) Cette pièce est vidimée en tête de la plupart de ces donations et notamment dans celle en faveur de Fouques Haep, datée de Paris, août 1318. (JJ 77, n° 161; J 78, n° 162 et 169.)

figure de jugement » les contestations qui pourraient s'élever, lorsque les donataires seraient mis en possession des meubles, immeubles ou rentes qu'on leur adjugerait.

Toutes ces mesures n'étaient cependant rien moins qu'aisées à mettre à exécution : aussi jugea-t-on que le mieux était d'en charger les habitants de Calais eux-mêmes : c'est ce que nous apprenons par deux actes de ventes de 1348 (1). Les commissaires nommèrent un certain nombre de bourgeois (2) qui, à leur tour, désignèrent un ou plusieurs d'entre eux pour servir de procureurs quand une donation aurait été faite; ceux-ci se chargeaient d'aliéner le bien ainsi concédé ou d'en prendre possession sans que le donataire eut à se déranger. Il y avait encore un autre avantage à cette manière de procéder : c'est que, sans qu'il y eut au préalable donation nominale à un bourgeois de Calais, dès que ces procureurs apprenaient qu'il y avait un bien quelconque qui leur était échu, en vertu de l'ordonnance générale, ils

(1) JJ 77, n⁰ˢ 262 et 282.

2) Parmi ces bourgeois désignés par les commissaires du roi, figure un Jean du Fresne (JJ 77, n° 282) qui devint prévôt de Montreuil, et reçut, en juillet 1351, des biens confisqués sur Gillebert d'Aire, qui était demeuré à Calais avec les Anglais (JJ 82, n° 271, Froissart, éd. Luce, tome IV, p. XXVII). Ce Jean du Fresne seraitparait-il, un des ancêtres de Charles du Fresne du Cange, l'auteur du Glossaire. Voyez à ce sujet Bibl. Nat. Ms. Fr. 9478, un mémoire de Du Cange sur Calais, à la fin du volume, et Lefebvre : *Histoire générale et particulière de Calais et du Calaisis*. Paris, 1776, 2 vol. in-1°, tome I, p. 749.

pouvaient se rendre sur les lieux, le mettre à l'en-
chère et en rapporter le prix qui devait être
partagé entre leurs concitoyens. Le 17 mai
1348 (1), Philippe VI manda à tous les officiers
royaux d'envoyer les renseignements les plus
complets concernant toutes les forfaitures et
offices vacants depuis le 4 août 1347, à Pierre de
Hangest et à Jehan Cordier, afin de faciliter la
tâche de ces commissaires.

Nous avons relevé une vingtaine de ces donations, mais il doit y en avoir eu beaucoup plus, vu
que la population de Calais était considérable ;
presque tous les biens concédés proviennent de
confiscations faites sur les Lombards et sont situés
au nord de la Loire. Toutefois, on ne peut douter
qu'il n'y en ait eu dans tout le domaine royal et
dans les apanages du duc de Normandie et du
duc d'Orléans ; nous voyons en effet, à la date
du 25 mai 1353 (2), le sénéchal de Carcassonne
envoyer au viguier de cette ville une lettre de
Jean II, du 19 novembre 1352, ordonnant de faire
respecter les droits des habitants de Calais, qui
paraît-il, avaient été quelque peu lésés. On voit,
par la date de cette pièce, que les ordonnances
de Philippe VI ne furent pas lettre morte et qu'elles
restèrent en vigueur pendant un temps suffisant pour permettre d'indemniser, dans une

(1) JJ. 77, n° 262.
(2) Bibl. nat. Collect. Doat. vol. 61, f° 98.

faible proportion sans doute, les malheureux habitants de Calais, victimes d'un système d'annexion, que l'on n'a pas osé remettre en pratique de notre temps. Ajoutons encore que la qualité de « *jadiz bourgeois de Calais* » suffit quelquefois, par la suite, pour faire absoudre des individus, qui auraient pu avoir avec la justice des relations fort peu agréables (1).

(1) Qu'on nous permette de donner, comme exemple, la pièce qui suit :

« Johannes, Dei gratia Francorum rex. Notum facimus universis presentibus et futuris quod, cum nuper Johannes dictus *Claquemen*, quondam burgensis seu habitator ville de Calesio, et Philippus Francisci, Parisius commorantis, venirent de novissimo nostro exercitu Britolii et versus Parisius dirigerent gressus suos, inventoque seu viso ab eisdem quodam bove pascente in campis intervillam de Trapis et quamdam aliam viliam convicinam, dictus Johannes, de precepto vel consensu Philippi predicti, cepisset in dictis campis dictum bovem eumdemque ipse et dictus Philippus duxerint et vendiderint apud Sanctum Marcellum prope Parisius quibusdam carnificibus dicte ville pro summa quadraginta solidorum Parisiensium, et, pro facto hujusmodi, per justiciam dicti loci de Sancto Marcello capti fuerint et adhuc detineatur in prisione propter hoc Johannes prefatus, per dilectum et fidelem consiliarum nostrum marescallum d'Odenehen, qui, ut nobis asseruit, novit predictum Johannem et ejus parentes dum in dicta villa de Calesio remanerent, supplicatum nobis extiterit ut, super facto predicto, nostram sibi vellemus gratiam misericorditer impartiri; asseruitque nobis dictus marescallus quod ipse Johannes erat bone fame et consideracionis honeste quodque nobis tempore obsidionis dicte ville ipse et parentes ejus fideliter servierint ; nos, attentis supradictis, ejus supplicationi annuentes dictum factum..... remisimus atque remittimus, etc................................

Datum Magduni supra Ligerim, viii° die mensis septembris, anno domini millesimo CCC° quinquagesimo sexto.

Per regem, presente domino marescallo d'Odenehan.

P. BLANCHET. Paris.

(JJ 84, n° 598.)

Voici les donations faites à des Calaisiens, que nous avons relevées au Trésor des Chartes; inutile de dire que nous ne prétendons pas que ces registres n'en renferment d'autres ; celles-ci suffiront, croyons-nous, pour donner une idée de ces documents :

1348, avril, Maubuisson les Pontoise. — Donation à Jehan Ophègue le Jeune d'un manoir et de deux maisons, sis à Abbeville, confisqués sur Jehan Vincent, chanoine de St-Wulfran, valant 11 l. 7 s. p. de rente ou environ. (JJ 77, n° 180.)

1348, mai, Bicêtre.—Donation à Thomas de Hallangues d'une maison sise à Provins, confisquée sur des Lombards usuriers, valant 12 l. de rente ou environ (1). (JJ 76, n° 10.)

Même date. — Donation à Baudouin le Cuvelier d'un manoir sis à Provins et de deux arpents et demi de prés, sis « *vers Ablenay sur la rivière de Saine,* » confisqués sur Pierre et Antoine Damouroux, Lombards usuriers, valant 10 l. de rente ou environ. (JJ 77, n° 147.)

1348, juillet, Bois de Vincennes. — Donation à Thomas de Paris d'un arpent de vigne, sis en la paroisse de *Bouvis*, en la prévôté de Chaumont

____

(1) Le 16 janvier 1439 (n. s.) Thomas de Hallangues vendit cette maison à Jehan Guillement, dit de Sourduin, hôtelier et bourgeois de Provins, et à Jeanne, sa femme, moyennant 102 deniers d'or à l'écu ; cette vente fut confirmée par le roi à Vincennes, en octobre 1349. (JJ 77, n° 441.)

en Vexin, confisqué sur Marquet Scaramps, Lombard usurier. (JJ 77, n° 207.)

Même date. — Donation à Stace Cuch de cinq arpents de vignes, sis en la paroisse de Stains les S¹ Denis, confisqués sur feu Rogier Pinchon, exécuté à S¹ Denis pour ses méfaits. (JJ 77, n° 204.)

Même date. — Donation à Clare, veuve de Jehan de la Mote, et à son fils mineur, de certaines rentes assises en la paroisse d'Autingues (1), au comté de Guines, confisqués sur Symon Couart. (JJ 77, n° 165.)

1348, juillet, Tournoie les Provins (2). — Donation à Baudouin du Tartre d'un herbergement à *Tinas* et d'une mine et deux setiers de terre au baillage de Chartres, confisqués sur Grullot Roussel. condamné pour meurtre. (JJ 77, n° 355.)

Même date. — Donation à Barthelemi Tancur, d'un manoir, sis à Argenteuil et de deux autres maisons, confisqués sur feu Dimenche Scaramps et d'autres Lombards usuriers, valant 27 l. p. de rente ou environ. (JJ 77, n° 203.)

1348, août, Bois de Vincennes. — Donation à Jehan Séluin de trente-deux arpents de terre *« Seanz ou finage de Champsenes, amoisonnez pour quinze sestiers de froment et seize sestiers d'avoine à la mesure de Provins par an et douzes. ou*

---

(1) Pas-de-Calais, ar. S. Omer, C⁰ⁿ Ardres.
(2) Tournan. Seine-et-Marne, arr. de Melun.

environ, » confisqués sur Jaquemin Bonnagust, Lombard usurier. (JJ 77, n° 171.)

Même date. — Donation à Fouques Paperoche, fils de Jehan Paperoche, d'une maison, sise à Provins, confisquée sur Lion Falet, Lombard usurier, valant 6 l. de rente ou environ. (JJ 77, n° 188.)

Même date. — Donation à Michel de la Court d'une maison et de plusieurs autres héritages, sis au baillage de Douai, confisqués sur Adam de Houdain, chevalier, pour forfaiture, valant 24 l. de rente. (JJ 77, n° 205.)

Même date. — Donation à Jehan de Canteraine d'une terre » *qui fu a Baudin du Til, en la paroisse de Locon* (1) *et de la Cousture* (2) *de lez de Béthune* » et d'une maison, sise à Béthune, ayant appartenu à Jehan Esquete, le tout confisqué pour forfaiture et valant 72 l. de rente. (JJ 77, n° 301.)

Même date. — Donation à Baude d'Aire d'une maison dite « *la Couppe,* » sise à S*t*-Omer, valant 20 l. de rente, et de divers biens à Montreuil-sur-Mer, confisqués pour forfaiture, valant 200 l. (JJ 77, n° 206).

1348, août, Paris. — Donation à Pierre de Bouvelinghem (3) d'une maison, sise à Bourges, valant 8 l. de rente, et des meubles ayant appartenus à

---

(1) Pas-de-Calais, arr. et cant. de Béthune.
(2) Pas-de-Calais, arr. et cant. de Béthune.
(3) Pas-de-Calais, arr. de S*t*-Omer, cant. de Lumbres.

Henri du Marchié, boucher, jadis prévôt de Bourges, banni de cette ville, valant 20 l. p. (JJ 77, n° 208.)

Même date. — Donation à Symon de la Vaquerie d'une maison, sise à Louveciennes, et de divers biens, sis au bailliage de Meaux, confisqués sur des Lombards ; et d'un manoir et d'autres terres, sises au bailliage de Tours, confisqués sur feu Regnaut de Fissencourt, écuyer, condamné pour crimes. (JJ 77, n° 169.)

Même date. — Donation à Fouques Haeps de diverses maisons sises à Abbeville, confisquées sur feu Jehan Coullart, mis à mort pour crime, et sur Jehan du Marez, banni du royaume, le tout valant 5 l. p. de rente ou environ. (JJ 77, n° 64.)

Même date. — Donation à Guillaume de Lueghelt d'une maison et de vingt arpents de terre, « *assis ou finage de Villegruiz,* » en la prévôté de Provins, confisqués sur Perrin de Chastelmef, Lombard usurier, valant 20 l. p. de rente ou environ. (JJ 77, n° 70.)

1348, 24 octobre, Provins. — Fouques le Chien et Jehan Heurvuaz, procureurs généraux des habitants de Calais vendent la maison « *aus Brebans ou chastel de Provins,* » confisquée sur un Lombard, à Messire Jehan de Traignel, chevalier, moyennant 200 écus d'or. — Cette vente fut confirmée par le roi, à Meaux, en novembre 1348. (JJ 77, n° 282.)

1349, mai, Villeneuve la Guyard. — Donation à Marguerite Hornals d'une maison et de trois arpents de terre, sis à Ivry, en la prévôté de Paris, confisqués sur Milon, Lombard usurier. (JJ 77, n° **292**.)

1349, septembre, Maubuisson les Pontoise. — Don à Colard de Londeners de biens ayant appartenus à Binde Renier, de Sienne, Lombard usurier, sis au bailliage de Vitry, valant 40 l. de rente. (JJ 68, n° 390 et JJ 78, n° 162.)

1348, 9 décembre, Bourges. — Jean de Coquelle, procureur des bourgeois de Calais, vend à Jehan Brunet, bourgeois de Bourges, moyennant 140 l. t., 13 l. de rente que Guillaume Harpin devait à Benoit Falet d'Ast, Italien usurier et confisquées sur ce dernier. — Confirmé par le roi à Chantecocq, en février 1349 [n. s.]. (JJ 77, n° 262).

1349, décembre, Notre-Dame des Champs les Paris. — Donation à Stacinete de la Crois, jadis bourgeoise de Calais, de plusieurs terres sises au bailliage de Meaux, confisquées sur des Lombards et valant 20 l. de rente. (JJ 78, n° 119.)

1351 (n. s.), 9 mars, Paris. — Donation à Mabille, veuve d'Enguerrand, dit Estrecletrop, et à Marguerite, fille de feu Lenoir, sœurs, d'une maison, sise à Provins, venue en la main du roi pour cause de bâtardise. (JJ 80, n° 226.)

E. MOLINIER.

I

Maubuisson les Pontoise, avril 1348.

Donation à Jehan Ophègue le Jeune.

Philippe, etc. (*suivent les lettres datées d'Amiens, septembre 1347*).

Nous, voulans secoure sanz plus de delay a nostre bien amé Jehan Ophègue le Jeune, naguerres bourgois et habitant de la dite ville, etc... li donnons et ottroions par ces présentes lettres a perpétuité pour lui et ses hoirs ou ceulz qui de lui auront cause, un manoir avec II petites maisons joignans au dit manoir, avec les appartenances, assises en la ville de Abbeville, qui furent jadiz a Jehan Vincent, Englois, nostre ennemi, chanoine de Saint Oulfrant en Abbeville, lequel heritage nous est avenu et acquis comme a nous forfait par les démérites de nostre dit ennemi ; et vault ledit heritage, manoir et maisons avec les appartenances annuellement onze livres et sept soulz parisis ou environ. Si donnons en mandement au gouverneur de Pontieu et au bailli d'Abbeville, etc.

Donné à Maubuisson les Pontoise, l'an de grace mil troiz cenz quarante et huit, ou mois d'avril.

Par le Roy,

Verriere.

Sine financia. Per secretum domini regis consilium in quo erant domini Laudunensis et de Corbeya. J. Cordier.

(JJ 77, n° 180.)

Tourneur.

II

Bicêtre, mai 1348.

Donation à Thomas de Hallangues d'une maison sise à Provins.

Philippe, etc. (*suivent les lettres datées d'Amiens, 8 septembre 1347*).

Nous, voulanz secoure sanz plus de delay a notre bien

amé Thomas de Hallangues, bourgois et habitant de la
dite ville, qui en icelle avoit sa résidence au temps que
elle fut assise et continuelment y demoura jusques a
tant que elle fu prinse, pour la quelle chose il perdi
moult de ses biens et heritages, si comme nous nous en
tenons pour souffisamment enformez, meuz de pitié envers lui, pour les causes dessus dites et en recompan-
sation de toutes les pertes et dommaiges qu'il a euz et
soustenuz en la dite ville, li avons donné et octroyé de
grace especial, donnons et octroyons par ces presentes
lettres a perpetuité, pour li et ses hoirs ou ceulx qui de
lui auront cause, une maison séant à Prouvins, en la rue
de la Charronnerie oultre la rue aus Fesseaux, avecques
les appartenances, que souloient avoir et tenir Bernart
et Lancelot des Engoissoles, Lombars usuriers en ladite
ville de Prouvins, ou bailliage de Troyes et de Meaulx,
c'est assavoir la dite maison avecques le courtil et appartenances qui advenuz et escheus nous sont pour la
forfaiture des diz Lombars usuriers, depuis la prinse de
la dite ville de Calaiz, laquelle fourfaiture puet valoir,
si comme l'en dit, douze livres de rente ou environ. Si
donnons en mandement au bailli de Troyes et de Meaulx
etc.....

Et ou cas que aucuns s'opposeroient ou voudroient
opposer au contraire, donnez certain et compétent jour
aus parties par devant noz amez et feaulx conseillers
Jehan Cordier de Senz et Maistre Pierre de Hangest, a ce
commis et establiz de par nous à Paris, aus quiex nous
mandons par ces lettres que sanz lonc procès et figure
de jugement, il facent sur ce ce qu'il verront qu'il sera
a faire, selon nostre ordenance et selon ce que commis
et chargiez les avons ; sauf toutevoies les rentes et droi-
tures des seigneurs de qui la dite maison, courtil et appartenances sont tenuz et nostre droit en autres choses
et l'autrui en toutes, etc.

Donné à Wicestre lez Gentilly, l'an de grace mil trois cenz quarante et huit, ou moys de may.

Par le roy,

J. CORDIER.

ROUGEMONT.

(JJ 76, n° 10).

III

Bicêtre. mai 1348.

Donation à Baudouin le Cuvelier.

Philippes, etc. *(Suivent les lettres données à Amiens, le 8 septembre 1347.)*

Nous, voulans secoure sanz plus de delay a nostre bien amé Baudouyn le Cuvelier, naguères bourgeois et habitant de la dite ville de Calaiz, qui en ycelle avoit sa résidence au temps que elle fu 'assise et continuelment y demoura, jusques a tant que elle fu prinse, pour la quelle chose il perdi moult de ses biens meubles et heritages, si comme nous nous tenons pour souffisamment enformez, meuz de pitié envers lui pour les causes dessus dites et en récompensation de toutes les pertes et dommaiges qu'il a euz et soustenuz en la dite ville, lui avons donné et octroyé de grace especial, donnons et octroions par ces présentes lettres a perpetuité, pour lui et ses hoirs ou ceuls qui de lui auront cause, un manoir avec les appartenances seanz a Provins, en la rue du Molin, devant les baings, qui fu a Pierre et a Anthoine Damouroux, Lombars usuriers, et deux arpans et demi de prés seans vers Ablenay, sur la rivière de Saine ; lequel manoir, appartenances et prez nous sont acquis et confisquez par la forfaiture des diz Lombars usuriers et peuent valoir annuelment dix livres ou environ. Si donnons en mandement au bailli de Troyes et de Meaulx,

au prevost de Prouvins, etc..... Donné à Wicestre les
Gentily l'an de grace mil CCC quarante et huit, ou moys
de may.

Par le roy,

J. CORDIER.

ROUGEMONT.

(JJ 77, n° 147.)

IV

Au bois de Vincennes, juillet 1348.

Donation à Clare, veuve de Jean de la Mote.

Philippes, etc. (*suivent les lettres datées d'Amiens,
septembre 1347*).

Nous, voulans secoure sanz plus de delay a nostre bien
amée Clare, fame de feu Jehan de la Mote, jadiz bour-
goiz de Calais, li quel trespassa ou temps que le roi d'En
gleterre estoit assiégé devant Calaiz, a la prinse de laquelle ville la dite Clare et Jehannot, son fiulz meneur
d'aage, hoir seul et pour le tout du dit feu bourgois,
perdirent moult grossement de leurs biens tant meubles
comme heritages, etc..... li donnons et octroyons par
ces presentes lettres a perpetuité, pour elle, son dit fiulz
et pour leurs hoirs ou ceulx qui d'eulx auront cause,
certaines rentes ou terres que Symon Couart, né en la
comté de Guynes, avoit en la dite comté en la paroisse
de Outinges (1), qui peuent valoir environ dix livres
parisis de rente par an ; lesquels heritages et rentes sont
forfaiz et confisqués a nous par ce que ledit Symon s'est
transporté en Flandre et y a demouré et demeure, si
comme on dit, comme nostre ennemi. Si donnons en
mandement eu bailli d'Amiens et au prevost de Monste-

____

(1) Autingues, Pas-de-Calais, ar. de St-Omer, cant. d'Ardres.

reuil sus la mer, etc. Donné au bois de Vincennes, l'an de grace mil troiz cenz quarante et huyt, ou moys de juillet.

Par le roy,

Sine financia. Per secretum regis consilium in quo erant domini S^{ti} Dyonisii et de Castelleyo.   HANGEST.

ROUGEMONT.

TOURNEUR.

(JJ 77, n° 165.)

V

Paris, août 1318.

Donation à Symon de la Vaquerie.

Philippes, etc.... Nous, voulans, secoure sanz plus de delay a nostre bien amé Symon de la Vaquerie, naguières bourgois et habitant de Calais, etc..... li donnons et octroyons par ces présentes, etc..... une maison et le jardin avec les appartenances qui jadiz furent à Jehan de Sommerive, Lombart usurier, seant en la ville de Louveciennes, laquelle maison, jardin et appartenances nous sont acquis et confisqués par les meffaiz du dit Lombart et peuent valoir annuele et perpetuelle rente quatre livres parisis ou environ, si comme l'en dit.

Item, deux arpens de vigne ou environ, seans a Jonceroy, en un lieu que l'on dit *Clere Fontaine*, ou bailliage de Miaulx, laquelle vigne fu a Fatin de Montbrant, Lombart, jadiz facteur de Jehan et Jaques Scaramps, Lombars usuriers; et nous est la dite vigne acquise et confisquée par les meffaiz du dit Fatin et peuent valoir annuele et perpetuelle rente soixante solz tournois ou environ, si comme l'en dit.

Item, le manoir qui fu a feu Regnaut de Fissencourt, escuyer, avec les appartenances, avec plusieurs autres

maisons, terres, rentes et heritages que ledit feu escuyer
avoit en son vivant ou bailliage de Tours et ou ressort;
les quels manoir, maisons, terres, rentes et heritages
nous sont acquis et confisqués par les malefaçons du dit
escuier, lequel a esté justicié et mis a mort pour ce qu'il
avoit baillié a certains maufaiteurs certains poisons et
empoisonné et par yceulx maufaiteurs fait empoisonner
plusieurs pins en plusieurs lieux ou dit bailliage de
Tours, si comme il le recongnust et pour ce fu mis a
mort; lesquels maisons, manoir, terres et heritages
peuent valoir, annuele et perpetuele rente, trente livres
tournois ou environ, si comme l'en dit.

Item, les meubles que ledit escuyer avoit au dit bailliage au jour qu'il fu accusez, qui peuent valoir, si comme
l'en dit, soixante livres tournois ou environ.

Si donnons en mandement au prevôt de Paris, au bailli
de Miaulx et au bailli de Tours en Touraine, etc.....

Donné à Paris, l'an de grace mil troiz cenz quarante
et huit, ou moys d'aoust.

<table>
<tr><td>Par le roy,

Rougemont.</td><td>Sine financia. Per secre-
tum regis consilium quo
erant domini Laudunensis,
S^{ti} Dyonisii, Majoris monas-
terii et de Revello.

Tourneur.</td></tr>
</table>

(**JJ 77, n° 169.**)

VI

Paris, août 1348.

Donation à Guillaume de Lueghelt.

Philippes, etc. Une chartre en la forme des autres
chartres pour ceulx de Calaiz si comme en plusieurs
lieux est contenu contenant ceste forme :

Nous, voulans secourre sanz plus de delay a nostre

bien amé Guillaume de Lueghelt, naguères bourgois et habitant de Calaiz, qui en la dite ville avoit sa residance au temps que elle fut assise et continuelment y demoura jusques a tant que elle fu prinse, et pardi moult de ses biens meubles et heritages, si comme nous nous tenons pour souffisamment enformez, meuz de pitié envers le dit Guillaume, pour les causes dessus dites et en commancement de restitution des pertes et dommaiges qu'il a euz et soustenuz en la dite ville, lui avons donné et octroyé, donnons et octroyons par ces presentes lettres a perpetuité, pour lui et ses hoirs ou ceulx qui de lui auront cause, une maison, une granche avec vint arpant de terre ou environ et toutez les appartenances, assis ou finage de Villegruiz (1) au bailliage de Meaulx, en la prevostré de Prouvins, qui furent a Perrin de Chastelnuelf, Lombart usuriers, lesquelles maison, granche, terres et appartenances nous sont acquises et confisquées heritablement par la forfaiture du dit Lombart usurier et peuent valoir annuelment vint livres parisis par an ou environ, si comme l'en dit. Si donnons en mandement au bailli de Troiez et de Meaulx, au prevost de Prouvins, etc.

Donné à Paris l'an de grace mil troiz cenz quarante et huit, ou moys d'aoust.

Par le roy,

ROUGEMONT.

Sine financia. Per secretum regis consilium in quo erant domini Laudunensis, S^{ti} Dyonisii et de Castelleyo.

TOURNEUR.

(JJ 77, n° 80.)

---

(1) Seine-et-Marne, arr. de Provins, canton de Villers-Saint-Georges.

VII

Bourges, 9 décembre 1348.

*Jean de Coquelle, procureur des bourgeois de Calais, vend
une rente confisquée sur un Lombard.*

Philippe, etc. Nous avons veues les lettres ci dessous
transcriptes contenans la fourme qui s'ensuit :

« A touz ceulx qui verront ces présentes lettres, Jehan
de Beauquaire, garde du seel de la prevosté de Bourges,
salut en nostre Sire. Sachent tuit que en la presence de
Godefroy de Brye, juré notaire du dit seel, usant de
nostre autorité pour ce, personnelment establi Jehan de
Coquelle, procureur des bourgois jadiz de Calaiz, aiant,
entre les autres choses, plain povoir, autorité et mandement especial de vendre et explecter et mettre hors de
leurs mains touz offices et forfaitures qui sont avenuz
ou escheuz en tout le royaume de France par les orde-
nances du roy nostre sire, si come il appert par lettres de
procuration sur ce faites, scellées du seel de la prévosté
de Paris, desquelles la teneur s'ensuit en ceste manière :

« A touz ceulx qui ces lettres verront, Guillaume Gor-
mont, chevalier le roy nostre sire, garde de la prévosté
de Paris, salut. Savoir faisons que par devant nous vindrent en jugement Jehan de Luuches, chappellain,
Jaques le Quien, Her de la Chappelle, Guillaume de
Lueghlet, députés et jurés pour ceulx de Calais, de par
les commissaires établis du roy nostre Sire, si comme il
nous est apparu par les lettres du dit seigneur, scellées
de son seel, les quelles, tant en leurs propres et privez
noms comme ès noms que dessus, firent, ordenerent et
establirent leurs procureurs généraux et messagers
especiaux Jehan de Coquelle, Symon Faluel, Ernoul
Brice dit Brasseur, Jehan Balde dit Grus, ensembles et

chascun d'eulx par soy et pour le tout porterent ces
lettres en la manière que la condition de l'un d'eulx ne
soit pieur de l'autre et que ce que l'un d'eulx aura en-
commencié, l'autre le puisse prandre ou point et en l'estat mettre et mener [à] fin ; donnans et octroyans ès noms
que dessus a leurs diz procureurs et a chascun d'eulx,
par soy et pour le tout, povoir autorité et mandement
especial de demander, pourchacier, requerre, accepter,
recevoir et entrer en possession les offices et forfaitures
qui sont escheues et escherront par touz le Royaume de
France, les quelles offices et forfaitures advisent et ap-
partiennent aus diz Caleziens par don et octroy fait a
eulx par le roy nostre dit seigneur; de passer et donner
sur ce bonnes lettres telles et si fors comme il apparten-
dra et soulx quelconque scel ou seaulx qu'il vouldront,
une ou plusieurs selonc le cas d'icelles ; vendre, aliéner
et mettre hors de leurs mains a une fois ou a pluseurs,
à quelconques personnes et pour quelconques pris qu'il
voudront ou l'un d'eulx et les recevoir en deniers ou
autrement, et de fere autant quant a ce et ès deppen-
dances comme il pouroient fere se presens y estoient, ja
soit ce que aucune des choses requeissent mandement
especial, promettans ès noms que dessus, par leurs
seremens et sur l'obligacion de touz leurs biens, a
avoir ferme a touz jours sanz rappel tout ce qui par leurs
diz procureurs ou par l'un d'eulx sera fait et procuré
quant a ce et ès circonstances d'icelles. En tesmoing de
ce nous avons mis en ces lettres le seel de la prevosté de
Paris, l'an de grâce mil troiz cenz quarante huit, le jeudi
sept jours d'aoust. »

Disoient et affirmoient que il, par vertu des dites lettres
. . . . riptes et du mandement du
. . . . usoit en ceste manière :

Philippe, etc. A touz noz justiciers ou receveurs ou a leurs lieux tenans, salut. Savoir fai-

sons que comme nous considerans le bon et loyal
portement de nos bien amez les bonnes gens bourgeois
et habitans de la ville de Calais, qui, pour la grant et
loyal amour qu'il ont a nous et a la couronne de France,
se sont tenuz tant come il ont peu contre le roi d'Angleterre et nos autres ennemiz, qui les ont prins et leurs
biens meubles et heritages gastez et destrains, et bouté
hors de leur pais, et que, ne voulans yceulz demourer
deshéritez et mandians, aions ordené que toutes les forfaitures et bien meubles et heritages qui nous advenront
et escheront, de quelconques cause et personne que ce
soit, en nostre royaume, soient mis et tenuz en nostre
main et que d'icelles forfaitures et biens, si tost come
elles nous seront escheues et avenues, soit baillié et dis-
tribué a chascun des diz bourgeois et habitants souffisamment pour les vivres, soustenances et chevances
d'eulx, leurs fammes et enfans et aussi avons ordené de
grace especial que tous les offices, quelx qu'il soient, qui
escherront appartenans a donner par nous, par nostre
très chier et amé filx le duc de Normandie et de Guienne
et en la terre de nostre très chier filz le duc d'Orliens,
lesquelles offices les diz bourgeois et habitantz vouldront
accepter et avoir, leur soient bailleez, donneez et deli-
vreez et non a autres jusques a ce qu'il seront souffisamment pourveuz , si comme tout ce avecques autres
choses est plus plainement contenu en noz lettres qu'il
en ont sur ce, faites soulx nostre grand seel seellées en
cire vert et en las de soie ; et pour ce que nos amez et
feaulx conseillers maistre Pierre de Hangest et Jehan
Cordier, de Senz, les quelx et chacun d'eulx nous avons
a ce faire deputé et commis, et par la teneur de ces presentes lettres, deputons et commettons derechief, ne pouroient ne saroient acomplir le contenu de noz dites or-
denances s'il n'estoient ainçois certefiez des forfaitures
et offices qui depuis la prise de ladite ville de Calais, qui

fu le quart jour d'aoust l'an mil CCC quarante et sept,
sont escheuz et ensement d'iceulx qui d'ores en avant
escherront, nous vous mandons et estroitement enjoignons a chascun de vous que, tantost ces presentes
veues, par le porteur d'icelles vous rescrisiez feablement
soulx voz seaulx a nos diz conseillers toutes les forfaitures et offices depuis la dite prise de la ville de Calais
escheus en vos juridictions et receptes, quelles elles sont,
de quel valeur, en quoy, comment il sont escheuz, de
qui et a quel cause, ce aus offices a aucuns gaiges, quels
et la value d'iceulx et ce autre don en a esté fait par
nous ou par autre, a qui, par qui et commant et qui en
est en possession, et semblablement de toutes les forfaitures et offices, qui ou temps avenir, escherront escrisiez
que escheuz seront à noz diz conseillers, afin qu'il en
puissent pourveoir aux dites gens de Calais en la manière
que ordené en avons, comme dessus est dit; et au cas
qu'il y auroit aucune forfaiture que le porteur de noz
presentes lettres voudroit mettre en vente, il nous
plaist et voulons que elles soient vendus par cri et su-
bhastation et donnez au plus offrant et les deniers qui
en seront reçeus, baillés et delivrés au dit porteur, ou
cas ou il en auroit povoir du recevoir de Hue de la Chapelle, Guillaume de Lueghelt, Jehan de Louches, chappellain, et de Jaques le Chien, jadis bourgeois de la ville
de Calais, deputés et jurés pour ceux de la dite ville, en
prenant quittance du dit porteur de ce que baillé li aurez, pour rapporter les diz deniers par devers noz diz
conseillers, avecqueś lettres de vous de certiffication
combien, a quelle monnoie ne a quel pris, pour distri-
buer aus dites bonnes gens de Calais, selon noz orde-
nances, lesquelles nous voulons estre gardées de point
en point. Donné à Paris, le xvii° jour de may l'an de
grace mil CCC quarante et huit. »

Il avoit fait crier et subhaster en vente, à Bourges, ès

lieux accoustumés, treze livres tournois de rente per-
pétuel que Guillaume Harpin, bourgeois de Bourges,
devoit chascun an a Benoit Falet d'Ast, jadis demorant
à Bourges, Ytalien usurier, condempné du roy nostre
sire, sur une maison que le dit Guillaume Harpin tient
et possède en la ville de Bourges.

*Suit la vente de cette rente à Jehan Brunet, bourgeois de
Bourges, moyennant 140 l. t.*

En tesmoing des choses dessus dittes nous avons mis
le seel de la prevosté de Bourges en ces presentes. Donné
le mardi après la feste de la Conception Nostre Dame,
l'an de grace mil CCC quarante et huit.

(JJ 77, n° 262.)

VIII

Paris, 9 mars 1351. (n. s.)

*Donation à Mabille, veuve d'Enguerrand dit Estrecletrop
et à Marguerite, fille de feu Lenoir.*

Johannes, Dei gratia Francorum rex. Notum facimus
universis prensentibus et futuris quod nos, attenta pau-
pertate Mabille, relicte defuncti Inguerranni quondam
dicti Estrecletrop, et Marguarete, filie deffuncti Nigri, de
Calesio, sororum, que de villa Calesii fuerunt orionde et
ibidem tempore obsidionis et captionis ejusdem mora-
bantur, omniaque bona sua, pro servanda fidelitate ad
quam carissimo domino et genitori nostro atque nobis
tenebantur, admiserunt; nos ipsis sororibus, pro se et
heredibus suis ab eisque causam habituris, imperpetuum
dedimus et concessimus, damus et concedimus per presentes auctoritate regia, ex gratia speciali, quandam do-
mum quam habebamus in villa de Pruvino in loco dicto
la Ferperic, in alta justicia situata, contiguam heredita-
gio heredum deffuncti dicti Hericié; que domus ad nos
advenit et pertinet ratione bastardie cujusdam ad quem

quondam pertinuit et qui sine liberis ex proprio corpore
et legitimo matrimonio procreatis dicitur decessisse.
Volentes et concedentes quod sorores supradicte et ea-
rum heredes causamque ab eis habituri de domo pre-
dicta, tamquam de sua propria, suam possint facere
omnimodam voluntatem. Dantes tenore presentium in
mandatis, committendo si opus sit, baillivo Trecensi et
Meldensi et preposito Pruvinensi vel eorem locatenen-
tibus necnon receptori Campanie quatinus dictas sorores,
vel eorum procuratorem pro ipsis, in possessionem et
saisinam dicte domus, visis presentibus, ponant et indu-
cant seu poni et induci faciant ipsasque de ea uti et
gaudere perpetuo faciant et permittant, admotis impe-
dimentis quibuscumque. Quod ut firmum et stabile
permaneat in futurum, nostrum magnum sigillum presentibus litteris duximus apponendum, nostro in aliis et
alio in omnibus jure salvo. Datum Parisius, ix" die mar-
cii, anno Domini millesimo trecentesimo quinquagesimo.

Per dominum regem, pre-
sente elemosinario

    P. BLANCHET.

M. debet elemosinario.

    (JJ 80, n° 226.)

Lettre relative au Général HANRIOT

La lettre que nous reproduisons est extraite d'un récueil de
pièces concernant les Bibliothèques de Paris et conservé à la
Bibliothèque de l'Arsenal, sous le n° 6342. C'est un document
curieux pour l'histoire de la Bibliothèque nationale. Hanriot (et
non pas *Henriot* comme on l'écrit souvent) avait formé le projet
d'incendier la Bibliothèque du roi, et il n'en fut détourné, s'il
faut en croire la lettre qui suit, que par les conseils ou les me-
naces de son cousin, Claude, un charretier bourguignon qui fait
le sujet de cette lettre.

Le farouche commandant de la garde nationale de Paris y est
représenté comme un homme absolument grossier et illettré;
ce dernier point est contesté par tous les historiens qui le pré-

sentent comme ayant reçu une certaine instruction. Son cousin,
le charretier Claude, prétendait qu'il ne savait pas lire.

L'auteur de la lettre est une dame Sion, qui habitait le faubourg St-Antoine et était vraisemblablement la femme d'un ancien officier, puisqu'avant la Révolution elle avait demeuré à
l'École militaire. Elle adressa sa lettre à *Monsieur Capronier*, qui
devait être tout particulièrement intéressé par son récit en sa
qualité de bibliothécaire à la Bibliothèque nationale. L'érudit à
qui ce document fut envoyé était le neveu de Jean Capperonnier,
le célèbre philologue mort en 1775. Jean-Augustin Capperonnier,
appelé par son oncle à le seconder à la Bibliothèque du roi, y
devint conservateur des vres. Bibliothécaire du marquis de
Paulmy, en 1780, il   a sa collection et en fit une des plus
riches pour les roman   littérature italienne.

Cette lettre lui fut   ce le 15 frimaire, probablement an VI
(5 décembre 1797) Cette date n'est point certaine assurément:
tout ce qu'on peu affirmer c'est que ce document fut écrit assez
longtemps après la chute de Robespierre, puisqu'il y est fait mention de la mort de Hanriot. D'un autre côté, la dame Sion félicite
M. Capperonnier d'être à son poste à la Bibliothèque nationale,
malgré les temps de trouble que traversait la France, et le savant
philologue, emprisonné sous la Terreur, ne fut remis en fonctions
qu'en 1796. La date de 1797 me paraît donc la plus probable,
car au début de la lettre l'auteur dit que voilà longtemps que
M. Capperonnier lui a demandé ce renseignement.

Henry MARTIN,
Attaché à la Bibliothèque de l'Arsenal.

De Paris le 15 frimaire.

Il y a bien longtemps, respectable ami, que vous me
demandez de vous faire le récit de mon avanture avec
mon pauvre Claude; votre bon cœur vous fait trouver du
plaisir à rencontrer des hommes probes et délicats; le
nombre n'est pas grand. Je désirerais que les personnes
qui peuvent comme moi en avoir trouvé en fissent part
à leurs amis, cela raccomoderait avec l'espèce humaine.

Quelques jours avant le saccage de la maison de Réveillon, un garçon que j'avais placé chez lui, me vint
trouver. Il me fit part des inquiétudes qu'il éprouvait;
on lui disait qu'on en voulait à son maître, il avait

peine à le croire. Son maître était si bon. Je lui dis que ce n'était pas une raison pour n'avoir rien à craindre; il me crut. Il s'agissait pour lui de mettre sa malle en surté; elle contenait les papiers d'un procès qu'il avait; il était Normand, c'est assez en dire. Il fit donc apporter à la maison sa malle. Le lendemain arriva le fatal évènement.

Deux ou trois jours après je n'entendais pas parler de mon pauvre garçon : l'inquiétude me prit, je dis à la fille qui me servait de venir avec moi savoir si des voisins pourraient nous donner quelques nouvelles, tant des maîtres que du domestique. Comme nous cheminions, il se fit un grand mouvement dans le f°. J'étais près d'arriver, la peur me prit, je ne savais si je devais continuer ma route, ou si je ferais mieux de revenir à la maison. Cette dernière réflexion m'arrêta; je retournai et regagnai mon logis le plus promptement possible.

Ce qui me détermina vraiment c'est que tous les visages étaient tournés du côté de la place St Antoine; on allait pendre quelques-uns de ceux qui avait été pris chez Réveillon.

Ma frayeur redoubla, je n'ai jamais vu aucune exécution, enfin je n'en pouvais plus lorsqu'un homme, en belouse, bien croté, avec le chapeau assorti, s'approche de moi et me dit : Où allez-vous, Mlle Sion? Je ne puis vous exprimer ce qui se passa en moi : Je me cru perdue. Il me dit : Donnez-moi votre bras je le lui donnai sans proférer une seule parole. Après quelques pas, il me dit : Vous ne me connaissez donc pas? — Je ne vous ai jamais vu, lui dis-je. — Il n'est pas possible. Comment, moi qui était si content lorsque j'avais l'honneur de vous porter votre linge à l'École Militaire. Alors je me le rappelai : mais il y avait une si grande différence de Claude d'autresfois avec celui qui me donnait le bras que la comparaison n'était pas supportable.

Le Claude d'autres fois était un jeune Farot à pantalon rouge et blanc, élégamment chaussé, il avait l'air à la dansse, une large cinture bleue, poudré comme s'il sortait d'un sac de farine; enfin rien n'était à désiré dans son ajustement.

Quel changement! il me dit que son métier actuel était de tirer du bois de l'eau; et il me demanda qui fesait ma provision de bois. Je lui dis que c'était un nommé Mathieu, il me dit : Mathieu est obligé de partir et après son départ je vous demande la préférence. Je la lui promis; il n'attendit pas que je le fisse demander; il me vint dire que Mathieu était parti.

J'observe, pour la suite de l'histoire, que dans ce moment il aimait ce qu'on se proposait de faire, je n'étais pas de son avis, je le laissais causer. Il me fait ma provision de bois; il demandait toujours la permission de me saluer : on le fesait monter. Chaque fois que je le voyais son patriotisme diminuait : je l'écoutais toujours sans le contrarier, enfin vient le moment de nommer Hanriot commandant de Paris; Hanriot était son cousin. Il vint un matin demandé à me parler, il me dit qu'il croyait qu'on devenait fou d'avoir nommé Hanriot pour commander dans Paris. Comme de coutume je l'écoutais; il paraissait très en colère et s'expliquait énergiquement. Je lui dis : que vous importe que ce soit Henriot ou un autre? Comment, M^{de}, me dit-il, vous ne savez donc pas que c'est mon cousin; cela fait pitié ajouta-t-il, c'est une bête, qui ne sait ni lire ni écrire, c'est un ivrogne sans conduite : Je le consolai de mon mieux, il venait tous les trois ou quatre jours et chaque jour sa fureur augmentait. Il arriva tout suant me dire qu'Hanriot pillait toutes les caves, et qu'il lui avait proposé de venir boire avec l'État-Major, il lui avait répondu que lorsqu'il avait soif, le vin qu'il buvait n'était pas volé. Je ne puis vous exprimer l'état où il était lors-

qu'Hanriot eut le projet de bruler la Bibliothèque du
Roi; il ne manquait pas de m'instruire de tout ce qui se
passait. J'avais vraiment du plaisir à l'entendre. Il vint
un matin de très bonne heure; sans me dire bonjour
comme de coutume : Hé bien! M^{lo}, savez-vous que ce
S. C. B. d'Hanriot veut absolument brûler la Bibliothèque. Il ne sait pas lire; je lui ai dit : si tu fais ce
coup là, je te f... l'âme à l'envers, j'en ai d'autres avec
moi et nous verons; Je sais lire, moi, et écrire aussi et
je ne veux pas qu'on brûle les livres. Je l'encouragai
beaucoup à empêcher son parent de persister dans son
idée; il me promit bien de faire tout son possible. Il
était flaté de mon approbation, c'était la première fois
que je répondais à sa conversation. Nous nous quitâmes
très satisfaits l'un de l'autre En s'en allant : Est-il possible, dit-il, que j'aye aimé ce qu'on fesait. La misère
allait toujours son train.

Claude comme chartier était mis en réquisition par
les sections, pour transporter la viande; et tout les jours
il m'en apportait trois livres dont il disait le prix : il
m'en aurait bien fait cadeau, mais il n'osait pas. Le bois
était rare et cher pour des rentiers, la voye valait 800
livres. Il vint voir où en était ma provision, il monta et
me dit : Vous n'avez plus de bois. Je lui dis : Je ména-
gerai le peu qui me reste, j'en ferai assez. Tant que
Claude vivra vous aurez du bois ou bien nous verons. Je
lui dis affirmativement que je n'en voulais pas; il secoua
la tête et s'en fut. Dans la soirée il m'amena deux voitures contenant quatre voyes, il me dit qu'il s'était ar-
rangé avec un de ses parents : que je lui fisses un billet
de 800 livres pour les quatre voyes et le billet portait
que je le payerais lorsque je le pourrais; et lui signa
après moi. J'étais confuse et embarrassée pour lui témoy-
gner ma reconnaissance : Combien de reflexions se pré·
sentaient à mon esprit. J'étais heureuse de voir qu'un

dehors si rustre cachât une si belle âme. Lorsque Claude venait m'apporter différentes choses, la cuisinière avait l'ordre de lui donner un verre de vin. Mon vin finit sans que je pûsse le remplacer. Claude n'en recevait plus; il en savait la raison. Il rencontre un matin mon mari, il lui dit qu'il était bien aise de le rencontrer : après une petitte conversation : Voulez-vous entrer là? lui dit Claude, ils étaient devant un cabaret; mon mari le remercia. Je vous en supplie, Monsieur, faites-moi ce plaisir; comme il paraissait fâché, mon mari lui dit : All.. ns, mon ami, c'est la première fois de ma vie.

Claude entre le premier, parle au maître. On apporte une bouteille d'excellent vin, mon mari veut lui en verser; mais il prend une chopine qui était près de lui et dit : je ne suis pas fait, Monsieur, pour boire le même vin que vous; je sais trop ce que je vous dois : je suis bien assez content que vous soyez entré ici avec moi. Jamais mon mari ne put obtenir qu'il bût de sa bouteille.

Arrive enfin l'heure fatale d'Hanriot; Claude vient m'en apporter la nouvelle : Dieu est juste, on a f... mon cousin par la fenêtre, il n'est pas mort, le b... tant mieux.

Claude tenait à sa main un petit morceau de jambon cru; voulez-vous me faire cuire ce jambon? — Très volontier, lui dis-je. Il était si content qu'il s'assit sur le premier siége qu'il trouva; c'était une bergère bien rebondie, il crut qu'il tombait; je ne puis m'enpêcher encore en vous l'écrivant de rire de sa surprise. Il n'avait jamais voulu s'assoir chez moi. Aussi se tint-il debout. Claude est champenois, il perdit sa femme peu de temps après la mort des Henriots et autres. Il vint me faire ses adieux, il emmenait ses deux enfants. Je l'avais prié de m'écrire. Depuis son départ je n'ai eu de lui aucune nouvelle. N'importe où il soit jamais je ne l'oublierai. Vous n'auriez pas immaginé, respectable ami, qu'un pauvre chartier eut pu contribuer à la conservation d'un des plus beaux monuments qui existe. C'est pour moi toujours un nouveau plaisir de vous y voir conservé malgré tous nos troubles.

Recevez les compliments de ma famille. Je suis avec la plus sincère estime votre servante.   M. Sion.

Une Lettre du P. DU LONDEL à Baluze

On ne sait presque rien de Jean-Etienne du Londel : les biographes nous apprennent seulement qu'il naquit à Rennes, qu'il appartint à la Compagnie de Jésus, et qu'il mourut en 1691, après avoir publié deux ouvrages de chronologie qui paraissent avoir obtenu un assez grand succès. Je suis heureux d'ajouter à d'aussi maigres renseignements les informations qu'il nous donne lui-même dans une lettre écrite deux ans avant sa mort, et où, de plus, il est question d'un manuscrit de la Bibliothèque nationale, à propos duquel M. Ulysse Robert a bien voulu me fournir une note qu'on lira ci-dessous et dont je ne saurait trop le remercier.

Ph. Tamizey de Larroque.

Au collége de la Compagnie de Jesus, ce 9ᵉ may 1695.

Monsieur, il y a parmy les manuscripts de la Bibliotheque de Mʳ de Thou heureusement réunie dans celle de Mʳ Colbert, et l'une et l'autre encore plus heureuse d'estre entre vos mains, un journal du règne de François Iᵉʳ cité une fois dans l'histoire de ce prince par Mʳ Varillas (1). Il me seroit

(1) Deux des mss. de la Bibliothèque *peuvent* répondre à celui auquel il est fait allusion dans cette lettre, en tant qu'ils sont le journal du règne de François Iᵉʳ et qu'ils ont fait partie de la bibliothèque de Colbert. Ce sont les mss. français 3878 et 5092. Un

nécessaire. Si vous croyez me pouvoir faire cette
amitié, soit pour me le laisser vingt-quatre heures,
soit pour m'en donner la lecture au moins dans
vostre illustre bibliothèque, faites moy l'honneur
de me marquer en deux mots, si vous trouverés
bon que je vous aille importuner pour cela. Je
sçais que le temps vous est si précieux, que j'aurois le plus grand tort du monde d'aller sans aveu
vous en faire perdre un moment, et d'un autre
costé, dans la seule visite que j'ay eu l'honneur de
vous faire avec le P. Hardouin (1), j'ay reconnu
dans vous un si grand fond d'honnesteté et des manières si obligeantes, que je ne veux pas vous
exposer au chagrin de faire un refus, si la chose
estoit infaisable. Quelque chose qu'il arrive, je vous
prie de me pardonner une liberté qui ne diminuera

de ces mss. a-t-il appartenu à de Thou? Sur l'un et l'autre le nom
d'un possesseur antérieur a été gratté; de sorte qu'il est impos
sible de se prononcer sur cette question. D'un autre côté, je ne
trouve dans le catalogue des mss. de de Thou aucune trace d'un
journal de François Ier et rien qui puisse être rapproché des mss.
3878 et 5092. Le P. du Londel n'aurait-il pas été induit en erreur
sur le titre du ms. ou sur sa provenance?

(1) Jean Hardouin, le savant bibliothécaire du collège Louis-le-
Grand, était Breton, comme son confrère du Londel : Il était né à
à Quimper-Corentin, en 1646; il mourut à Paris en 1729. Les
rédacteurs du *Moreri*, de 1759, ont reproduit une épitaphe saty-
rique où il est appelé *le plus paradoxal des hommes, hominum
paradoxotatos.* On assure qu'il répondit plaisamment à un ami qui
lui reprochait la bizarrerie de ses opinions : Croyez-vous donc
que je me lève à quatre heures du matin, l'hiver comme l'été,
pour penser comme tout le monde? Voir dans la *Bibliothèque des
écrivains de la Compagnie de Jésus* (t. II, in-f°, 1872, colonnes
32-48) la liste de plus de cent de ses ouvrages.

jamais rien du respect et de l'estime que j'ay pour vous aussi bien que tout l'univers.

Si la classe me laissait plus d'un jour libre par semaine, ou si le collége n'estoit pas si éloigné de votre Bibliothèque, j'aurois engagé le P. Hardouin à me mener chez vous sans sonder le gué.

Les fastes du Roy que j'eus l'honneur de luy présenter en octobre dernier (1), et qui lui furent si agreables qu'il voulut bien de sa propre main marquer ce que Sa Majesté souhaitoit qu'on y changeast, ces fastes, dis-je, m'ont engagé à faire ceux des Roys des maisons d'Orléans et de Bourbon (2). Ils sont prests à mettre au net; vous jugés bien que vingt trois ans de règne conférés sur un bon manuscrit ne seroient pas le morceau le moins curieux de l'ouvrage, et le public sçaura à qui il en aura l'obligation.

Je suis avec respect, Monsieur, tout à vous servir.

J.-E. DU LONDEL,
de la Compagnie de Jésus.

Monsieur Monsieur Baluze demeurant à la Bibliothèque de Monsieur Colbert, rue Vivienne, à Paris (3).

(1) *Fasti Ludovici magni accurate digesti a Joanne Stephano du Londel, e societate Jesu.* (Paris, Anisson, 1699, in-f°.) Il y eut plusieurs autres éditions, en 1691, dans le format in-8°.

(2) *Les fastes des rois de la maison d'Orléans et de celle de Bourbon, depuis Louis XII (en 1498), jusqu'à Louis XIV (en 1697),* parurent en cette même année 1697. (Paris, Anisson, in-8°). On lit, dans la *Bibliothèque historique de la France,* (t. II, n° 21 373) que « c'est une chronologie assez bien digérée. »

(3) Bibliothèque nationale, collection dite des Armoires de Baluze, vol. CCCLIV, p. 99.

MÉMOIRES DE CARORGUY

GREFFIER DE BAR-SUR-SEINE

(Deuxième article. — Voyez t. XXIII, p. 113).

Et ainsy l'armée passa pour tirer aux troys Ricey, ou moy, greffier, qui faictz le présent recuel, avec vingt personnes de mes consors royaulx se retirèrent à Polysy ; et là j'ay veu ladicte armée passer en bel équipage. Estans ainsy logez aux trois Riceyz, ilz s'extendoient plus loing, et de faict, se présentant au village d'Artonnet (1), ilz refusèrent leurs portes, au moyen de quoy l'on y mena le canon qui joua plus de vingt-cinq coups. A la fin ayant faict bresche, l'asault fut livré à ceste canaille qui se défendoit furieusement et avoient mesme tué ung gentilhomme qui vouloit parler à eulx. Ce fut le premier de juillet qui furent pris, où tout fut mis au pillage, les femmes et filles violées, et quasy tout le village bruslé.

Or, pour ce que ladicte armée debvoit joindre sept ou huict mil Suisses qui venoient, conduits par Harlai de Sancy, pour le Roy et qui arrivèrent à Ravières en ce temps-là, les affaires du Roy se renforçoient à merveilles.

---

(1) Arthonay, village de l'Yonne, à la limite du département de l'Aube.

Car, d'aultre part, le Roy de Navarre estoit arrivé (1)
avec son armée de Guyenne à la prière du Roy, qui en
a tiré ung notable secours. En ce faict je me représente
l'istoire du père de famille qui donna la belle robe et
feict tuer le veau gras lorsque son filz retourna à luy en
santé, dont il fut fort esjoy. Aussy le vray héritier est
arrivé, il a assez tenu les lieux champettres, attendu que
sa renommée volle par tout l'univers d'estre le premier
capitaine de l'Europe; l'on le veult désarçonner de son
patrimoine et vray héritage. C'est le but où chascun
tend que de le veoir exclure pour le faict de sa religion,
comme sy, pour moindre chose qu'un tel Royaulme,
l'on ne se feroit pas bien catholicque Romain. Et sy
doncques, le Roy veid venir ses forces de tous costez et
qu'au contrère celles de ses ennemis diminuées, a-il pas
le cœur plus eslevé qu'il n'eut oncques? Le siège a-il
pas esté mis devant Pontoise de l'armée seulle dudict
Roy de Navarre? La baterye fut aspre et brusque. Car
Haultefort, qui estoit dedans, commandant à plus de
huict cens hommes de pied, feit une sortie qui fut longue
pour ce qu'il ne peult rentrer, et fut tellement poursuivy
que, se sauvant dedans une chapelle du faulbourg, il
fut tué, puis après l'asault général se donna du commandement dudict Roy de Navarre qui l'emporta et fut
la ville ainsy prise le lundy xvii⁼ dudict moys de juillet (2). Où estant ce Roy entré, il a usé d'une grande
douceur et clemence. Car au lieu de faire passer tous
ses soldatz au fil de l'espée, il les feit reconduire, bagues
sauves, jusques à Paris. Ceste ville estant ainsy réduicte,
les Roys s'acheminent au pont Sainct-Clou à l'intantion
de boucler Paris, qui ne leur feit poinct de résistance.

(1) La rencontre du roi de Navarre et de Henri III eut lieu à
Plessis-lez-Tours, le 30 avril 1589.
(2) La capitulation de Pontoise est du 25 juillet 1589.

C'estans ainsy campez, le capitaine général (1) et ses gens s'amusèrent comme le loup en la tanière, pour ce que l'armée du Roy estoit composée d'environ cinquante mil hommes, sy nous voulons adjouster foy au dire de quatre ou cinq gentilhommes de ce pays : et cela est croyable en ce que jamais ce peuple sy gros et puissant. de Paris ne osa remuer ny paroistre en la campagne, ains c'estoit bien rencloistré dedans la ville et faulx bourgs.

De sorte que les affaires du Roy se acheminoient en telle façon que noz ligueurs perdoient courage ; car, sans poinct de doubte, chascun se promettoit d'entrer en ceste grosse ville. Et estoit telle la vérité que plusieurs bons habitans et bourgeois de ladicte ville, qui n'avoient poinct ployé le genoul devant Baal, c'efforsoient secretement de donner au Roy entrée par la porte St-Honoré. Mais il advient ordinairement que, lors que l'on croit la fortune estre prospère, c'est quand elle se retourne; pour aultant que, comme l'homme propose, Dieu le dispose, par une voye toutes foys non usitée et sy estrange et prodigieuse qu'à peine les suivans lé pourront-ilz croire sans doubter, q'un Roy tel que Hanry de Valois ayant esté, au milieu d'un sy gros peuple et tant de noblesse, ainsy malheureusement traicté, que ung jeune Jacopin de l'ordre des Jacopins de Paris, nommé frère Jaques Clément, pauvre sot et idiot, s'il en fut oncques, et le torche escuelle de leur maison, soit venu sy impudemment passer par le milieu d'une telle armée, qu'il ne fuct poinct arresté que par ceulx du Roy de Navarre, lesquelz encores le laschèrent soubz la parolle du s^r Laguesle, procureur général de Paris, lequel, pour la congnoissance que luy feit ledict Jacopin, le tira de leurs mains pour ce qu'il avoit des lettres de la part des sei-

(1) Mayenne.

gneurs comtes de Brienne (1) et ledict président de Har-
lay, et, par conséquent demandoit ledict Jacopin à
parler au Roy, disant le vouloir advertir de chose de
grande importance. Et de faict, ledict seigneur procureur le mena luy-mesme vers Sa Majesté, luy faisant
entendre ce que dessus. A quoy il ne prist pas grand
plaisir et ne voulut pour se soir parler audict Jacopin
qui souppa en son logis et couppa ses morceaulx du
cousteau mesme dont il feit le coup. Il y coucha au ᵗᵗy
et tout joignant la porte de la chambre de celluy qui
l'avoit amené, lequel fut esveillé plus matin que de
coustume. Car ledit Jacopin, qui songeoit à une sy
grande entreprise, ne dormoit pas et avoit, comme l'on
dict, la pulce en l'aureille. Il poursuivit sy bien sa
poincte et de telle astuce et véhémence qu'il eut entrée
en la chambre du Roy pour parler à luy avant qu'il fust
tout habillé. C'estoit le matin de la feste St-Pierre aux
liens, premier d'aoust Ve quatre vingtz neuf, que ce
Judas se promectant acomplir son veu, se mectant à
genoulx et baisant les piedz du Roy par grande admiration en fut relevé. Or, baisant les lettres dont j'ay parlé,
le Roy les recongneut incontinant estre escriptes des seigneurs susnommez; et pour ce que lors il estoit sur le
seul de son cabinet, il les bailla au seigneur évesque de
Gondis (2) qui estoit en sa chambre. Le Jacopin, qui
advisoit que le pourpoint du Roy, qui estoit de chamoy
ou bufetin n'estoit pas encores attaché et n'y avoit que sa
chemise au devant de son ventre, feignant de tirer de sa
manche encores quelques lettres, en tira le cousteau et
le lança droit audict ventre, qui entra bien peu avant

(1) Charles de Luxembourg, comte de Brienne, frère de François, duc de Piney, et frère du duc d'Épernon.

(2) Pierre de Gondi, cardinal évêque de Paris (1532-1616). Il avait
été aumônier d'Élisabeth d'Autriche, femme de Charles IX.

pour ce qu'il est à croire qu'à une si haulte et si péril-
rilleuse entreprise, il ne fust esperdu et surpris de
frayeur. Mais le Roy s'escria au traistre : « Meschant, tu
m'as tué. » Et tirant luy-mesme ledict cousteau, il en
donna en l'œul du Jacopin. A ce cry y acoururent de
ses guardes, qui incontinant le meirent en pièces sans
avoir eu patiènce de le laisser en vye, chose sy précipi-
tée qu'à jamais l'on en sera en scrupulle. Car ce malheureulx en a tué plus de cent mille. La playe est sy
grande qu'elle s'extend par tout, non seullement icy,
mais aux royaulmes estranges ; que sy malheur ne fust
poinct advenu, la paix du Royaulme s'approchoit de
nous. Mais elle en est bien esloignée. C'est maintenant
que l'on desploye les cousteaux et que l'on fourbit les
armes. Hélas ! pauvre France, tu auras fort à souffrir
pour ce que tu ne veulx recevoir ton vray enffant et
heritier naturel. Ho ! Dieu, quelles douleurs, quelz re-
gretz, quelles lamantations, quand je vois le seigneur
grand prieur (1), bastard du feu Roy Charles, gecter des
crys sy espouvantables, des larmes sy abondantes, qu'em-
brasant son Roy sy tendrement estant aux extremitez de
mort sur ung lit, qu'à peine les lamantations que feit
Jérémie contre Jérusalem ne furent sy grandes. Hé !
voilà le veu de saincteté de ses beaux catholicques que
de faire ainsy masacrer son Roy si indignemment.

Aussy tost qu'il eut reçeu le coup, il n'acusa poinct
d'aultre pour ceste conspiration que Madame de Montpensier, escripvit encores, avant que de mourir, au
comte de Montbelliart, qui se mectoit en chemyn avec
forses reytres pour le venir secourir, qu'il avoit reçeu se
coup, mais qu'il n'estoit poinct mortel, selon qu'en ra-

____

(1) Charles de Valois, duc d'Angoulême, fils naturel de
Charles IX et de Marie Touchet, par conséquent, neveu de
Henri III.

portoient ses chirurgiens, et luy disoit comme le tout
c'estoit passé. Et sur ce poinct, voicy venir le Roy de
Navarre bien fasché d'un tel accident. Auquel le **Roy**
adressant sa parolle, sentant bien en luy-mesme qu'il
commensoit à s'afoiblir, luy dist pour ses dernières parolles : « Mon frère, la couronne vous appartient ; mais
je vous prie de quicter vostre religion. Se peuple mal
affectionné et vers moy et envers vous ne vous recon-
gnoistra jamais aultrement. Je vous recommande ma
noblesse, mon nepveu et tous mes bons serviteurs. » Et
en disant ce, lui mectant la couronne sur sa teste, luy
dist encores qu'il feist bonne guarde des prisonniers, que
ce seroit à la fin son plus précieulx gage, puis ayant
remercié particulièrement tous les seigneurs et gentilzhommes qui estoient en sa chambre de ce qu'ils l'avoient
sy bien assisté, et leur recommandoit encores de faire le
mesme à l'endroict de son frère, qu'il seroit leur Roy.
Il fut confessé par deulx bons hommes, et fut tellement
repantant de ses péchez qu'il pardonna mesme audict
Jacopin et tous ses ennemis. En ceste bonne disposition,
le Roy Hanry rendit l'esprit le second jour d'aoust. Son
corps fut mis en ung cerceul de plomb et embaulmé
selon la coustume des Roys ; et depuis fut porté à Com-
pienne, où il a tousjours demouré à cause que les Parisiens ne voulurent souffrir qu'il fust inhumé en l'église
S‍ᵗ-Denis avec ses prédécesseurs.

Ceste nouvelle sçeue à Paris, au lieu de dire l'oraison
funèbre, ilz chantèrent le *Te Deum;* chascun se resjoys-
soit, que l'on en feit les danses et feux de joye parmy la
ville. Ho ! peuple endursy, quand recongnoistras tu ton
mal ? Se sera par l'espée de Hanry de Bourbon qua-
triesme qui se présente maintenant afin de régner. Car
voicy les princes du sang, les quatre mareschaulx de
France, toute ceste noblesse et mesme toutes les villes
qui tenoient pour le deffunct qui le recongnoissent, luy

jurent le serment de fidélité, promectent sur leur foy à
luy-mesme de venger la mort ainsy advenue à leur bon
Roy. En faisant lequel serment le s' mareschal d'Aumont se advança de luy faire une belle remonstrance
pour sa religion, selon qu'il en estoit prié et requis des
aultres, que véritablement ilz le recongnoissoient bien
pour vray et légitime héritier de ceste couronne, mais
s'il luy plaisoit de quicter la religion nouvelle à laquelle
il avoit esté nourry et instruit dez son jeune aage, ilz
luy rendroient de meilleur courage le service qui luy
debvoient. A quoy il leur respondict qu'il ne s'y vouloit
poinct opigniastrer, et que, lorsqu'il seroit instruict par
ung concille nationnal ou aultrement, il se réduiroit à
la religion catholicque et Romaine, ainsy mesme qu'il a
assez déclaré depuis par ses ordonnances, dont ilz furent
tous très contens. Et fut advisé d'envoyer (1) au Pape de
la part desditz princes du sang et officiers de la Couronne, affin de proposer la cause de la prise des armes
pour luy qui ne faisoient à aultre fin que pour conserver
l'Estat. Mais d'aultre part, sur ceste conséquence, le
seigneur duc du Mayne en ayant entendu le vent feit
une déclaration vérifiée en Parlement le vii° d'aoust, par
laquelle il admonestoit et incitoit et flatoit ung chascun
de se remectre de son party, quant à ceulx bien zélez à
la Saincte Union; ou bien, s'ilz se vouloient retirer en
leurs maisons sans plus porter les armes, ilz les mectoit
en sa protection et sauveguarde et celle de la court.
Dont l'on ne tint pas grand compte, synon aulcuns
gentilzhommes qui se rendirent dez lors neutres et
se meirent en leurs maisons pour estre les rieux des
ungs et des aultres. Qu'il soit vray : nous dirons qu'en
ces quartiers, ilz sont cinq ou six seigneurs, assça-

(1) François de Luxembourg, duc de Piney, fut chargé de cette
mission.

voir le s^r de Sessac, Vitry, Blaigny, Chesle et Ville sur Ancé.

Or, pour se tourner aux premiers desaings du nouveau Roy, il leva le siége devant Paris et meist son armée en trois : les seigneurs de Longueville, Dinteville (1), et La Noue, donnèrent en Picardie, aultres (2) en Champagne, et luy avec ses gens ordinaires. Et quelques bons françoys le suivirent à Dieppe où, tost après, ses ennemis fortz à merveilles allèrent après. Ils avoient plus de vingt cinq mille hommes quand ilz meirent le siége devant ledict Dieppe. Leur baterye fut dressée ; ilz tiroient à coup perdu et en ruyne parmy la ville, dont y eut un coup de canon qui passa par dedans son logis. Luy, qu'il ne soucyoit guères de tout cela, feit faire un boulevard de terre ou plate-forme qui regardast droict à leurs canons, et en feit mettre dessus ledict boulevard, où, sy tost qu'il eut faict tirer cinq ou six volées, il les feit changer de baterye. Ses Suisses contre les ennemis feirent une charge où le s^r mareschal de Biron (3) fut en grand danger, pour ce qu'il se trouva surpris de tous costez, et se en eschappa. Entre ces entrefaictes, le Roy sortit avec sa cavalerye et d'une telle façon qu'avec huict ou dix mil hommes il les mania si dextrement à Arques qu'ilz furent rompuz et défaictz, et le capitaine général (4) renversé par terre, dont il fut fort blessé. Il avoit promis aux Parisiens de leur livrer ou vif ou mort ; mays luy-mesme fut quasy pris. Cela advint le xxvie d'octobre (5), ou, peu après, il (6) se rendit dedans les faulx-

----

(1) Ce nom a été effacé.

(2) Sous la conduite du maréchal d'Aumont.

(3) Armand de Gontaut, baron de Biron (1521-1592), père de Charles, qui eut la tête tranchée en 1602.

(4) Le duc de Mayenne.

(5) Le 21 septembre : le 6 octobre. Mayenne battait en retraite.

(6) Henri IV.

bourgs St-Jacques et de St-Honoré. A laquelle arrivée il
donna bien de l'esbayssement à ses ennemis qui pen-
soient le veoir dedans leur ville d'une aultre façon. Il y
eut, la veille (1) de Toussainct, une aspre escarmouche
donnée aux faulxbourgs et quasi dedans ladicte porte S^t-
Jacques, où il y eut un bon nombre de mortz. Et sy ledict s^r de La Noue se trouva dedans la ville et fut contrainct se gecter dedans la rivière pour ce qu'il n'estoit
pas suivy. Les Chartreulx cuidoient qu'il les voulust
faire mourir quand il y envoya le seigneur de Praslin
affln de veoir sy en leur monastère il n'y avoit personne
de caché. Eulx se prosternèrent à genoux devant ledict
seigneur luy demandant miséricorde, et luy-mesme leur
demanda la benédiction les advertissant qu'ilz alasent
dire leur messe, que c'estoit la volonté du Roy, leur promectant cependant que aulcun tort ne leur seroit faict.
Ce qui fust guardé estroictement et tousjours depuis
suivy à l'endroict des ecclésiastiques, qui ont esté aussi
bien conservez que nulles personnes. Car, sytost que
quelque personne que ce fust avoit faict ou pris quelque
chose aux esglises, le Roy les faisoit pandre.

Et toutes foys les prédicateurs faisoient des prédications toutes de luy, ne le nommoient aultrement que
tigre de Béarn, lyon, hérétique nourry du laict d'hérésie. Et tout se peuple s'estoit à leur incitation et
exemple, tellement bandé contre luy que nul de ses
serviteurs n'osoient ouvrir la bouche pour le soustenir,
estans chascun jour ces pauvres Royaulx, auxquelz en
ceste ville ilz imposèrent par l'advit de Dandenot le
moyenné le nom de maroquin, ainsy détenuz et sy estroictement que le recepveur Bury, le grenetier de
Bienne son gendre et Mc Claude Chome s'en alèrent et
furent réfugiez longtemps à Ricey. Car, en ceste saison,

(1) Le jour même de la Toussaint.

l'on commença à prendre les chevaulx à la charrue ; les hommes prisonniers qui payoient grande ranson, les aultres vollez de leur marchandise qui rapportoient de Troyes. Que nous estions couruz tous les jours, et jusques à nos portes, tellement que nul n'osoit sortir qu'il ne fust pris ou vollé, pour cause de nos mutineryes et de nostre mauvois gouvernement ! comme se estoit bien séant de prandre party en une sy foible ville ! ains debvions estre neutres comme plusieurs aultres et nous conserver. Mais la rage de Marthin contre ces huguenotz, ainsi qu'il disoit, l'empeschoit. Et par ce mauldit conseil et ambition s'en est ensuivy une grande désolation.

Or le Roy, après la défaite des faulxbourgs de Paris, il s'en alla yverner à Tours et en ce pays-là.

Et se feit en l'année V^e quatre vingtz dix une vénérable entrée du Légat (1) envoyé par le pape pour escommunier le Roy. Il estoit accompagné du s^r de St-Paul qui conduisoit environ trois mil tant reytres que lansquenetz. A son arrivée icy, tous les prebstres allèrent au devant, le huictiesme de janvier, avec leurs chappes, la croix et l'eau bénite. Et marchoit ainsy ce révérend prélat que son aulmonier portoit une croix d'argent devant luy. Les femmes et filles se prosternoient à genoulx au milieu des rues et il leur donnoit de grandes bénédictions. Et en cest estat il entra dedans l'esglise, où, après quelques cérémonies et ayant chanté l'*Adjutorium*, je veid qu'il estoit gros et refaict et faisoit bonne myne. Or lesdictz lansquenetz s'estoient logez au village de

(1) Le cardinal Henri Gaëtan ou Cajetan, frère du duc de Sermonette, avait été nommé par Sixte V, à la requête de l'Union et envoyé en France pour *procurare che sia fatto un re degno di cristianissimo et assicurarsi ce'l regno non vadi in potere d'un eretico re*. Il arriva à Lyon le 9 novembre et fit son entrée solennelle à Paris le 21 janvier 1590. Il en sortit le 25 septembre suivant.

Bourguignons en intantion de surprendre la Tour : à
quoy ilz feirent leur effort. Mais ilz ne peurent pour ce
qu'ilz n'avoient poinct de canon. De quoy fort indignez,
ilz meirent le feu au quatre coings et au milieu du village, qui fut quasy de tout bruslé. C'estoit grande pitié
de veoir les pauvres femmes et filles se lamenter et dou-
loir (1) sy estrangement que ledict Légat, passant proche
ledict village, ne se peult tenir qu'il ne pleurasi, et disoit à ceulx de sa suitte, qui estoient plusieurs évesques
avec ung patriarche, qu'il prévoyoit bien la ruyne de la
France s'il n'y estoit promptement pourveu. Mais il n'y
feit guères grand exploict. Il laissa des bulles et excom-
munications à Paris pour excommunier le Roy, et parla
au s^r de Givry (2) et aultres pour les desmouvoir et retirer de leur party : mais ilz n'y voulurent entendre.
Et, par ce moyen, s'en retourna ledict Légat sans rien
faire aultre chose. Lequel avoit esté conduict par le capitaine Dandenot qui tenoit garnison à Villencufve, qu'il
avoit pris peu auparavant la venue dudict Légat avec un
pétard qu'il attacha à la porte qui est dessus le pond ;
et les ayant pris, il y a faict bonne chère à leurs despens
qu'il les a ruynez. Car ung nommé le capitaine Cambray
s'y estoit mis avec nostre bailly, qui feirent une charge
au moys de febvrier suivant sur Hanry Monsieur, qui
blessèrent et prindrent prisonnier et le rendirent audict
Villeneufve. Pour sortir duquel lieu, ledict capitaine
Cambray en ayant expulsé Dandenot, en sortit depuis
pour deulx cens escus.

Or, pour retourner au Roy estant au pays de Tu-

(1) Exprimer leur douleur.

(2) Givry profita de l'entretien pour demander l'absolution du
mal qu'il avait fait aux Parisiens ; l'ayant obtenue, il demanda
une seconde absolution pour le mal qu'il se disposait à leur faire
prochainement.   *(De Thou, t. IV, l. 98.)*

renne (1) et ayant mis le siége devant la ville du Mans, en laquelle commandoit le s^r de Bois Daulphin (2), il la prist (3) à composition et renvoya sans payer ranson ledict sieur de Boys Dauphin, auquel il dit ses parolles : « Je ne pardonne que une foys, » luy feit faire serment de ne porter les armes contre luy de deulx moys.

Mais, d'aultre part, les princes de la Ligue avoient faict recongnoistre (4) messire Charles de Bourbon (5) pour Roy, à l'exclusion de Hanry, son nepveu ; et de mesme c'estoit donné arrest par tous les parlemens (6) pour sa recongnoissance et le serment de fidélité qu'ilz ont faict depuis jurer par toutes les villes de leur obéissance : pour tesmoignage de quoy, toutes lectres de chancelerye se donnoient en son nom ; il ne se fabriquoit plus aulcune monnoye que soubz ses nom et armes. Icy ne jura-on pas pardevant un conseiller nommé Chantenot, advocat du Roy à Dijon, ladicte recongnoissance? Aulcuns tenoient et mesmes plusieurs grandz personnages et, entre aultres, Jehan Bodin (7), angevyn, qu'il (8) venoit au treiziesme degrez et qu'en matières de royaulme, la représentation que débattoit le Roy pour estre filz de l'esné n'avoit poinct de lieu en cest esguard, et par conséquent n'estoit qu'au quatorzesme

(1) Touraine.

(2) Urbain de Laval de Bois-Dauphin, capitaine de la Ligue, fut fait maréchal de Mayenne en décembre 1595.

(3) 2 décembre 1589.

(4) Sous le nom de Charles X.

(5) Le cardinal de Bourbon, né en 1583, frère de Antoine, roi de Navarre, père de Henri IV ; il était alors prisonnier à Fontenay-le-Comte où il mourut le 8 mai 1570.

(6) L'arrêt du Parlement ligueur de Paris est du 5 mars 1590.

(7) Jean Bodin (1530-1596), célèbre magistrat et écrivain politique ; rival de Pithou au Palais : il fut secrétaire du duc d'Alençon.

(8) Le cardinal de Bourbon.

degrez en comptant de ligne en ligne depuis le décez
du feu Roy S¹-Loys, d'où ilz tirent et preignent le droict
de ceste couronne, principallement le comte Robert,
son filz, auquel ilz succèdent par droict de succession
légitime. Ledict Baudin par ce discours qu'il a faict de
l'événement de ses guerres après avoir discouru des
forces de l'un et l'aultre party tant dehors que dedans
le Royaulme. Car, premièrement, il faict compte que
celluy du Roy est le plus faible n'ayant à son secours
que les princes du sang, qui sont sept portans les armes,
les mareschaulx et les principaulx officiers de la Couronne, les gouverneurs de province et quasy toute la
noblesse, avec les plus expérimentez soldatz que l'on
nomme les dragons, et les places et villes de frontières
et quelques cinquante villes tant grosses que petites ; et
dehors, il n'y a que le royaulme d'Angleterre qui le fa-
vorise, le Roy d'Escosse et les Princes d'Alemagne. Mais
le party de la Saincte Union, dont est chef Monsieur du
Maine, ilz ont le grand Roy et leur Achilles, le Roy d'Espagne, les ducz de Lorraine, de Savoye et le Sainct Siége,
que je debvois nommer le premier, toutes les capitalles
villes, tout le clergé et la moynerye, pour qu'il y vat du
droict bezacier et de la marmité. Et partant, concluoit
que ceste guerre ne pouvoit prendre fin qu'au sixiesme
an, partant debvoit durer six ans à compter du jour des
barricades de Paris, ainsy qu'il avoit préveu par les histoires tant divines que humaines. De quoy je ne doubte
nullement pour l'opigniatreté qui tient tousjours le
peuple enserré.

Rien ne s'amande. Les soldatz sont licenticz à mal
faire, adonnez à la vollerie, que maintenant ilz preignent
les chevaulx de laboureurs des villages, leurs bœufz,
vaches, berbis, volailles, les contraignant toutes leurs
guarnisons d'icy à l'autour, tant à Troyes, Bar sur Aube,
Chaource, ceste ville, Mussy et Chastillon, de leur payer

à chascun des tailles et munitions, en sorte qu'ilz n'y
peuvent satisfaire. L'on les court, prend-on prisonniers,
ilz sont battuz, lyez, garotez, et le plus souvent leurs
bestes perdues, ou, sy les rachaptent, elles sont aussy
tost reprises. Et le pis est qu'aux villes les mesmes coha-
bitans se veullent manger l'un l'aultre. Plusieurs foys,
du conseil de Marthin et ses gendres et les Coqueleyz, a
on voulu coupper la gorge et massacrer ceulx qui tenoient ou soubsonnoient de tenir le party royal. Aussy
dict fort bien le Sage en vers :

> Que où discort règne, en quelconque cité.
> Le plus meschant a lieu d'auctorité.

Estant ainsy que, le quinzesme dudict moys de janvier,
comme le s^r de la Bordaizière (1) passant par icy, il avoit
une assez bonne troupe qu'il feit loger au village de
Celles où, la nuict mesme de leur arrivée, ils furent
chargez par le s^r de Pralain et sa guarnison, qui les meist
tous en route, dormans à la françoyse, la plus part de
leurs chevaulx pris, en telle manière que les vainqueurs
retournèrent en grande joye. C'estoit le second moys que
nous avions reçeu guarnison de ceulx de Troyes de
trente chevaulx commandés par le capitaine Gascard,
lequel, y estant demouré quatre ou cinq moys pour empescher les courses de ladicte guarnison de Chaource,
s'en retournèrent à Troyes le premier jour de febvrier.
Ilz eurent à rencontre le s^r de Blasy qui n'avoit que vingt
chevaulx ; neantmoyns chargea dessus. Mais il y eut de
pire, et sur luy-mesme tomba le malheur qu'il reçeut
ung coup d'arquebousade au deffault de sa cuirasse,
dont ledict s^r de Blazy décéda le jour de la Chandelleur,
et fust enterré à Remilly, au grand regret de plusieurs,

(1) Il fit partie du grand conseil de la Ligue et défendit Chartres
contre Henri IV. Oncle de Gabrielle d'Estrés, il fut fait chevalier
du Saint-Esprit en janvier 1595.

pour ce qu'il estoit bon serviteur du Roy, avoit tout quicté et abandonné pour son secours.

Au mesme temps et année, ceulx de Troyes avoient reçeu pour leur gouverneur le duc de Chevreuze, filz du défunct seigneur de Guise. Pour la cause de ceste mort de Blasy, peu après, nous fusmes couruz par le s^r de Ballenod et quelques soldatz qu'il faisoit tenir avec lui en sa maison de Briel. Il eut à sa première rencontre la vefve Innocent Brasley, vieille femme, qu'il feit mener prisonnière audict Briel, et en tira de ranson cinquante escus. Il prist à la charrue les chevaulx de Anthoine Brethon; et, ayant rencontré le pauvre Michel Rasle, luy coupa quasy le bras, disant: « Vengé Blasy, » et fut si osey et hardi que de venir jusques au bout des ponceaulx se parader; mais il n'y demoura guères; car ceulx de la ville entrans en esmeute et sortans dehors il gangna le hault plus viste que le pas.

Au mesme moys de febvrier, le quatre au cinquiesme, le siége fut mis devant la ville de Montbar par le seigneur de Dinteville (1) qui avoit douze ou quinze cens reytres et lanquenetz, avec aultant de Francoys et quatre canons. Il y feit brèche, et alla on à l'assault par deulx foys; mais il perdit, sortant de son logis, le s^r de Beaujeu qui receut ung coup de fauconneau par ceulx du chasteau, dont il mourut. Au moyen de quoy en fut le siége levé, le dix neufiesme dudict moys, tant pour cause que l'inteligence qu'avoit ledict seigneur de Dinteville avec ceulx dudict chasteau contre le gouverneur (2) fut descouverte, qui fut gecté mort dedans les fossez à la presence et devant les yeulx de tous. Ce qu'il nous tourna en ceste ville à bonne fin pour ce que l'on

---

(1) Et Guillaume de Tavannes. lieutenant pour le Roi en Bourgogne.

(2) Le capitaine de Baudeville. (*Mém.* de Saulx-Tavanne.)

avoit ja mandé dez guarnisons pour mectre icy, affin de s'y deffendre. Et y estoit arrivé environ cent hommes de pied qui furent renvoyez et licentyez puisque ledict siége estoit levé et les trouppes rebrousées d'un aultre chemyn. Les fortifications de la muraille de la Mothe, avec le retranchement de la Maison-Dieu, ne se faisoit-il pas en ce temps-là? Les saules de la Gravière furent-elles pas toutes couppées? Eh bien, que manquoit-il, puisque l'on prenoit pour payer la guarnison mesmes les deniers du Roy provenans de son daulmaine pour payer la guarnison, qu'il a fallu bien rendre depuis et au double? Le tout estoit encores entiers, n'eust esté noz mutins et gens sans adveu qu'ilz vouloient à toute fin piller la maison des absens et tuer les présens. Mais Dieu les en a tousjours divertiz.

Car voicy le Roy qu'il s'achemine à ses affaires : estant en la basse Normandie, après y avoir recouvert huict ou dix villes, il reprist son premier desaing d'asiéger la ville de Dreulx, à laquelle il feit livrer ung assault et y fut tué le s^r d'Avrilly. Mais le secours se préparoit, à Paris, de l'aultre party. Le Roy d'Espagne avoit envoyé, soubz le commandement du Prince de Parme (1), son lieutenant en Flandres, quinze cens lances conduictes par le comte d'Aiguemont (2). Ces forces estant arrivées, le général (3) se résolut de venir au secours, et feit marcher son armée droict au chasteau de Dammartin (4). De quoy le Roy adverty, il leva le siége de devant ledict Dreux, le treizeiesme de mars, qui dès lors feit marcher son armée en belle ordonnance, dont ceulx dudict

<hr>

(1) Alexandre Farnès, duc de Parme et de Plaisance (1547-1592).

(2) Philippe, comte d'Egmont.

(3) Mayenne.

(4) Village à deux lieues de Dreux.

Dreulx furent contens dez dessus leurs murailles d'en
veoir l'ordre (1). Et estant ce jour arrivé pour loger, il
s'amusa luy-mesme à faire le pland de sa bataille, laquelle il monstra et communicqua aux princes, seigneurs et capitaines de sa suitte, qui le jurèrent fort
bien faict, concluant qu'il ne s'y pouvoit rien faire de
mieulx; de façon que, le landemain, se remectant en
campagne en l'équipage susdict, l'on recongnut que
l'armée ennemic s'aprochoit fort, et que mesme elle
estoit aussy rangée en bataille. Et l'une et l'aultre furent
tout le jour sans rien faire aultre chose, synon de s'entretenir de quelques légères escarmouches, où il estoit
tousjours recongnu que une douzaine de ceulx du Roy
en chassoient deulx : ce qui dura jusques à la minuict ;
à cause de quoy les deux armées furent contrainctz se
loger.

Le Roy coucha à Fouquenville (2), et eut ce tiltre
d'honneur d'estre le premier levé et le dernier couché.
Envoyant d'heure à aultre recongnoistre et sçavoir des
nouvelles de ses ennemis, l'on luy raporta que l'avan-
guarde c'estoit logée au village d'Ivry, mais que l'on
estimoit en estre sortie pour ce qu'il n'y avoit plus que
de grands feuz au milieu des rues. Depuis, il renvoya
soudain et luy fut raporté que le tout estoit ja rangez en
bataille. De quoy il s'esjouyt fort, comme celluy qui dé-
siroit sur toutes choses se combat. Et veid-on, dez le
matin (3), les esglises de Nonancourt, qui c'estoit peu
auparavant faict prendre d'assault, toutes plaines de
seigneurs et gentilzhommes qui feirent leurs Pasques,

___

(1) La description qui suit de la bataille d'Ivry et celle que
donne Palma Cayet paraissent avoir été tirées d'une même relation.

(2) Fourcanville.

(3) 14 mars.

et ceulx de la Religion leurs prières acoustumées. Ce faict, Sa Majesté voulut recongnoistre la campagne, abordée à veue d'œul d'une grande plaine, d'un petit boys; et luy-mesme rangea ses gens en bataille qu'il disposa en sept escadrons qui combatirent en haye, pour ce qu'ilz ne portent poinct de lances. Le premier desdictz escadronz de main droicte estoit celluy du seigneur Mareschal d'Aulmont, qui avoit deulx cens cinquante bons chevaulx; et celluy de la gaulche, de pareil nombre conduictz par le Seigneur Mareschal de Biron. A la teste et au devant de ses deulx escadrons, c'estoient les chevaulx-légers, dont estoit colonnel le seigneur grand Prieur, couvertz tous et chascun d'un régiment françoys. Ung peu plus à gauche et joignant l'escadron de Monsieur de Montpensier (1), estoit un hocq de reytres où Monsieur le prince de Conty prist place. Or, plus derrière, estoit le gros escadron du Roy, qui avoit bien huict cens bons chevaulx, qui sépara en sept escadrons.

Cela ainsy bien ordonné, l'on veid Sa Majesté se prosterner à genoulx devant tous et faire au Créateur une telle prière et aux mesmes termes : « Seigneur Dieu, tu sçais sy c'est appétit, désir de vengeance ou quelque aultre desaing de gloire et d'embition qui me faict résoudre à se combat; tu es en cecy mon juge et tesmoing iréprochable: » (2) et que rien ne luy poussoit que la charité qu'il portoit à son pauvre peuple, duquel il préferoit le repos à la seureté de sa vye; le supliant d'en ordonner selon sa volonté et ainsy qu'il jugeroit estre requis pour le bien et repos de cest estat. Cela ayant esté proferé avec une telle éloquence et grande afection meist le cœur au ventre de tous les escoutans, si bien qu'un

____

(1) François de Bourbon, duc de Montpensier (1592).

(2) De direct, le discours devient brusquement indirect. Il faut dès lors sous entendre les mots : Et il ajoutait...

chascun ne pensoit plus qu'à son particulier. Ce pandant Sa Majesté faisoit un grand exploict de guerre. Car il feit tant qui gangna le dessus du soleil; et le vent, qui donnoit directement sur le bataillon des gens de pied des ennemis, gectoit sur eulx qui estoient à l'oposite toutes les fumées des harquebousades sur leur armée, qui se recongnut estre dressée de mesme que celle du Roy, excepté qu'elle estoit bien peu estroicte aux deulx bouts. Et estoient les deux aisles composées de reytres; et pour les deulx conducteurs, c'estoit Messieurs de Nemours et le chevalier d'Aumalle; et leur gros, qui tenoit le fond de leur bataille, estoit lesdictes quinze cens lances de Flandres avec la cornette blanche. Voilà les trompettes et les clairons qui sonnent : *Donnez dedans*. Celuy qui chargea le premier fut ledict Mareschal d'Aumont sur ceulx qui estoient à main droicte, qu'il feit sy brusquement qui les perça de part en part, les poursuivant tousjours batans jusques au petit boys où il feit ferme en raliant ses gens, estant à cela secondé par ledict grand prieur qui perdit quasy les siens. Mais estans ainsy raliez, ilz donnèrent encores une charge que l'on n'en veid plus que les croupières de leurs chevaulx. Cestuy-là estant ainsy rompu, ledict s^r de Montpensier donna sur ceulx de main gauche. A quoy il s'y comporta bravement; tant que, finalement, ayant esté gecté par terre de dessus son cheval et aussy tost remonté, il vainquit et demoura le maistre de la place. En après, l'on veid venir les harquebousiers à cheval, nommez carabins, des ennemis qu'ilz feirent une salve mesme sur l'escadron du Roy, lequel, incontinant qu'elle fut finie, s'advançant avant tous aultres et se tirant le premier des rangs alla donner, la teste baisée, sur ceste grande forest de lances où c'estoient gectez, peu auparavant, lesdicts s^{rs} de Nemours et le chevalier d'Aumale pour estre à plus grande seureté; et combien que

Sadicte Majesté fust fort remarquable par ung grand pannache blanc qu'il portoit et sur son armet et ung aultre qui estoit dessus la teste de son cheval, néant-moings il demoura un quart d'heure parmy ses ennemis à tousjours combatre, dont ses gens se demouroient fort esbays jusques à ce que le voyans paroistre et revenir du lieu d'où estoit party, couvert tout de sang de sesdictz ennemis, sans qu'il y en eust demouré une seul goutte du sien ; et alors ses gens s'escrièrent tous ensemble le cry universel de : *Vive le Roy.* Or, se gros escadron ayant esté sy bien manié et esbranlé et qu'ilz jugeoient leurs deulx aysles rompues, avec leurs infanterye qui estoit tout desconflte et hors de ses rangs, joinct que l'escadron de réserve dudict s^r Mareschal de Biron n'avoit poinct encores combatu, ce qui donnoit terreur et espou-vanta lesdictz ennemis qu'ilz eurent la honte de quicter la place ; et le Roy le plaisir de les veoir fouir de tous costez, y laissant pour mortz plusieurs personnes de re-marques et, entre aultres, ledict comte d'Aiguemont, chef des Espagnolz, le jeune comte de Bronsvicq (1), de la maison d'Ostriche, La Chasteineraye, Lafontaine Me-dasve et beaucoup d'aultres : et, en général, il y est bien demouré quinze cens hommes de cheval, tant reytres que francoys ; de l'infanterye, elle fut toute perdue, et en estoit la place toute couverte. Quand aux prisonniers, l'on tenoit qu'il y en avoit bien quatre cens ; entre aultres, le s^r de Boysdaulphin et le Roy n'y perdit pour gens de remarque que le comte Clairemont d'Antra-gues (2) qui fut tué proche de luy. Aussy l'on veid en ceste journée une chose fort remarquable, c'est qu'il y avoit bien deulx mil gentilzhommes habillés à cru et de toutes pièces et des premières familles de France.

(1) Guillaume, fils naturel du duc Henry de Brunswick.
(2) Le comte de Clermont d'Entragues, capitaine des gardes du corps.

Or, pour ce que je n'ai poinct touché de la retraicte que feirent ses ennemis, elle se feit de deulx endroictz : lesdictz ducz de Nemours et le chevalier d'Aumalle prirent la route de Chartres ; et le chef et général d'armée droict à Mante. Il feit semblant de mener son canon, qui estoit de deulx coulevrines et deulx bastardes, qui fut pris par les chemins. Or, pour ce que le Roy avoit bien sceu faire le brave gendarme, encores feit-il le général d'armée, ayant ralié tous ses escadron en ung gros pour poursuivre sa victoire : de quoy il fut recullé pour ce qu'il avoit encores au champ de bataille vingt quatre enseignes de Suisses, qui faisoient myne de vouloir combatre et avoit esté résolu de le faire rompre par l'escadron dudict s^r Mareschal de Biron qui n'avoit poinct combatu. Mais le Roy, se resouvenant de l'antienne aliance que ceste nation a, de tout temps, avec la couronne de France leur pardonna ; et, ayant posez bas les armes, passèrent d'ung aultre costé.

Or, cepandant, ledict seigneur du Maine, ayant passé le pont d'Yvry, le feit rompre : dont ceulx qui fuyoient, estans en route et chassez à toute bride, se gectoient dedans la rivière, dont y en eut plusieurs de noyez. Les reytres coupoient les jarretz à leurs chevaulx et en faisoient des baricades pandant que ledict seigneur du Maine arriva à Mantes, lesquelz, du commencement, ne le vouloient recepvoir ainsy desconfit. Toutesfoys, par ses prières et ses conjurations, ilz luy ouvrirent. Ho ! belle victoire, tu fus gangnée *le quinzeiesme* (1) *de mars, l'heureuse année mil cinq cens quatre vingtz dix*, pour ce que pour moy, cinq jours auparavant, sçavoir le neufiesme dudict moys, me nasquit ung filz qui fut mon premier nay et nommé Nicolas, et, d'aultre part, pour l'heureulx succez du Roy.

(1) Le 14 mars 1590.

Il y eut une belle rencontre, en Auvergne, faicte en mesme temps que ceste bataille, qui fut sy dextrement [menée] par Monsieur de Chastillon (1), filz aisné de l'admiral de France (2) qui fut tué à Paris pour sa religion. Il avoit tousjours esté audict pays d'Auvergne avec trois ou quatre mil hommes pour faire teste à (3) Monsieur de Randam, tant qu'un jour dudict moys de mars, ilz se livrèrent le combat, et y fut entièrement l'armée dudict s^r de Randam rompue, et luy-mesme tué sur la place par ung simple soldat qui ne le voulut prendre à ranson pour ce que, auparavant ledict de Randam avoit faict brusler sa maison et prendre sa femme.

C'est doncques le proverbe commung acomply, qu'une fortune ne vient jamais seulle; et puis doncques à bon droict aligner ces vers :

O malheureulx, que vas tu irritant
Ung sy farouche et aspre combatant !

et en ung aultré endroict :

Il baissa l'esle ainsy comme le coq
Qui vat fuyant de la jouxte le chocq.

Or bien, sy ces deulx accidens leur sont advenuz, aussi l'infortune ne leur a pas donné jusques au troisiesme coup. Car le mesme temps, comme ceux de Troyes remuent tousjours quelque chose, ilz avoient envoyé quelques gens de guerre, qui c'estoient renduz en leur ville du reste de la desconfiture ; et les employèrent à vouloir prendre Montieramey (4) qu'ilz tin-

(1) Non par M. de Chatillon, mais par le sieur de Rostignac.

(2) Coligny.

(3) Jean-Louis de La Rochefoucault, comte de Randan, gouverneur pour le roi en Auvergne, s'était, dès 1585, uni au parti de la Ligue.

(4) Bourg à 20 kil. E.-S.-E. de Troyes, entouré de fossés au xvie siècle ; une abbaye, fondée en 837, s'y trouvait.

drent investy, trois ou quatre jours, avec cinq ou six cens
hommes, tant de pied que de cheval, y estant en guar-
nison le s^r de Viapre. Tellement que le s^r de Saultour
estant pour lors en se pays avec quelques gens de cheval
fut prié, de tous ceulx du pays et principallement de la
dame de Dinteville qui avoit beaucoup de grains audict
Montieramey, d'aller secourir la place. Luy, qui estoit
vaillant et courageux, manda au seigneur de Giey, qui
estoit en son chasteau, Malesart et aultres ses amis; et
ayant amassé environ de trois à quatre cens chevaulx
tous bien montez et armés, il se résolut de donner
dessus. De faict que, le dimanche xxiiiie dudict moys de
mars, faisant advanser sur le soir jusques proche ledict
Montieramey, il congnut bien que ses ennemis vouloient
se deffendre (1), ayant faict mectre environ deulx cens
harquebousiers en ung boys et tout proche où c'estoit mis
les forces du s^r de Saultour et eulx avec leur cavalerye
d'environ deulx cens chevaulx, que bons que mauvais :
se persuadant ledict s^r de Saultour que les pouvoit
rompre, donna dessus. En mesmes temps, les harquebousiers du boys tirèrent sur eux; et toutesfois ilz ne
laissèrent de passer et se mesler l'un parmy l'aultre, de
façon que n'eust esté le s^r de Belleguise, qui arriva en
ses entrefaictes avec cinquantes lances, qui donna sans
recongnoistre sur les Royaulx, ilz eusent sans doubte
obtenu la victoire. Mais ilz furent tous rompus; et de
tuez, vingt-cinq ou trente. Le seigneur de Giey fut
blessé, mais il se sauva. Et ledict s^r de Saultour, après
avoir combatu jusques au bois, fut pris et blessé, randu
prisonnier à la ville de Troyes, où, à son arrivée, il cuida
estre masacré par les petitz enffants (2). Car ceulx de

(1) Lisez : pour ce qu'ilz avoient.

(2) En 1590, le 24 mars, les gens du Roy voulant faire lever le
siége mis par ceulx de Troyes devant Montieramey furent deffaitz

Troyes ont esté sy mutins et sy pernicieulx, du commancement, que leur rage et félonnie estoit telle que, sy tost
qu'ilz avoient prisonnier de ses pauvres Royaulx, il les
pandoient, faisoient vendre les biens des réfugiez et
chassoient les femmes dehors. Lesquelz furent bien
joyeulx de ceste défaicte. Au moyen de quoy ilz feirent
sortir trois canons pour mener devant ledict Montieramey, qu'ilz ne furent en peine de faire tirer pour ce
qu'ilz se rendirent à composition, incontinant qu'ilz le
veirent. Et néantmoings furent tous les biens qui estoient
dedans pris et pillez, jusques à ceulx de ceste ville qui
y coururent pour en voller; et, entre aultres, s'y sont
faict riches ung nommé Maugras, Jacques Sergent et
Innocent de la Ruelle, qui estoient pauvres auparavant.

Or après ceste réduction, y arriva le seigneur de
Guyonvelle avec deulx cens chevaulx : c'est le gouverneur de Chaulmont. Ilz alèrent premièrement, soubz sa
charge et commandement, au bourg de Vendeuvre (1)
pour avoir le chasteau, où estoit guarnison, qui prirent à
composition : et le rendirent dez lors *neutres*. Et en ce
faisant, ce lieu estoit et a esté tousjours depuis commung
aux deulx partyz, qui y beuvent ensemble, quand ilz s'y
rencontrent. Au partir de là, prenans leur chemyn droict
icy, ilz allèrent devant Giey (2) ou le seigneur c'estoit
retiré. Il n'avoit à rien preveu, de sorte que ledict
Guyonvelle feit mectre son canon en la chapelle qui est
du costé de Courteron, et, de là feit jouer ses pièces qui
feirent brèche et à l'asault, où ne se trouva personne
pour le défendre; ains y entrèrent bien à leurs ayses. Ce
bourg estant ainsy pris, ilz somment et interpellent ledict

pretz dudit lieu ou le s^r de Saultour demeura prisonnier.

Extrait des mss. de M. de Caussomoy finis 1591. (Note du xviiie
siècle.)

(1) Vendeuvre, à 5 lieues O. de Bar-sur-Aube.

(2) Gié-sur-Seine, à 11 kil. S.-S.-E. de Bar-sur-Seine.

s^r de Giey, qui estoit au chasteau ; qui se rendit incontinant et fut leur prisonnier. Estant dehors duquel lieu et conduict audict Chaulmont·dez le lendemain, le pillage fut sy grand que ceulx de Troyes feirent sortir de ce village plus de deulx mil muidz de vin, sans mil muidz pour la part du chef Guyonvelle. Or ainsi, retournans en ceste ville mesme avec leurs canons, il fut résolu icy d'aller assiéger Fontaite (1) qu'ilz prindrent ; et fut rendu le chasteau à composition le second d'apvril en ensuivant. Et, ce faict, remirent leur canon à Troyes et se départirent et desbandèrent. Dandenot demoura en guarnison à Giey et à Neufville.

Or, pour retourner au Roy et à sa belle victoire, après que ceulx de Mante se furent randuz à luy, Verneul la Perche, et qu'il eust mandé à Monsieur de Longueville, qui estoit pour lors à Chaalons, de luy amener ses estrangers qui restoient du siége de Montbar et lesquelz luy furent joinct quand il prist Corbeil, Montereau, Moret et la ville de Melun qui se voulut faire battre. Mais elle fut pris miraculeusement et par assault de l'invention des refugiez dudict Melun qui donnèrent advertissement que dessoubz une tour y avoit une cave tout joygnant ; et faloit bien peu creusy celle part que l'on ne fust à la ville : ce qui fut faict, et y entraon par ce moyen. En après les villes de Bray, Pont, Provins et Nogent se rendirent toutes en son obéissance. Quand à la ville de Seus, elle c'estoit pareillement randue, et Chanvalon, le beau gouverneur (2) dudict Sens d'accord ; et estoit la redition telle que ceulx de la ville feroient rebastir une grosse tour, en forme de citadelle,

____

(1) Fontette, à 6 lieues E. de Bar-sur-Seine, où fut élevée la comtesse de Valois-Lamothe, célèbre par l'affaire du collier de la reine.

(2) Pour la Ligue : il n'en conserva pas moins la confiance du duc de Mayenne.

à leurs fraiz, pour y mettre à l'advenir cent hommes pour guarnison. Dequoy estans advertiz les habitans et, entre aultres, les vignerons et aultres menuz gens, ung marinier, nommé le capitaine La Mouche, empeschat seul se desaing. Car, est ant entré en la maison du maire, emporta et luy feit rendre les clefz par force, et manda mesme, de son auctorité, au Roy qu'il alast chercher d'aultres villes que celle-là, et qu'à ung huguenot l'on n'en randoit poinct. Ce que ayant entendu Sa Majesté, il y feit mectre le siége, le premier jour de may, et feit tirer plusieurs coups de cinq pièces de canon, qu'ilz feirent bresche assez spacieuse, que voulans aller à l'assault les lansquenetz suivyz de la compagnie du s^r de Pralain, et luy-mesme ayant donné jusques aux fossez, il y fut blessé d'un coup d'arquebouse receu à travers de la cuise. Me Edme Bricard, mon beau-père, l'un de ses gens, fut retiré du fossez avec une corde pour n'en pouvoir ressortir. Et sy ne feirent aultre chose, que le Roy ayant eu advertissement de ceulx de Paris qui se munisoient de vivres de tous costez, ayant faict ung receul de toutes les personnes qui estoient à la ville, peu après la journée d'Ivry, où il se trouva plus de cent mil (1) personnes; et lors, il n'y avoit pas des vivres pour les nourrir ung moys. Aussy c'est une des grandes faultes qu'il feit jamais, qu'ayant ainsy vaincu ses ennemis, il ne poursuivit sa victoire sur la grosse pièce sans s'amuser aux petites; et s'il eust esté sy bien advisé, il eust emportée de primsault et de prime face, attendu que incontinant ilz eussent eu faulte de vivres, et avant que le seigneur du Maine eust peu mectre en campagne le secours qui depuis y survint. Car, après sa defaicte d'Yvry, il c'estoit retiré, suivy de bien peu de gens, à Soissons pour là implorer le secours dudict Roy d'Es-

______

(1) L'auteur aurait pu dire près de 200.000 habitants.

pagne, en la personne du Prince de Parme, brave, vaillant capitaine, qu'il est tenu aux discours de La Noue pour l'un des premiers de l'Europe.

Or, du faict de Sens, le siége en fut levé le second jour de may pour aller assiéger Paris, auquel, pour ce que c'estoit le plus beau et notable siége que pourroit faire le Roy, tous ses bons serviteurs y arrivoient de tous costez, en telle manière que, peu après, il trouva qu'il avoit bien vingt-cinq ou trente mil hommes, qui tindrent fort bien assiegé ledict Paris, de tous les endroictz de la ville, et s'en aprochèrent à la fin de sy près qu'ilz eurent tous les faulxbourgs à leur dévotion, auxquelz s'y feit des retranchemens contre toutes leurs portes, et avoient pour gouverneur ledict duc de Nemours (1) qui n'en tenoit compte du commencement. Mais, à la fin, il s'y trouva bien honteux quand les vivres vindrent à défaillir et qu'il ne mangeoit, ung moys après que ledict siége y fust mis, que des pastez de cheval ; et n'eust esté que le duc de Ferriat (2), embassadeur d'Espagne, donnoit chascun jour pour aulmone environ six vingtz escus, les pauvres eussent bien plus crié à la faim. Ilz ne mangeoient aultre viande que de la boulye de son. La livre de pain d'avoyne se vandoit quarante solz ; il ne s'y mangeoit aultre chair que de cheval ; les ratz, souriz, chatz servoient de lappins, sy non que le Roy mesme et le sr de Givry envoyoient aux dames de Nemours (3), de

(1) Fils de Jacques de Savoie, duc de Nemours, et, par sa mère, Anne d'Est, frère des ducs de Guise et de Mayenne (1595).

(2) Le duc de Féria n'arriva à Paris que le 9 mars 1593 : l'ambassadeur d'Espagne était alors Mendoza.

(3) Anne d'Est, comtesse de Gisors, avait épousé, en premières noces, François, duc de Guise, et, en secondes noces, Jacques de Savoie, duc de Nemours ; elle était mère du duc et du cardinal de Guise, de Mayenne, de Mme de Montpensier, du duc de Nemours et de Saint-Sorlin.

Guise (1), de Montpensier (2) et aultres du bon pain, des moutons, poulletz et aultres viandes. Tant que l'on dict s'y estre vandu deulx moutons six vingtz escus, dont ilz feirent présent au léguat. Ilz gectoient dehors infini peuple que disoient ne leur servir de rien, que l'on renvoyoit à la ville. Durant ce siége l'on feit plusieurs sortyes, du commancement, où, entre aultres, le sr de Dandelot (3), frère du sr de Chastillon, fut prisonnier et randu dedans Paris. Il retourna sa jaquette et se feit catholicque les ayant tousjours suivy depuis.

Or, pandant que demeurent ainsy enserrez, nous reviendrons icy. Au moys d'aoust, asseavoir le douzeiesme, le sr de Francières et aultres, ayant à leur suitte pour le moings deulx cens chevaulx, qui estoient venuz en ses quartiers pour prendre possession de l'abaye Nostre Dame de Mores (4) pour quelqu'un d'eulx qui en estoit pourveu. A quoy ayant failly prise ilz donnèrent jusques à noz portes. En quoy faisant, dix ou douze de ses avans coureurs aperceurent le mesureur Coqueley qui estoit proche du Rang, vers une charrue, le galoppent et l'arreste leur prisonnier, et l'emmenèrent vers leurs gros qui estoit demouré à Merey (5), caché. Or, la cloche sonnant, et les habitans de ce adverdiz voulurent aussy tost sortir puisque c'estoit ung bon ligueur. Le capitaine de ses coureurs estoit Claude

(1) Catherine de Clèves, veuve de Henri de Guise et sœur de la duchesse de Nevers.

(2) Catherine-Marie de Lorraine, sœur de Henri de Guise, avait épousé (1570) Louis II, duc de Montpensier (1552-1596).

(3) Dandelot, fils de l'amiral de Coligny, à qui les Parisiens permirent souvent de se rendre au camp du roi, servit à diverses reprises de négociateur entre les assiégeants et les assiégés.

(4) Abbaye fondée en 1152 par S. Bernard et par Geoffroy, évêque de Langres, à 2 lieues S.-E. de Bar-sur-Seine, détruite en 1790.

(5) 2 kil. S. de Bar-sur-Seine.

Pouard qui avoit ung espieu, marchoit devant cinquante
personnes ayant harquebouses. Et, tost après, sortirent
nostre guarnison qui estoit [conduicte par] ung nommé
Lagrange, qui estoit arrivé deulx ou trois jours auapra-
vant icy. Il voulut monstrer qu'il avoit du courage, et
faire la bonne chambrière : car, estant sorty sans cuirasse, il aperceut les ennemys, après lesquelz ilz coururent, qui feignent soy faire chasser jusques audict
Merey; d'où sortant vingt ou trente chevaulx, ilz ga-
lopent après les nostres qui se retirèrent, bien vistement, à la faveur des murailles. En ce faisant, le capitaine Pouard et ses gens qui c'estoient advancez jusques
au milieu du chemyn furent chargez en telle façon
qu'ilz se gectoient quasy tous en la rivière; et en fut tiré
ledict Pouard et Estienne Guichard et faictz prisonniers.
Nicolas Godard et frère Pierre, religieulx de la Maison
Dieu, furent tuez. Neantmoings ung nommé le capitaine Fert poursuivoit fort asprement ledict Lagrange
de telle façon qu'il ne se trouva que luy seul parmy
eulx, et fut par ledict Lagrange mis en pièces : il eut les
deulx mains couppées et receut ung coup de coustelatz
sur la teste, dont sur l'heure il tomba mort. De quoy estant adverti, les aultres, qu'ilz regretèrent ceste mort
infiniement ! Ung simple laquaiz tua ledict Pouard combien qu'il eust offert deulx cens escus de ranson. Ledict
Guichard de mesme y fut tué injustement par celluy qu'il
le trenoit, et sans froit, quand il entendit certainement
la mort dudict capitaine Fert, et luy donna ung coup de
pistolet jusques dedans le lict où il estoit malade.
Quand audict mesureur, il eust passé le pas sans la faveur de Madame de Sessac : et paya comptant cinq cens
escus de ranson (1). Plusieurs aultres habitans furent

(1) En prenant le prix du blé comme terme de comparaison,
une même valeur serait représentée aujourd'hui par une somme
d'argent dix fois plus forte.

prisonniers depuis; et, entre aultres, Nicolas Marquet, quasy jusques aux portes; M^ro Symon Bourbonne, combien qu'il fust royal, et paya ranson; et moy mesme aussy, le jour de Ste Anne, je fus mené à Chaource (1) par les enffans du gentilhomme qui me rendirent, sans rien payer, par la faveur, comme je croy, du s^r procureur du Roy de Troyes (2) refugié audict Chaource. Les chevaulx estoient tous les jours pris en faisant la moisson de sorte que l'on avoit beaucoup de peine d'en sortir. Et sy, le plus dangereulx pour les Royaulx fut quand le corps dudict Pouard fut aporté mort à la ville qu'alors on ne peult plus contenir les mutins et, entre aultres, Estienne Coqueley le Noir (3), son beau-frère, voulut tuer Claude Thibault, et le poursuivit l'espée nue à la main. Quand à moy, je fus caché avec tous les aultres. Bref, infiniz maulx pour soustenir nostre maistre et l'armoirye dez fleurs de lys que quelques ungs portoient sur leurs chapeaulx. Mais il les fallut bien oster et furent lesdictes fleurs de lys trippées et foulées au pied. Et n'y avoit en lumière, en ce temps, que les croix de Lorraine qui ressemblent proprement à ung eschanoir.

Or retournons maintenant à nostre siége de Paris. Au moys de septembre, dès les premiers jours (4), ilz estoient sur le poinct d'eulx rendre; et, de faict, avoient depputté le s^r de Villeroy pour parler de paix et faire accord avec le Roy. Les Parisiens demandoient qu'il allast à la messe, et puis ilz le recongnoistroient. Il n'y

---

(1) A 5 lieues O.-S.-O. de Bar-sur-Seine.

(2) Claude Pinette, que le cardinal de Guise avait expulsé en juin 1588.   (N. Pithou.)

(3) Étienne Coqueley, surnommé aussi l'Aisné, avait épousé Guyonne Pouard.

(4) Le 6 août, puis le 23, des négociations eurent lieu auxquelles prirent part, du côté des assiégés, l'évèque de Paris, de Gondi, et d'Espinac, archevèque de Lyon.

feit aultre response synon qu'il n'y pouvoit aller avec coups de baston. Mais cela n'estoit que l'amuser pour ce que ledict seigneur du Maine avoit sy bien faict que le prince de Parme et dix huict mil combatans Espagnols et Valons marchoient soubz son enseigne pour venir secourir Paris, qui estoient sy atenuez de faim que mesme n'en pouvans plus trouver de pain, ny des boulies qu'ilz faisoient, ilz mangeoient les racines de quoy les Cordeliers vivoient, dont y avoit plus de trois sepmaines; et s'yl y eut bien davantage ung cas estrange qu'en quelques endroictz de la ville les lanquenetz mangèrent trois ou quatre petitz enffans. Et quand ilz sceurent que leur secours estoit arivé jusques à Meaulx, ilz ne se soucièrent plus des peines passées, ny de leurs mortz, tant hommes que petitz enffans, que l'on faict compte y en estre mort, durant ledict siége, plus de vingt mil dez ungs et d'aultrc . principallement après que le Roy eut levé son siége, qui fut le second (1) jour dudict moys de septembre, affin de s'opposer aux forces et à l'armée dudict prince de Parme qu'il avoit faict retrancher vers ledict Meaulx. Lesdicts Parisiens entrèrent aux soubz bourgs d'où estoient sortiz les Royaulx, et là, trouvans à manger, ilz s'emplirent tellement que mouroient tout subitement comme de peste. Et le Roy se presenta vers Lagny en bataille rangée pour y faire venir des ennemis, qui s'y rangèrent aussy et parurent du costé de Meaulx bien trente mil combatans; et y avoit ung bataillon de gens de pied de plus de dix mil. Le Roy qui visitoit ses escadrons disoit en ses motz : « Mes compagnons, prenons courage; mes fiansailles ont esté faictes à Yvry, et voicy maintenant mes nopces. Je vous recommande

---

(1) Le jeudi, 30 août, au commencement du jour, les sentinelles s'aperçurent que l'armée du roi n'était plus autour de leurs murailles.   (L'Estoile, même.)

une chose, c'est que vous frappiez fort et souvent. Au reste, j'espère vous faire passer à jour par le milieu de se bataillon de gens de pied. » Mais quoy ! il contoit sans son hoste. Car quand il envoya son hérault devers ledict prince de Parme, après avoir demouré trois jours au champ de bataille, il n'eut aultre response que celle cy et au mesmes termes : « Trompette, tu diras à ton maistre que je n'ay poinct charge du mien de livrer une bataille ; bien suis-je icy venu pour délivrer Paris et luy en faire lever le siége. » Laquelle chose entendue par Sa Majesté, il feit rompre ses rangs et recula une lieue delà Lagny proche d'ung boys. Lequel Lagny, dez le mesme jour, fut assiégé (1) et battu de douze canons. Tout à la mesme heure, le Roy vouloit bien l'aler secourir en personne, mais il en estoit empesché à cause que l'endroit où il faloit qu'il passast c'estoient tous lieux marescageux et d'où il n'eust peu sortir. Au moyen de quoy y ayant faict entrer deulx ou trois cens hommes, l'asault y estant livré, ilz (2) l'emportèrent ; et fut faict ung grand meurtre des soldatz (3) et des pauvres habitans qui congnurent, à leurs despens, la foy espagnolle.

Cela ainsy faict, voyant Sa Majesté que son armée ne pouvoit plus vivre mesmement, à faulte d'eau, à cause que son canon estoit sur une montagne, guardé de deulx régimens de Suisses, où il ne croissoit point d'eau, il fut contrainct, le vIII dudict moys de septembre, de se reculer et laisser ses ennemis en leurs retranchemens, qui vindrent puis après à Paris ; assiégèrent, dez ledict moys de septembre (4), la ville de Corbeil. Le Roy avoit

---

(1) Par les ducs de Parme, de Mayenne et d'Aumale. (7 septembre.)

(2) Les seigneurs et les ducs.

(3) Que commandait le sr de La Fin.

(4) Le siége dura depuis le 22 septembre jusqu'au 16 octobre.

trois jours esté le maistre de la campagne, et maintenant il fault qu'il face joug quelque temps au pays de
Normandie, où il demoura tout l'yvert. Et les aultres cependant ne pouvoient venir à bout de leur siége ; que
mesme, ayans tiré plus de cinq cens coups de canon
sans rien faire pour ce que la part, là où ilz batirent, estoit remparée d'un gros boulevard de terre et, près que
la muraille fut abatue, ce n'estoit rien faict, ilz furent
contrainctz retourner aux munitions à Orléans et
charger leurs bateryes. Et si pour tout cela, ilz ne le
pouvoient avoir s y promptement à cause que dedans estoient bien huict cens gascons fort braves et courageux,
qui furent pris à la fin d'un asault livré par la rivière
avec dez bateaux, qui fut de l'invention dudict prince de
Parme. Et ainsy ilz entrèrent au pas du chevalier d'Aumalle, qui marchoit devant ; et y estans, la plus part de
ses braves soldatz se retirèrent à l'esglise et au clocher,
d'où ilz estoient gectez du hault en bas (1) ; et tomboient
sur des picques en telle sorte qu'il n'en eschapa guères
qu'il ne passast le pas.

Au partir de là, ledict prince de Parme et son armée
tirèrent à Melun que n'ont osey ataquer. La ville de Provins se rendit de bien loing. Et puis s'en estant retourné
se chef d'armée sans aultre chose faire, lesdictz Corbeil (2) et Lagny furent repris par le sᵣ de Givry, ung
moys après, et les Espagnolz trouvez dedans, tous mis
au fil de l'espée. Le Roy, qui estoit comme le loup en la
paille, les costoya et chargeant dessus quelques ungs les
meist en route. Et depuis disoit qu'il estoit Roy sans
royaulme, faisant la guerre sans argent et maryé sans
avoir femme.

(1) Leur chef, le sᵣ de Rigaud, fut une des premières victimes,
malgré la bravoure dont il avait fait preuve.
(2) Corbeil fut repris le 10 novembre.

Voilà ce qui c'est faict pour la fin de ladicte année V^c
quatre vingtz dix; synon, pour la plus juste fin, je feray
mention de l'entreprise faicte contre la ville de Troyes.
Les s^{rs} de Tourteron, le président Maigrigny, refugié à
Chalons, ayant une sy bonne entreprise entre mains,
assistez du filz du gouverneur de Sedan (1) avec les
guarnisons de Metz, Ste Menehou et Espernay, feirent sy
bien que, ung jour de lundy, xvii dudict moys, apro-
chans jusques à la porte Sainct-Jacques, où les guardes
estoient jà levées, dez devant jour, et ainsy, ayant parlé
à quelques vandangeuses qui leur dirent qu'elles n'a-
voient poinct ouy de bruict passant auprès de ladicte
porte, le capitaine Pirolle, gascon, qui depuis nous sur-
prist y monta des premiers. Ayant osté quelques trapais
joygnant ung moulin en une vielle breiche racoustrée à
la haste, et estans dessus les murailles sans estre aper-
ceus de personne, il passent par le corps de guarde de
ladicte porte St-Jacques; lequel trouvans estre vuide, ilz
descendirent à la porte, syent premièrement les rateaux
du pont-levyz par serruriers menez exprès, coupent les
chaines et lèvent les serrures des portes, qui estans ouvertes, entre par ce moyen à la ville et viennent jusques
à l'évesché et la place St-Pierre. En quoy faisant, rencontre le petit doyen Tartier : ilz le meirent en pièces
pour ce qu'il cria à l'arme. Et ce pandant, aulcuns soldatz estoient jà entrez dedans l'évesché pour penser
prendre le petit prince de Chevreuse, qui fut sauvé, au
Trésor; les aultres se gectoient sur la vaisselle d'argent. Mais ce pandant il y descendoit plus de deulx mil
hommes, habitans de tous costez et endroictz de la
ville, tellement qu'ilz viennent à charger sur les quatre
cens chevaulx qui demouroient ferme dedans ladicte
place St-Pierre, qui se deffendirent assez longtemps,

____

(1) Sr de Chalindrey.

jusques à ce que le filz dudict gouverneur de Sedan y
fut tué; qui dist en tombant : « Messieurs, prenez courage; j'espérois, sans ceste fortune, vous randre les
maistres de la ville avant qu'il fust une heure. » A cause
duquel malheur ilz perdirent tous courage ; et, après y
en avoir demouré d'une part et d'aultre, les Royaulx
furent vaincuz pour ce qu'ilz n'estoient pas assez; et
furent contrainctz resortir par la mesme porte où ilz
estoient entrez, à leur grande confusion, où, par après,
c'estoit une grande pitié que de veoir les meurtres qui
s'en ensuivirent. Car les coquins et gens sans adveu
ayant forcé les guardes du seigneur de Saultour et ouvert la chambre où il estoit, le tuèrent à sang froid; et
les s^rs Dosnon (1) et de Lignon furent ainsy masacrez,
et fut le corps dudict s^r de Saultour traîné mort par
toute la ville. Me Jehan Jacob, escripvain, sa femme et
son filz furent massacrez pour avoir crié : *Vive le Roy;*
et sy tost que l'on voyoit ou congnoissoit on quelqu'un
qu'il fust sous sónné estre du party du Roy, il estoit
aussy tost mis sur le carreau : et n'estoit que sang,
ceste journée, qui couroit à val les rues.

Et depuis, ayant eu ceste victoire, ilz se remirent à
faire la guerre aux chasteaux proche leur ville, et asié-
gèrent Sainct Liebault (2) où estoient encores vingt ou
trente soudartz. Et combien que le s^r de Chamoy, chef
et conducteur de leurs trouppes, les eust receu à composition et promis la vye sauve, sy est ce que quand ilz
furent dedans ilz passèrent au fil de l'espée tous les
hommes et encores des femmes et petitz enffans qui
c'estoient là refugiez avec leurs marys; et encores ung
nommé Michel Muet qui estoit reçeu prisonnier et mis à
ranson de mil escus : néantmoings il fut tué entre les

(1) Fils de Claude de la Croix, baron de Plancy.
(2) Aujourd'hui Estissac. à 5 lieues O. de Troyes.

mains de ceulx qui le tenoient et rasèrent la place. Ayant faict en ce champ-là, ilz allèrent devant le chasteau de Pains (1), dedans lequel y avoit une jeune dame, maistresse du chasteau, qui avoit trente soldatz : laquelle, combien que les femmes soient peureuses de leur naturel d'entendre du canon, elle ne s'en espouvanta nullement; ains, au contraire, donna tellement courage à ses soldatz qui soustindrent ung assault où ilz en tuèrent. Mais ilz furent pris dudict assault et tous mortz sur le champ, excepté ung seul qui fut prisonnier d'Antonnet et donna cent escus de ranson. Quant à la jeune dame, elle fut violée et randue prisonnière à Troyes, où ilz retournèrent avec leurs canons. Et d'ung mesme sault les mayeur de Hault et eschevins dudict Troyes feirent venir à Chappes (2) et Bourguignons ung nommé le capitaine Tenon, qui disoit estre bastard du deffunct duc de Guise, avec permission de brusler le chasteau de Chappes et de Bourguignons. Ce qui fut faict: et veismes dez icy ledict Chappes ardre et brusler, ce premier dimanche du moys d'octobre; et celluy de Bourguignons ce fut le jour St Françoys ensuivant, et lequel capitaine Tenon, tenant la campagne en se pays, fut ung jour chargé par le sr de Sainct Estienne, et ses gens, mis en route; et luy, tué se sauvant à travers une rivière.

En ceste mesme saison feirent encores ceulx de Troyes ung acte de cruaulté à la personne de Jaques de l'Ausseiroys, filz du feu bailly (3), lequel, à cause du mal caducque dont il estoit tenu, estoit le plus souvent troublé de son entendement, et tiré de se mal, il s'advisa d'aller à Troyes, et dist aux portiers que Dieu vou-

(1) Payns, à 12 kil. N.-O. de Troyes.
(2) A 3 lieues N.-O. de Troyes.
(3) Qui fut tué à Paris, à la St-Barthelemy, étant de la religion.

(N. Pithou.)

loit qu'il fust leur Roy. Ces portiers le rendent incontinant à la maison du Maire, où, estant esté interrogé ilz l'accusèrent d'hérésie. Et, le matin venu, ilz luy demandèrent s'il vouloit pas aller à la messe. A quoy il respondit qu'il n'iroit poinct. Ce que voyant, ilz feirent venir deulx docteurs de théologie qui l'examinèrent sur sa foy et crédance à la religion catholicque : et pour ce qu'il dist, entre aultres choses, que la Vierge Marie n'estoit non plus prétieuse, avant qu'elle eust conçeu nostre Seigneur, qu'une des aultres, il fut condamné par les présidiaulx à estre pandu et puis bruslé comme hérétique. Ce qui fut faict et exécuté, et encores avec grande cruaulté. Car une vielle matrosne, avant qu'il fust estranglé, lui gecta une chaudière boulante sur l'estomach, que c'estoit grande pitié d'oyr ses lamantations et celles de ses parans, qui n'osoient en crier à leur ayse, ou ilz fussent esté masacrez. Voilà maintenant le bout de nostre année quatre vingtz dix.

Entrons en la suivante, V⁰ quatre vingtz unze, qui est toute comblée de désastres pour nous. En premier, nous verons que toute la rivière de Seine fut tellement gelée et glacée, et, dez le premier jour de janvier, que chascun y passoit fort à son ayse. Et de peur d'encourir fortune par cest endroict là, tous les habitans ou la plus grande part se meirent à rompre en morceaulx ladicte glace avec des coignées et aultres engins propres à ce faire, tant que les glasons s'en alèrent tous à val l'eaue et en fusmes délivrez des menasses de ceulx de Chaource par ce moyen-là.

Peu après (1), il y eut une belle entreprise contre Sᵗ-Denis, qui avoit esté rendu en l'obéissance du Roy lors du siége de Paris. Le chevallier d'Aumalle estoit le conducteur d'icelle, ayant gangné deulx sentinelles qui deb-

____

(1) La nuit du 2 au 3 janvier.

voicnt estre en guarde le jour qu'ilz feroient l'expédition ; laquelle si elle venoit à bon port, on leur avoit promis à chascun mil escus. Et de faict, lesdictz sentinelles feirent sy bien qu'ilz meirent le chevallier et les principaulx de leur party dedans ledict Sainct Denis. Mais ilz n'en resortirent plus. Car le capitaine La Verdin, qui estoit gouverneur lors (1), les atendant de pied quoy donnèrent sy furieusement dessus que ledict chevalier y fut randu mort sur la place, et beaucoup des siens, qui ne peurent resortir pour ce qu'ilz estoient pris à la tanière.

Estant ce peuple toujours endurcy qu'ilz ne veulent poinct recongnoistre leur légitime Roy, combien que Charles leur Roy, dixiesme du nom, soit décédé à Tours (2), et que maintenant toute doubte et scrupule soit levée, et me semble que se peuple rebelle et opigniastre debvroit recepvoir en ses oreilles le commandement de Dieu qui est porté en Jerémye contre Nabugodenosor, lequel, combien qu'il fut meschant, sy est ce qu'à cause qu'il estoit son oinct, il y manda au peuple qu'il ne se remectroit de son obéissance, qu'il seroit frappé de l'espée, la famine et la peste. Or, pour suivre ses desaings, il a assiégé la ville de Chartres qui fut investie par luy et son armée de quinze à vingt mil hommes, à la fin du moys de febvrier. Et dura ce siége environ deulx moys, pendant lesquelz il s'y feit une belle baterye de unze pièces de canon qui feirent une grande breiche rez pied rez terre ; et soustindrent ceulx de dedans, qui estoient bien huict cens hommes de guerre, moictié lanquenetz et françoys, commandez par les s^{rs} de la Bordaizières et de Grandmont, deux as-

(1) C'était le s^r de Vic, à qui Lavardin avait, deux jours auparavant, remis le gouvernement de la ville.

(2) Charles X, cardinal de Bourbon, était décédé le 8 mai 1590, à Fontenay-le-Comte, où Henri IV le tenait prisonnier.

sœltz bien apres. Mais, à la fin, ayant gangné le s' de Chastillon un ravelin qui commandoit à la ville, ilz demandèrent à parlementer avec délay de huict jours pour aller trouver Monsieur du Maine et sçavoir de luy s'il leur vouloit donner secours. Ce que le Roy leur accorda. Et furent trouver ledict s' du Maine qui leur feit maigre response, assçavoir qu'il ne pouvoit pour ce qu'il n'avoit poinct de forces. Au moyen de quoy, les embassadeurs de retour, les gens de guerre feirent leur composition qu'ilz sortiroient bagues sauves ; et quand aux habitans, ilz ne donneroient seullement que vingt cinq mil escus. Et y entra le vendredy d'après Pasques, qui estoit (1) le vingt^me d'avril.

Ceste ville estant ainsy réduicte, nous mesmes, en ceste ville, que dez alarmes à cause des menasses que nous faisoit journellement le s' de Pralain, qui fut l'ocasion que nous estions tousjours au gris et sur la muraille. Et avions pour maire Me Guillaume de Giey, homme fort songeur et endormy, qui ne pensoit qu'à consulter des procureurs, et nous rendit par sa négligence entre les mains des Royaulx, et à nos despens, et aussy par la faulte de nos bons ligueurs qui n'avoient oncques voulu entrer en amitié et réconciliation avec luy (2), ains l'injurioit et l'appelloit on vulgairement ce volleur de Pralain : de quoy il peult estre adverty et feit aussy ses effortz de nous avoir, par la surprise qui s'en ensuivit peu après. Car se sentant ainsy picqué, il partit, aux festes de Pasques, pour se trouver avec Monsieur de Nevers pour secourir la *Casine* que St-Paul tenoit asiégé. Mais ilz arrivèrent à tard, pour ce qu'elle estoit prise. Et retournant icy, il amena le baron de St-Amant (3) avec

(1) Le 19 avril 1591.
(2) Le s' de Praslin.
(3) Baron de St-Amand, royaliste des plus actifs en Champagne.

sa trouppe, les gens du comte de Brienne et le s^r de Francières. Ainsy tenans la campagne à l'autour de ceste ville, ilz envoyèrent Pirolle pour sçavoir quelle guarde l'on faisoit. C'estoit le dimanche. Il aborda jusques prochè l'orloge et tout joignant la muraille. Il se coucha sur son ventre, entendant bien les *Qui vat là;* entre lesquelz il oyt bien que ce n'estoit qu'une voix d'enffant. Aussy, les plus aysez de la ville n'avoient acoustumé que d'y envoyer leurs valats ou des jeunes guarsons. Ainsy ledict Pirolle, ayant le tout bien remarqué, retourna à son maistre et l'en adverty. Lequel, sur les conseils et propositions des aultres, prindrent résolution d'y venir. Et de faict, le lundy dernier jour d'apvril dudict an quatre vingtz unze, ledict Pirolle et trois aultres nommez, la Rose, valet d' chambre dudict s^r de Pralain, Bouranton, son page, et Foiseul de Ricey, lesquelz, c'estant aprochez du chasteau et à l'endroict du demy rond qui est sur Corbenaulx, alèrent se traînans à l'endroict de la seconde porte dudict chasteau ; et là, se plotissans comme perdreaulx, ilz prirent la patience d'entendre le valet de Nicolas Coqueley, qui estoit sentinelle dudict demy rond, qui s'efforçoit de tout son courage à demander : *Qui va là*. Estienne Coqueley, eschevyn, qui estoit en guarde se jour là, commencea à faire la ronde, ayant laissé Mathieu son filz audict chasteau pour se donner guarde. Et estant parvenu à l'endroict de ladicte sentinelle, qui l'advertit qui voyoit des perches et entendoit du bruict dehors, il le tança fort aygrement, luy reprochant qu'il estoit yvre du soir, et qu'il se guardast bien de faire une alarme. Ce qu'entendu par les entrepreneurs, ilz furent fort joyeulx. Et ayant pris guarde qu'il passoit oultre, ilz dressent leurs deulx eschelles le plus doulcement qu'ilz peuvent et montèrent sans que personne leur dist mot, de ceulx dudict chasteau. Ce fut La Roze qui entra et le premier,

que l'une des eschelles estoit **trop courte**, et l'aultre se
rompit. Et touteffoys ilz sottèrent tous quatre dedans ;
et tuèrent, à leur abordée, ledict Mathieu, ung pauvre
homme, nommé Carillon, qui estoit en sentinelle, et
ung aultre jeune guarson, valet de mon beau frère (1).
Ce qu'entendu par ceulx de la guarde, qui estoient tous
les fandans et couppes-jarretz, assçavoir : Nicolas Fenel,
Jehan Droyn, Michel Henault, Gilbert Roussel, commandant aux manans, [qui] fut accusé de trahison à
cause que son frère du Guaret estoit homme d'arme dudict s' de Pralain ; et néantmoings il se défendit plus
que pas ung des aultres. Car voyant ces hommes armez,
ilz eurent telle frayeur que s'en fouyrent bien vistement,
laissant leurs manteaulx et leurs armes dedans le corps
de guarde. Ce pandant les quatre cens chevaulx, qui estoient entre les deulx gareines, s'aprochèrent et monta
ledict s' de Pralain par l'eschelle avec tous les aultres.

Et alors, se donnoit l'alarme par toute la ville. Ceulx
du quartier d'en hault y acoururent des premiers ; et,
entre aultres, le mesureur Coqueley, cheminant des
premiers, alla jusques proche la porte dudit chasteau.
En quoy faisant il fut fort blessé sur le visage d'un coup
de pièce comme fut Anthoine Musnier. D'ailleurs, Lagrange et ses soldatz faisoient semblant de monter par
Corbenaulx et Jehan Ras le Malaysé qui portoit une
grosse solive pour mectre la porte se luy sembloit. Comment que ce soit, tous quictèrent le jeu, et mesmement
ledict Lagrange, qui feignit d'estre blessé en la jambe
affin de s'en fouyr ce qu'il feit et de bonne heure. Mais
estans les Royaulx tous amassez et sans perdre temps,
ilz descendirent à l'auditoire. En quoy faisant l'on les
tiroit de la tour Guilet où estoit Guillanme Coqueley.

(1) Georges Racley, greffier en l'élection et prévôté de Bar-sur-
Seine, avait épousé Loyse Carorguy, sœur de l'auteur.

Mais nonobstant ledict s^r de Pralain, qui marchoit le premier, ne laissa de descendre, et beaucoup de ses gens estans parvenuz dedans ledict auditoire, de prime face ilz demandèrent Jehan Camus de Lingey qui estoit prisonnier ; et pour ce que le pauvre Guyon Aubert, geolier, demoura trop à donner les clefz, il y en eut l'ung d'eulx qu'il luy donna du pistollet à travers le corps ; et mourut. En ses entrefaictes, chascun avoit beaucoup de peine à se sauver, principallement ceulx nottez du party Royal. Et à bon droict le puis je dire, pour ce qu'estant par la ville avec mes armes, à l'androict de la maison de feu Nicolas Travaillet, je fus apperceu de Nicolas Menand Maugras qui avaloit la rue des Fossez. Il commança à crier tout hault : « Qui est ce bougre la qui porte ung manteau ? » Et de grande furye, ayant sa harquebouze le chien avallé, il m'aprocha de bien près ; tant que Dieu voulut que me retournant je le veis qui couchois en joue ; et n'eus loysir que de m'en fouyr, pansant gangner la court de Nicolas Musnier : mais il tira son coup, duquel je fus atainct au hault de la jambe ; et passoit la balle de part en part. Dequoy je feis depuis informer et en fut ledict Menand condamné à estre banny du Royaulme.

Mais, pour retourner aux Royaulx, ilz estoient en toutes les peines pour descendre à la ville pour ce que l'on avoit faict deulx baricades, l'une, au coing de la maison du recepveur Bury qui baroit la rue, et l'aultre vers la chappelle. De quoy estant adverty les aultres (1), estans descenduz es maisons de Me Claude Duchome et de Colin Droyn, furent d'advis de mectre le feu à la maison dudict Chome, comme le vouloient faire ceulx de la ville, tellement qu'elle fut en grand branle. Or, en ce temps, chascun s'en fouyoit par la rivière, et voyoit

____

(1) Sous-ent.: ligueurs du château.

on beaucoup de monde par les champs. Ce qui donna
courage aux Royaulx de jouer ou à quicte ou à double :
ainsy sortans du fort, l'on se bat ung peu de temps aux-
dictes baricades; Vausandrin et Estienne Coqueley, le
Riche, Maugras et quelques aultres les soustindrent et y
furent tuez en combatant Lambert Henault, mareschal,
Estienne Navarre, Nicolas Mathie, Frappier, soldat de la
guarnison; ledict Coqueley blessé au bras et à la cuise,
et Me Nicolas Boyvin d'ung coup de fauconneau sur l'es-
paulle, dont il mourut. De leur part, il y en eut en tout,
que dehors, qu'en entrant, qu'estans dedans, six. Et
ainsy furent lesdictes baricades quictées. Et les Royaulx
à crier par les rues et principallement en celle-cy :
« Dictes *Vives le Roy à Bar sur Seine,* » crians aux personnes qu'ilz fermassent leurs huis. En eulx il fut remarqué ung acte memorable : c'est qu'ilz ne tuèrent
personne à sang froid, ny ne fut poinct violé femme ou
fille par force. Bien y eut il Jehan le Bey et Valert, qui
s'enfuyoient par la vielle halle : ilz furent ratrapez, et
tuez sans colère.

(A suivre.)

ERRATA

Page 45, ligne 25 ; *au lieu de* concistoire, *lisez :* consistoire.

Page 61, ligne 3 ; *au lieu d'*Eutheropolis, *lisez :* Eleutheropolis.

Page 93, ligne 24 ; *au lieu de* s'il donné, *lisez :* s'il a donné.

Page 163, lignes 9 et 14 ; page 164, ligne 12 ; page 165, ligne 25 ; page 211, ligne 16 ; *au lieu de :* **Issoudun**, *lisez :* **Mehun-sur-Yèvre**, conformément à la note 4 de la page 164 qui se trouve confirmée par une pièce des archives communales de Poitiers (H 20).

Page 264, ligne 12 ; *au lieu de :* Tournoie, *lisez :* Tourvoie.

Même page, supprimez la note 2 et remplacez la par l'identification suivante : *Tourvoie* ou *Tourvois*, près de Sourdun, canton de Villiers-Saint-Georges, arrondissement de Provins (Seine-et-Marne).

Page 286, ligne 19 ; *au lieu de* je ne saurait, *lisez :* je ne saurais.

Pages 298 à 320, titre courant ; *au lieu de* 1589, *lisez :* 1590.

TABLE DES MATIÈRES

DU VINGT-QUATRIÈME VOLUME

DOCUMENTS